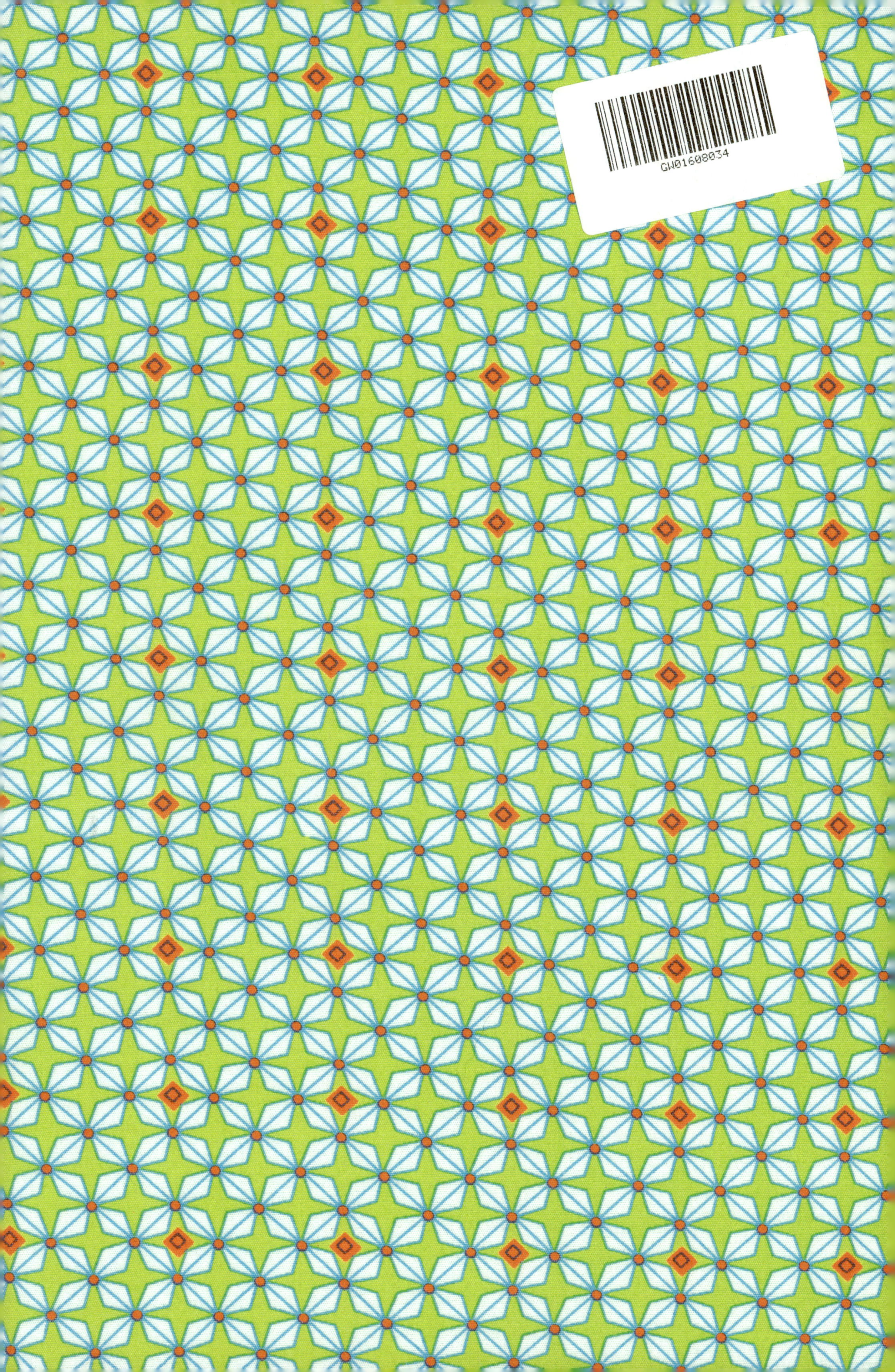
GW01608034

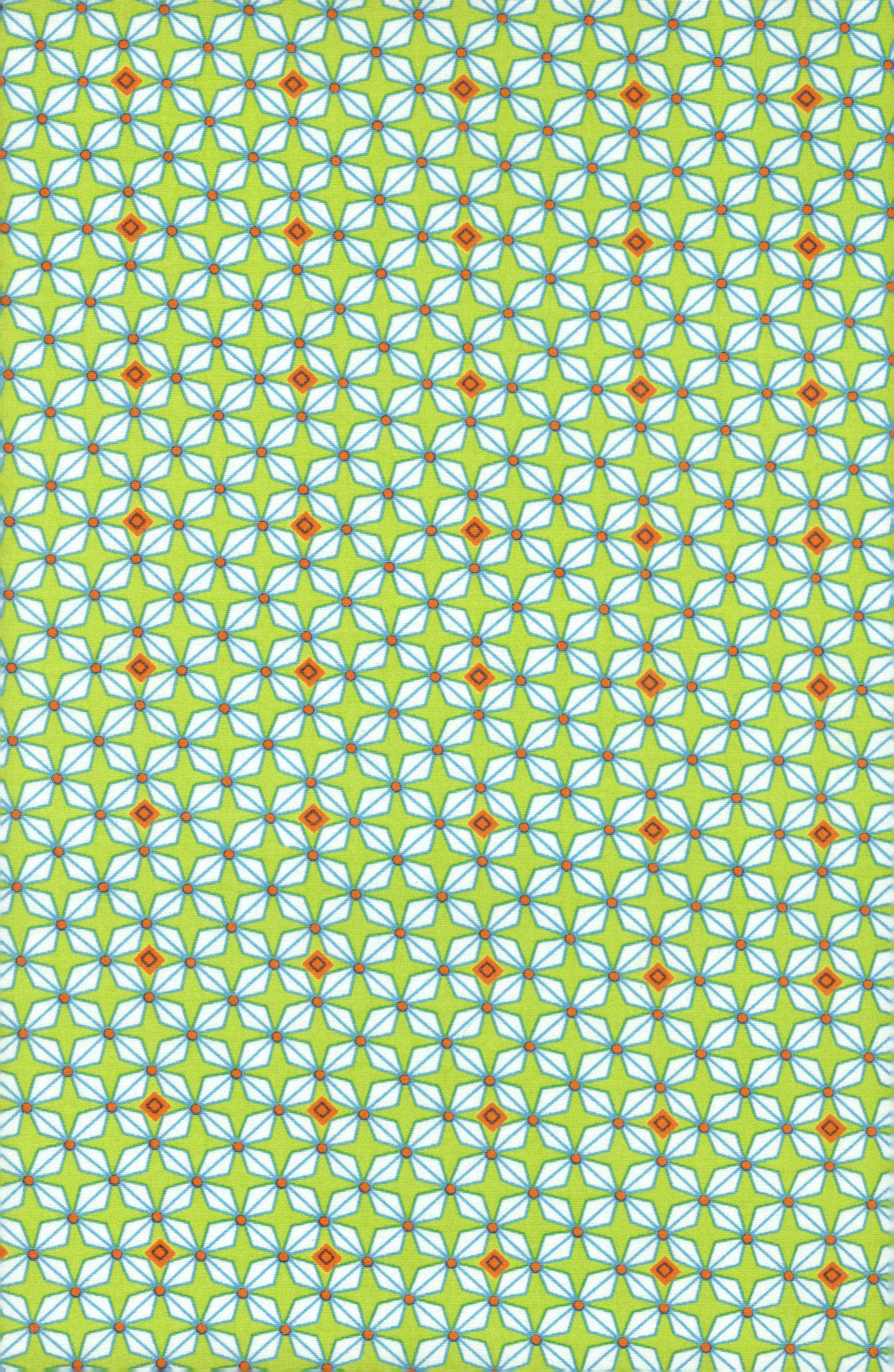

La vie polychrome

Cet ouvrage a été joyeusement réalisé par une équipe complice
autour de Myriam De Loor, son imaginaire, ses créations, ses coups de cœur.
Catherine Ardouin a cadré les choix artistiques et réglé la mise en scène.
Françoise Segall a concocté les textes et les légendes.
Vincent Leroux a peaufiné les photos,
Myriam a pioché dans ses albums des instantanés du quotidien.
Delphine Delastre a habillé l'ensemble sur mesure.
Pan a soutenu et aidé le projet de toutes les façons.

N° d'édition : L.01EPMN000719.N001
ISBN : 978-2-0813-3641-4
Dépôt légal : septembre 2014

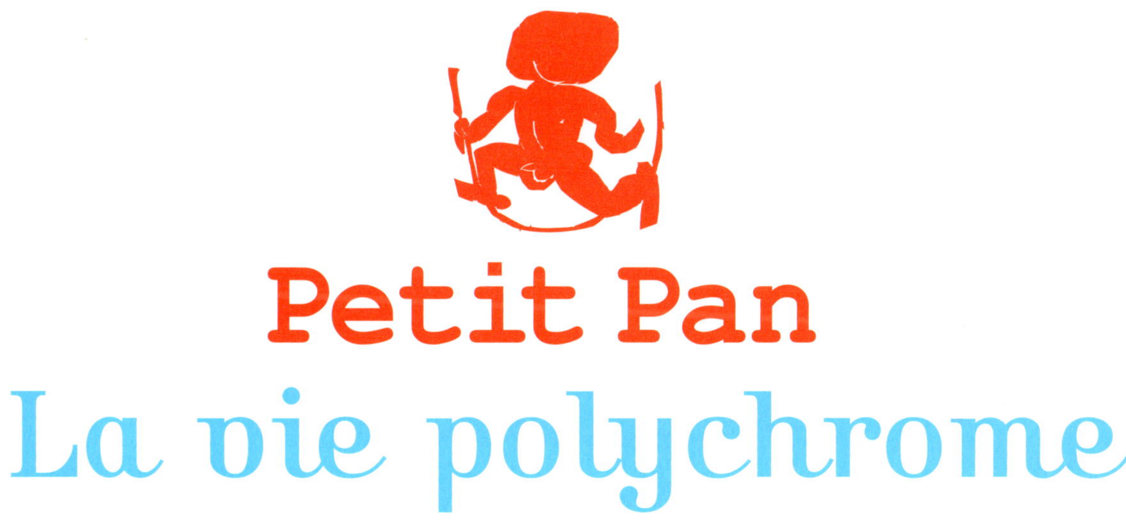

Petit Pan

La vie polychrome

Flammarion

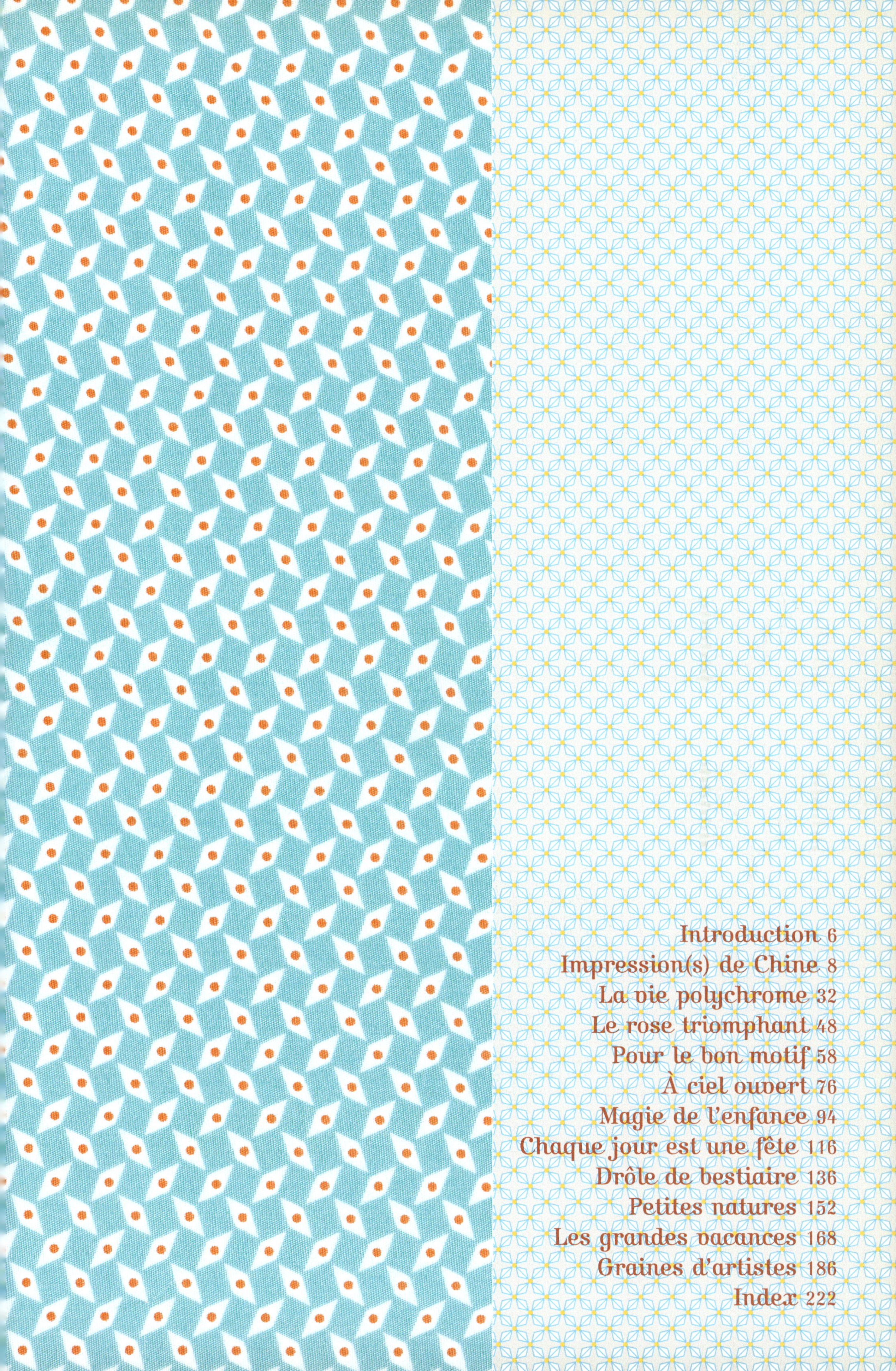

il était une fois un tabouret

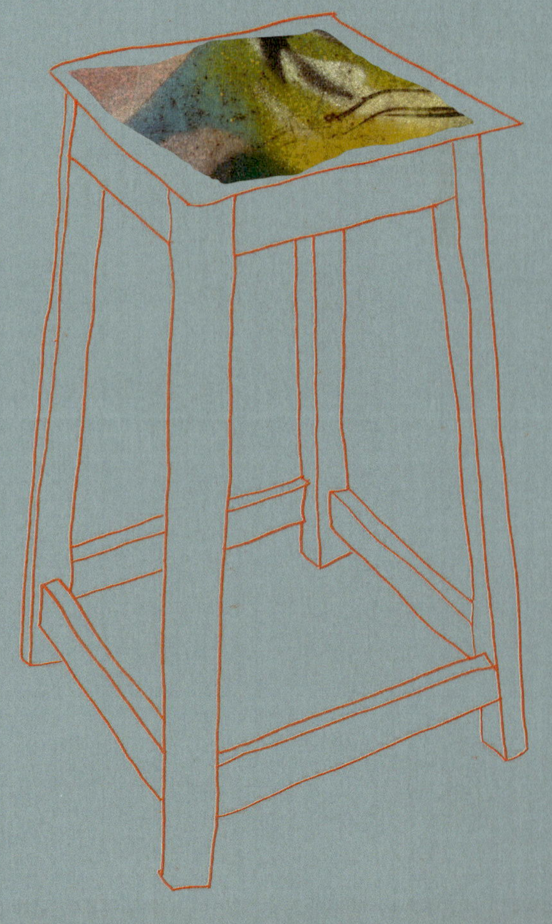

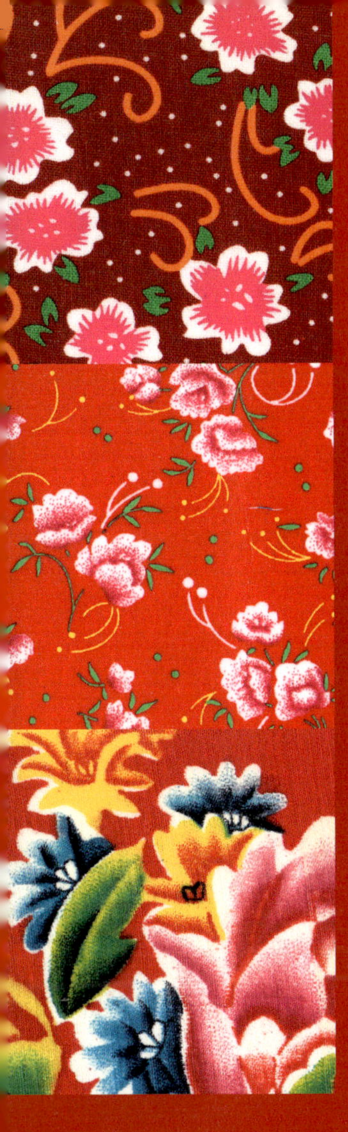

POUR QUI EST À L'ÉCOUTE DE SES ÉMOTIONS, LA CHINE OUVRE UN UNIVERS INSOLITE, BOULEVERSANT, CAPTIVANT. À CHAQUE COIN DE RUE QUELQUE CHOSE FAIT SIGNE, AU MILIEU D'UNE FOULE SANS CESSE EN MOUVEMENT ET DANS UN BRUIT ASSOURDISSANT. L'ART POPULAIRE EST PARTOUT : LAMPIONS, GUIRLANDES CALLIGRAPHIÉES, BRODERIES, PAPIERS PORTE-BONHEUR DÉCOUPÉS... IL Y A ÉVIDEMMENT LES COULEURS, LE ROUGE OMNIPRÉSENT DANS LE PAYSAGE GRIS POUSSIÈRE, LE BLEU DES CAMIONS ET DES POUSSE-POUSSE, LA LUMIÈRE DORÉE DES PAYSAGES. L'ÉMOTION NAIT AUSSI DE LA SIMPLICITÉ AMBIANTE, COMME DANS LA MAISON DU GRAND-PÈRE DE PAN, DANS UNE ÉCOLE, SUR LES MARCHÉS DE CAMPAGNE OÙ L'ON TROUVE DES FORMES FACILES À VIVRE, DES COTONNADES CHARMANTES. LA MOISSON DE SENSATIONS EST RICHE ET L'IMAGINAIRE PALPITE. AU RETOUR, DANS LA VALISE DE MYRIAM, IL Y A UN GRAVE EXCÉDENT DE BAGAGES : MILLE IDÉES PRÊTES À GERMER.

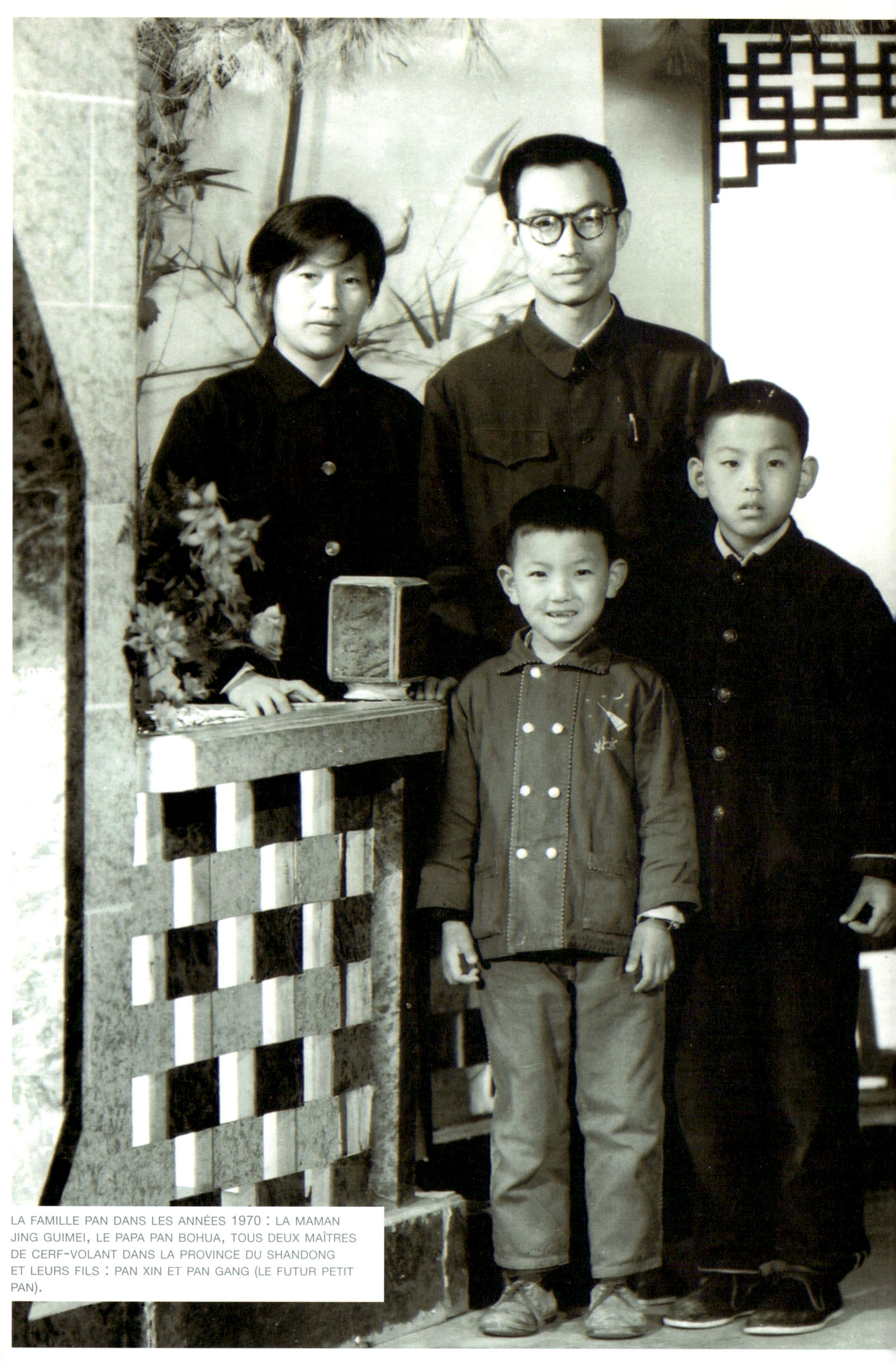

LA FAMILLE PAN DANS LES ANNÉES 1970 : LA MAMAN JING GUIMEI, LE PAPA PAN BOHUA, TOUS DEUX MAÎTRES DE CERF-VOLANT DANS LA PROVINCE DU SHANDONG ET LEURS FILS : PAN XIN ET PAN GANG (LE FUTUR PETIT PAN).

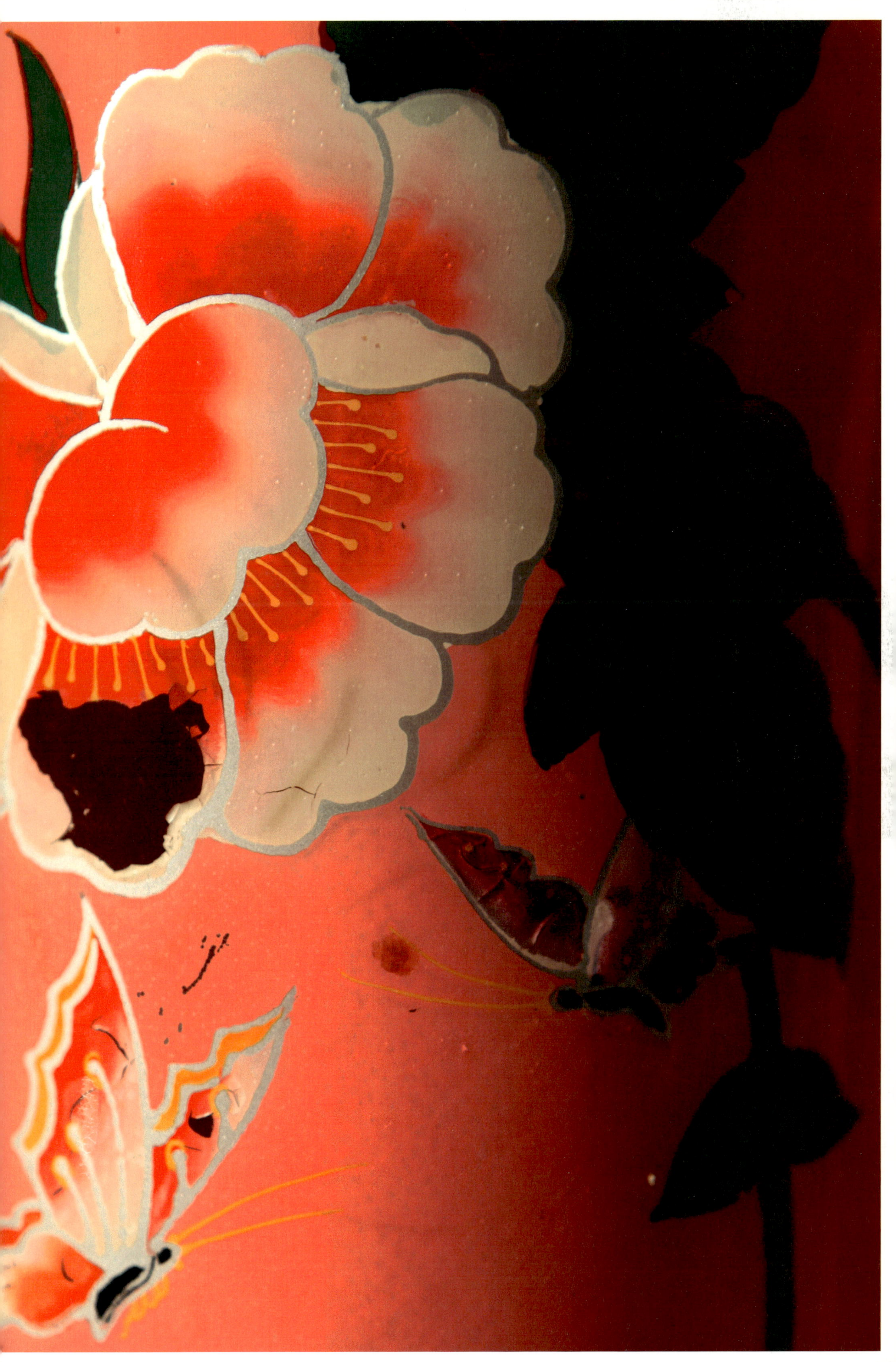

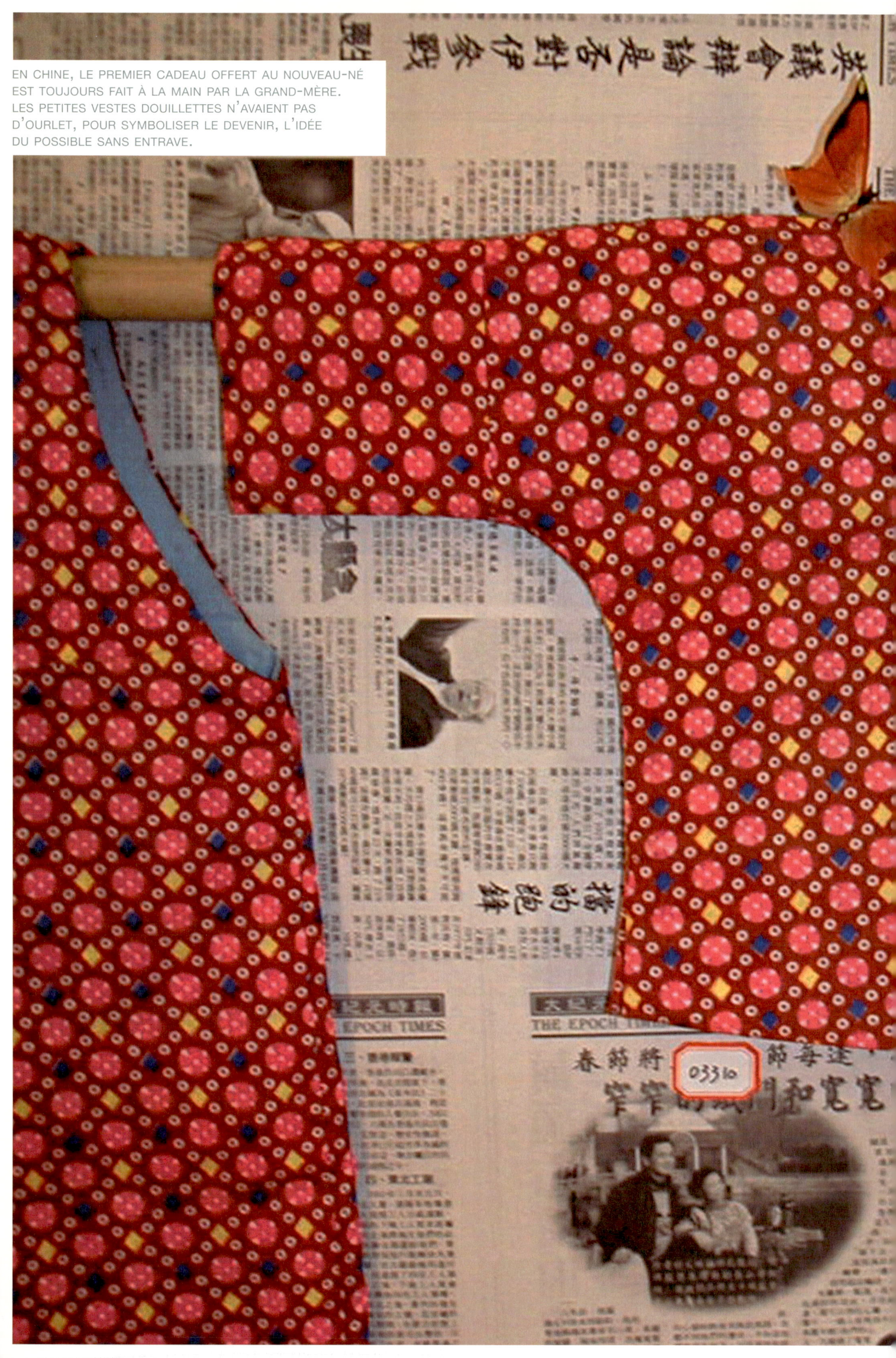

EN CHINE, LE PREMIER CADEAU OFFERT AU NOUVEAU-NÉ EST TOUJOURS FAIT À LA MAIN PAR LA GRAND-MÈRE. LES PETITES VESTES DOUILLETTES N'AVAIENT PAS D'OURLET, POUR SYMBOLISER LE DEVENIR, L'IDÉE DU POSSIBLE SANS ENTRAVE.

L'HISTOIRE DE PETIT PAN A COMMENCÉ PAR : IL ÉTAIT UNE FOIS UN TABOURET. C'ÉTAIT DANS UN SALON À BRUXELLES, OÙ MYRIAM PRÉPARAIT UN ATELIER-CRÉATIF POUR ENFANTS. DE SON CÔTÉ, PAN INSTALLAIT UN STAND POUR EXPOSER SES CERFS-VOLANTS. ELLE AVAIT APPORTÉ UN TABOURET EN BOIS QUI NE PAYAIT PAS DE MINE, ASSEZ POURTANT POUR QU'IL « L'EMPRUNTE » ET LE METTE SUR SON PROPRE ESPACE. RÉCUPÉRÉ, LE TABOURET S'ÉTAIT RETROUVÉ CHEZ PAN UNE SECONDE FOIS. EVIDEMMENT, IL Y A UN MOMENT OÙ IL FAUT ARRÊTER LA VALSE DU TABOURET ET PARLER UN PEU. VOILÀ COMMENT NAISSENT UNE FAMILLE, TROIS ENFANTS, UNE MARQUE, DES BOUTIQUES, UNE FÊTE DES COULEURS ET DES CRÉATIONS QUI NE RESSEMBLENT QU'À ELLES-MÊMES.

MYRIAM DE LOOR EST BELGE, ELLE A GRANDI À BRUXELLES ET ENSUITE DANS LA CAMPAGNE ENVIRONNANTE. APRÈS UN DIPLÔME D'INSTITUTRICE ET DES ÉTUDES ARTISTIQUES À LA CAMBRE, ELLE PART ÉTUDIER À FLORENCE. LES ENFANTS D'UNE PART, LES ARTS DE L'AUTRE, AMOURS DES UNS, SENSIBILITÉ POUR LES AUTRES, ELLE MÊLE LE TOUT POUR CRÉER « L'ATELIER DEI BAMBINI » QUI FONCTIONNE PENDANT CINQ ANS. DE RETOUR À BRUXELLES, ELLE POURSUIT L'AVENTURE AVEC « L'ATELIER DES ENFANTS ».

ET PUIS UN JOUR, UN TABOURET ET UN CHINOIS QUI MONTRE DES CERFS-VOLANTS DONNENT UN NOUVEAU TOUR À LA VIE DE MYRIAM.

PAN GANG EST NÉ EN CHINE, DANS LA PROVINCE DE SHANDONG, CONNUE POUR SA RICHESSE ARTISTIQUE ; PLUS PRÉCISÉMENT, IL VIENT DE LA VILLE DE WEIFANG, CAPITALE DES CERFS-VOLANTS. PAN BOHUA, SON PÈRE, EST LUI-MÊME GRAND MAÎTRE DU CERF-VOLANT ET DIRIGE UN ATELIER RÉPUTÉ. APRÈS DES ÉTUDES D'HISTOIRE DE L'ART À PÉKIN, IL S'INSTALLE EN EUROPE POUR PRÉSENTER DES DRAGONS GÉANTS ET TOUTES SORTES DE CRÉATURES VOLANTES DANS LES FESTIVALS ET LES SALONS.

POUR AVOIR UNE IDÉE PLUS PRÉCISE DE CE QU'IL PRÉSENTE, IL SUFFIT DE SAVOIR QUE DANS L'ATELIER DE MYRIAM À BRUXELLES, PAN A ACCROCHÉ AU PLAFOND UN DRAGON ROUGE DE QUARANTE MÈTRES DE LONG. PLUS TARD, IL OUVRE UNE BOUTIQUE RUE DE PRAGUE.

ET PUIS UN JOUR, UN TABOURET ET UNE JOLIE BELGE BLONDE QUI AIME L'ART ET LES ENFANTS DONNENT UN NOUVEAU TOUR À LA VIE DE PAN.

EN DUO, ILS PRENNENT LA ROUTE, L'UNE S'OCCUPE DE SES ATELIERS, L'AUTRE DE SES CERFS-VOLANTS, JUSQU'À CE QU'UN PAQUET ARRIVE DE CHINE. IL EST ENVOYÉ PAR LA MAMAN DE PAN, EN CADEAU POUR LA NAISSANCE D'EMILE, LE PREMIER DES TROIS GARÇONS. CE SONT DES VÊTEMENTS TRADITIONNELS QUI ÉMEUVENT MYRIAM ET PROVOQUENT CHEZ ELLE UNE SORTE DE COUP DE FOUDRE POUR LES FORMES SIMPLES, LES MOTIFS NAÏFS ET LES COULEURS FRANCHES.

À PARTIR DU PRÉSENT DE LA NAÏNAÏ D'ÉMILE, ELLE COMMENCE À SÉLECTIONNER, PUIS À INTERPRÉTER À SA FAÇON LES TENUES TRADITIONNELLES CHINOISES EN CRÉANT UNE COLLECTION DE VÊTEMENTS POUR ENFANTS.

LE SUCCÈS EST IMMÉDIAT. L'AVENTURE COMMENCÉE DANS LA BOUTIQUE DE PAN, RUE DE PRAGUE, ESSAIME RAPIDEMENT. PARIS OUVRE LES BRAS, L'ACCUEIL EST SI CHALEUREUX QU'IL Y A AUJOURD'HUI HUIT BOUTIQUES PETIT PAN, DONT SIX DANS LA CAPITALE. LES COLLECTIONS SE MULTIPLIENT ET LE STYLE S'INSTALLE PLUS LARGEMENT : PAPETERIE, MERCERIE, DÉCORATION, PAPIERS PEINTS, CARREAUX EN CIMENT, LUMIÈRES.

MYRIAM CRÉE ET PAN ORGANISE L'ENSEMBLE COMME ON MAÎTRISE UN CERF-VOLANT. VOICI QUELQUES MOTS-CLÉS POUR LES SUIVRE : CHINE, COULEURS, MOTIFS, CIEL, ENFANCE, FÊTE, BESTIAIRE, VACANCES, NATURE, ATELIERS.

impression(s) de chine

En 2001, Myriam découvre la Chine en allant voir la famille de Pan dans le Shandong, à l'est du pays.

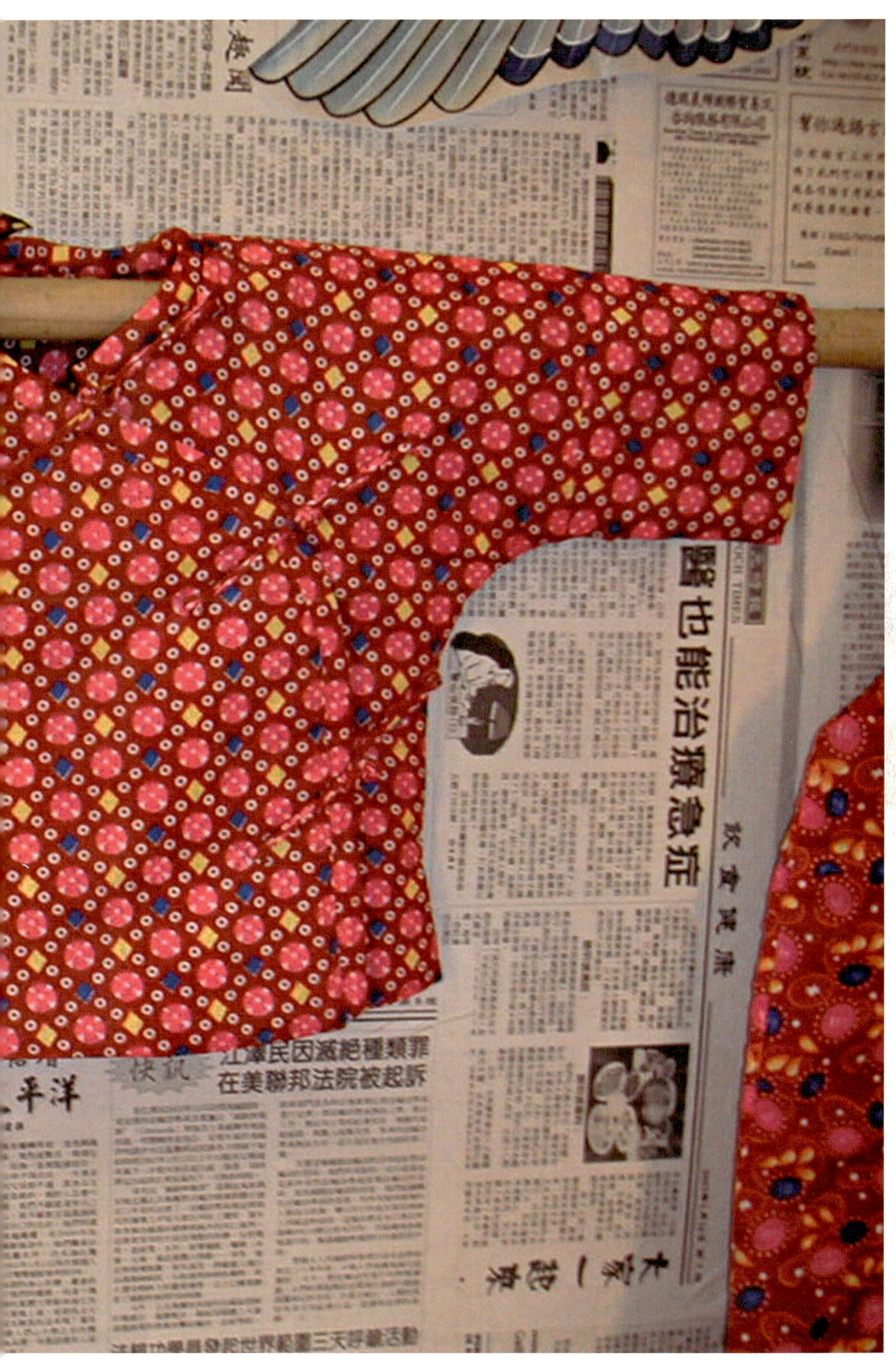

也能治癲急症
江澤民因滅絕種類罪
在美聯邦法院被起訴
大家一起來

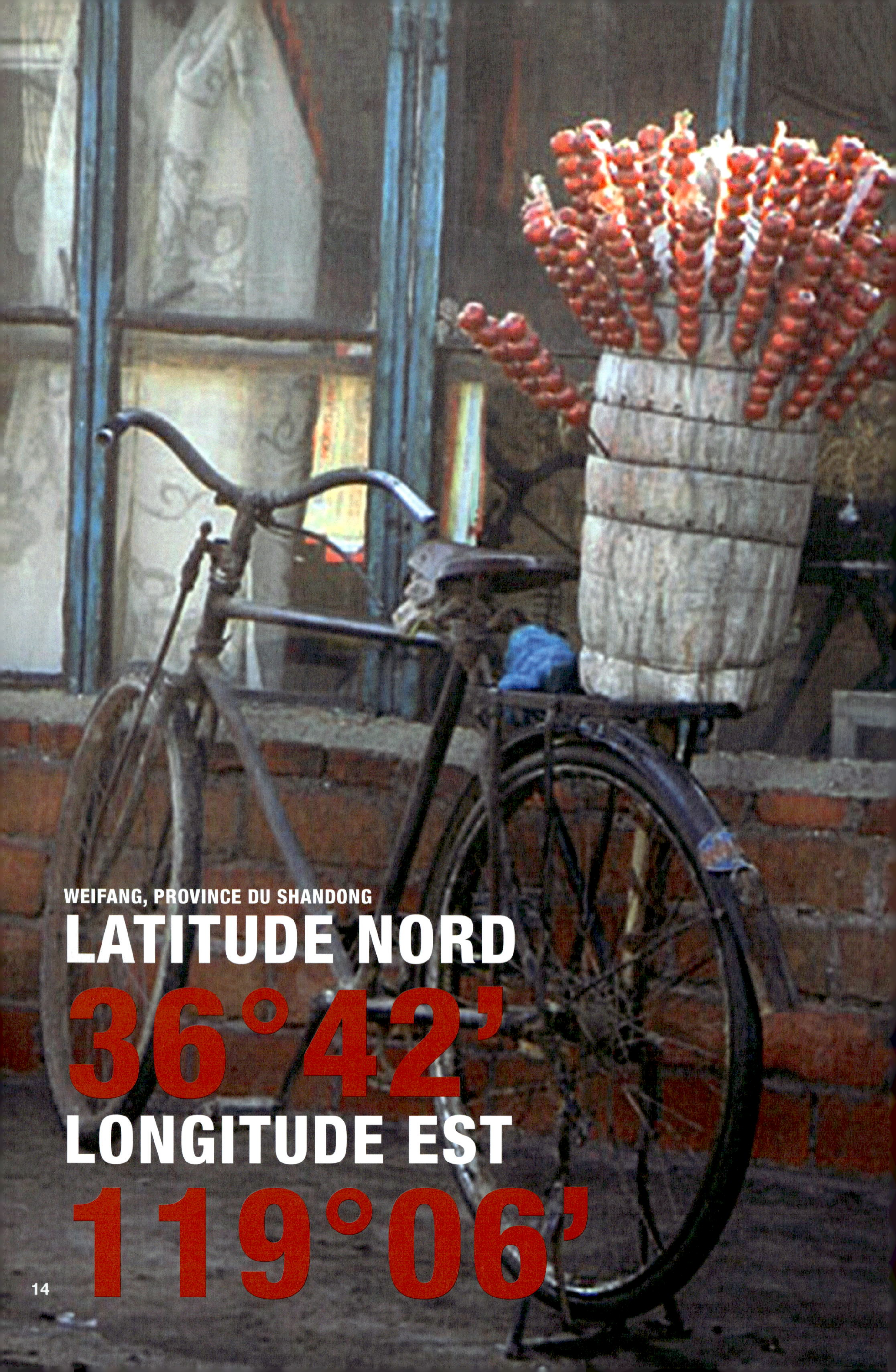

WEIFANG, PROVINCE DU SHANDONG

LATITUDE NORD

36°42'

LONGITUDE EST

119°06'

[...]

“ Le flux du voyage vous traverse
et vous éclaircit la tête.
Des idées qu’on hébergeait sans raison
vous quittent ; d’autres au contraire
s’ajustent et se font à vous
comme les pierres au lit d’un torrent.
Aucun besoin d’intervenir ;
la route travaille pour vous. ”

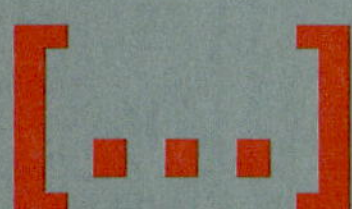

Nicolas Bouvier, *L’usage du monde*

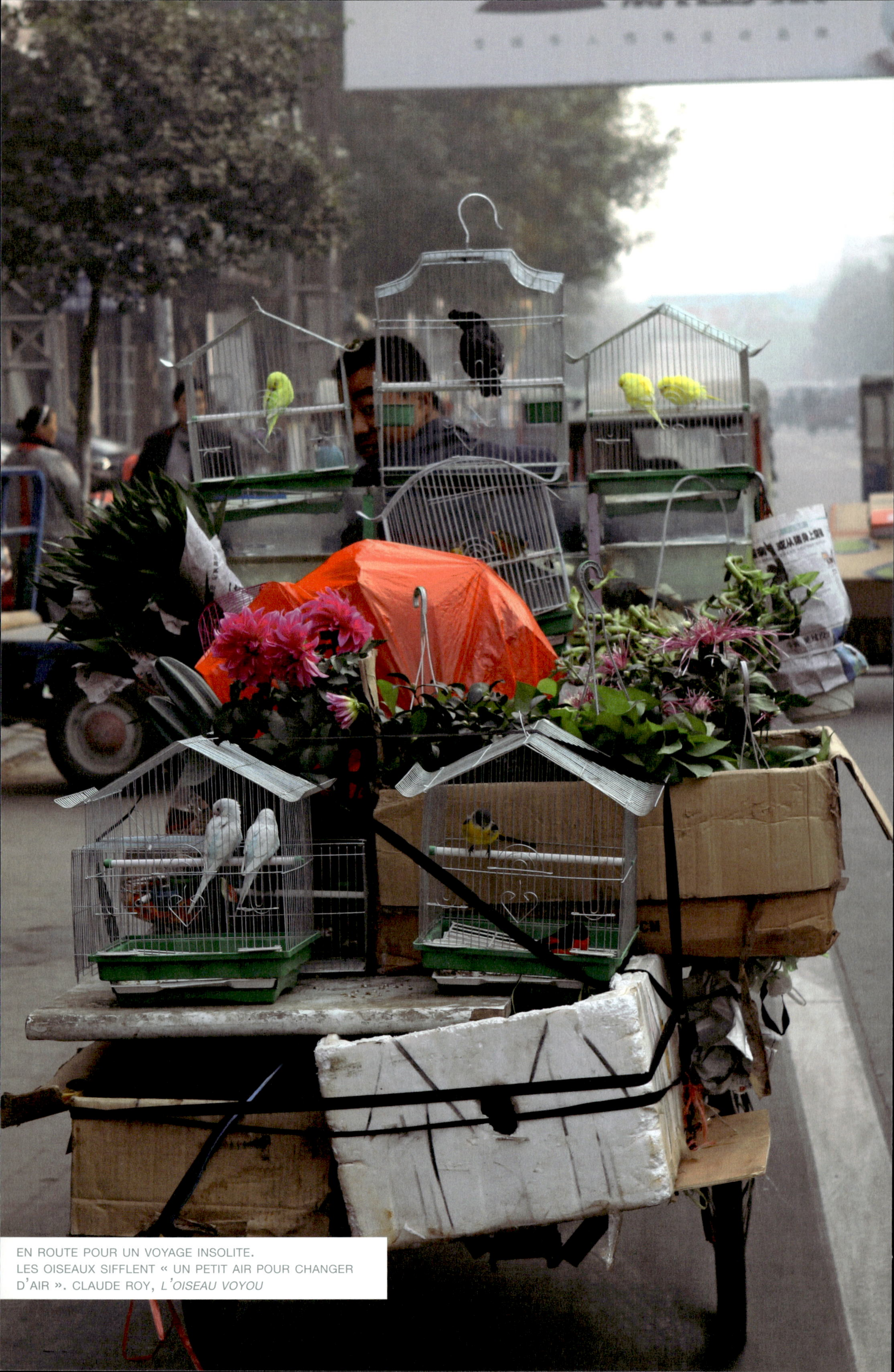

EN ROUTE POUR UN VOYAGE INSOLITE.
LES OISEAUX SIFFLENT « UN PETIT AIR POUR CHANGER D'AIR ». CLAUDE ROY, *L'OISEAU VOYOU*

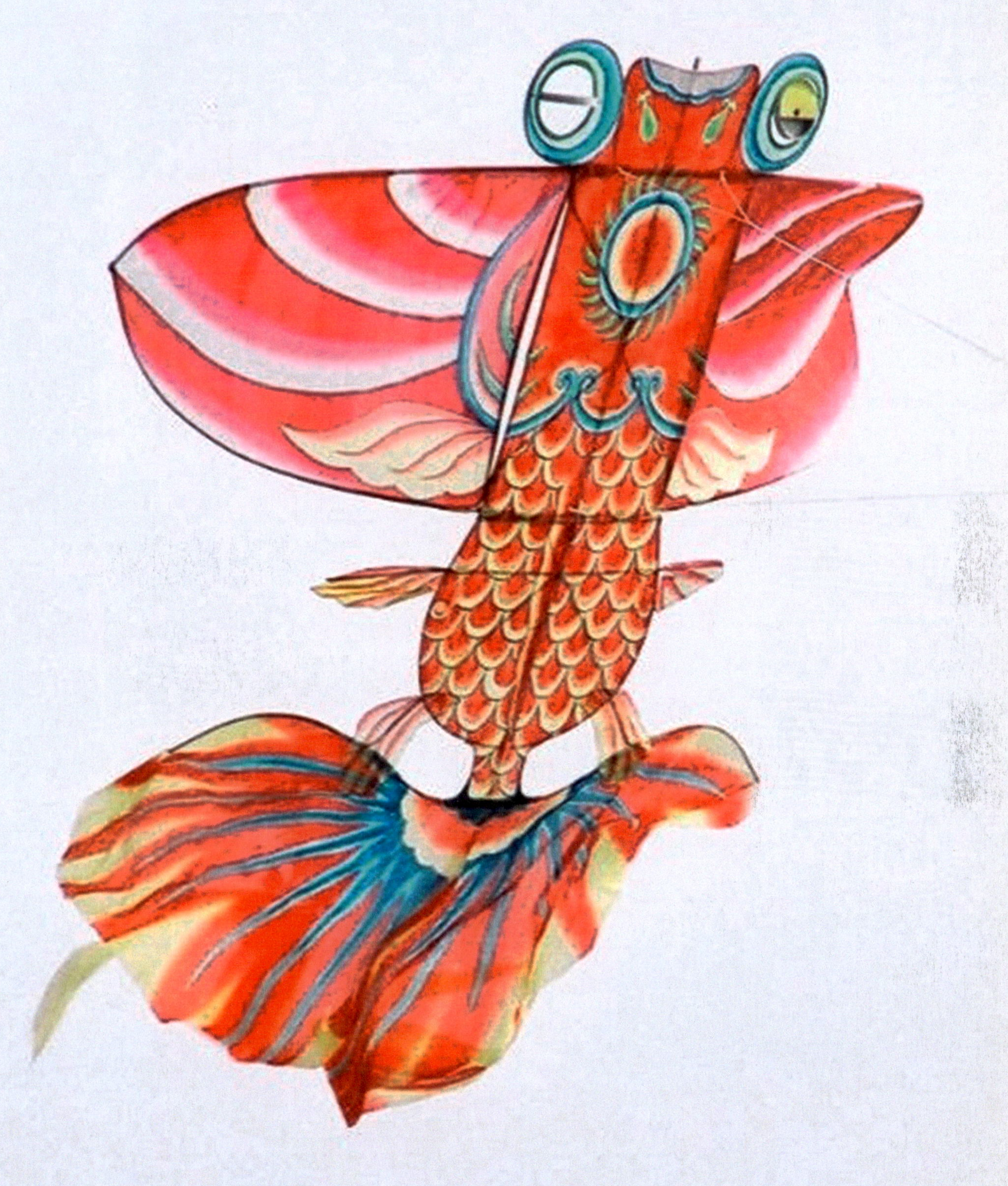

E GRAND CERF-VOLANT EST UNE CARPE DE DEUX MÈTRES 'ENVERGURE, DONT LES YEUX MOBILES TOURNENT J VENT. ELLE EST SYMBOLE D'AMOUR, DE FORCE T DE PERSÉVÉRANCE ET, SELON LA LÉGENDE, APRÈS VOIR REMONTÉ LE COURS DU FLEUVE JAUNE, LLE S'ENVOLE, EN SE TRANSFORMANT EN DRAGON.

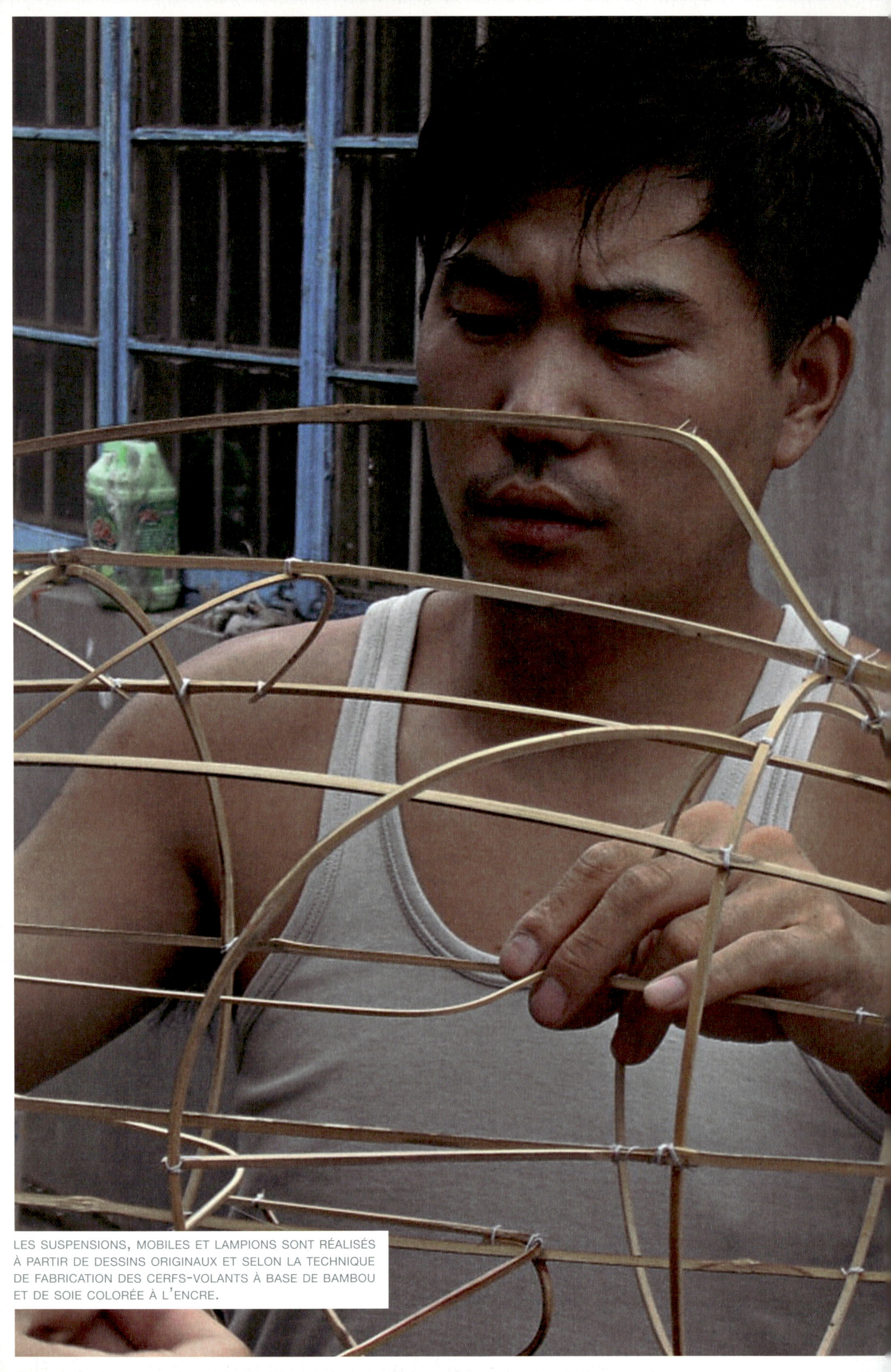

LES SUSPENSIONS, MOBILES ET LAMPIONS SONT RÉALISÉS À PARTIR DE DESSINS ORIGINAUX ET SELON LA TECHNIQUE DE FABRICATION DES CERFS-VOLANTS À BASE DE BAMBOU ET DE SOIE COLORÉE À L'ENCRE.

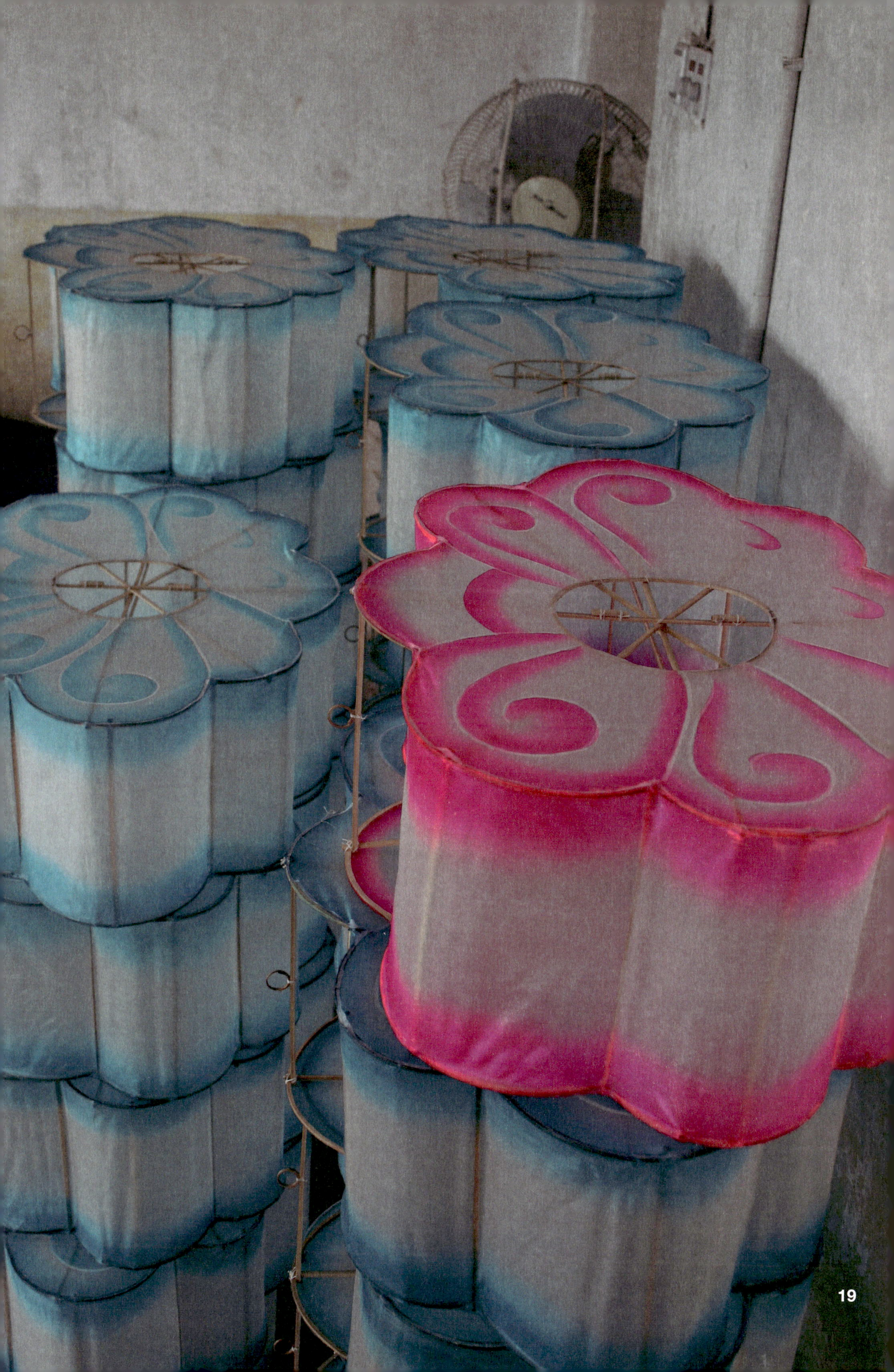

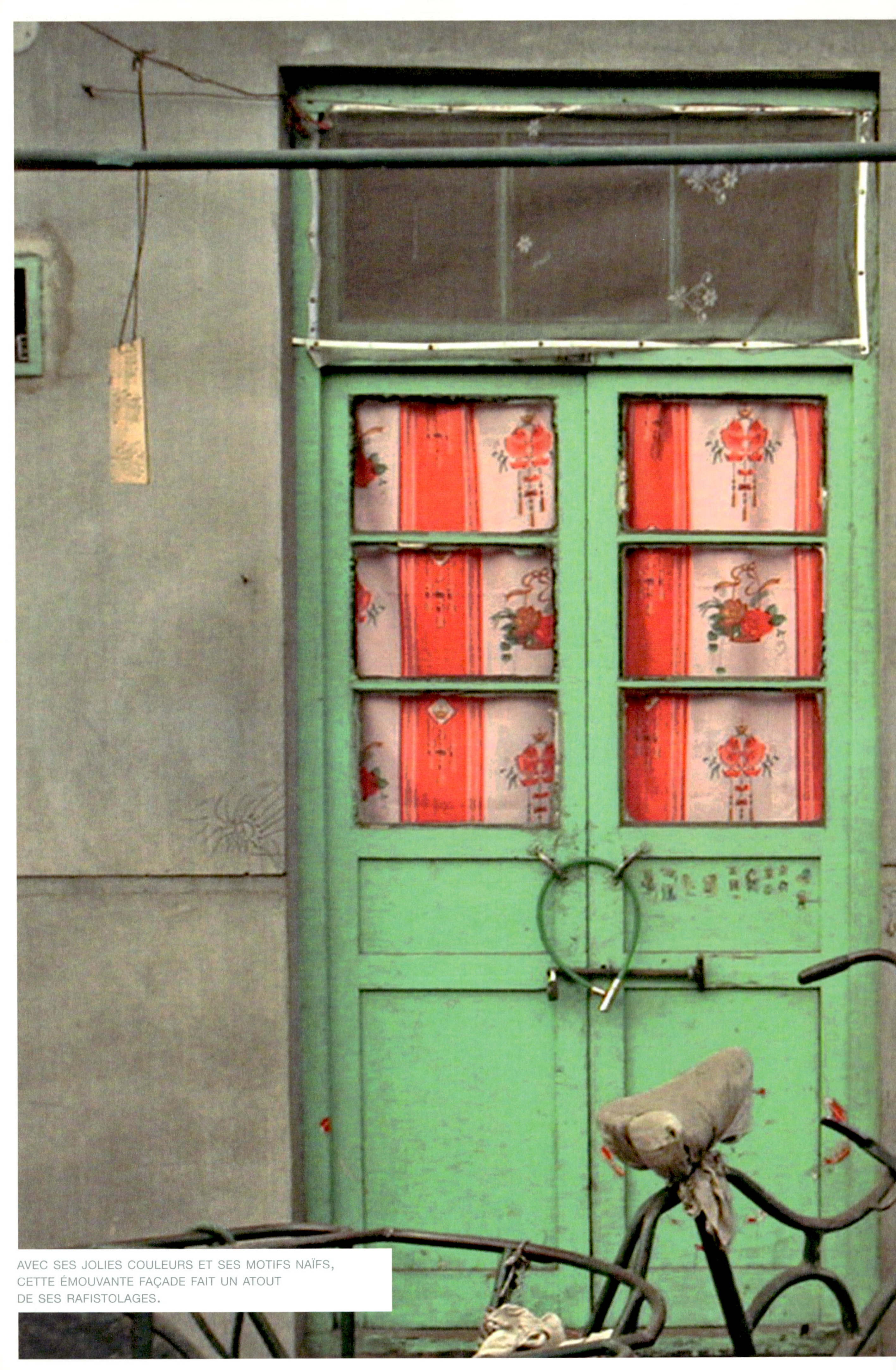

AVEC SES JOLIES COULEURS ET SES MOTIFS NAÏFS, CETTE ÉMOUVANTE FAÇADE FAIT UN ATOUT DE SES RAFISTOLAGES.

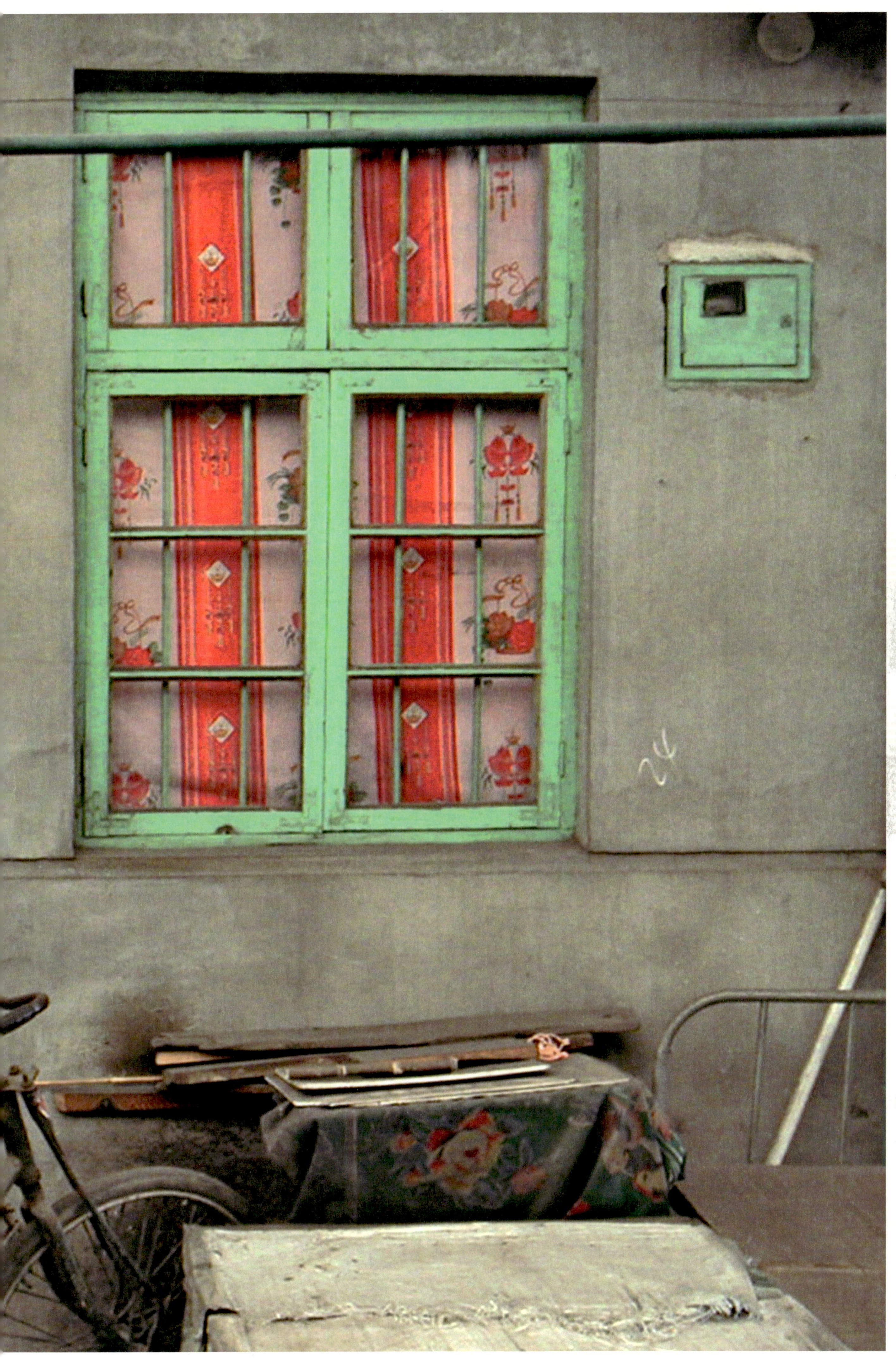
24

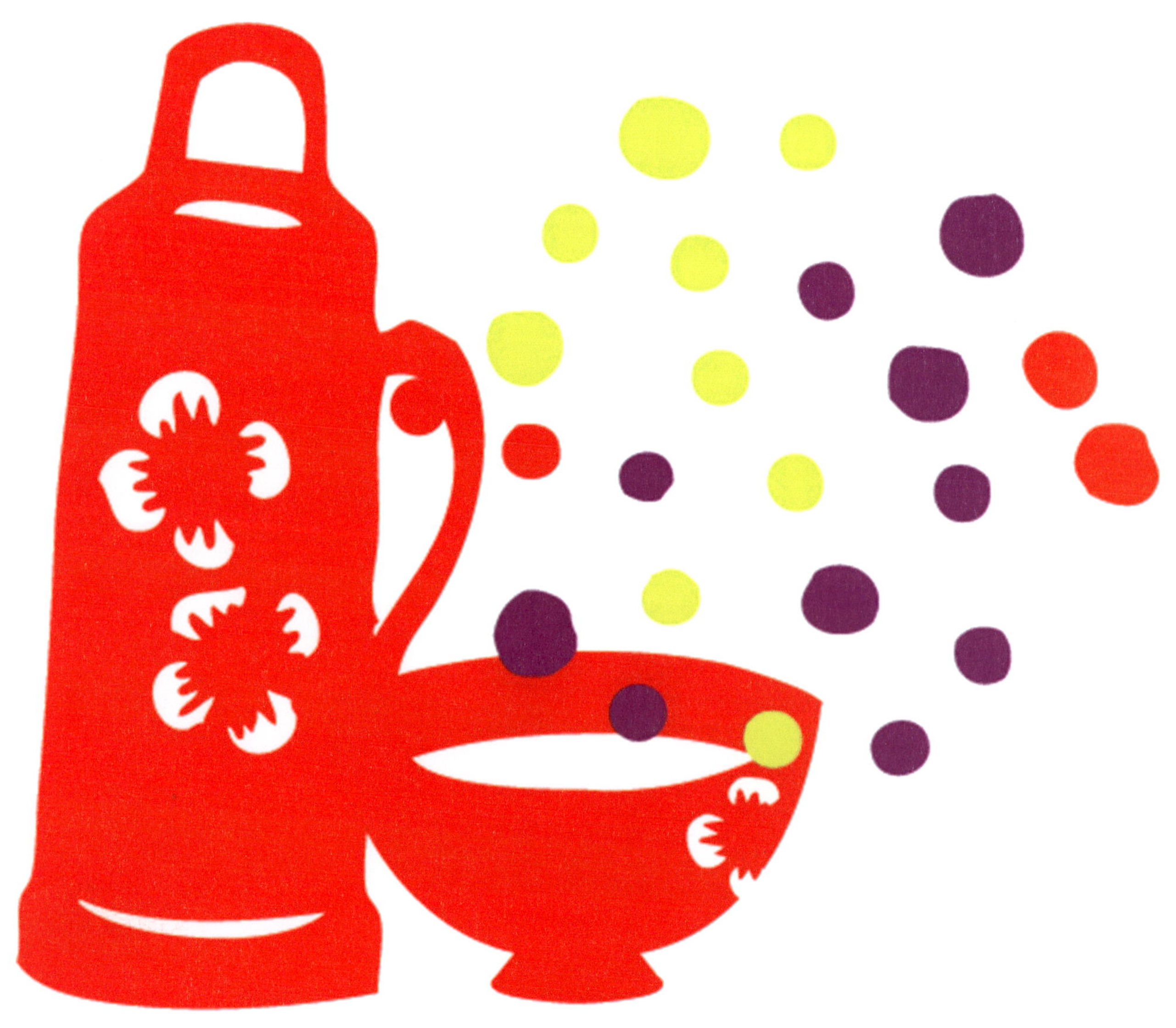

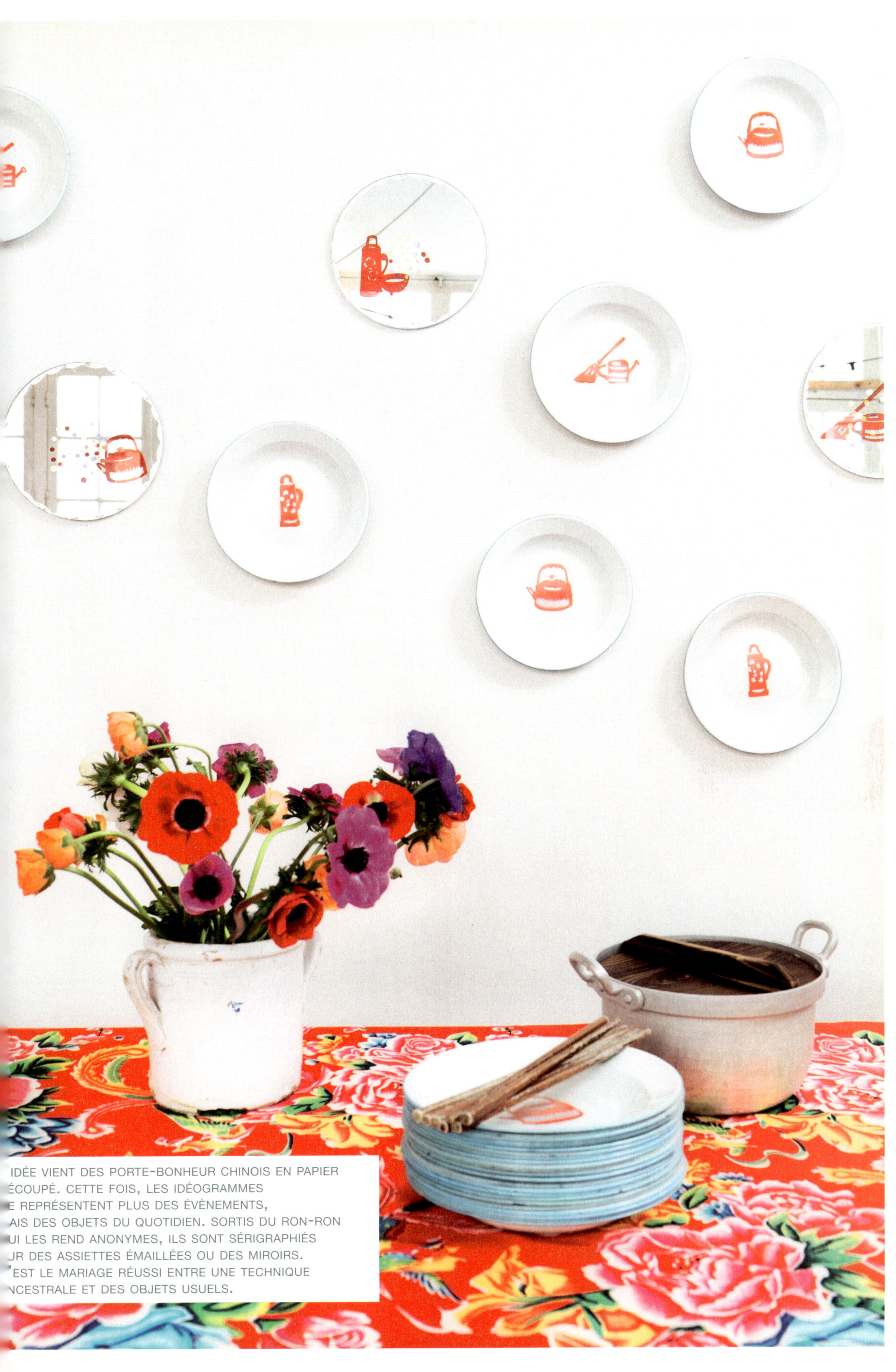

IDÉE VIENT DES PORTE-BONHEUR CHINOIS EN PAPIER
ÉCOUPÉ. CETTE FOIS, LES IDÉOGRAMMES
E REPRÉSENTENT PLUS DES ÉVÈNEMENTS,
AIS DES OBJETS DU QUOTIDIEN. SORTIS DU RON-RON
UI LES REND ANONYMES, ILS SONT SÉRIGRAPHIÉS
UR DES ASSIETTES ÉMAILLÉES OU DES MIROIRS.
'EST LE MARIAGE RÉUSSI ENTRE UNE TECHNIQUE
NCESTRALE ET DES OBJETS USUELS.

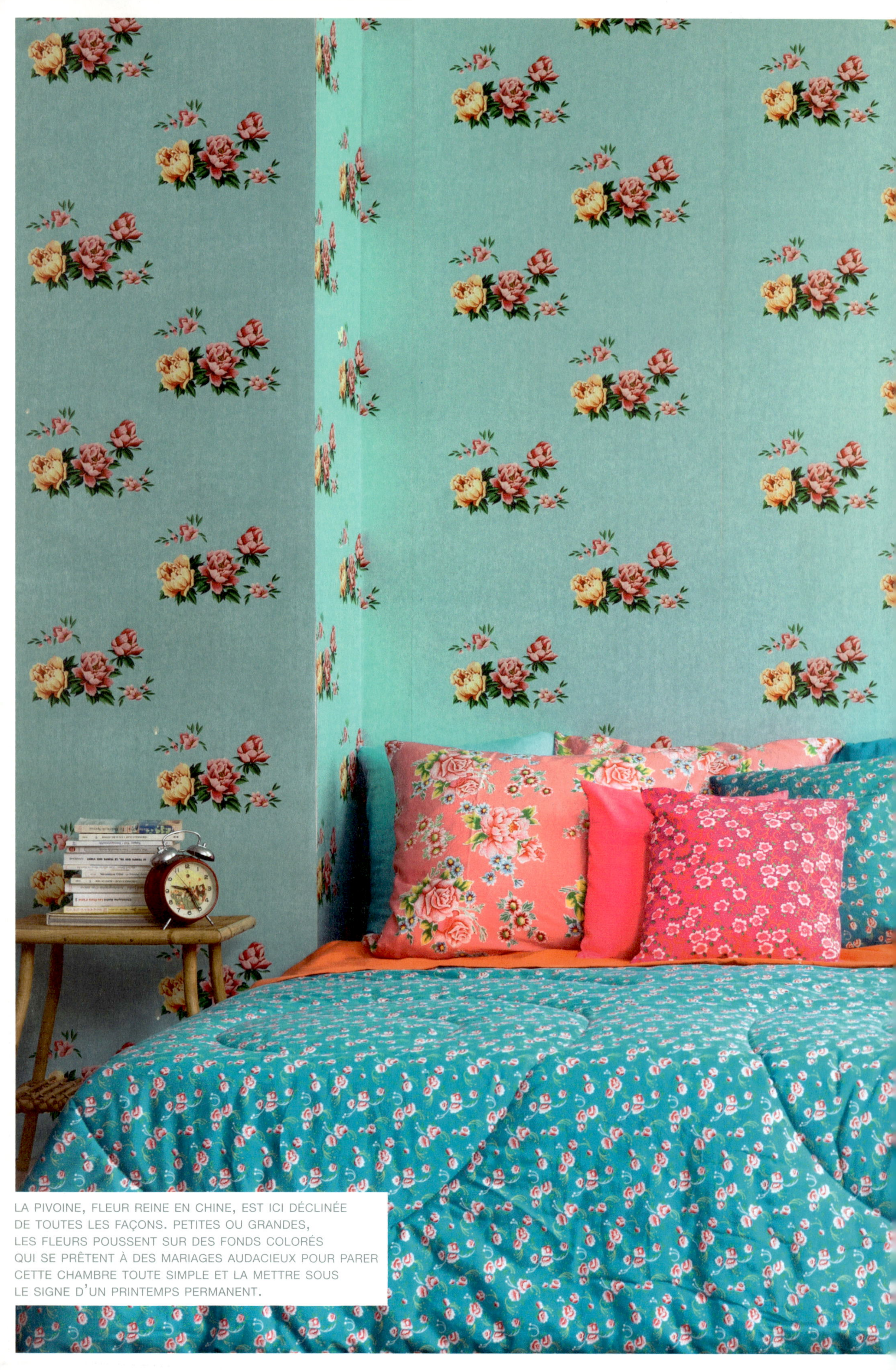

LA PIVOINE, FLEUR REINE EN CHINE, EST ICI DÉCLINÉE
DE TOUTES LES FAÇONS. PETITES OU GRANDES,
LES FLEURS POUSSENT SUR DES FONDS COLORÉS
QUI SE PRÊTENT À DES MARIAGES AUDACIEUX POUR PARER
CETTE CHAMBRE TOUTE SIMPLE ET LA METTRE SOUS
LE SIGNE D'UN PRINTEMPS PERMANENT.

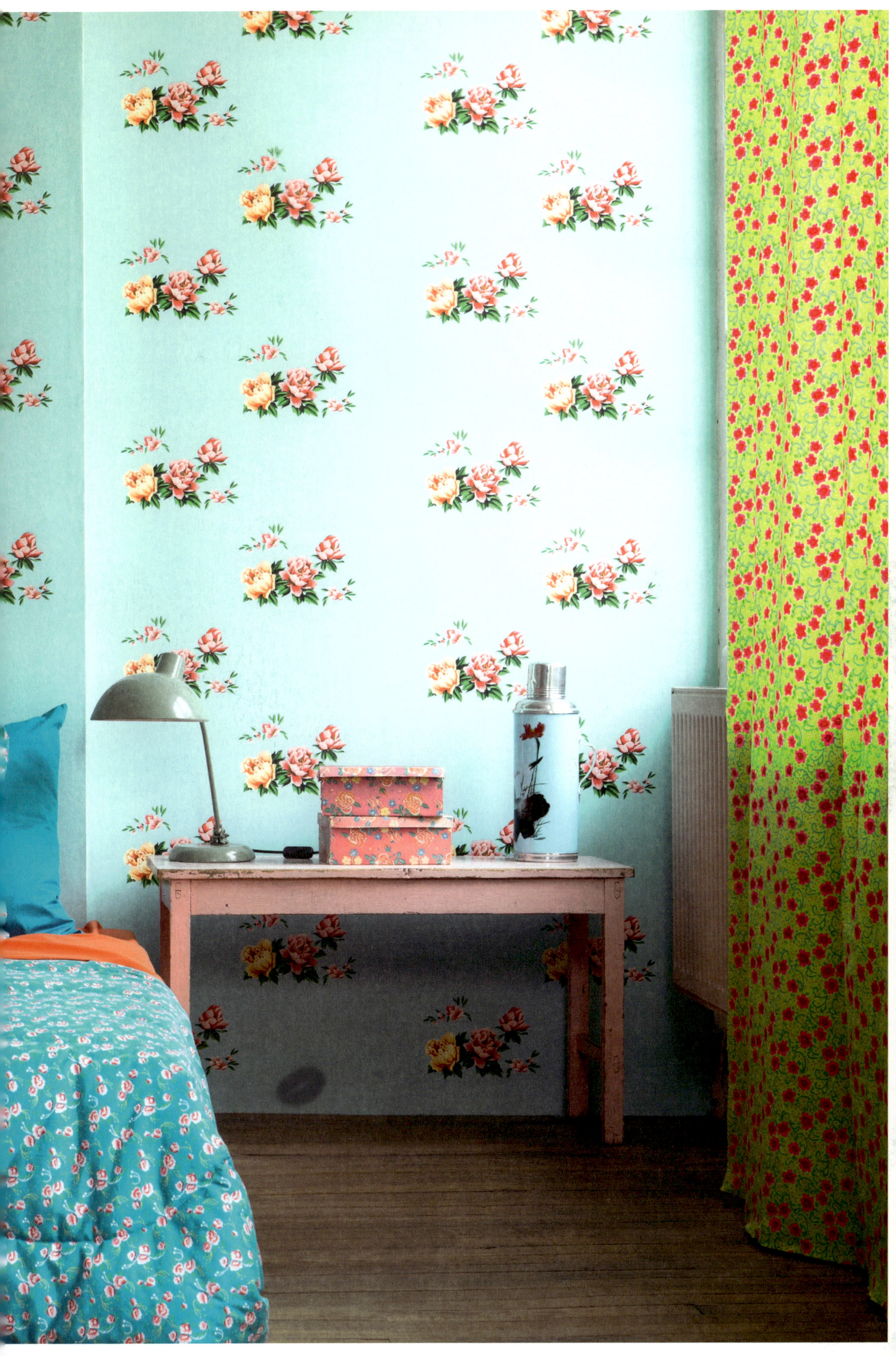

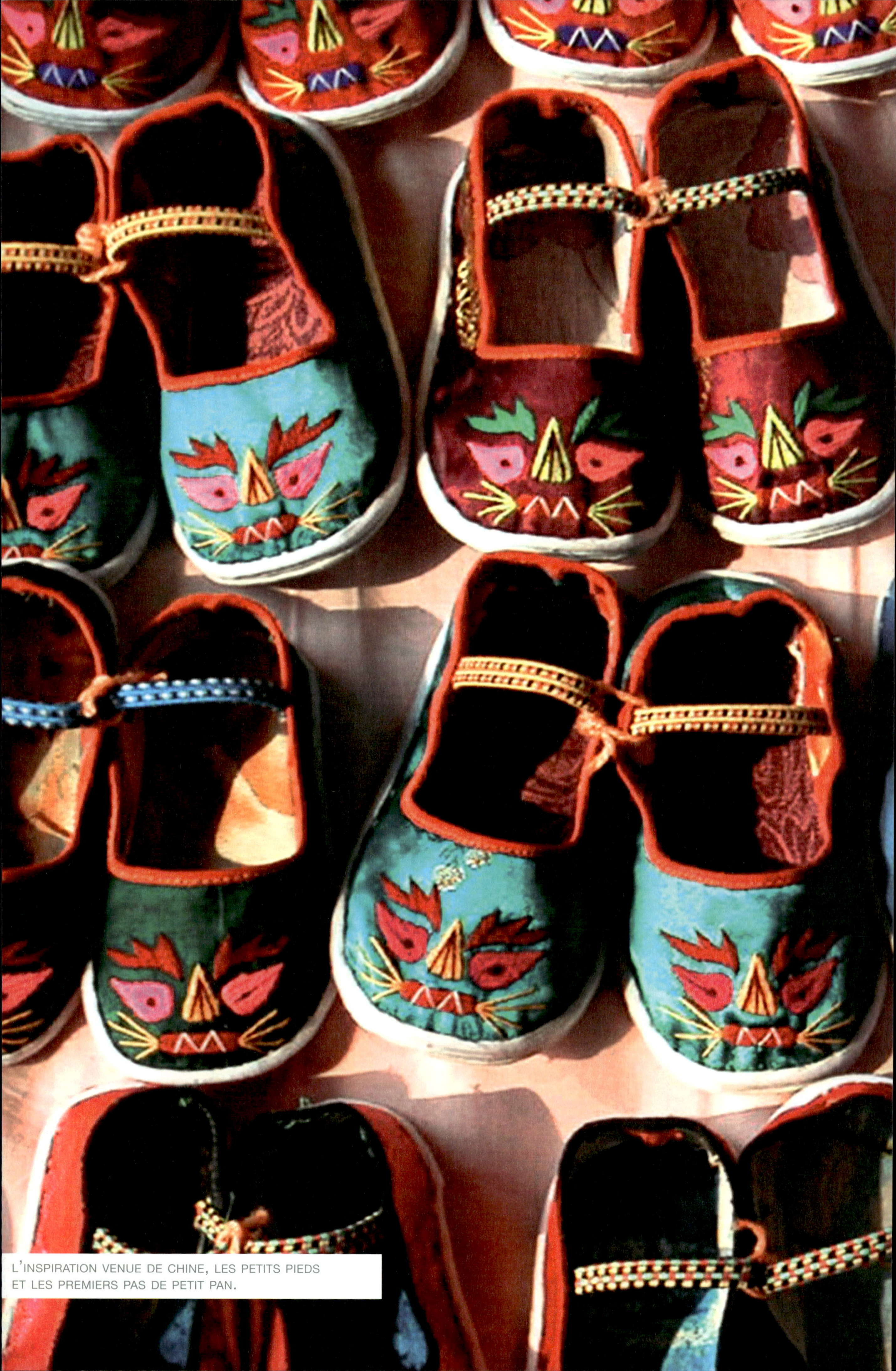

L'INSPIRATION VENUE DE CHINE, LES PETITS PIEDS ET LES PREMIERS PAS DE PETIT PAN.

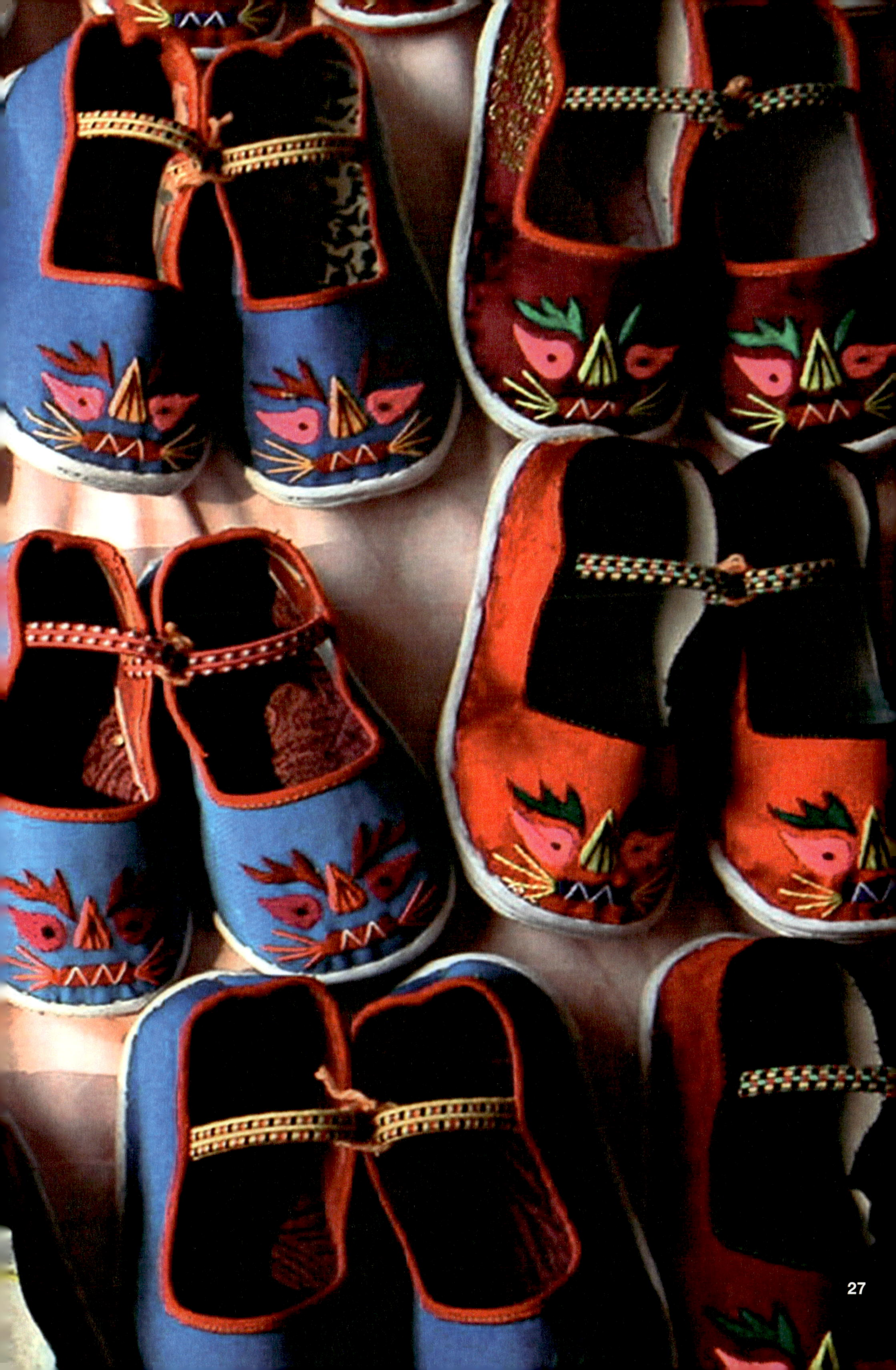

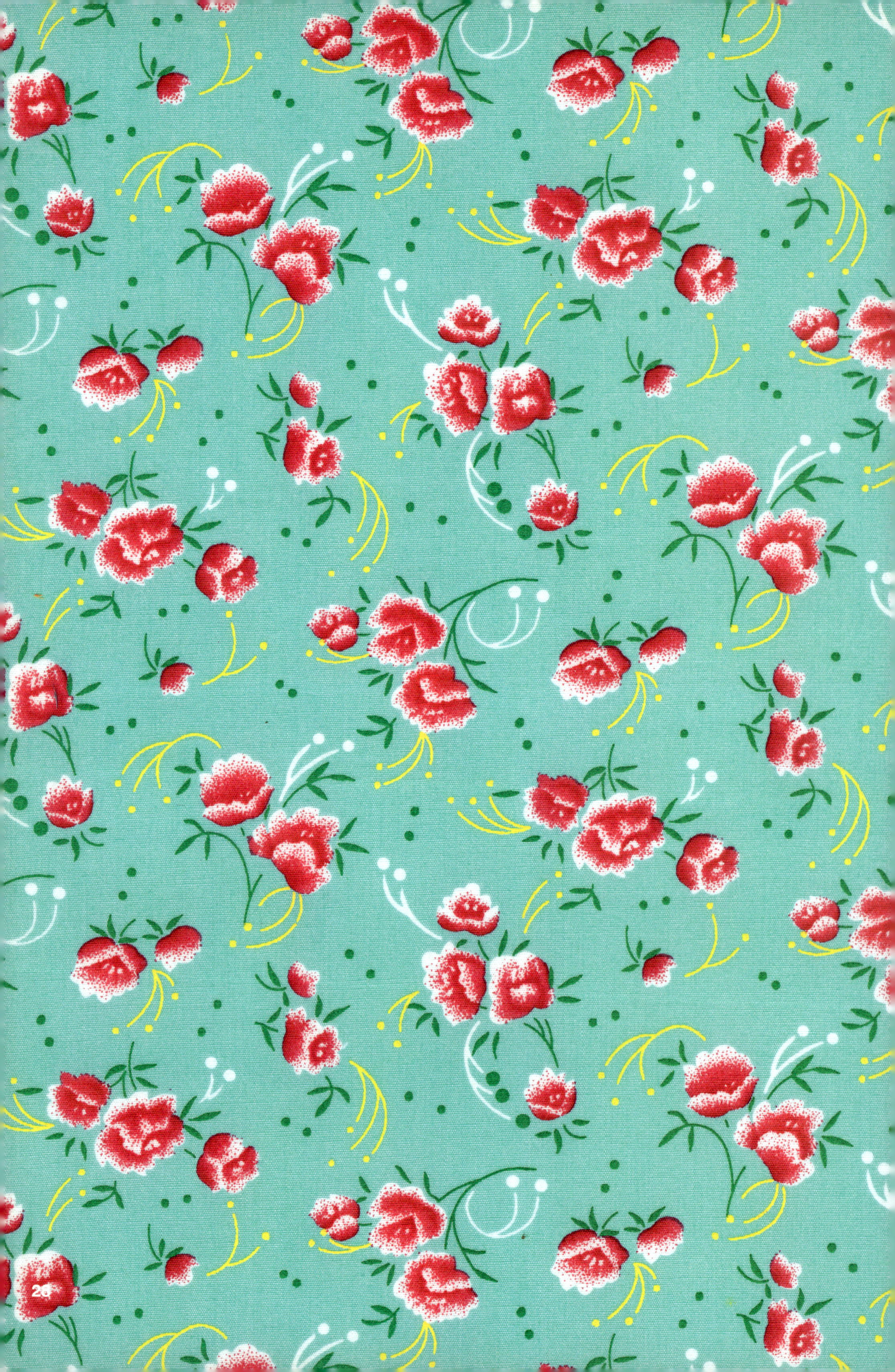

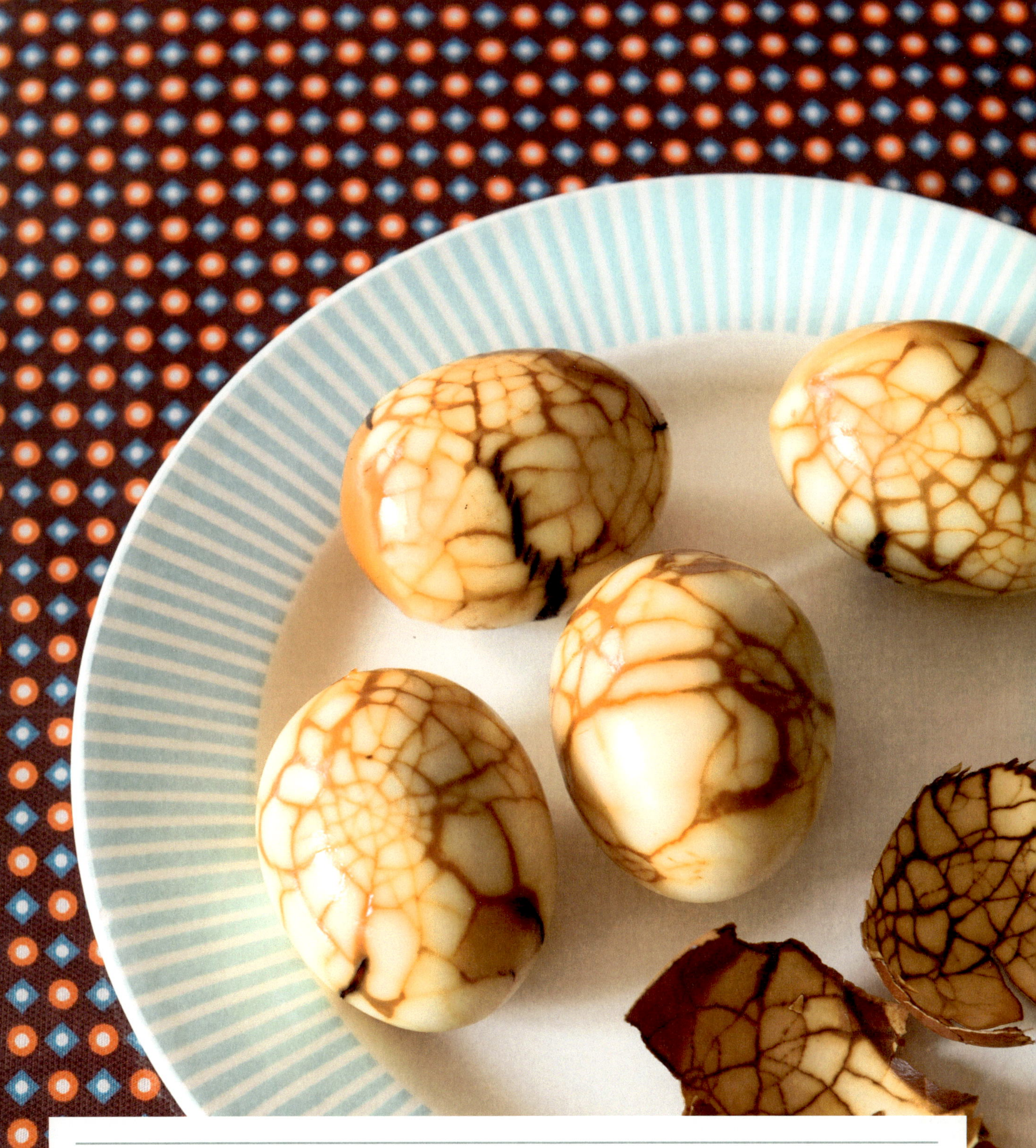

Œufs marbrés

LES ŒUFS MARBRÉS ÉTAIENT AUTREFOIS SERVIS À LA TABLE DES EMPEREURS DE CHINE. AUJOURD'HUI, ILS SE SONT DÉMOCRATISÉS ET SE VENDENT DANS LA RUE.

Recette pour 6 œufs
6 œufs – 150 ml de sauce de soja – 400 ml d'eau – 20 g de thé noir – 2 bâtonnets de cannelle – 5 étoiles d'anis – 4 cm de gingembre coupé en gros morceaux – quelques grains de poivre de Sichuan – 1 cuillerée à soupe d'huile végétale

Dans une casserole, faire chauffer l'eau, l'huile végétale et le gingembre. A ébullition, ajouter les feuilles de thé noir et laisser infuser 3 ou 4 minutes. Laver les œufs et les faire cuire 6 minutes dans ce mélange. Ensuite, tapoter doucement la coquille des œufs pour qu'elle se craquelle sans se détacher. Rajouter la sauce de soja, la cannelle, l'anis étoilé, le poivre et laisser cuire encore 2 à 3 minutes à feu doux pour permettre aux épices de bien pénétrer les œufs. Laisser mariner 24 heures au frais.

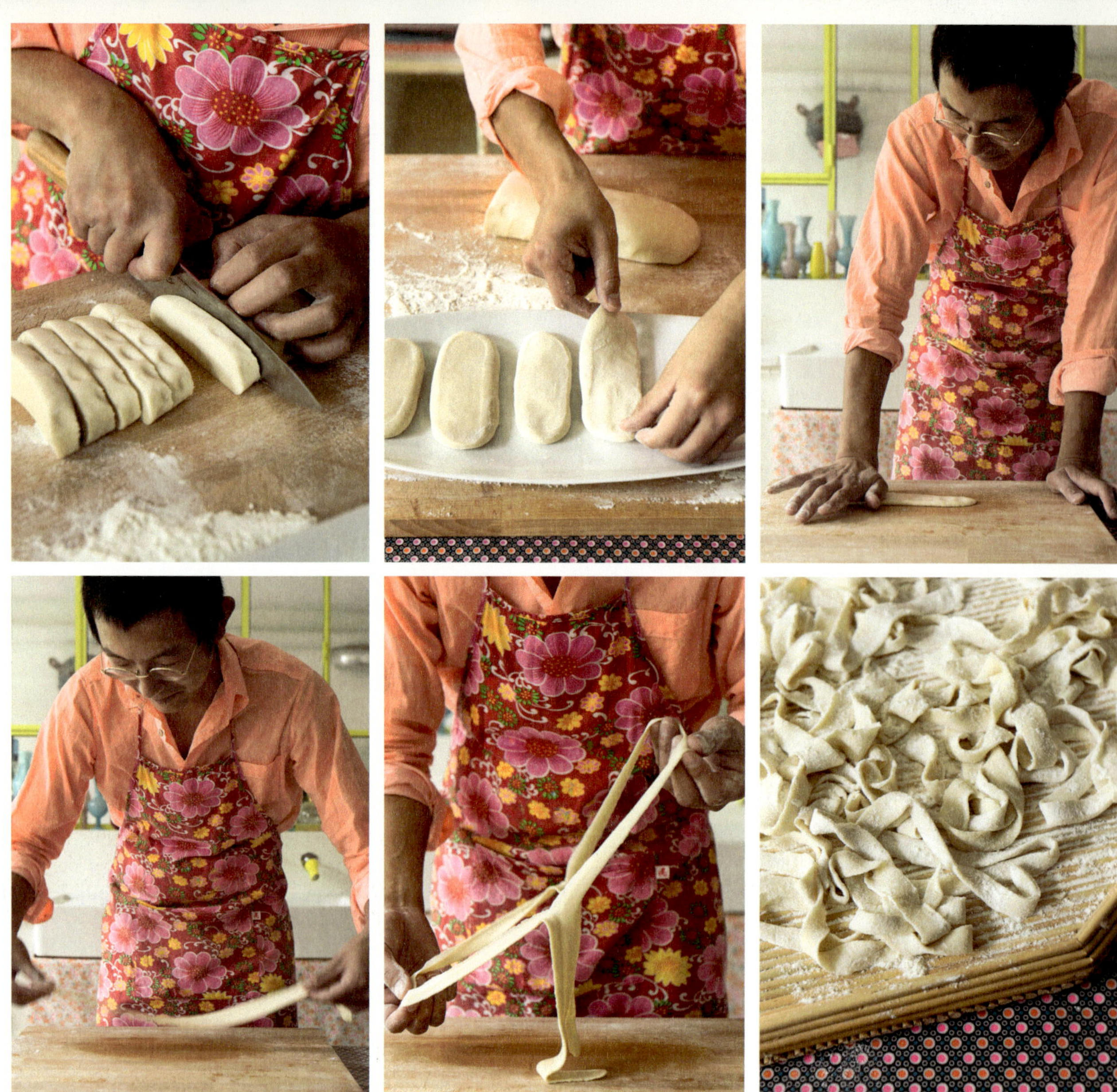

Nouilles aux légumes croquants

EN CHINE, LES NOUILLES CONSTITUENT UN METS DE CHOIX. LEUR LONGUEUR EST UN SYMBOLE DE LONGÉVITÉ, ON ÉVITE DONC DE LES COUPER, TOUT SPÉCIALEMENT POUR LE REPAS PORTE-BONHEUR DU NOUVEL AN.

Recette pour 4 personnes
La pâte : *10 cl d'eau – 400 g de farine*
Le bouillon : *utiliser un bouillon de bœuf, poule ou mouton – 1 cuillerée à soupe de sauce de soja*
Les légumes : *150 g de champignons coupés en lamelles – 150 g de pousses de soja – 150 g de chou chinois – 1 botte d'oignons nouveaux émincés – 3 carottes et 3 petits concombres taillés en longueur – 1 bouquet de coriandre ciselée*
La sauce pimentée : *5 piments piquants – 1 cuillerée à café de sésame – 4 cuillerées à soupe d'huile végétale*

Pour la sauce pimentée : mélanger les piments coupés en petites rondelles avec les graines de sésame et verser l'huile végétale chaude dessus. Pour les nouilles : dans un saladier, verser la farine et ajouter l'eau doucement en mélangeant avec une paire de baguettes. Former une boule de pâte et laisser reposer 30 minutes sous un linge. Ensuite, retravailler la pâte pour former un pain dans lequel on découpe des tranches d'environ 10 cm de long et de 1 cm d'épaisseur. Aplatir et faire une trace au milieu. Etirer pour obtenir des lanières de 50 cm et séparer en suivant la trace. Enfariner les nouilles. Les plonger ensuite 3 mn dans l'eau bouillante et les rincer à l'eau froide. Disposer les nouilles dans des bols et ajouter les légumes croquants et la sauce pimentée.

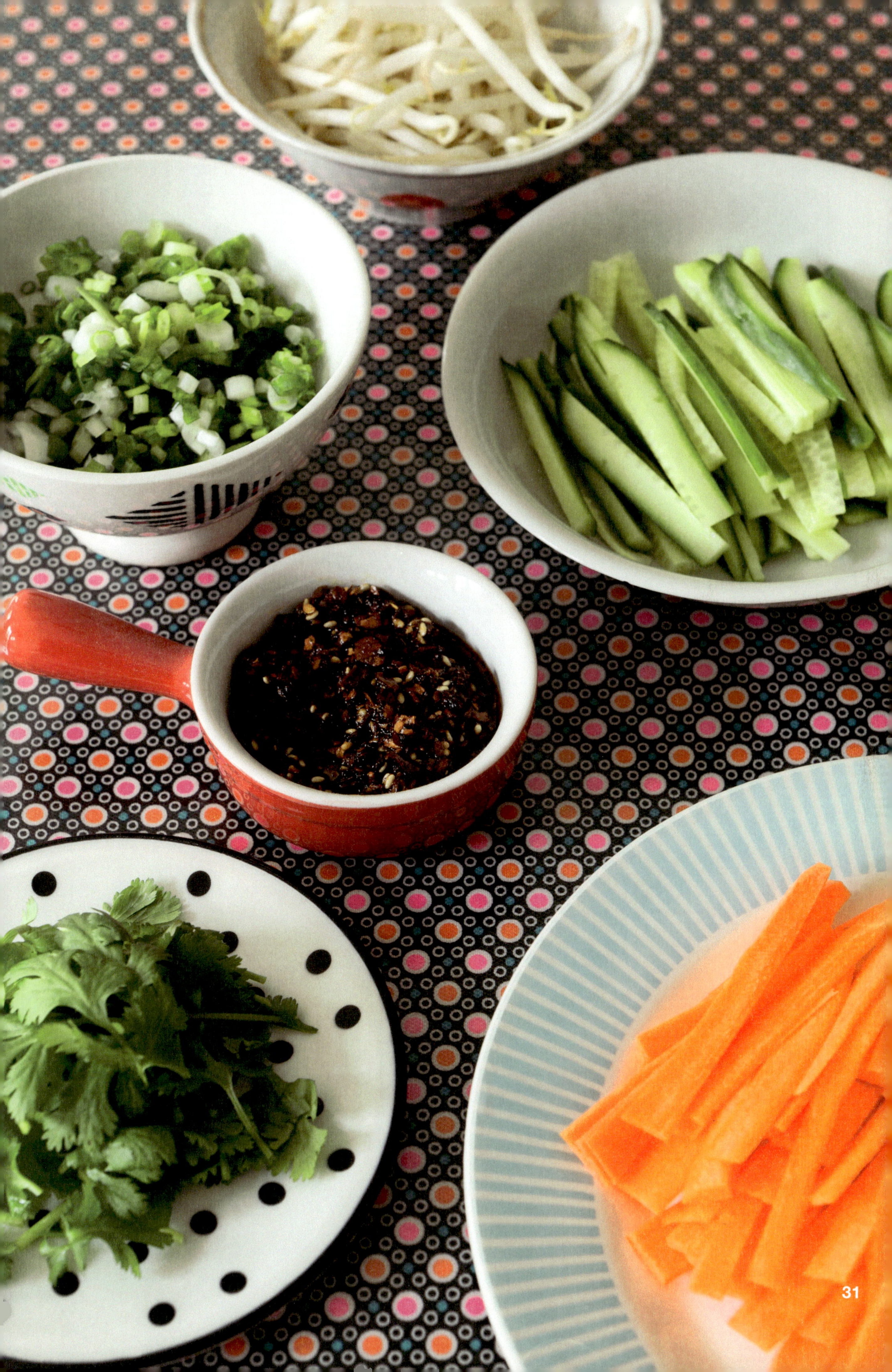

la vie poly-chrome

S'il faut chercher une raison à la passion de Myriam pour les couleurs, on peut évoquer le gris de la Belgique et son charme mélancolique.

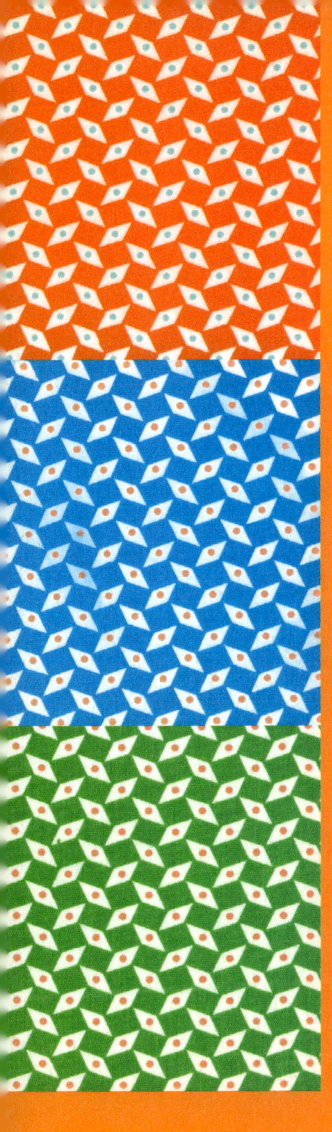

POUR ALLER AU-DELÀ, IL Y AVAIT LES ARTS ET ENSUITE L'ITALIE LUMINEUSE POUR FAIRE CHANTER LE REGARD ET OUVRIR CE QUI SERA PAR LA SUITE SON CHEMIN CRÉATIF. SES AFFINITÉS ÉLECTIVES S'APPELLENT MARK ROTHKO, NICOLAS DE STAËL OU SONIA DELAUNAY, CES ARTISTES ONT OSÉ DES MARIAGES DE COULEURS INCROYABLEMENT FRANCHES ET ÉCLATANTES QUI LUI PARLENT.
POUR REPEINDRE LE QUOTIDIEN, MYRIAM APPRIVOISE LES COULEURS, ELLE LES RESPIRE, LES FAIT SIENNES, LES JUXTAPOSE, LES ADORE. CETTE APPROCHE A QUELQUE CHOSE D'ABSOLU ET LES NOMS DES COULEURS RÉSONNENT COMME DES INCANTATIONS : ROUGE D'ALIZARINE, VERT LAGUNE, BLEU TURQUIN, AMARANTE, BLEU VOLUBILIS, VERT MOUSSE, MORDORÉ, BLANC DE NACRE, ROUGE GRENADINE, BLEU AIGUE-MARINE, BLANC D'ARGENT, ORANGE TANGERINE...

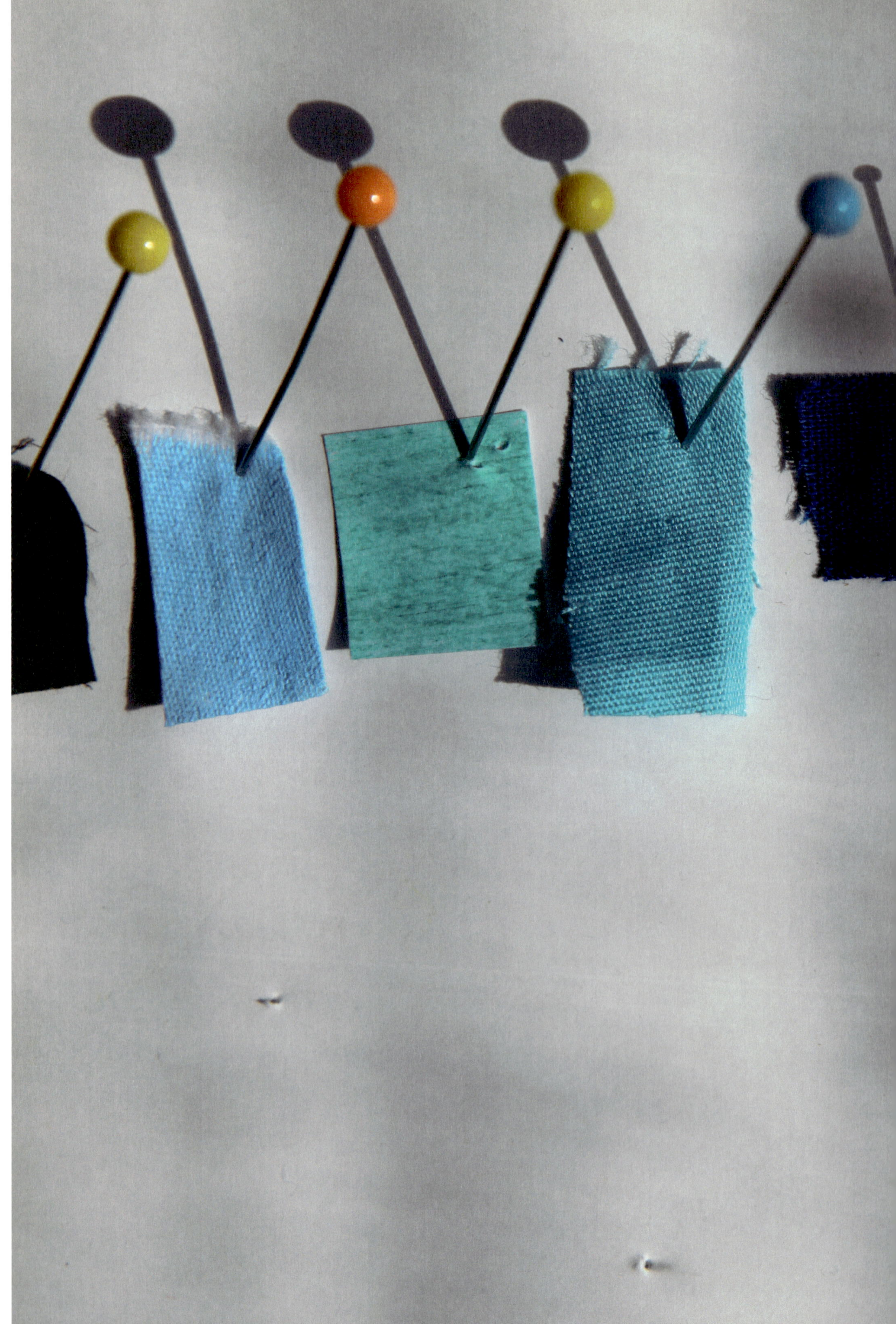

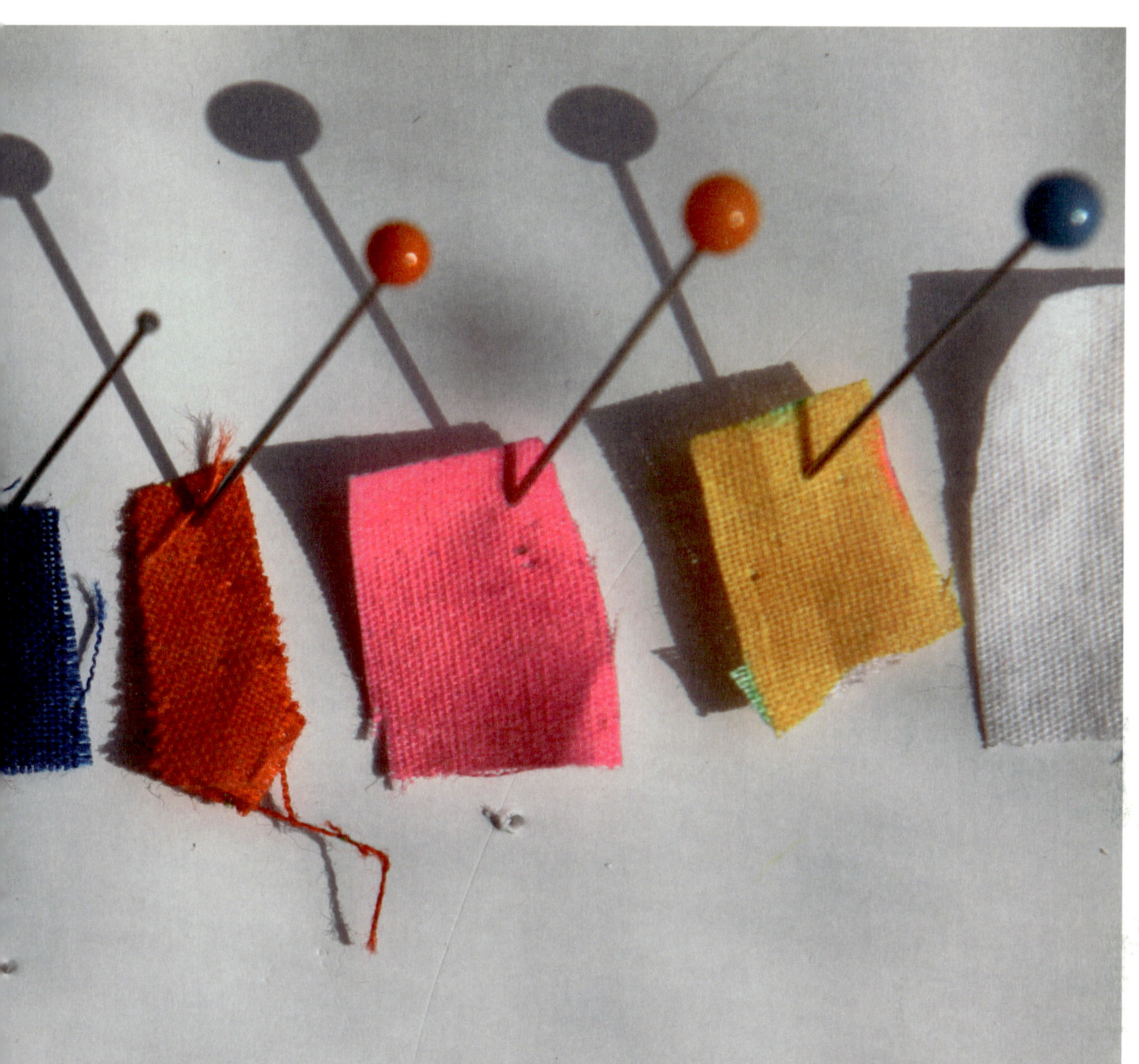

“Ma couleur préférée,
c’est l’éclat des couleurs.”

Émile, 8 ans

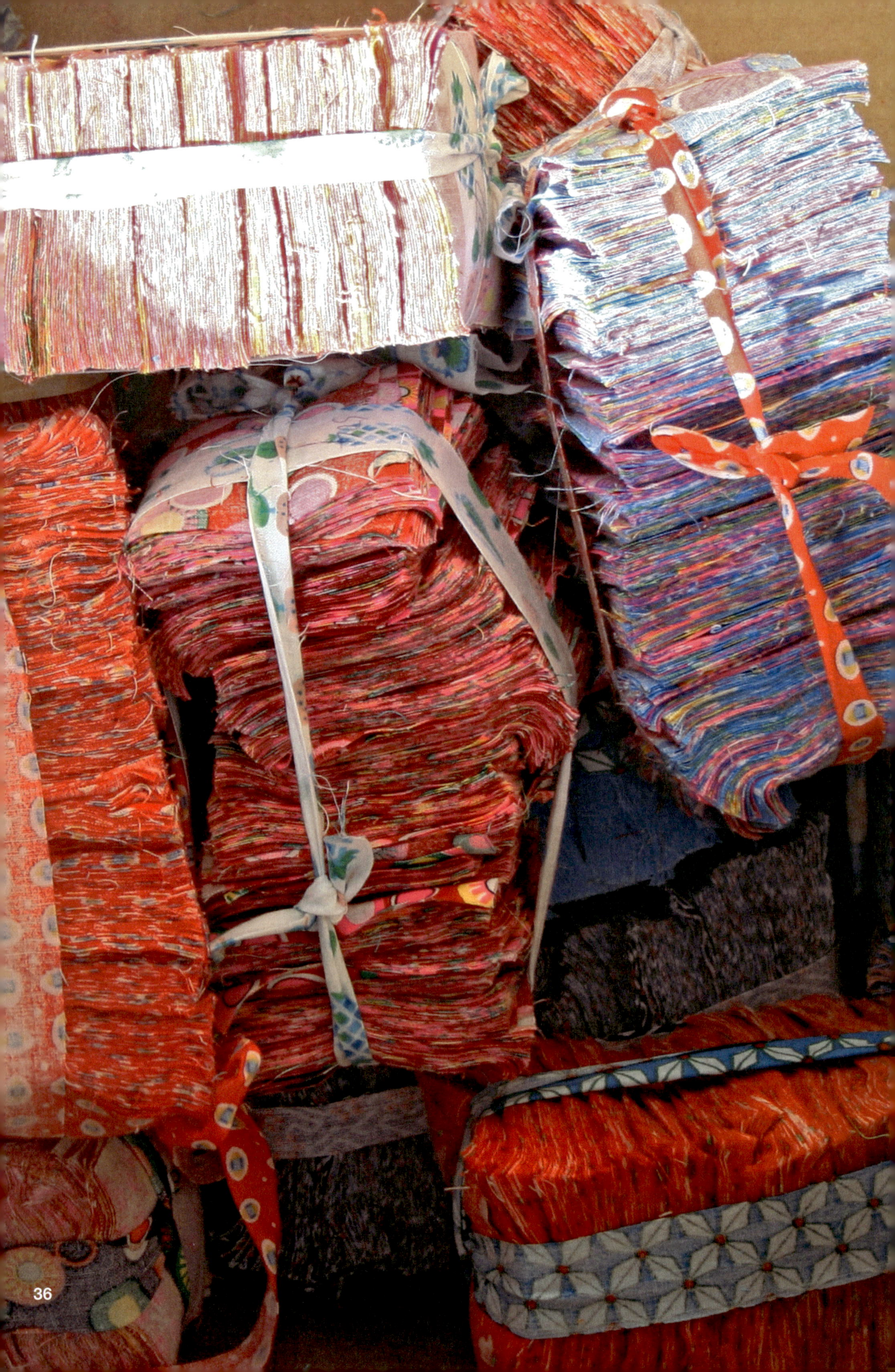

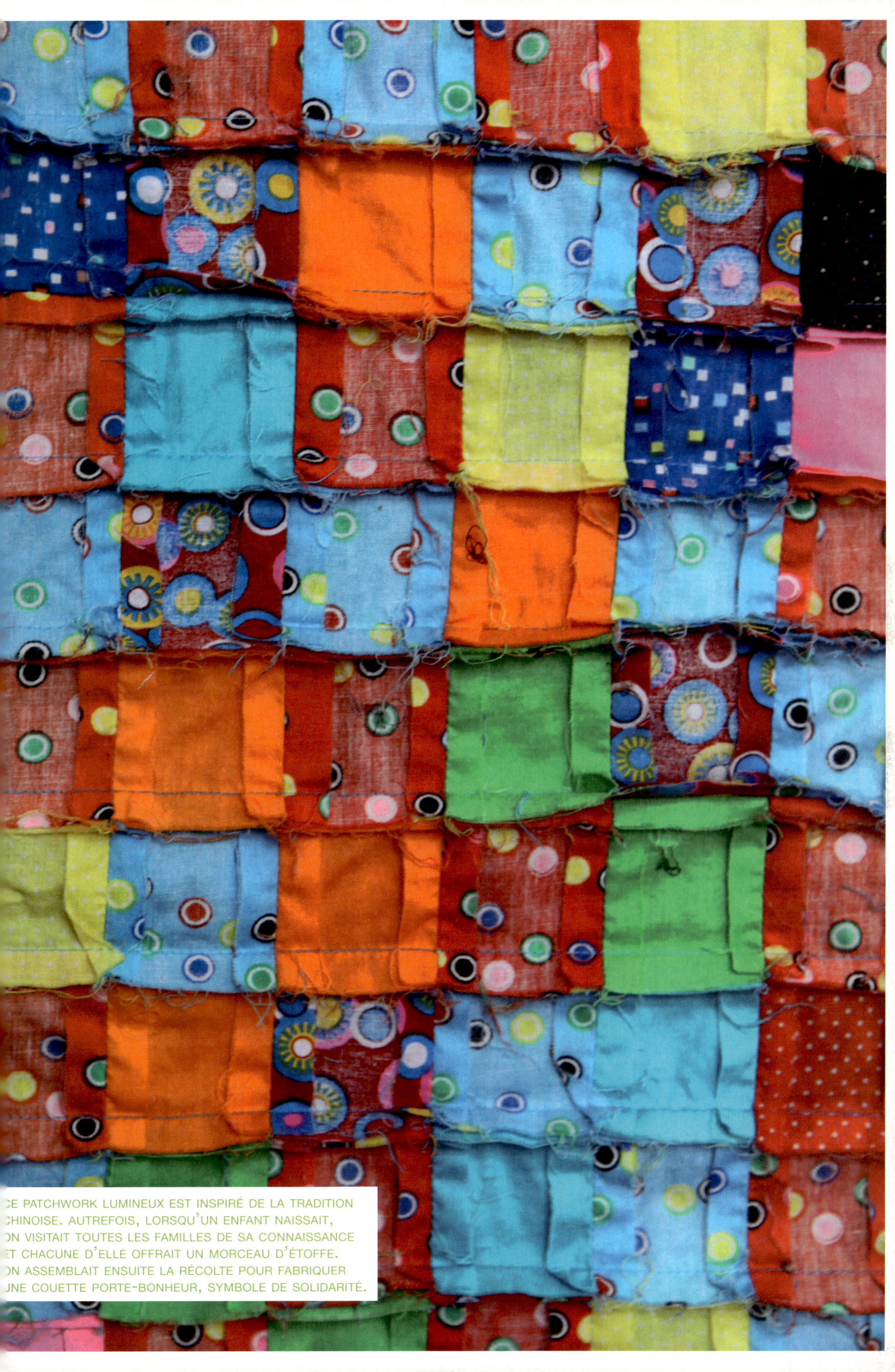

CE PATCHWORK LUMINEUX EST INSPIRÉ DE LA TRADITION CHINOISE. AUTREFOIS, LORSQU'UN ENFANT NAISSAIT, ON VISITAIT TOUTES LES FAMILLES DE SA CONNAISSANCE ET CHACUNE D'ELLE OFFRAIT UN MORCEAU D'ÉTOFFE. ON ASSEMBLAIT ENSUITE LA RÉCOLTE POUR FABRIQUER UNE COUETTE PORTE-BONHEUR, SYMBOLE DE SOLIDARITÉ.

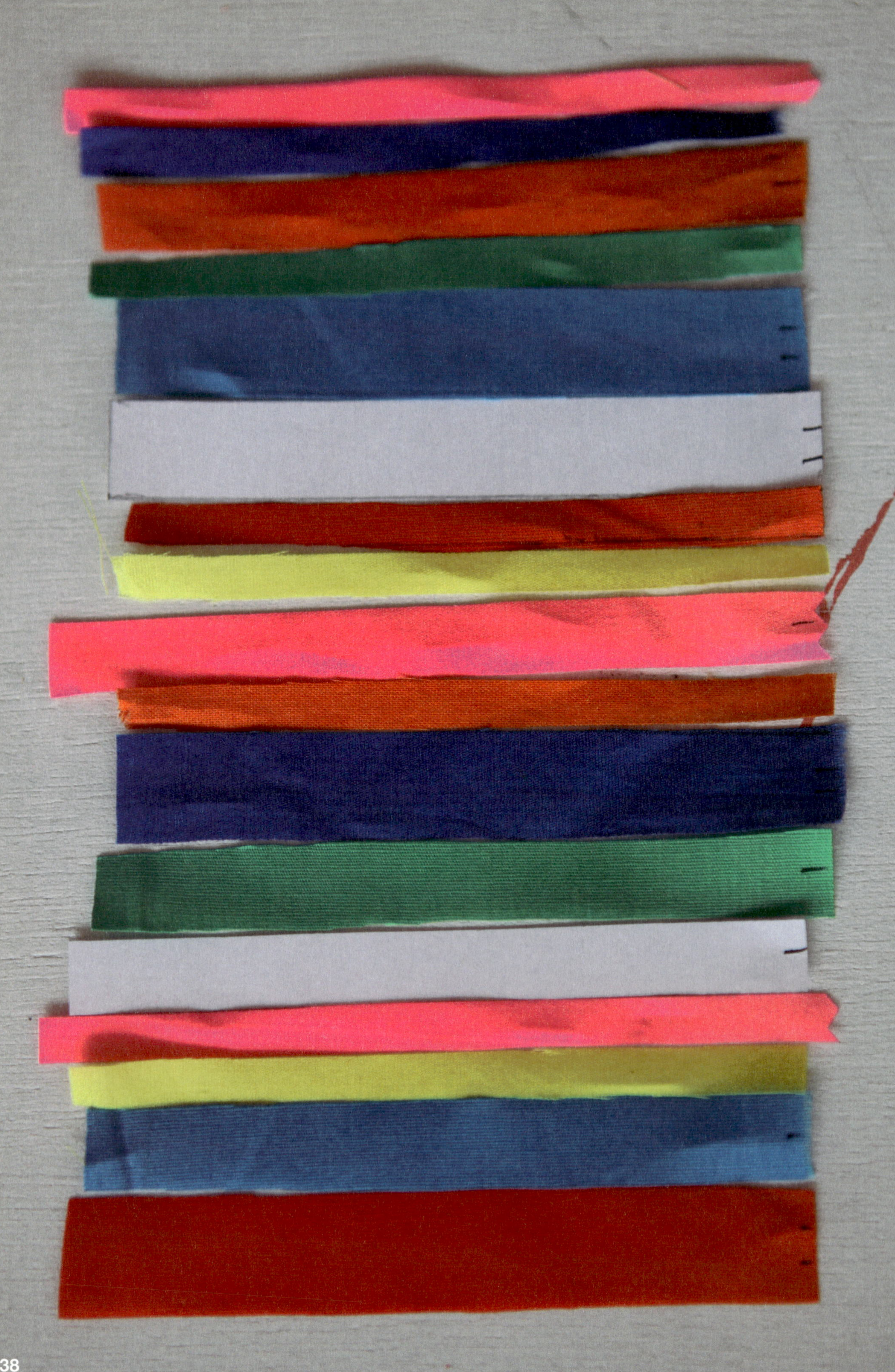

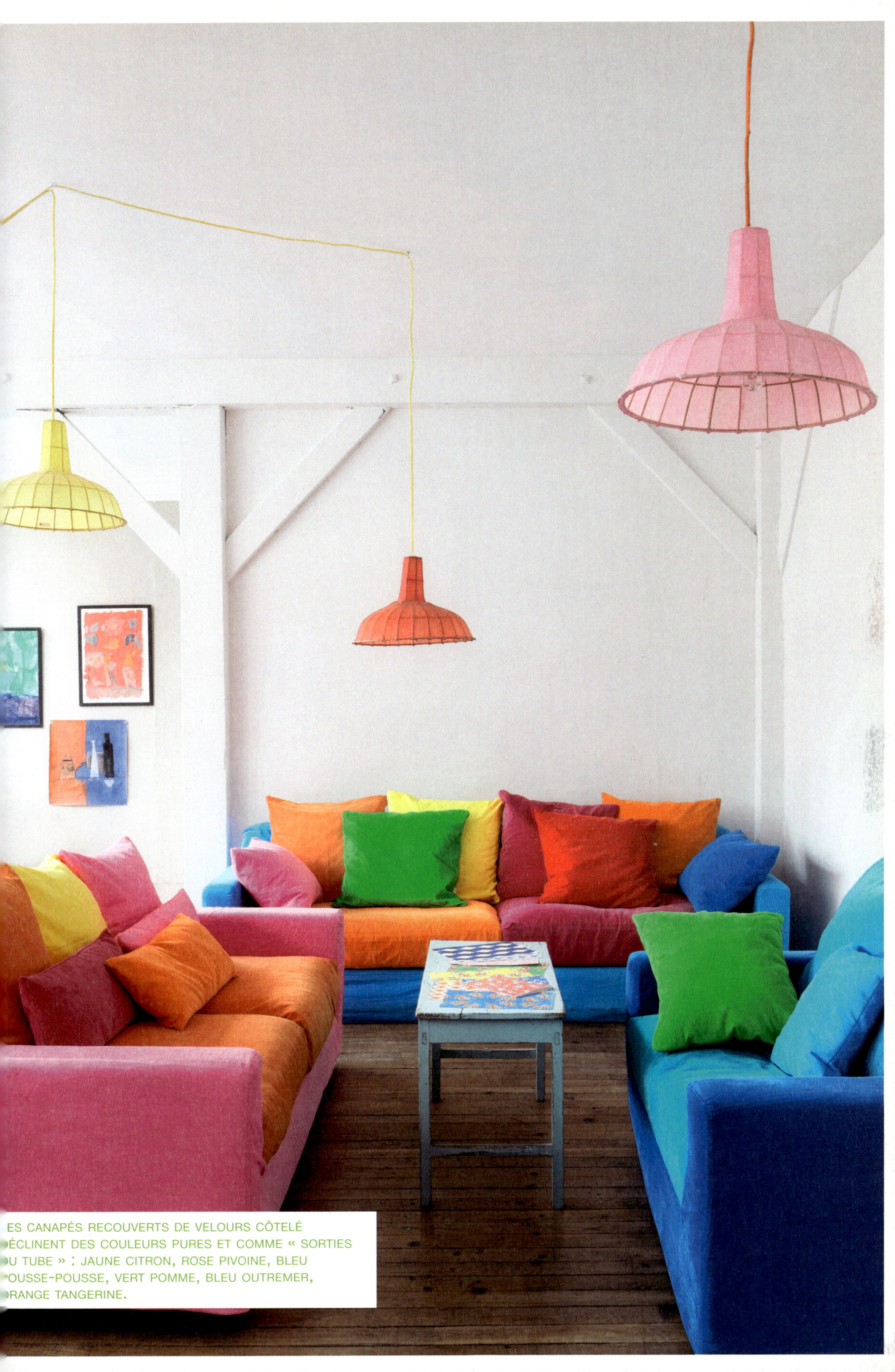

ES CANAPÉS RECOUVERTS DE VELOURS CÔTELÉ ÉCLINENT DES COULEURS PURES ET COMME « SORTIES U TUBE » : JAUNE CITRON, ROSE PIVOINE, BLEU OUSSE-POUSSE, VERT POMME, BLEU OUTREMER, RANGE TANGERINE.

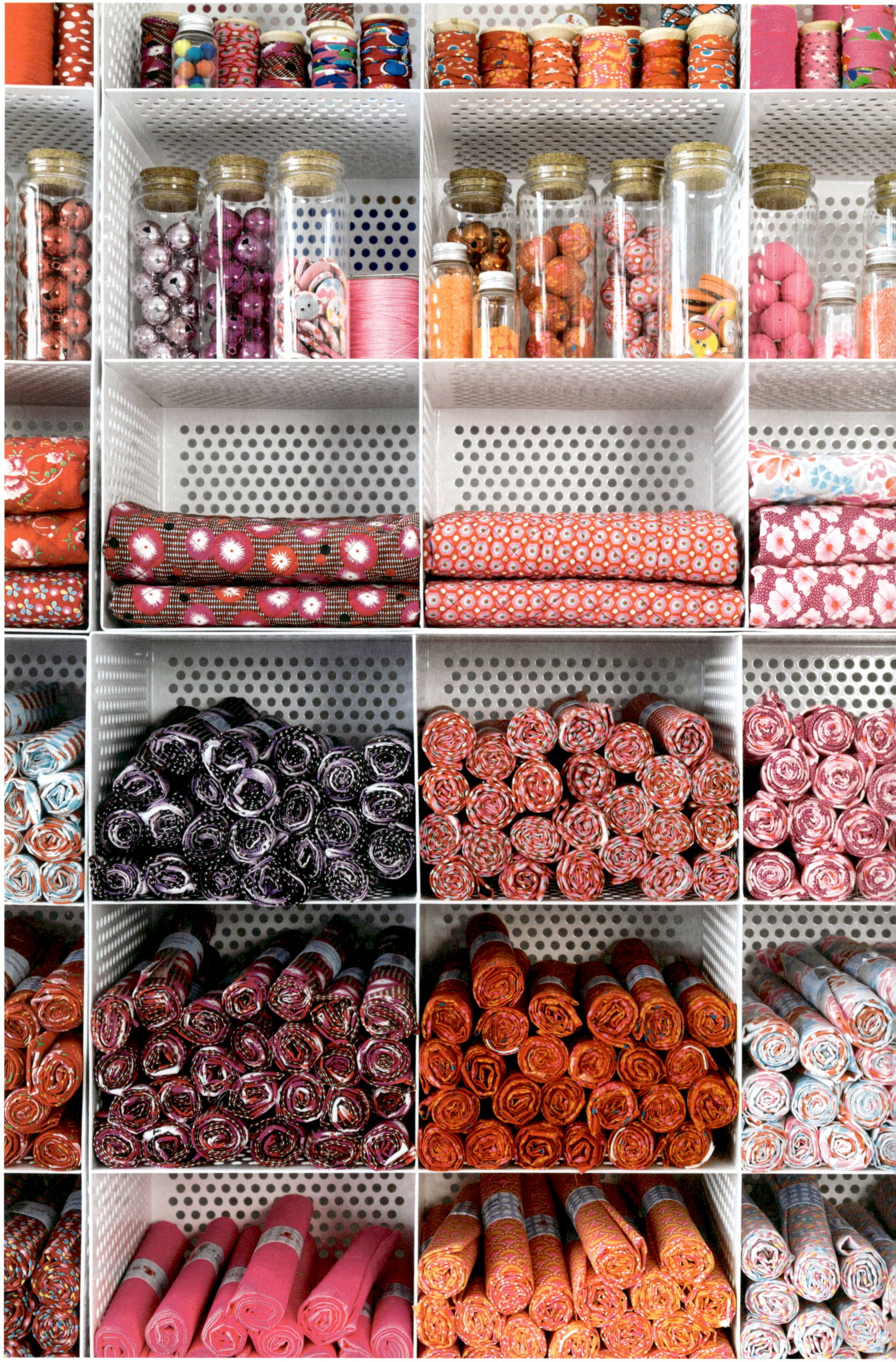

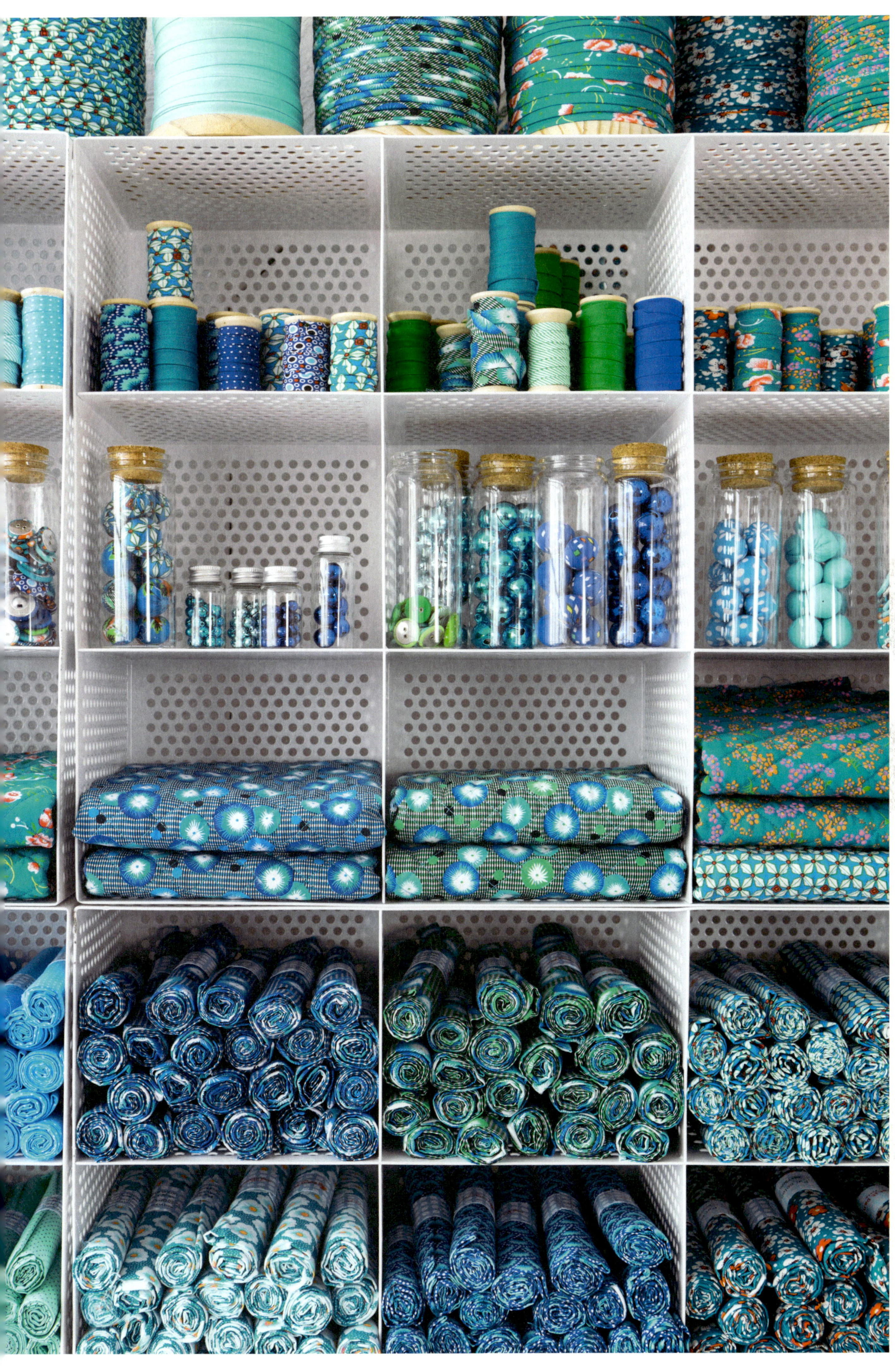

“La mer brille
Comme une coquille ;
On a envie de la pêcher.
La mer est verte,
La mer est grise,
Elle est d'azur,
Elle est d'argent et de dentelle.”

Paul Fort, *La mer*

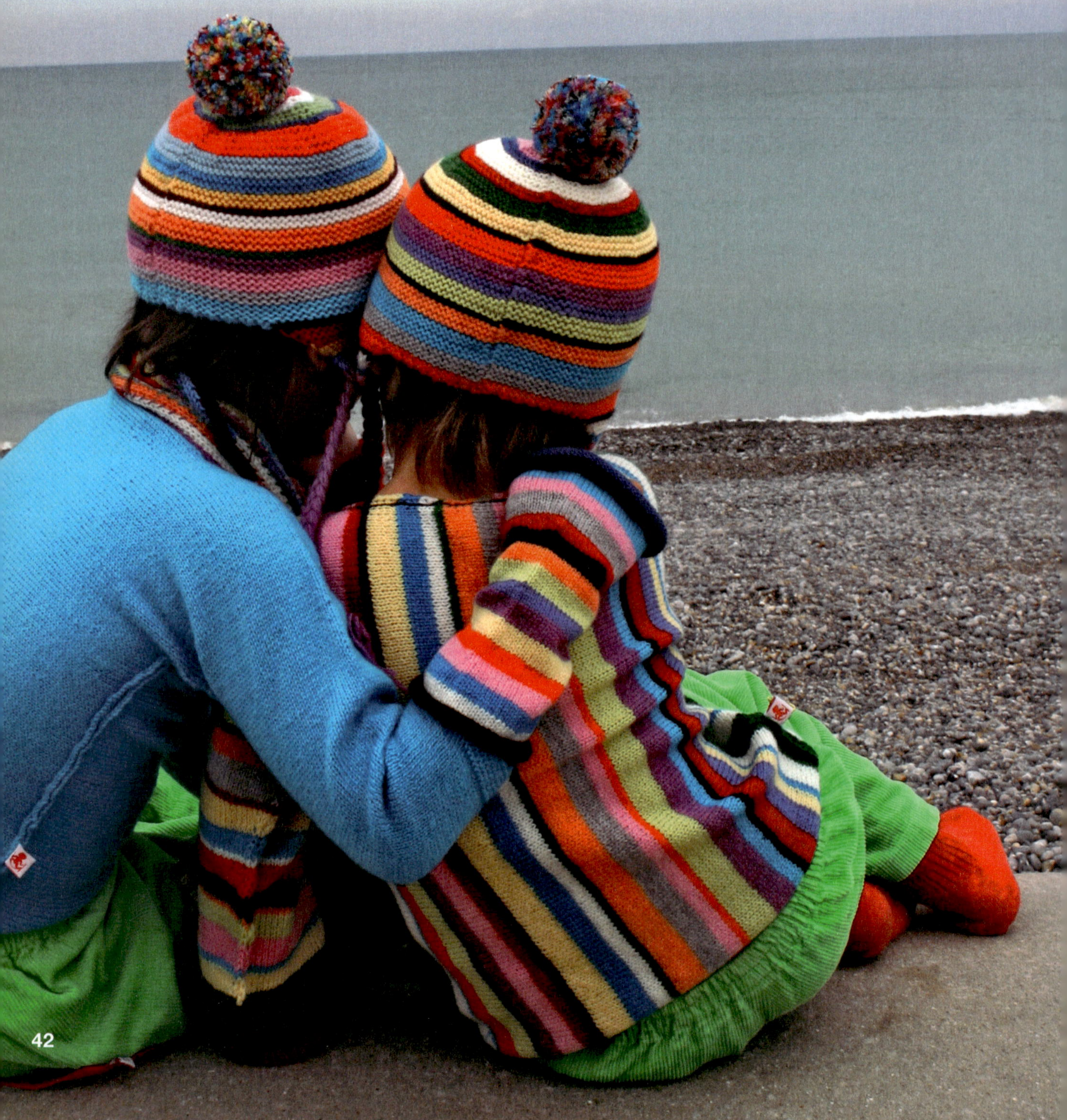

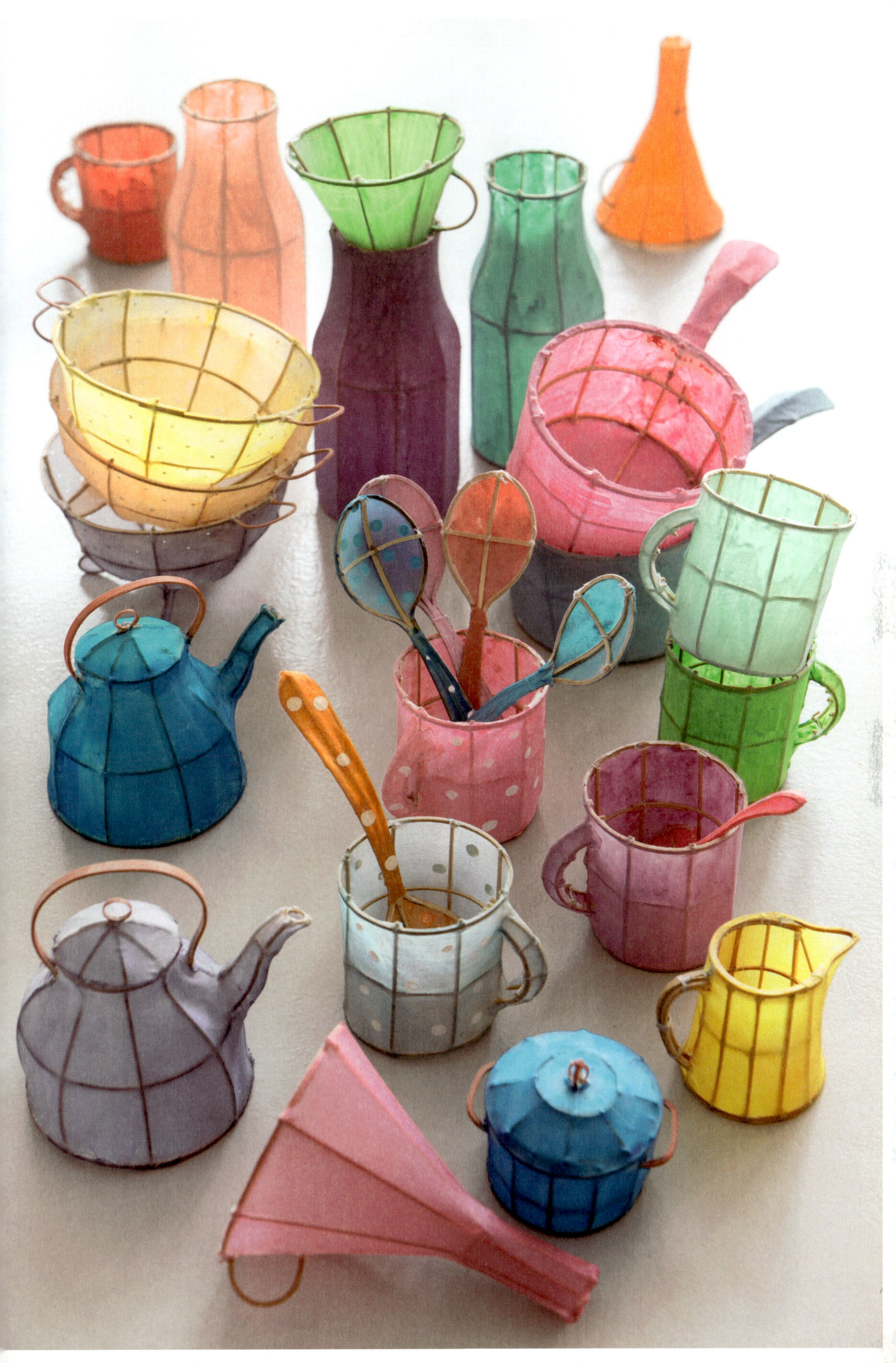

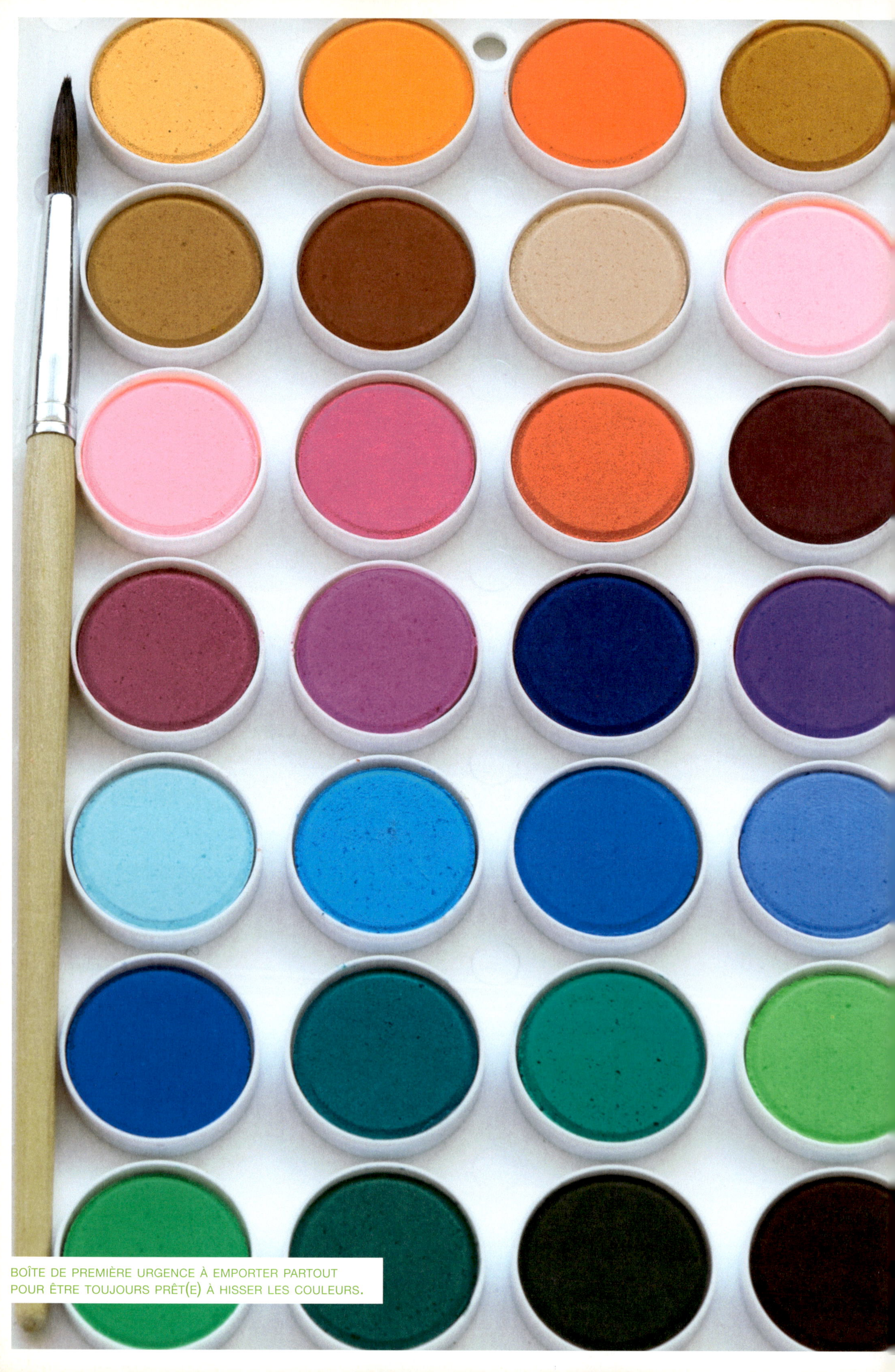

BOÎTE DE PREMIÈRE URGENCE À EMPORTER PARTOUT
POUR ÊTRE TOUJOURS PRÊT(E) À HISSER LES COULEURS.

’EST UNE IDÉE DE PAN POUR TROUVER UN REMÈDE UNE ATTAQUE DE MITES. PLUTÔT QUE DE TENTER E MASQUER LES TROUS DE SON PULL, IL A CHOISI E LES METTRE EN VEDETTE EN LES ENCERCLANT E LAINE DE COULEUR. ET COMME C’EST JOLI, MITES U PAS, ON A ENVIE DE FAIRE DES TROUS EXPRÈS.

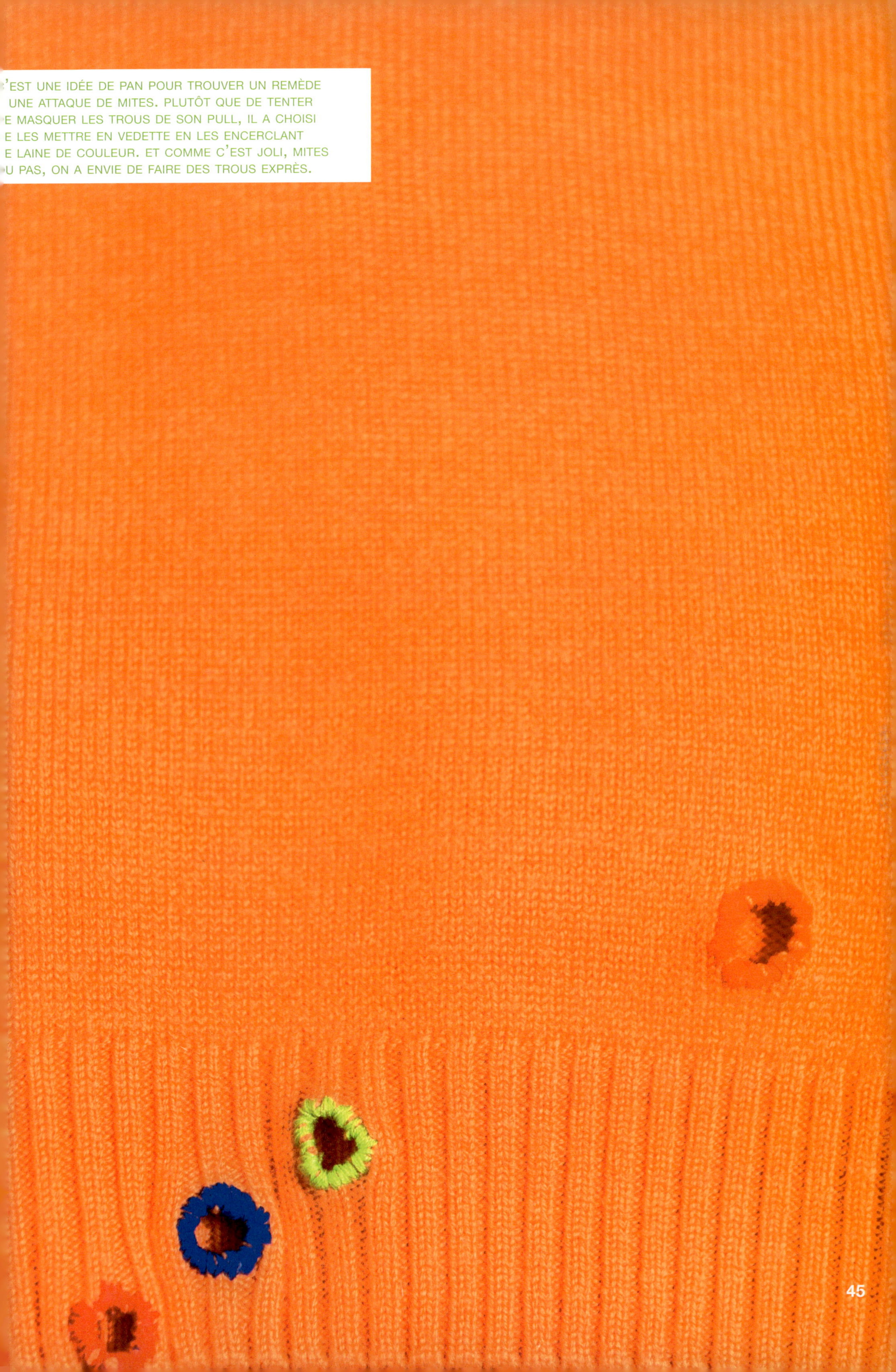

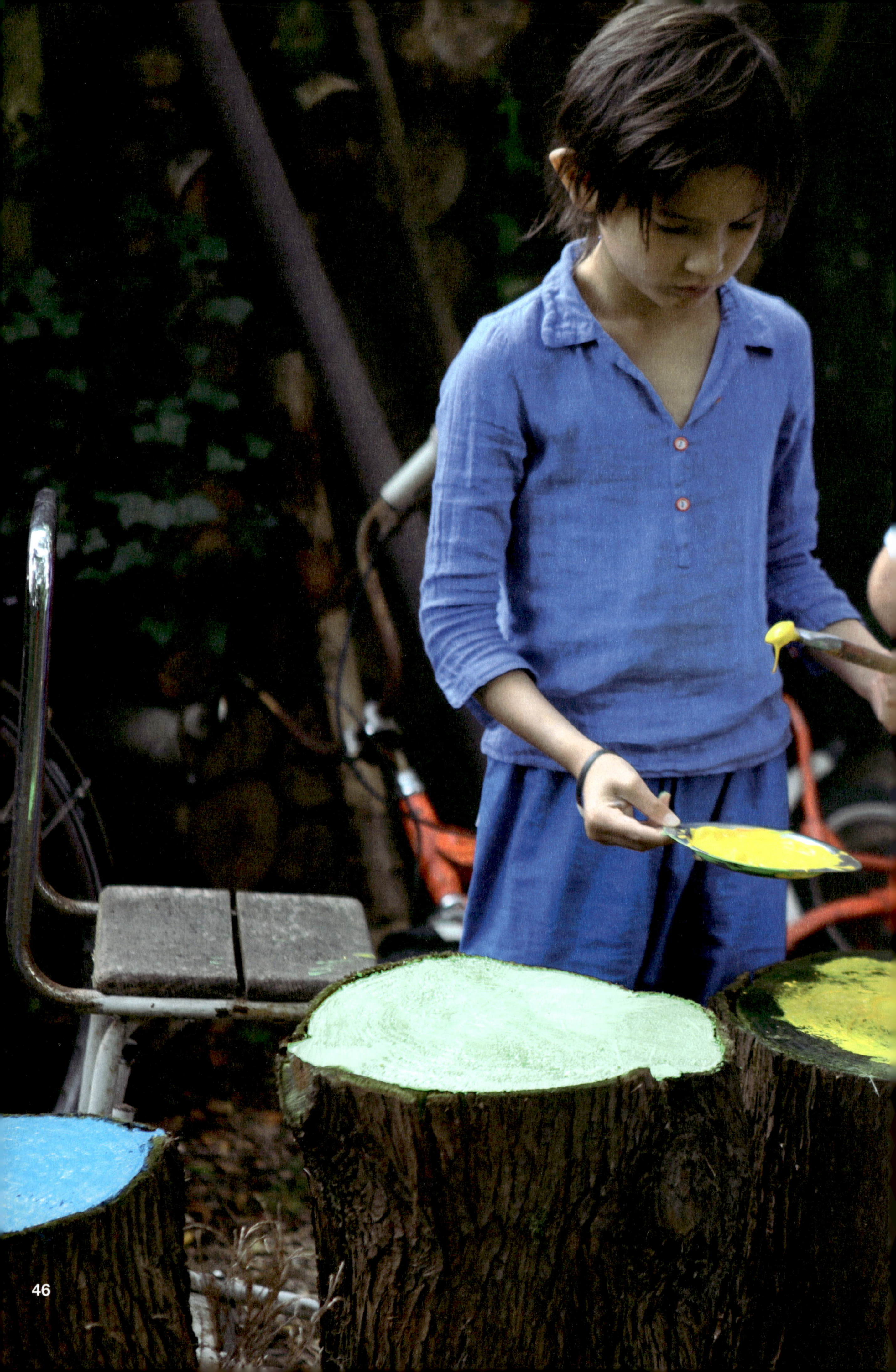

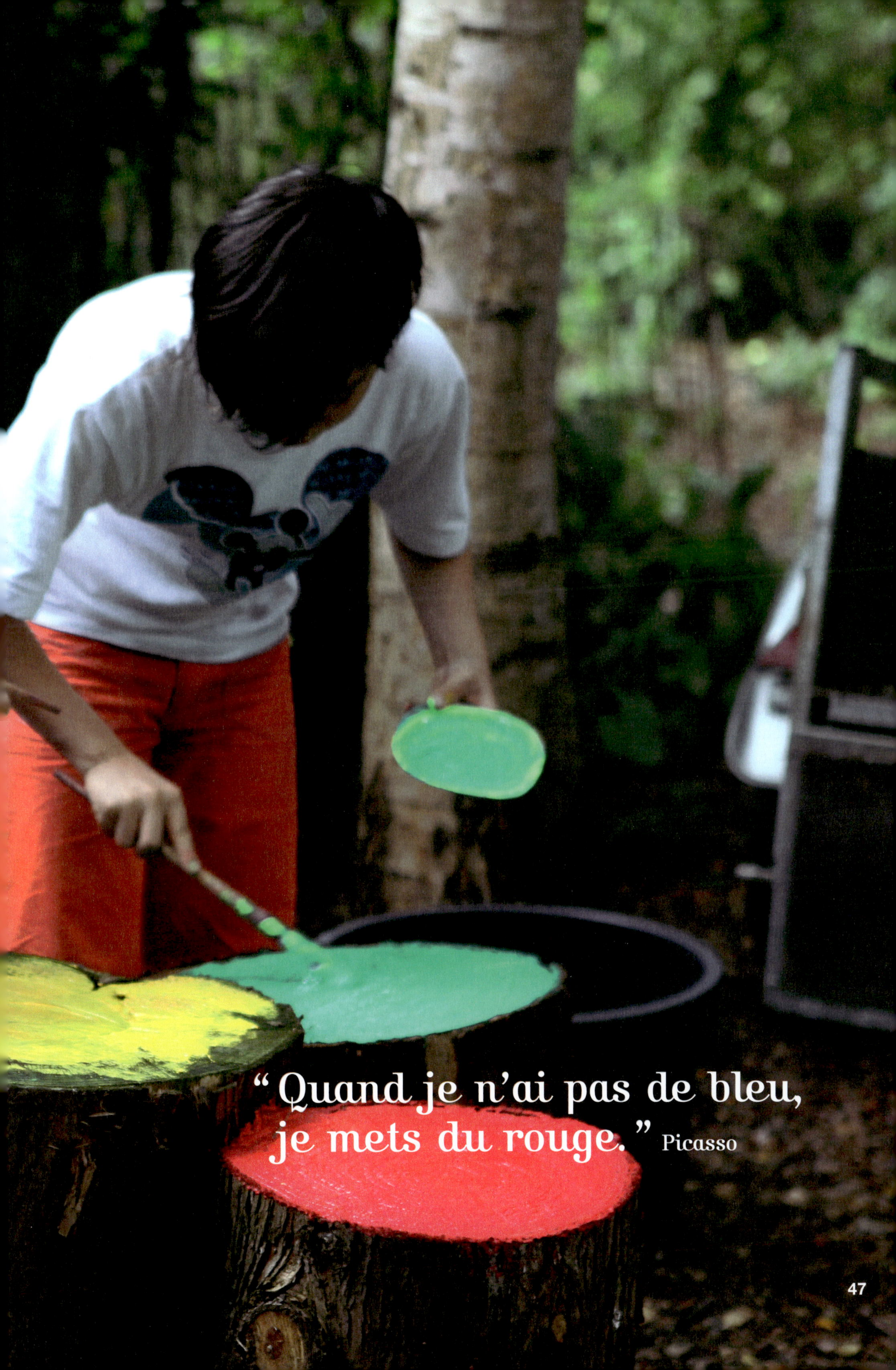

“Quand je n’ai pas de bleu,
je mets du rouge.” Picasso

le rose triomphant

Lors de son premier voyage en Chine, Myriam a vu vibrer un rose qu'elle ne connaissait pas et qui l'a littéralement envoûtée.

LES MURS D'UNE MAISON DANS LA CAMPAGNE, LES FOULARDS DES CUEILLEUSES DANS LES CHAMPS LUI ONT OFFERT CE ROSE INTENSE QUI L'HABITE DEPUIS ET QU'ELLE CULTIVE SANS CESSE POUR EN EXTRAIRE L'ÉTINCELLE.

CE ROSE IDÉAL À FIXER SUR LES TISSUS OU LA SOIE DES CERFS-VOLANTS EST DEVENU UN ROSE RADIEUX : LE « ROSE PETIT PAN ».

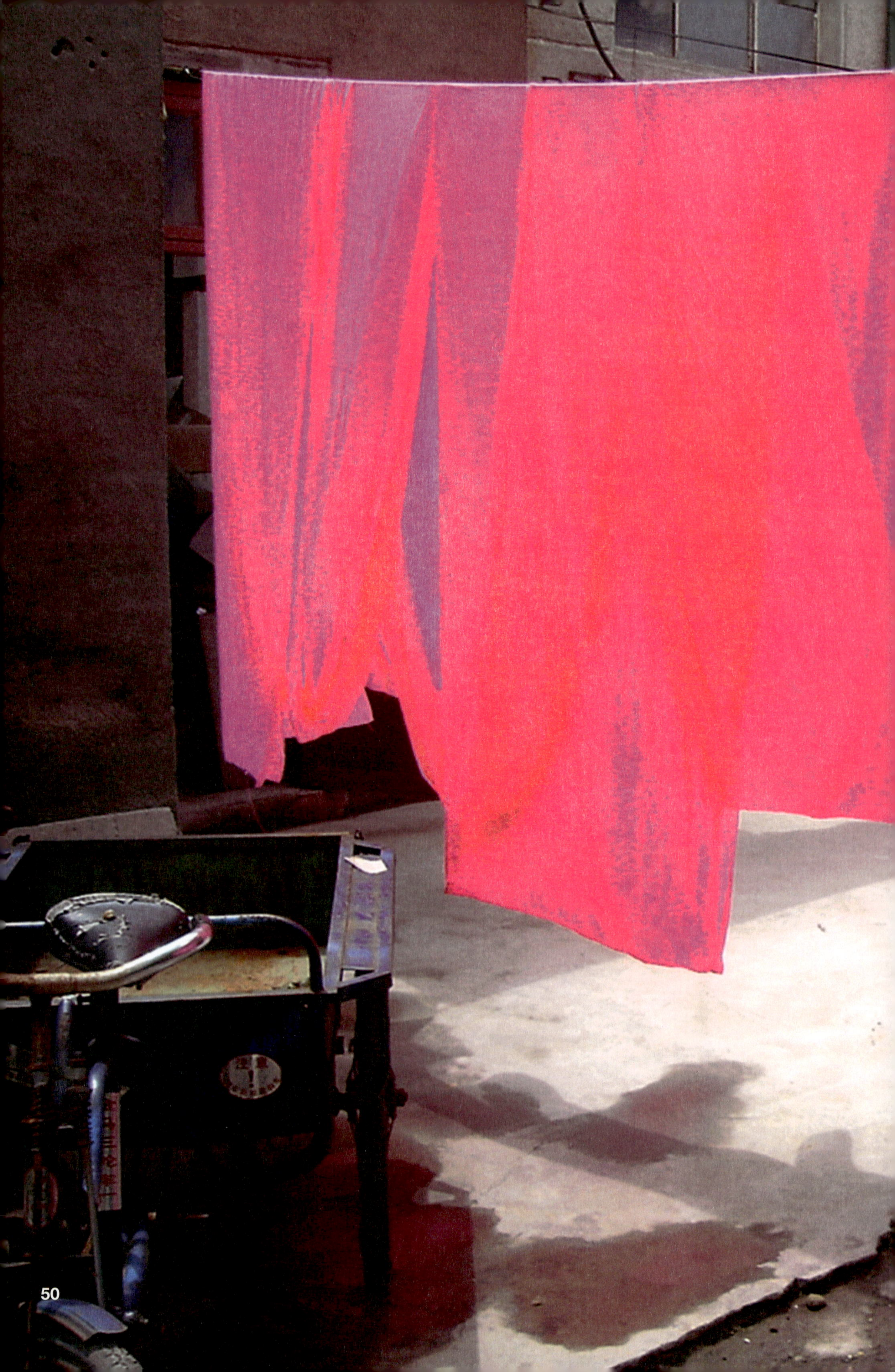

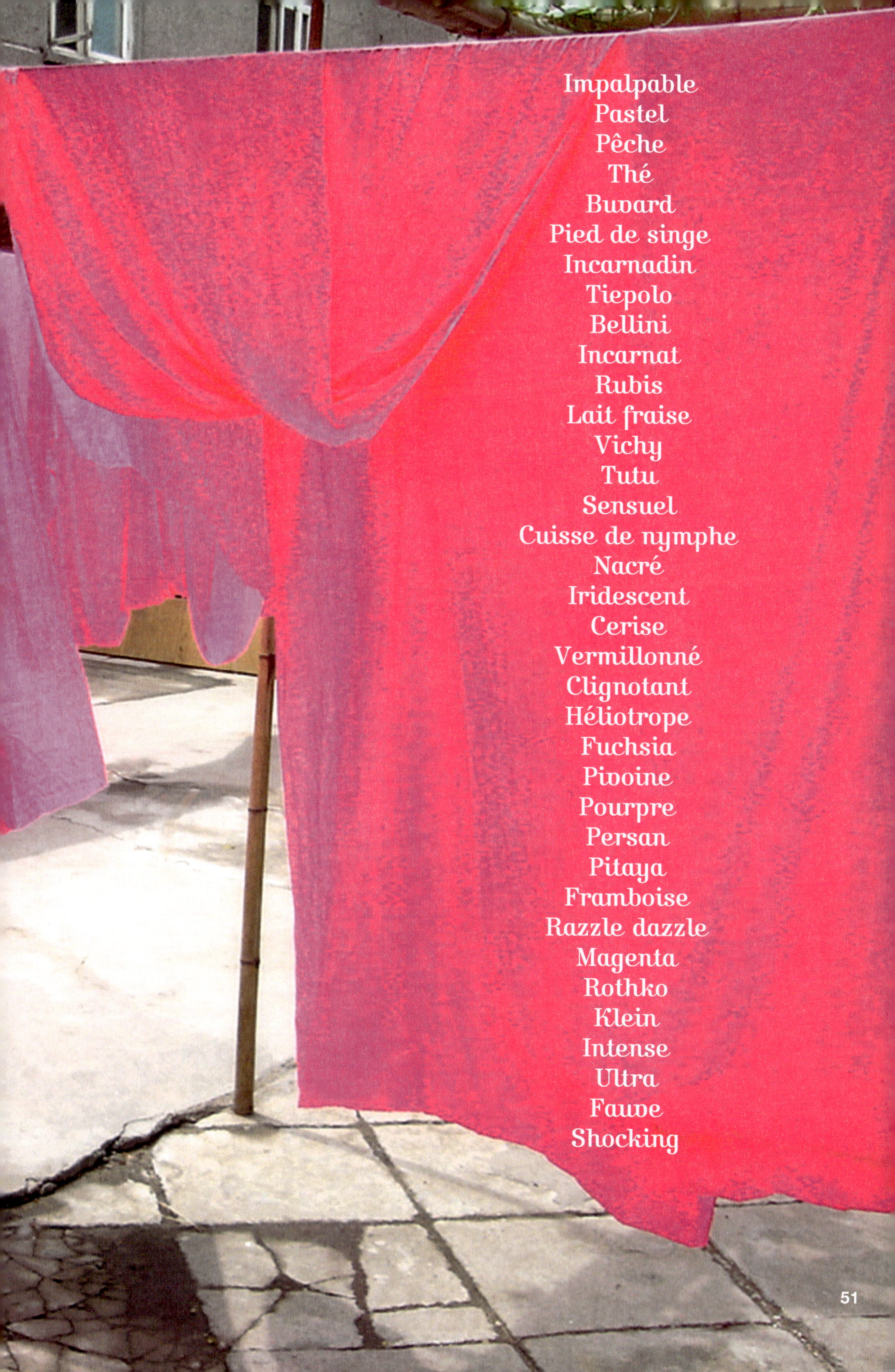

Impalpable
Pastel
Pêche
Thé
Buvard
Pied de singe
Incarnadin
Tiepolo
Bellini
Incarnat
Rubis
Lait fraise
Vichy
Tutu
Sensuel
Cuisse de nymphe
Nacré
Iridescent
Cerise
Vermillonné
Clignotant
Héliotrope
Fuchsia
Pivoine
Pourpre
Persan
Pitaya
Framboise
Razzle dazzle
Magenta
Rothko
Klein
Intense
Ultra
Fauve
Shocking

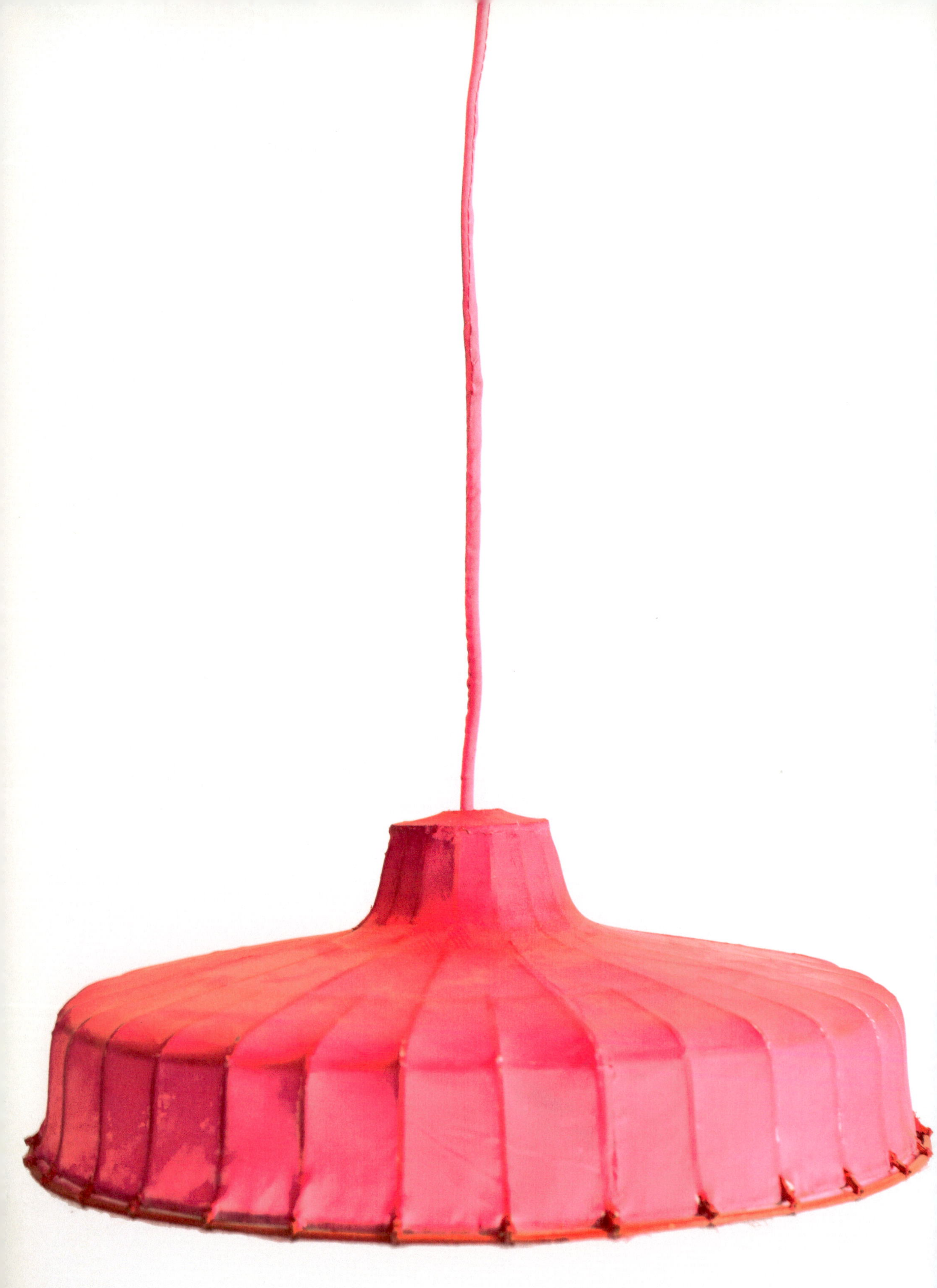

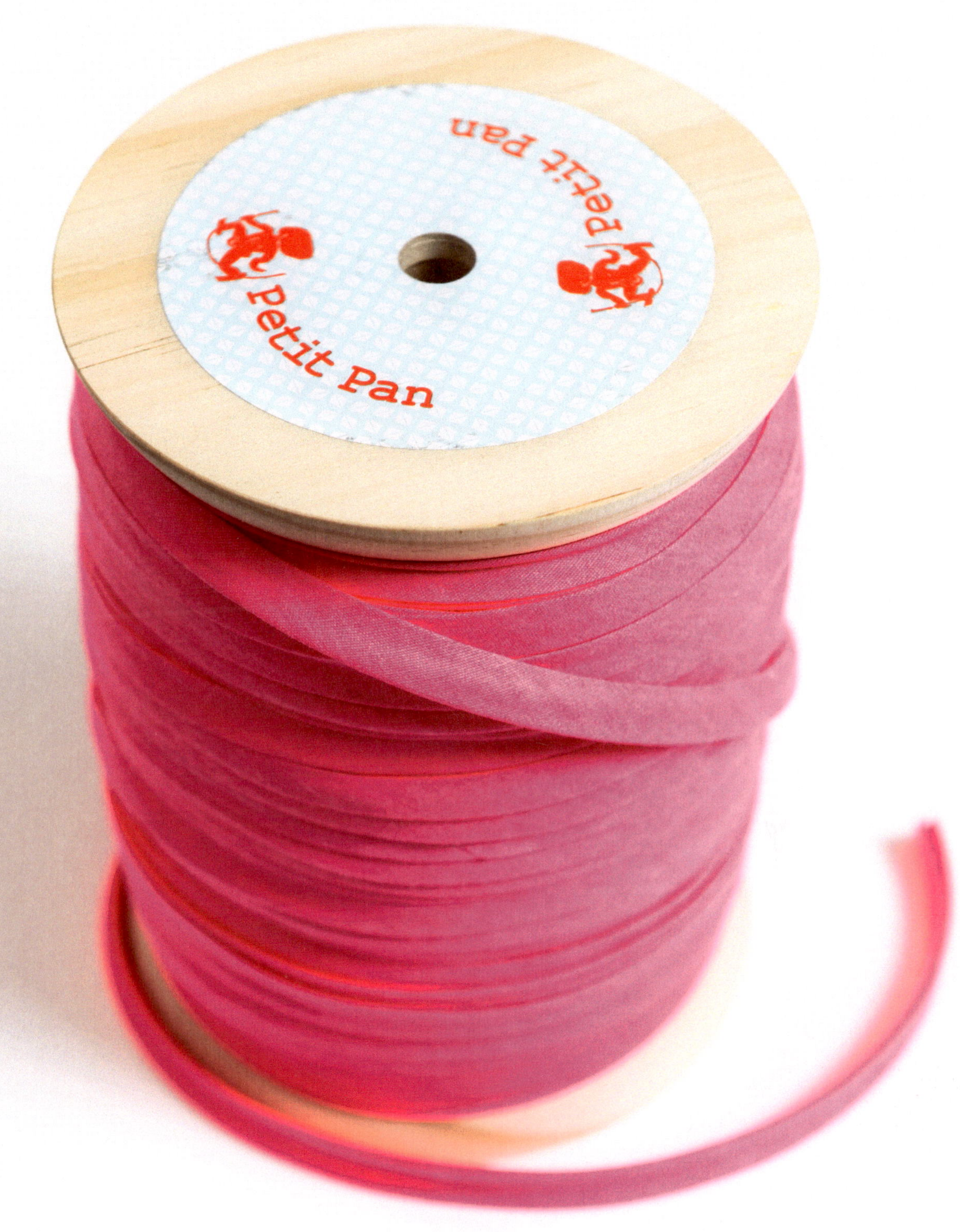
Petit Pan
Petit pan

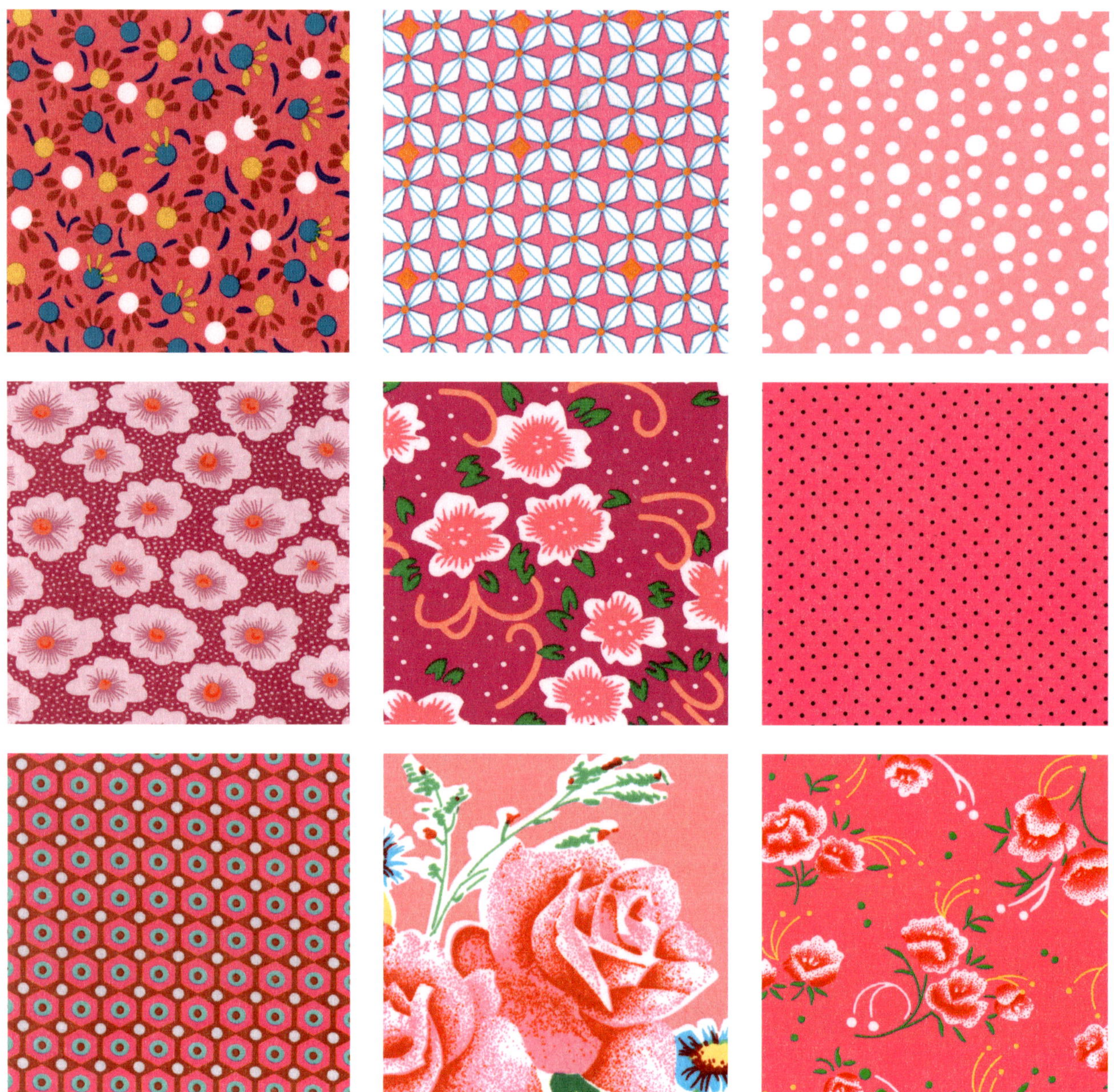

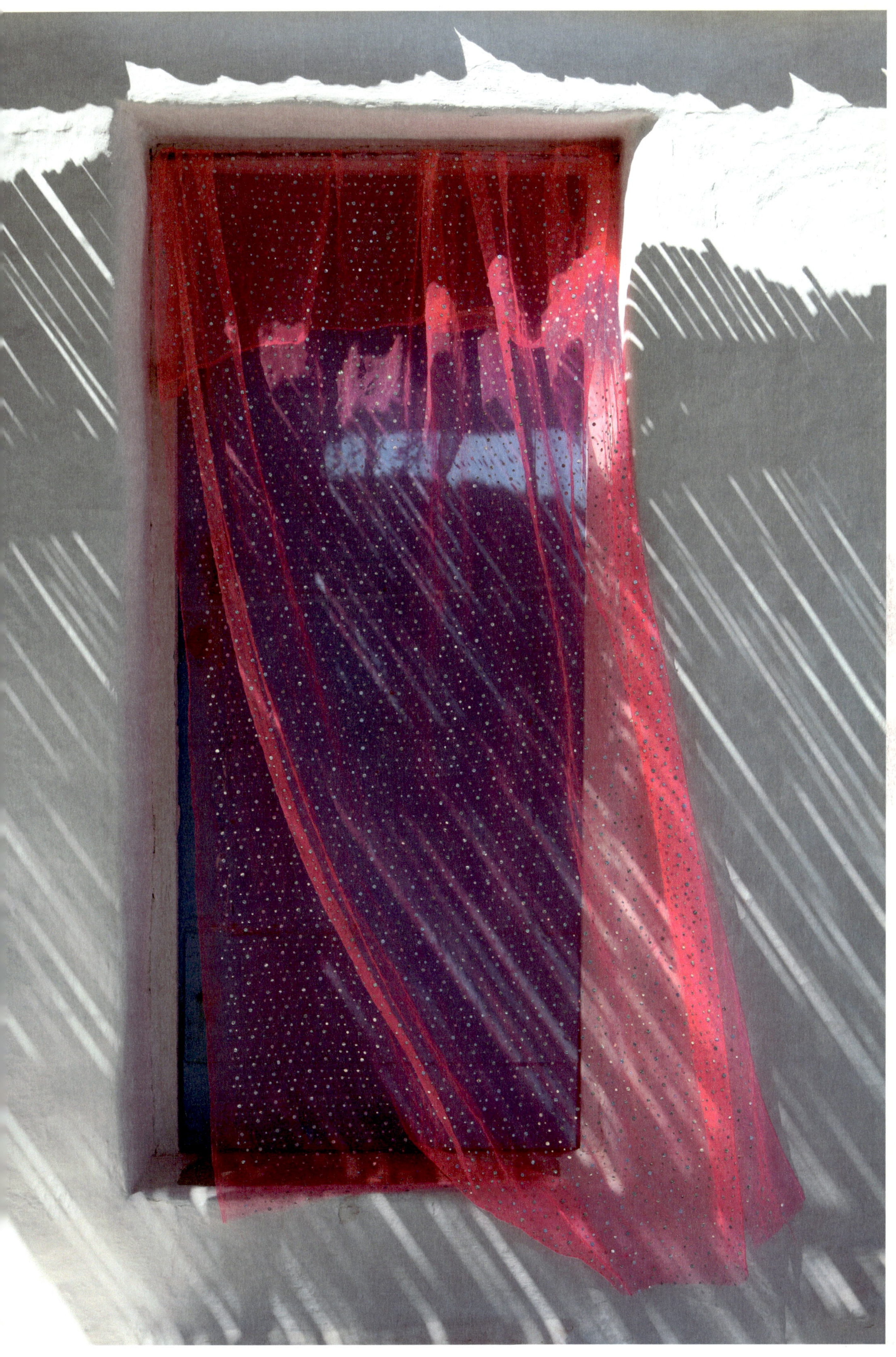

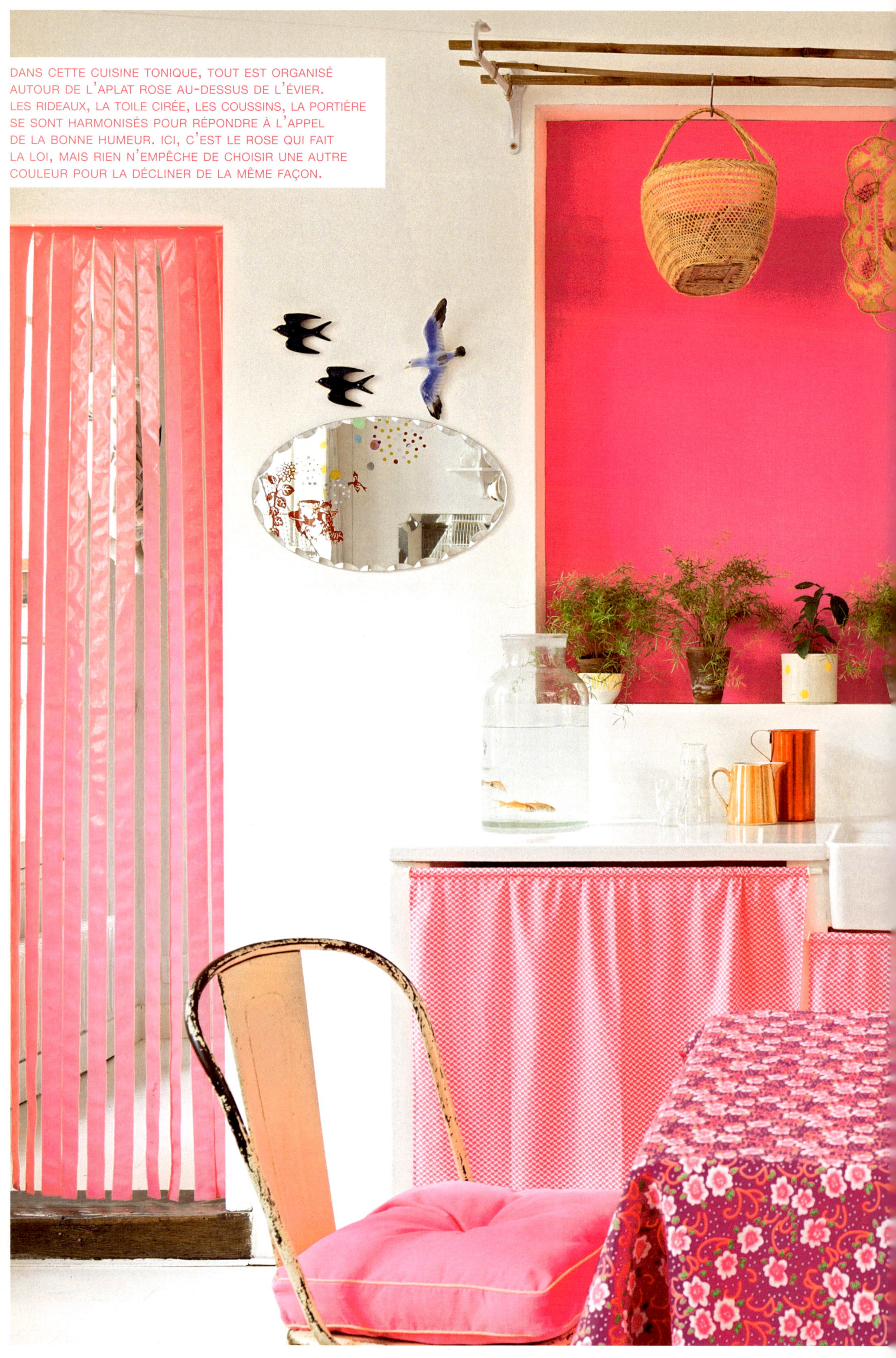

DANS CETTE CUISINE TONIQUE, TOUT EST ORGANISÉ AUTOUR DE L'APLAT ROSE AU-DESSUS DE L'ÉVIER. LES RIDEAUX, LA TOILE CIRÉE, LES COUSSINS, LA PORTIÈRE SE SONT HARMONISÉS POUR RÉPONDRE À L'APPEL DE LA BONNE HUMEUR. ICI, C'EST LE ROSE QUI FAIT LA LOI, MAIS RIEN N'EMPÊCHE DE CHOISIR UNE AUTRE COULEUR POUR LA DÉCLINER DE LA MÊME FAÇON.

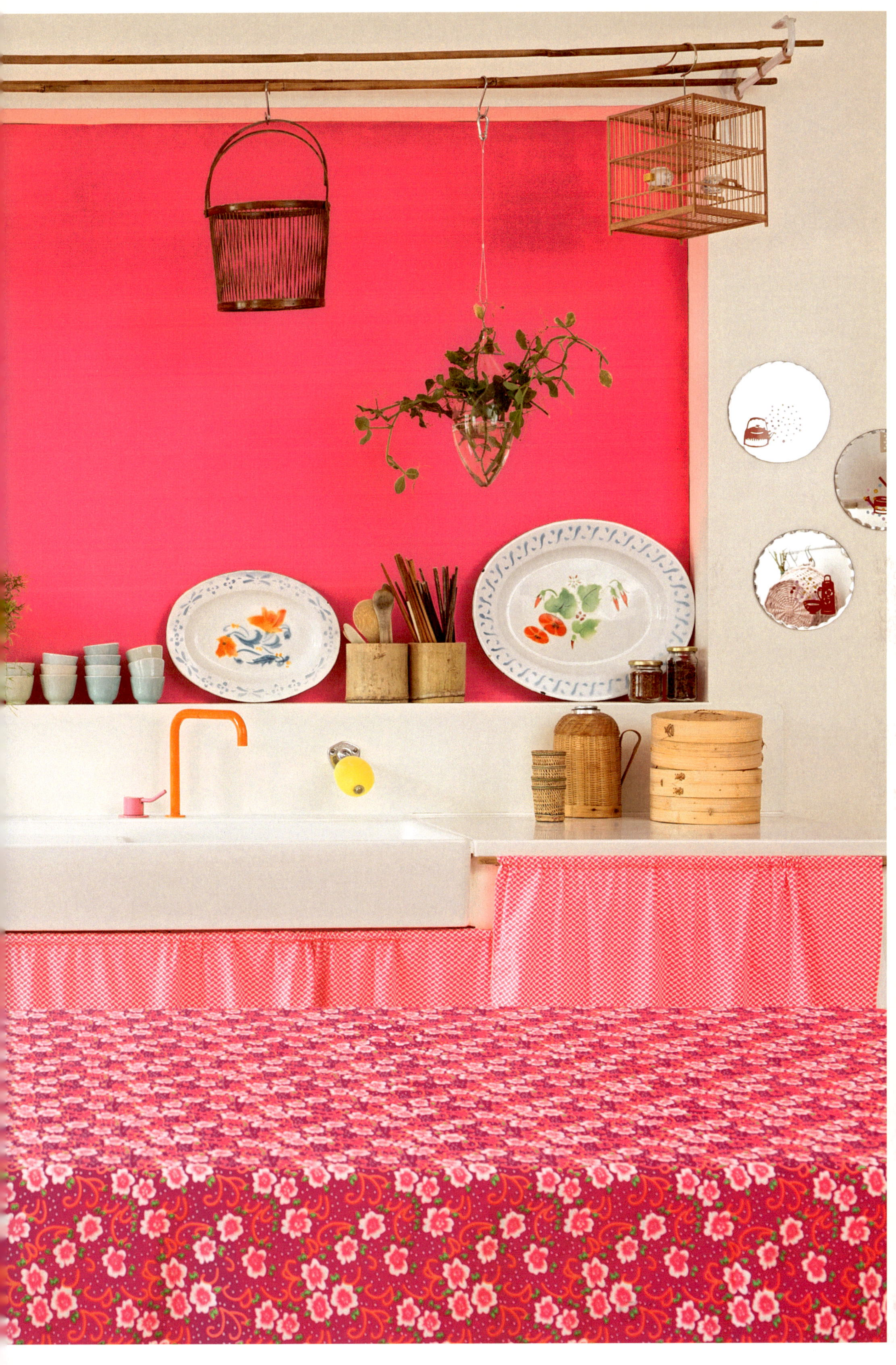

pour le bon motif

Myriam a recréé, recoloré des motifs traditionnels chinois presqu'oubliés. Puis elle en a inventé d'autres.

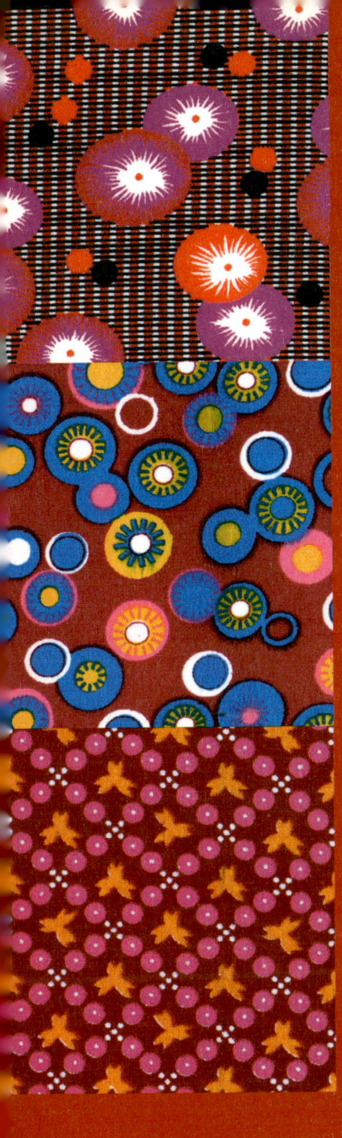

LES TISSUS PIQUETÉS DE FLEURS OU DE SIGNES GÉOMÉTRIQUES ONT D'ABORD PEUPLÉ L'UNIVERS DES ENFANTS, PUIS ONT DOUCEMENT ENVAHI TOUTE LA MAISON. AUJOURD'HUI, ILS SONT DEUX CENTS À VIVRE DANS TOUTES LES PIÈCES ET MÊME À GRIMPER SUR LES MURS, À SE SUSPENDRE AU PLAFOND OU À SE PRÉLASSER AU SOL. ILS SORTENT AVEC LES VÊTEMENTS, VONT À L'ÉCOLE DANS LES CARTABLES, AU MARCHÉ, FAIRE LA FÊTE. SI LES MICRO-MOTIFS SONT PRIVILÉGIÉS, C'EST PARCE QUE LA RÉPÉTITION CRÉE UN RYTHME PARTICULIER, PROCHE D'UNE PARTITION MUSICALE. CHAQUE MOTIF PORTE UN NOM ET S'IL EST IMPOSSIBLE DE LES ÉNUMÉRER TOUS, EN VOICI QUELQUES UNS POUR LE PLAISIR, COMME LES ESCALES D'UN VOYAGE SUBTIL : *FLEURS DES ÎLES, LUNULES BLEUES, COQUELICOT, HELIUM, MOMOYO, GALAXIE, KAKINOKI, CALAMITY, FLEUR D'ORANGER, MÉTÉORES, CACHOU, PILIPILI, BULLE MARINE...*

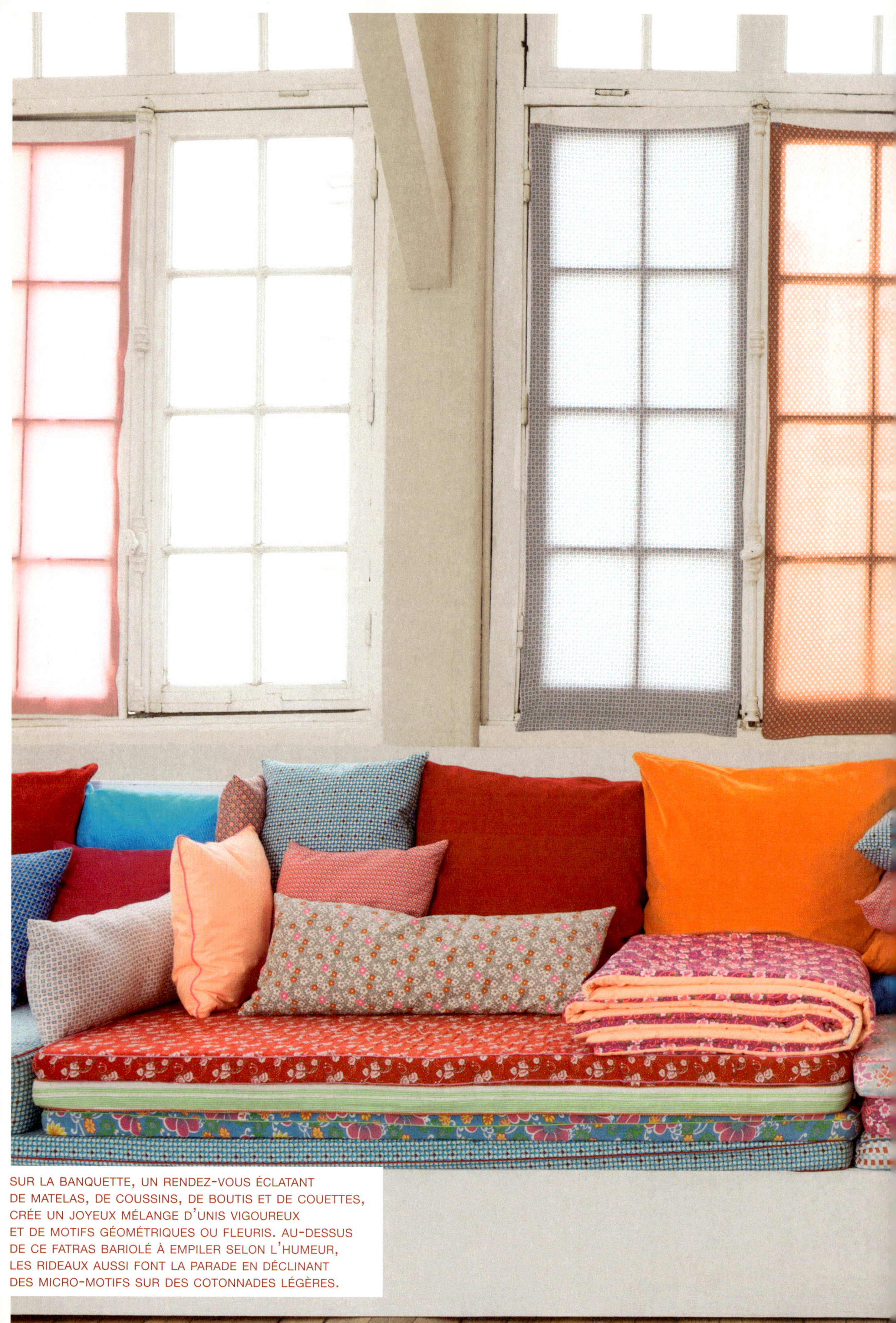

SUR LA BANQUETTE, UN RENDEZ-VOUS ÉCLATANT
DE MATELAS, DE COUSSINS, DE BOUTIS ET DE COUETTES,
CRÉE UN JOYEUX MÉLANGE D'UNIS VIGOUREUX
ET DE MOTIFS GÉOMÉTRIQUES OU FLEURIS. AU-DESSUS
DE CE FATRAS BARIOLÉ À EMPILER SELON L'HUMEUR,
LES RIDEAUX AUSSI FONT LA PARADE EN DÉCLINANT
DES MICRO-MOTIFS SUR DES COTONNADES LÉGÈRES.

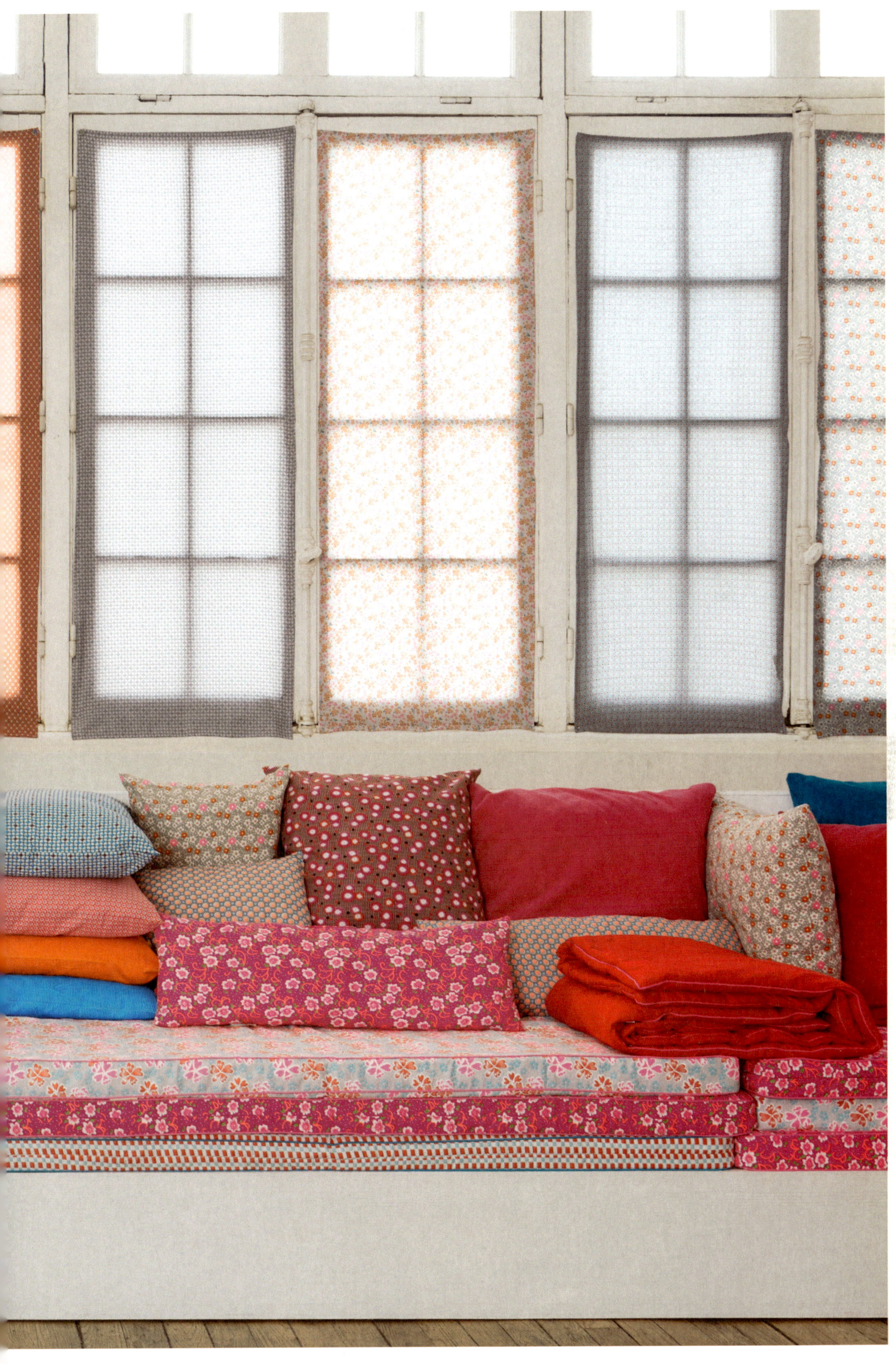

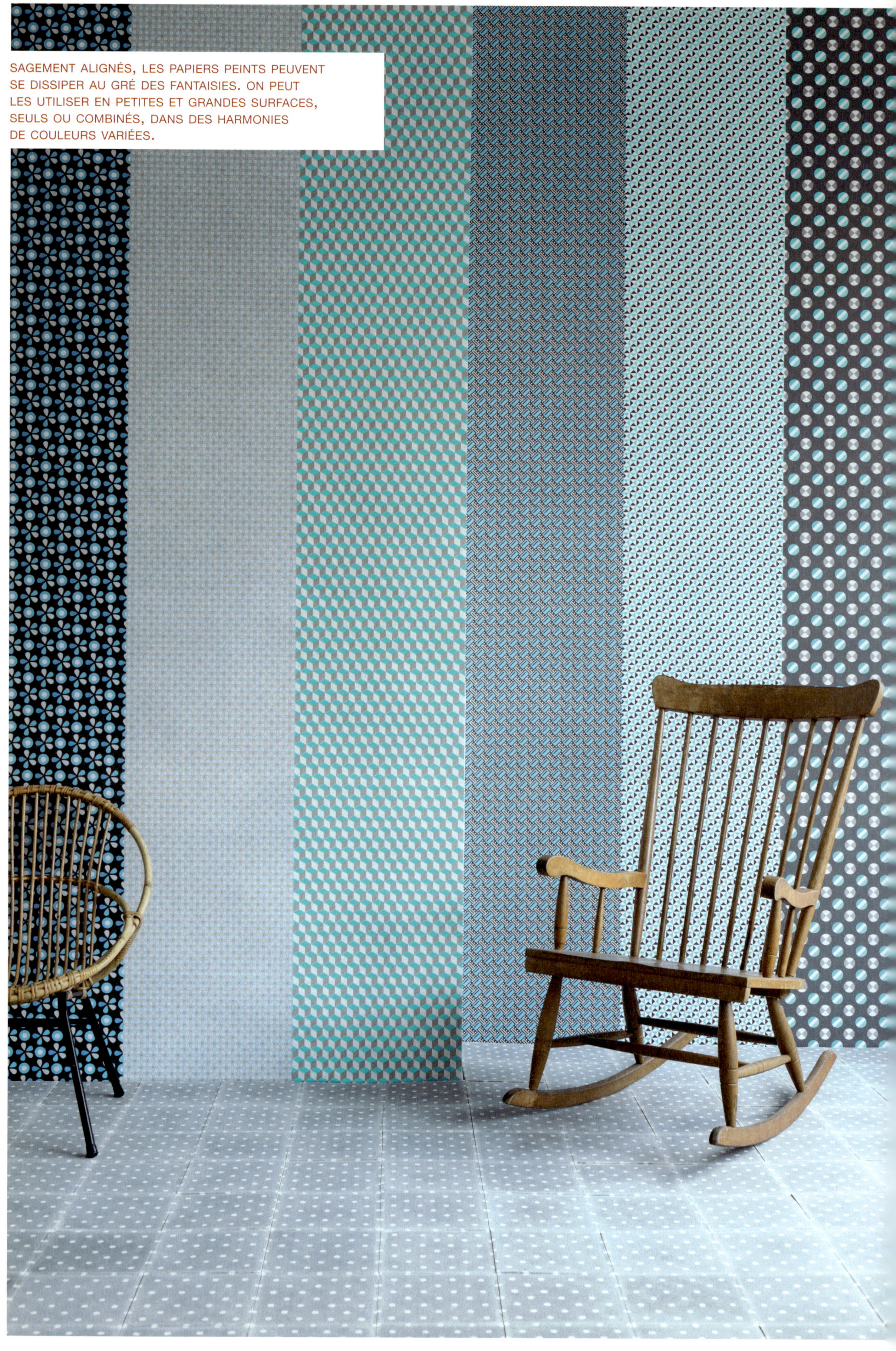

SAGEMENT ALIGNÉS, LES PAPIERS PEINTS PEUVENT SE DISSIPER AU GRÉ DES FANTAISIES. ON PEUT LES UTILISER EN PETITES ET GRANDES SURFACES, SEULS OU COMBINÉS, DANS DES HARMONIES DE COULEURS VARIÉES.

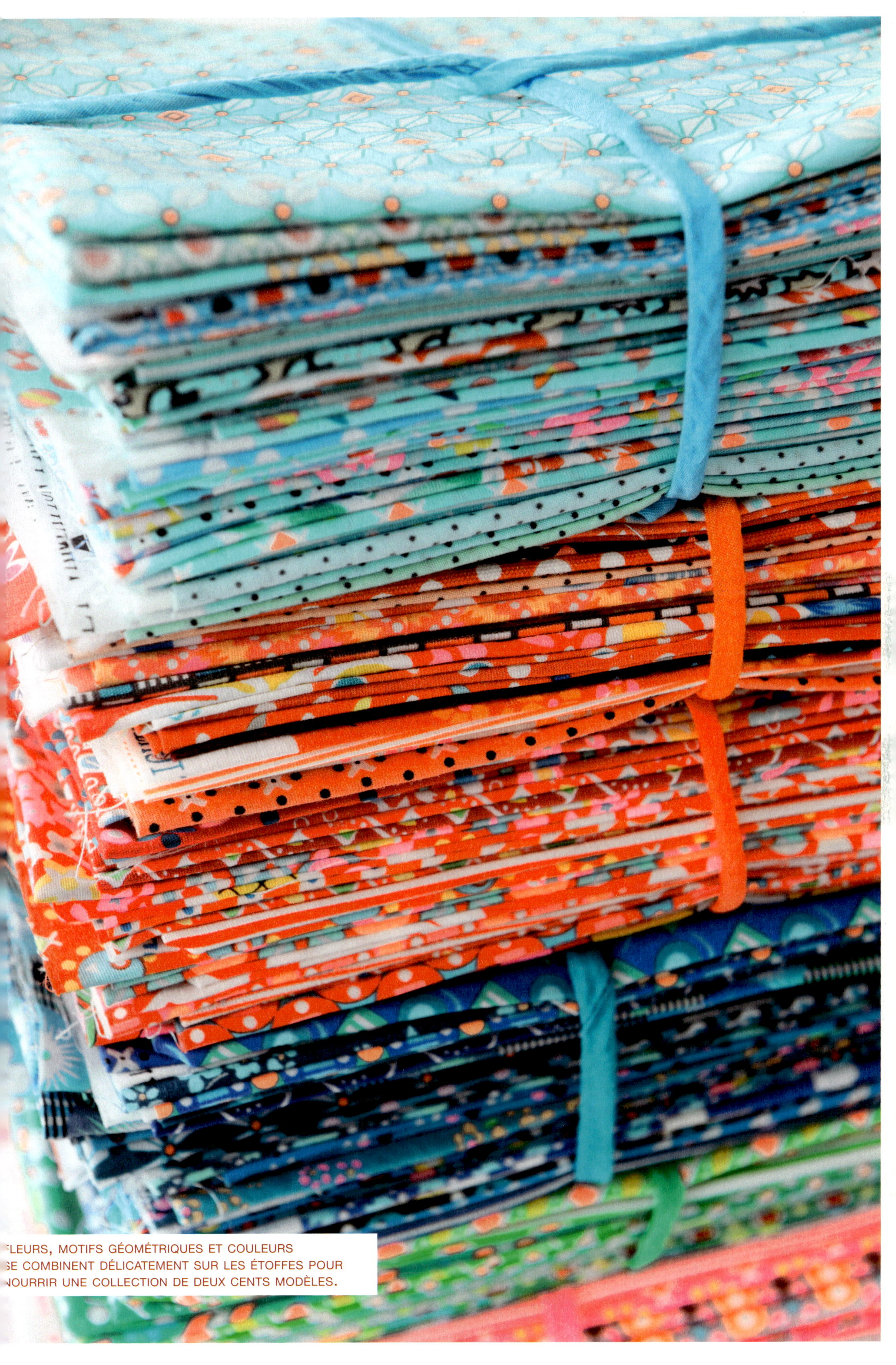

FLEURS, MOTIFS GÉOMÉTRIQUES ET COULEURS
SE COMBINENT DÉLICATEMENT SUR LES ÉTOFFES POUR
NOURRIR UNE COLLECTION DE DEUX CENTS MODÈLES.

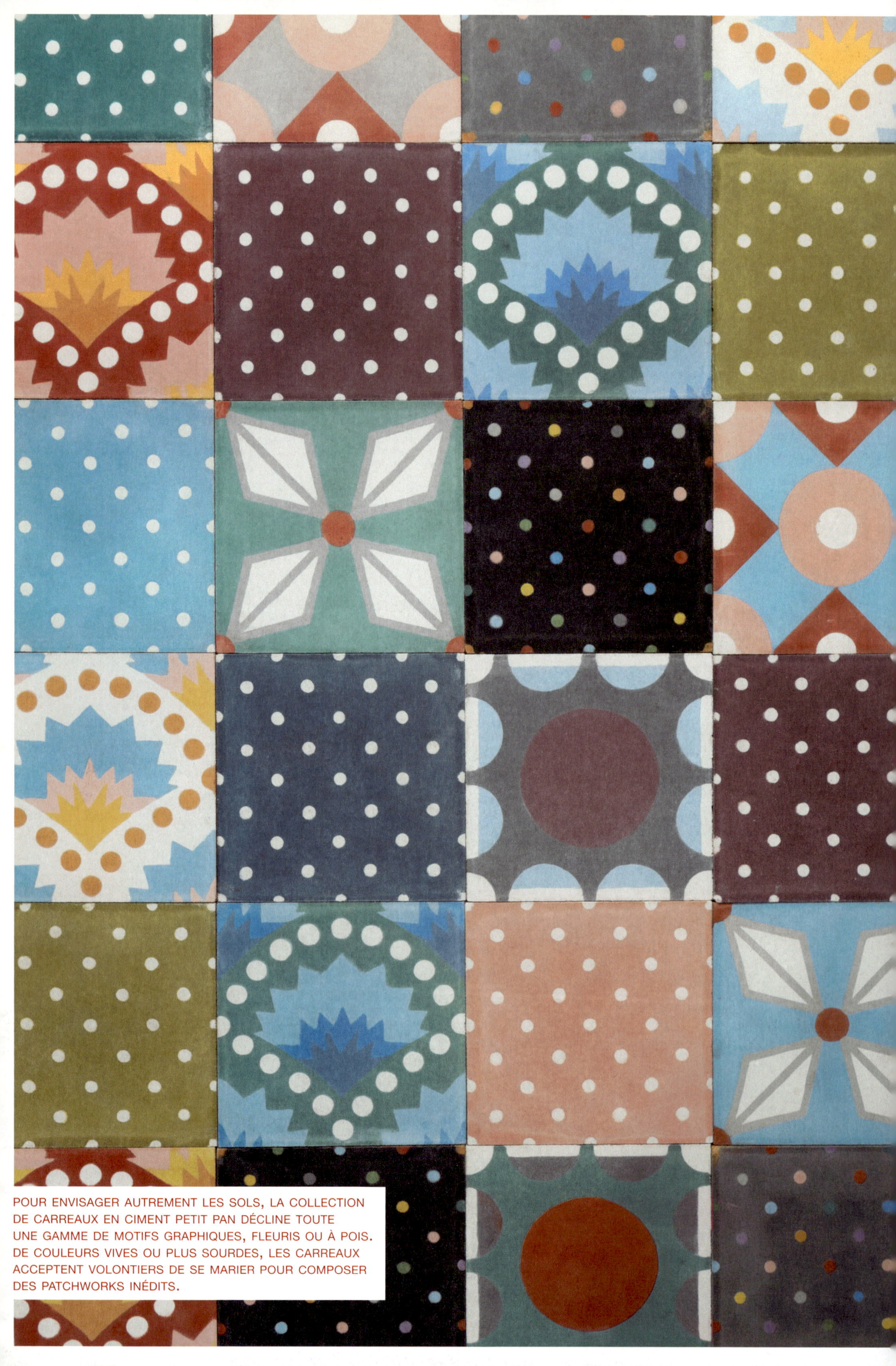

POUR ENVISAGER AUTREMENT LES SOLS, LA COLLECTION DE CARREAUX EN CIMENT PETIT PAN DÉCLINE TOUTE UNE GAMME DE MOTIFS GRAPHIQUES, FLEURIS OU À POIS. DE COULEURS VIVES OU PLUS SOURDES, LES CARREAUX ACCEPTENT VOLONTIERS DE SE MARIER POUR COMPOSER DES PATCHWORKS INÉDITS.

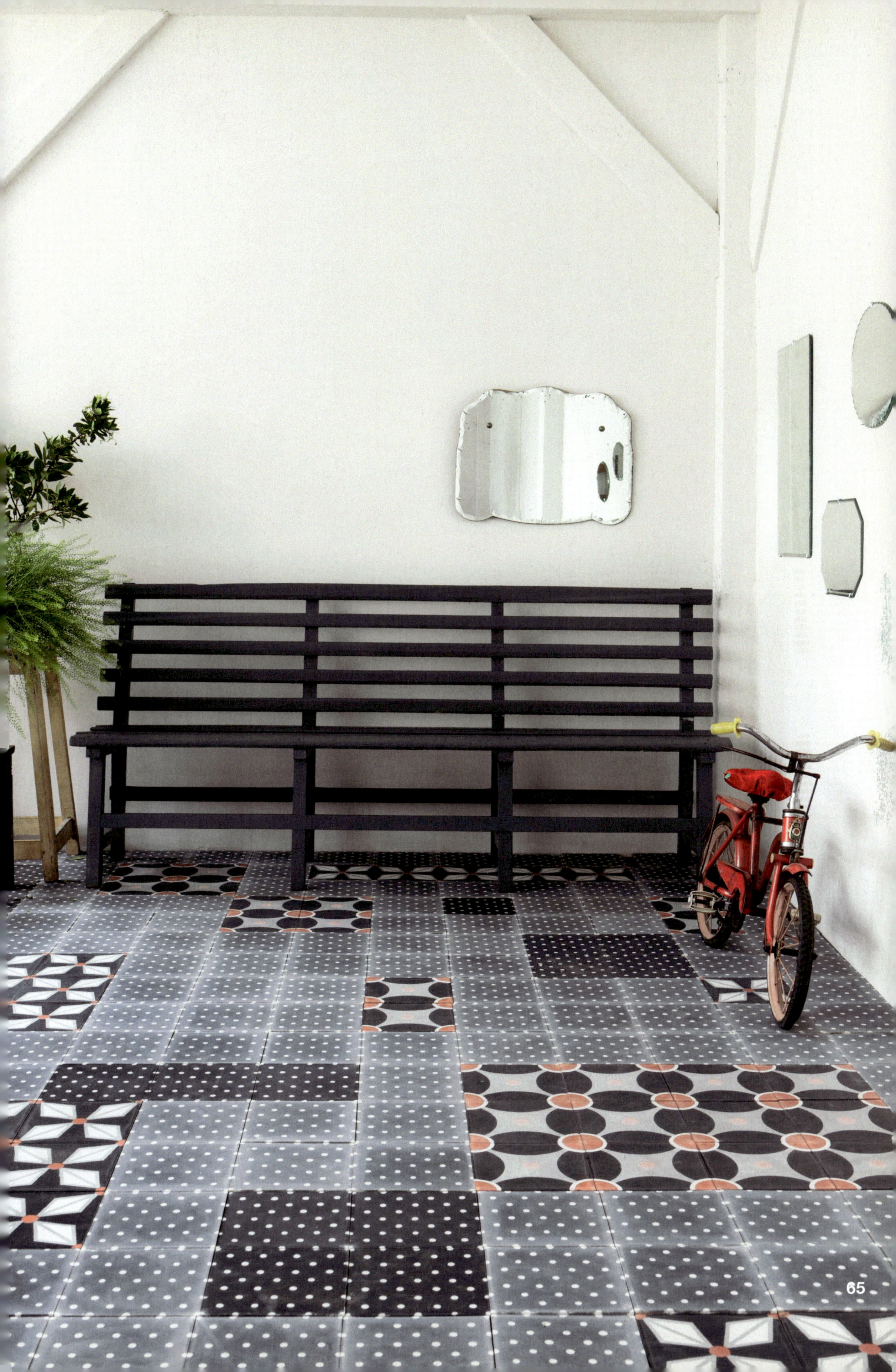

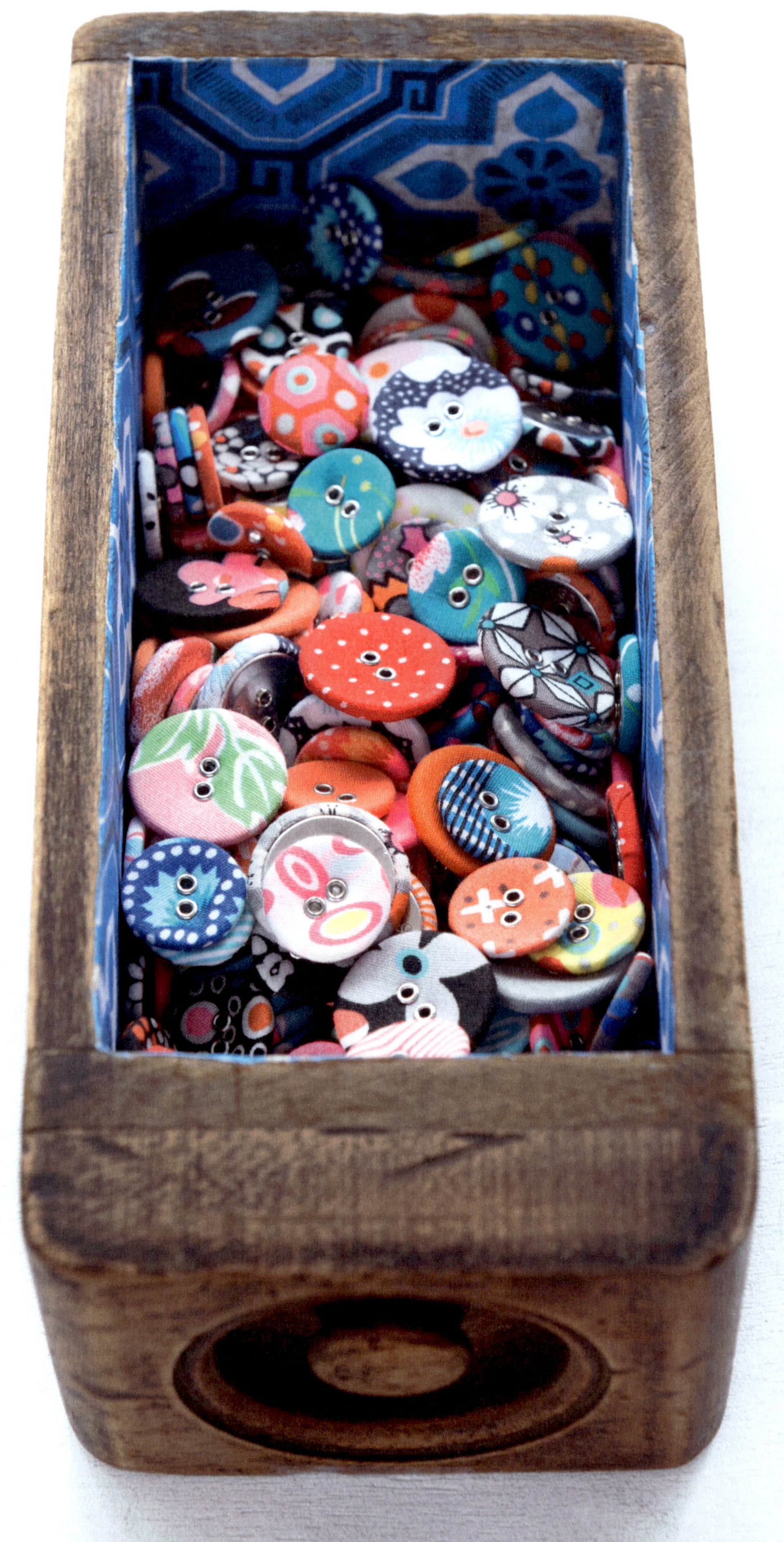

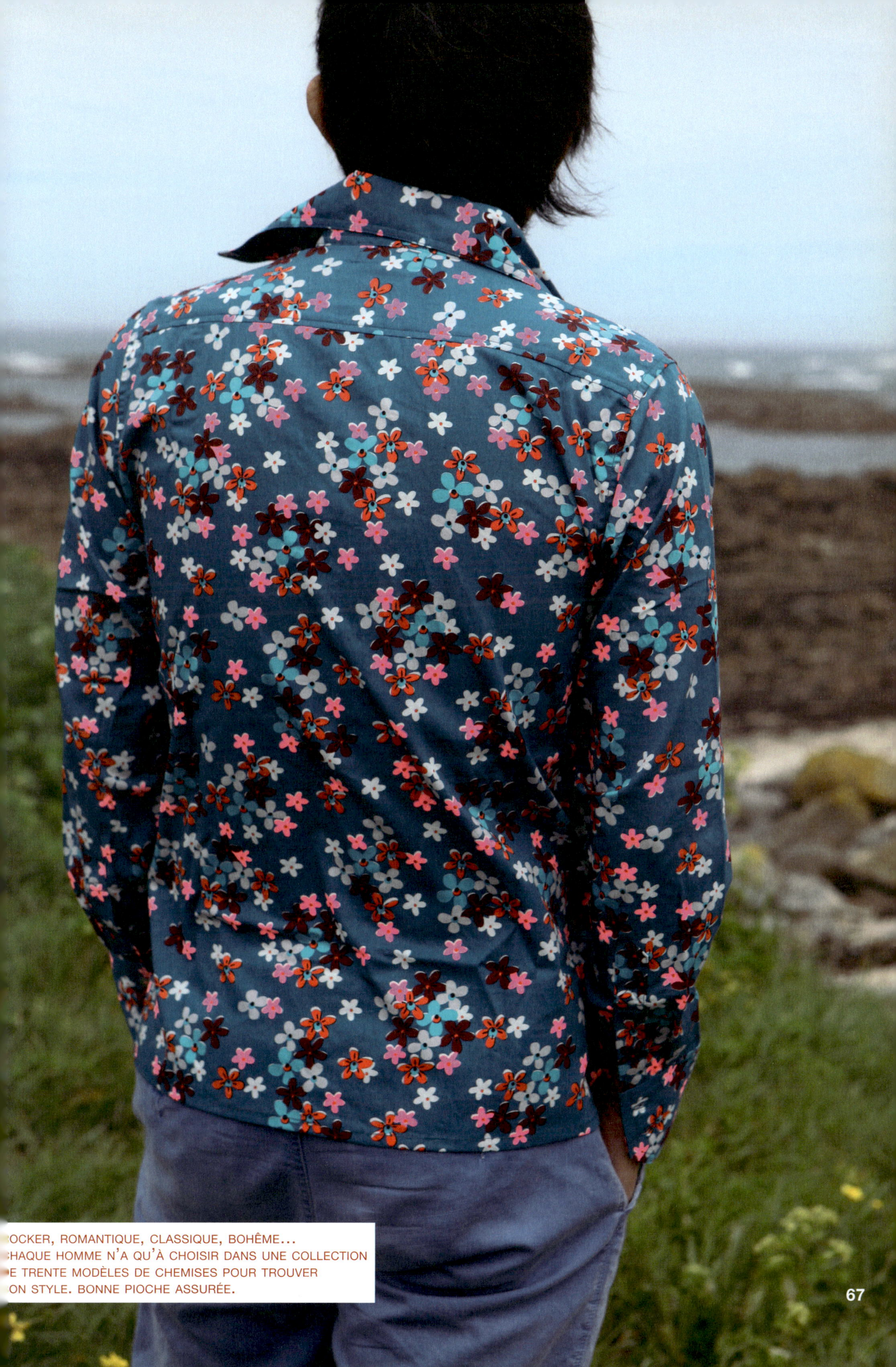

OCKER, ROMANTIQUE, CLASSIQUE, BOHÊME…
HAQUE HOMME N'A QU'À CHOISIR DANS UNE COLLECTION
E TRENTE MODÈLES DE CHEMISES POUR TROUVER
ON STYLE. BONNE PIOCHE ASSURÉE.

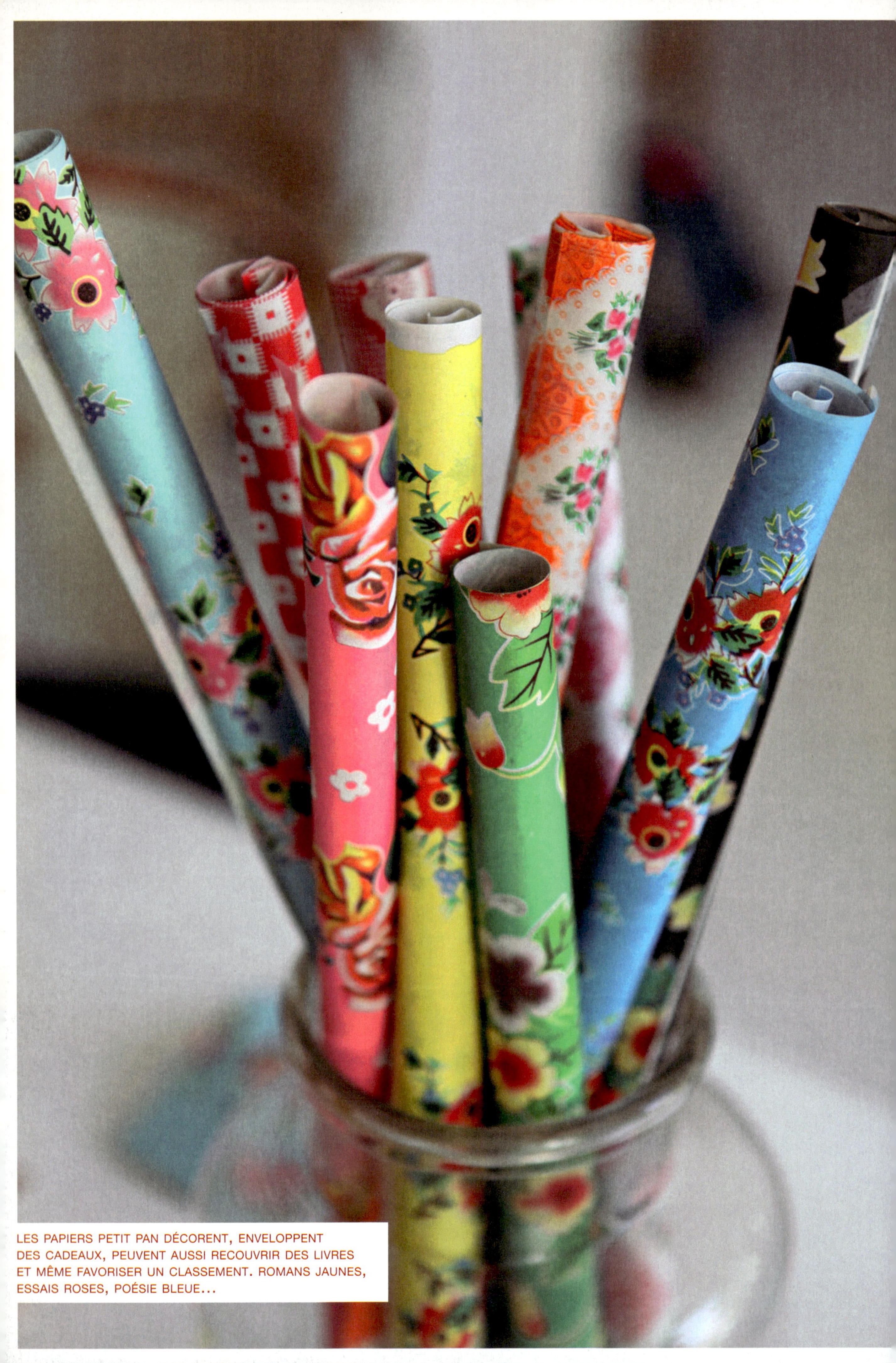

LES PAPIERS PETIT PAN DÉCORENT, ENVELOPPENT DES CADEAUX, PEUVENT AUSSI RECOUVRIR DES LIVRES ET MÊME FAVORISER UN CLASSEMENT. ROMANS JAUNES, ESSAIS ROSES, POÉSIE BLEUE...

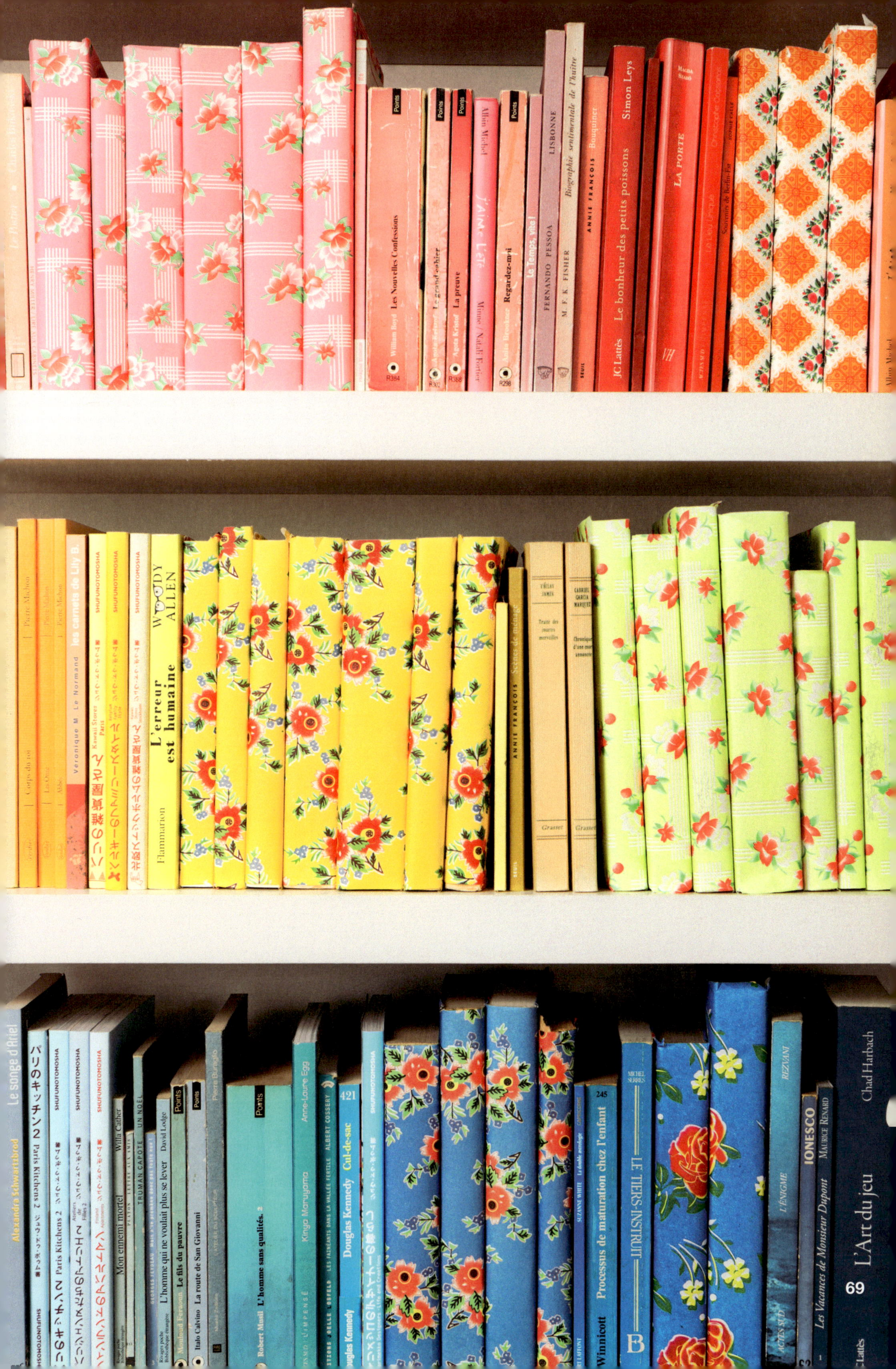

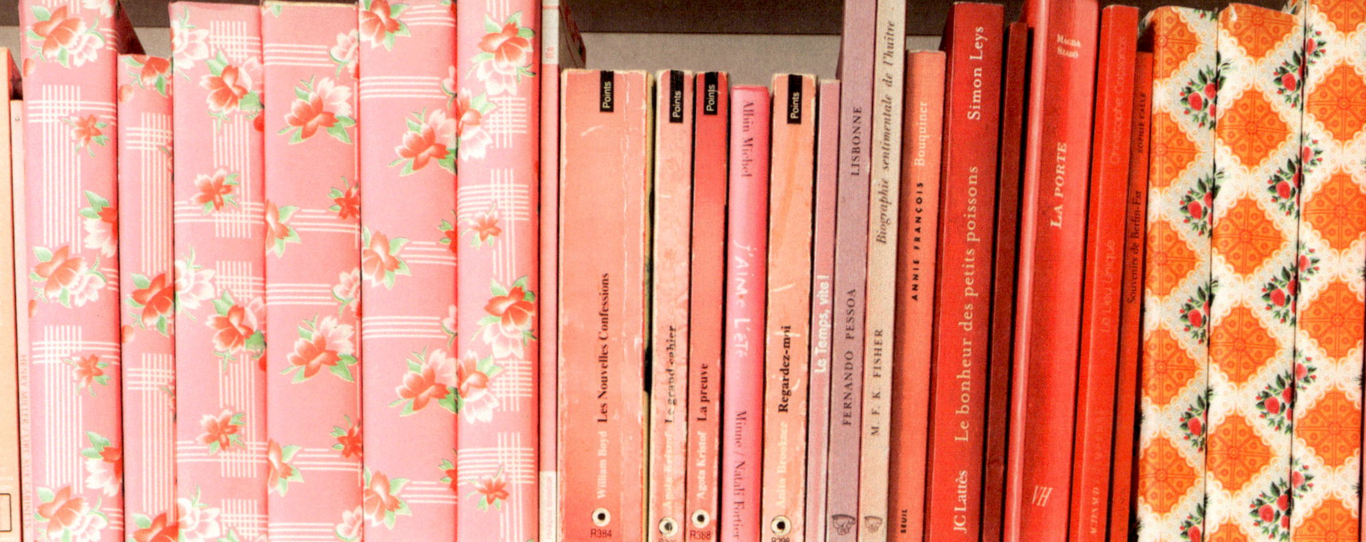

William Boyd Les Nouvelles Confessions
Points
La preuve
Regardez-moi
Le Temps, vite !
LISBONNE
FERNANDO PESSOA
Biographie sentimentale de l'huître
M.F.K. FISHER
ANNIE FRANÇOIS Bouquiner
JC Lattès Le bonheur des petits poissons
Simon Leys
LA PORTE

“ L’électricité
est invisible
et pourtant,
c’est grâce
à elle qu’on a
de la lumière. ”

Franck Prévot

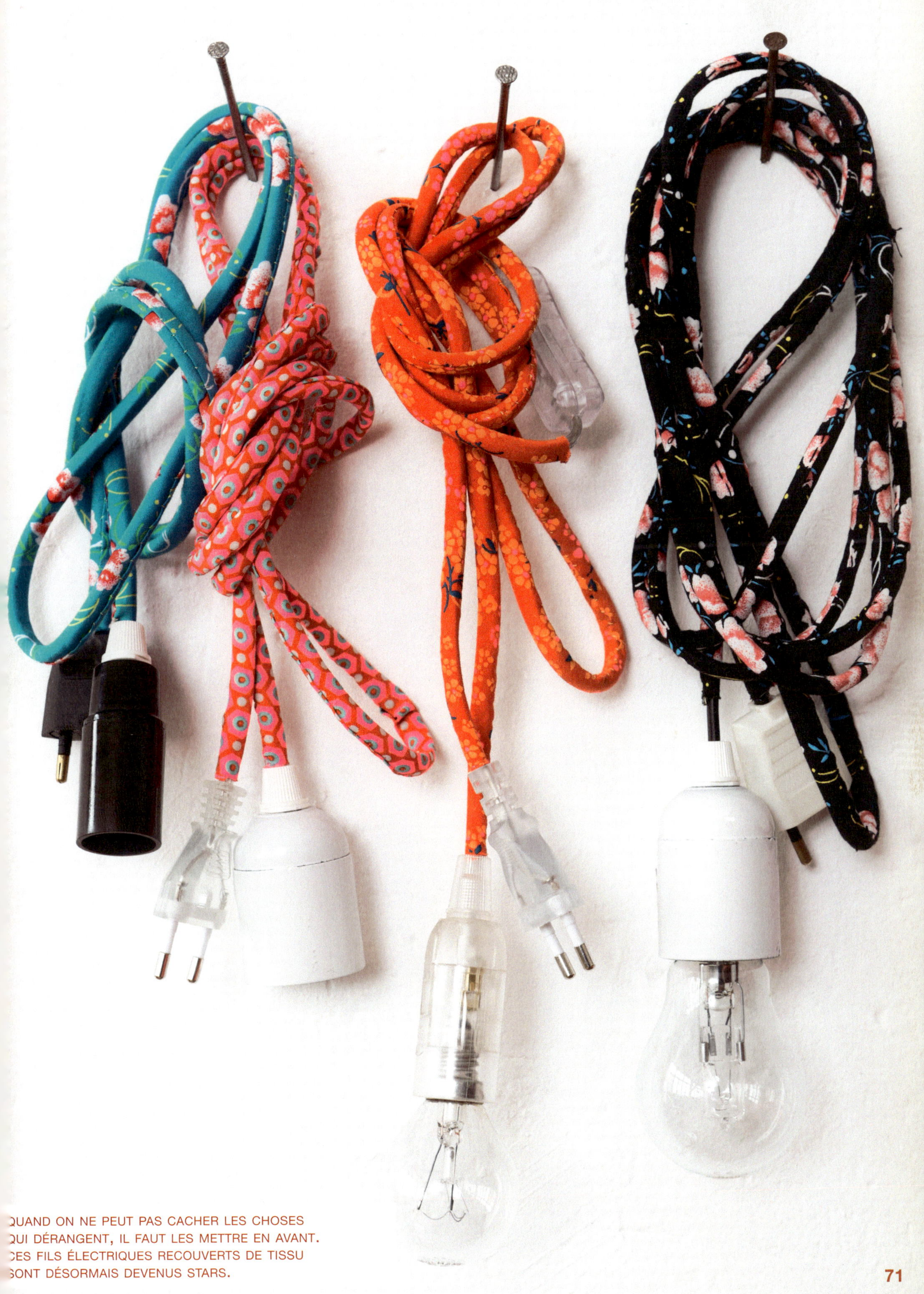

QUAND ON NE PEUT PAS CACHER LES CHOSES QUI DÉRANGENT, IL FAUT LES METTRE EN AVANT. CES FILS ÉLECTRIQUES RECOUVERTS DE TISSU SONT DÉSORMAIS DEVENUS STARS.

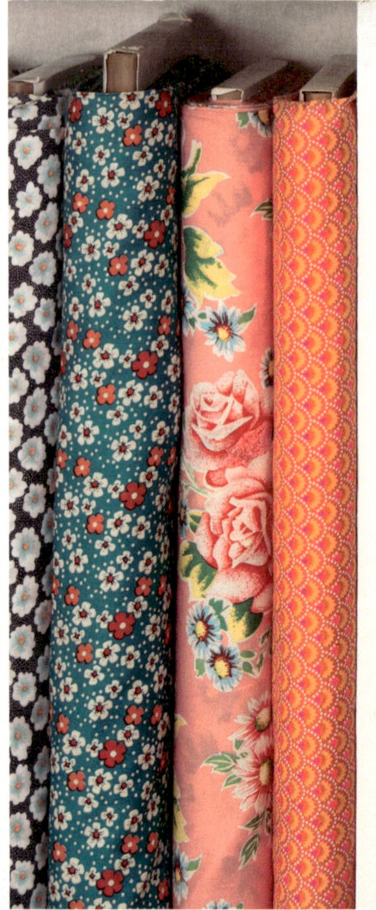

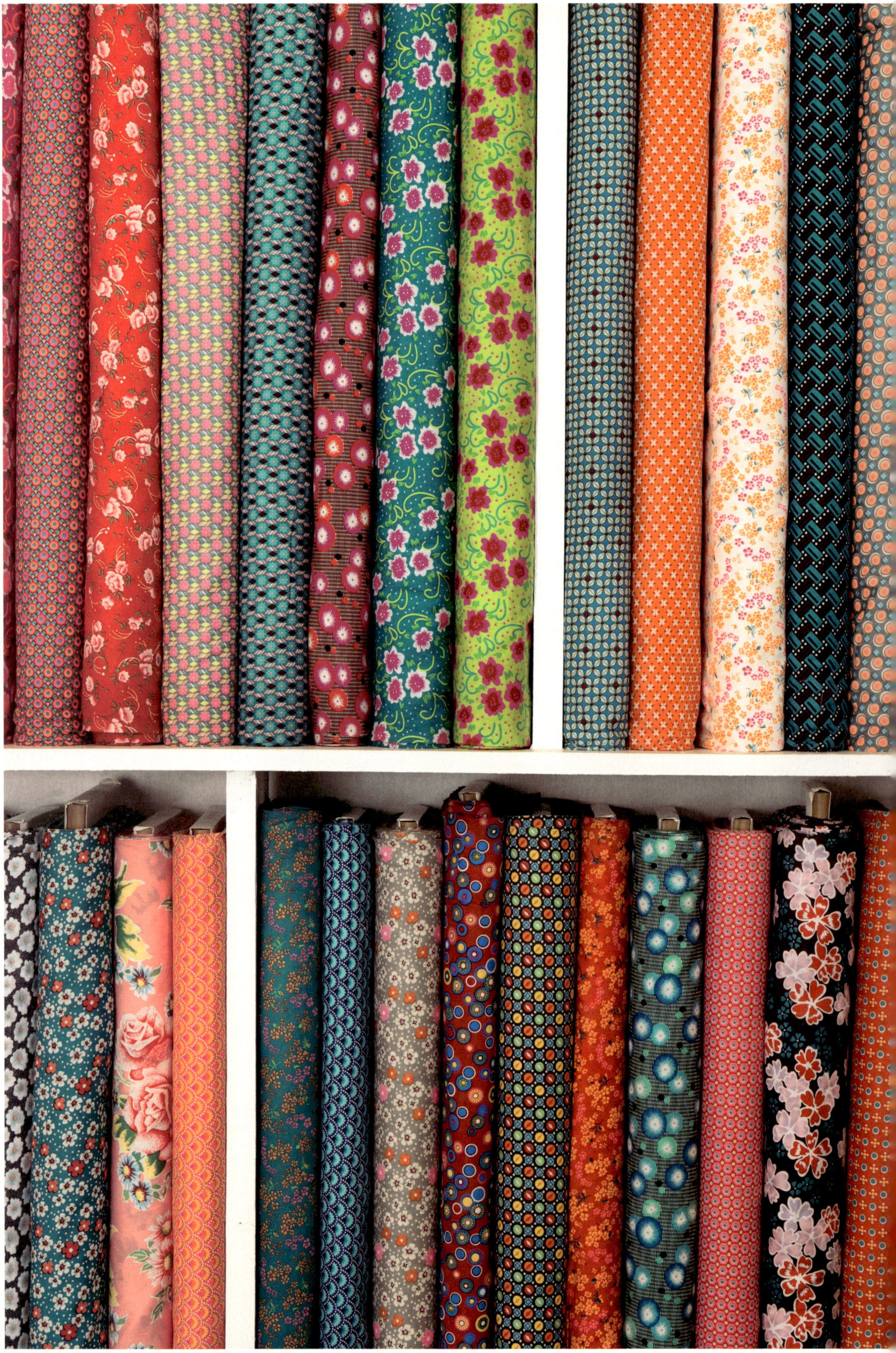

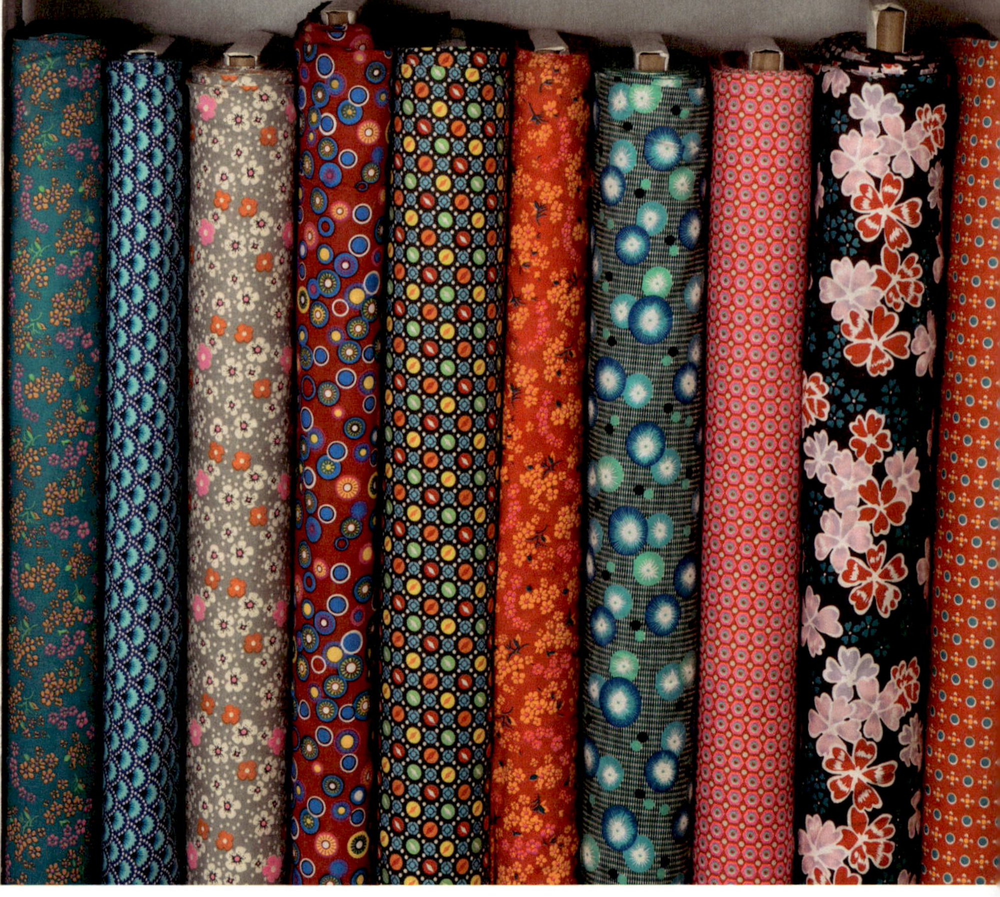

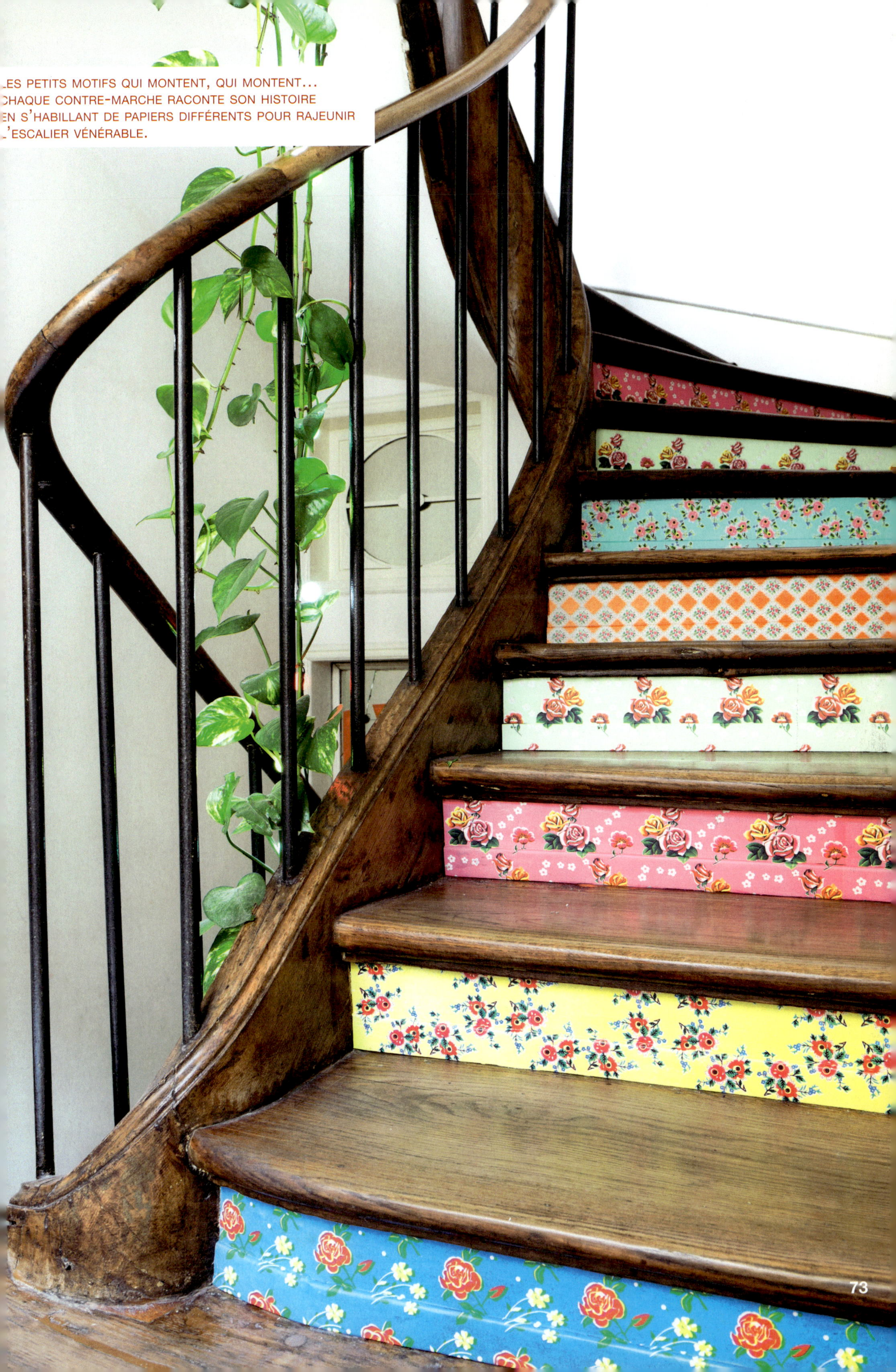

LES PETITS MOTIFS QUI MONTENT, QUI MONTENT...
CHAQUE CONTRE-MARCHE RACONTE SON HISTOIRE
EN S'HABILLANT DE PAPIERS DIFFÉRENTS POUR RAJEUNIR
L'ESCALIER VÉNÉRABLE.

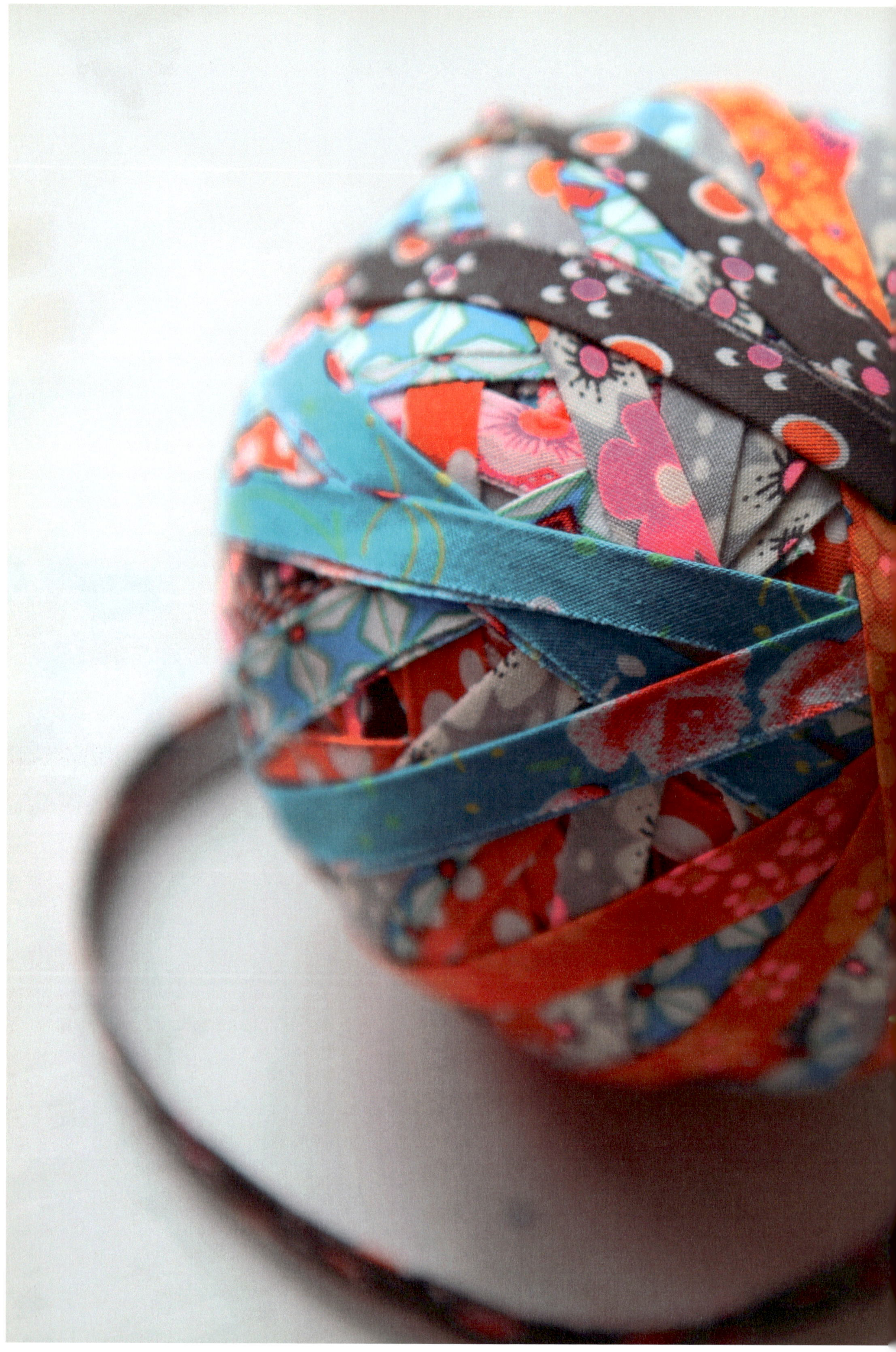

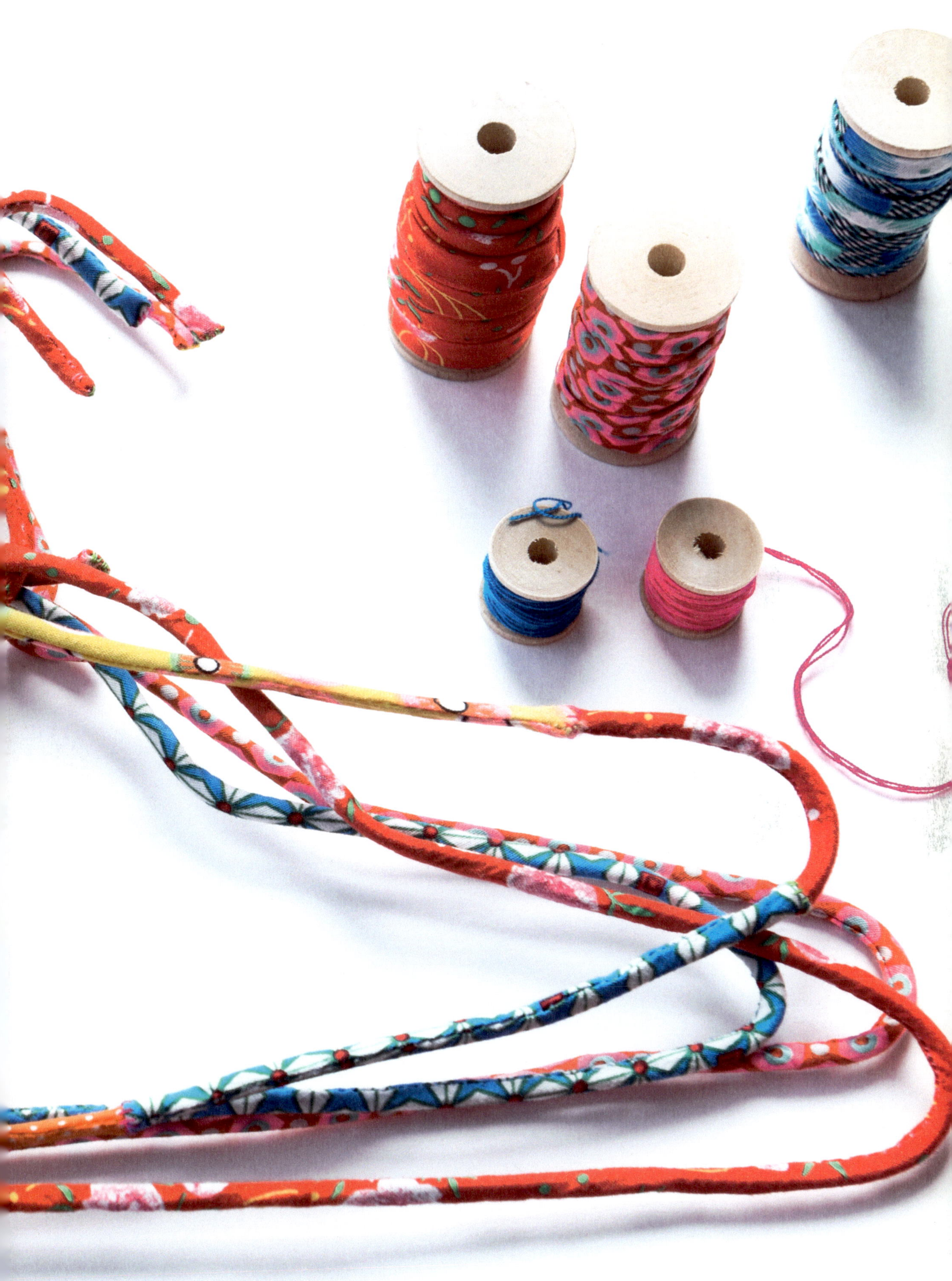

USTICE EST FAITE : À FORCE DE PORTER DES VÊTEMENTS,
LES CINTRES ONT BIEN MÉRITÉ D'ÊTRE HABILLÉS
À LEUR TOUR.

à ciel ouvert

Il y a de la magie dans l'air, quand les cerfs-volants s'élancent dans le ciel pour devenir passagers du vent.

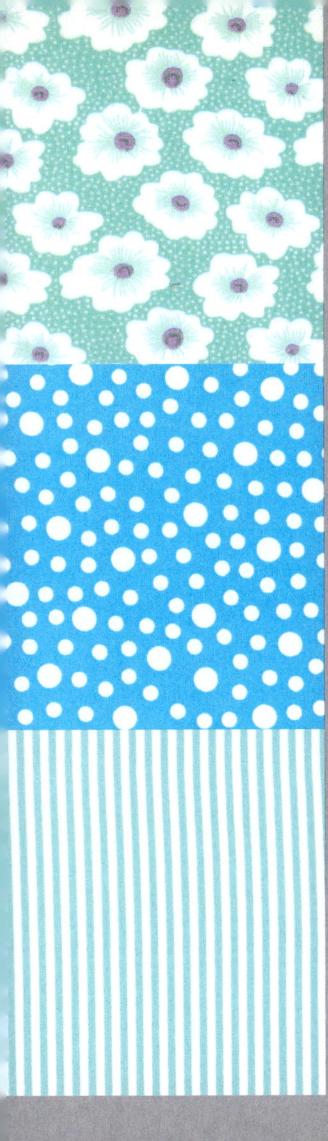

UNE VÉRITABLE CONNIVENCE S'INSTALLE ENTRE LE CERF-VOLISTE ET LA FIGURE QU'IL DIRIGE, AVEC POUR SEUL TRAIT D'UNION UNE FICELLE FRAGILE. LA POÉSIE ET LA BEAUTÉ DES CERFS-VOLANTS FAITS DE SOIES DÉCORÉES À LA MAIN AVEC DES ENCRES COLORÉES ONT DONNÉ À MYRIAM L'IDÉE D'UTILISER LA TECHNIQUE TRADITIONNELLE, EN LA DÉTOURNANT POUR CRÉER DES OBJETS PLUS SÉDENTAIRES. MOBILES, MINIATURES, LAMPES, DEVIENNENT NUAGES, ÉTOILES, FUSÉES, PLANÈTES, OISEAUX ET S'INSTALLENT DANS LA MAISON, COMME SI LE CIEL ÉTAIT ENTRÉ PAR LA FENÊTRE.

IL PLEUT

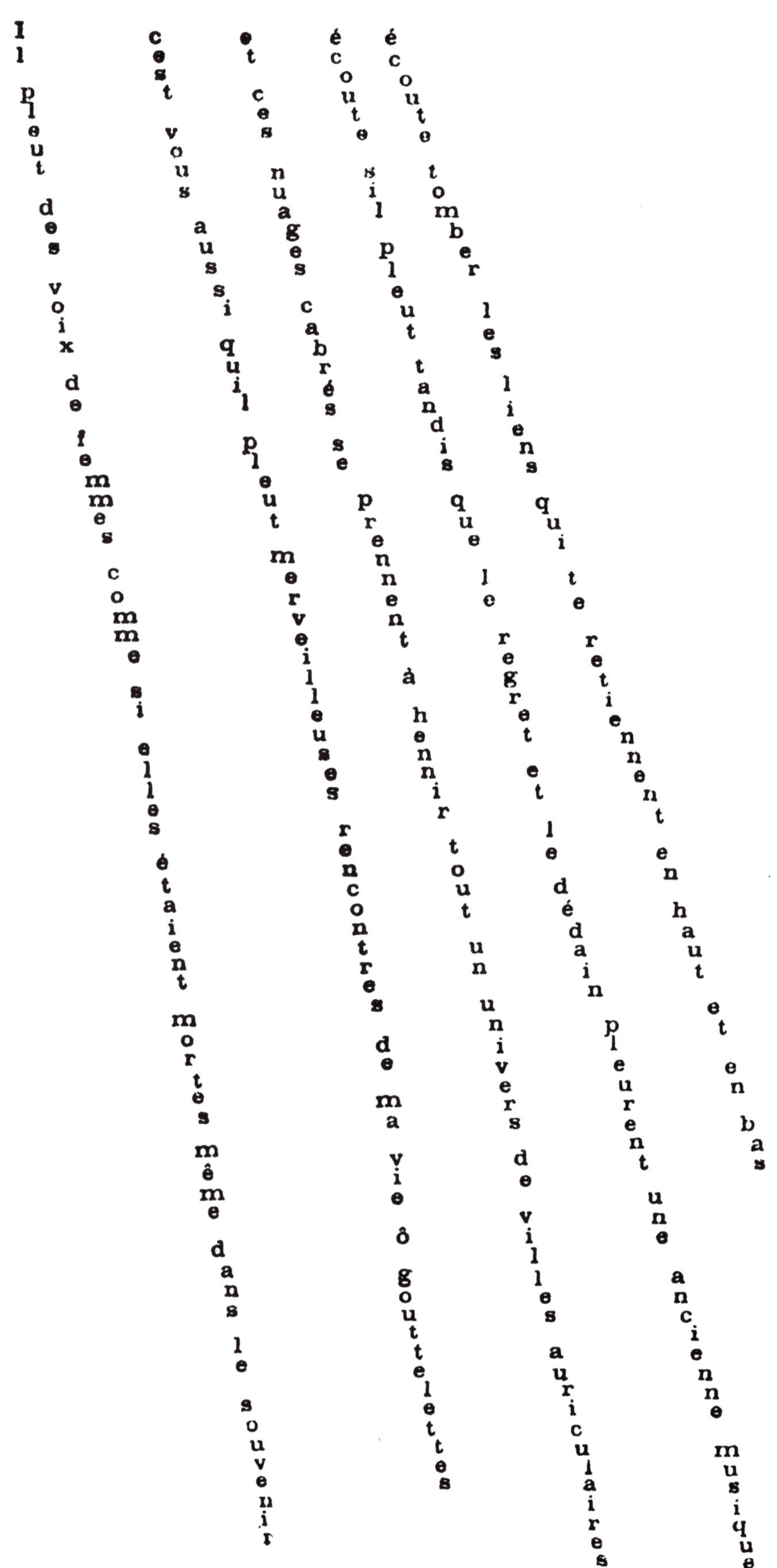

Guillaume Apollinaire, *Calligrammes*

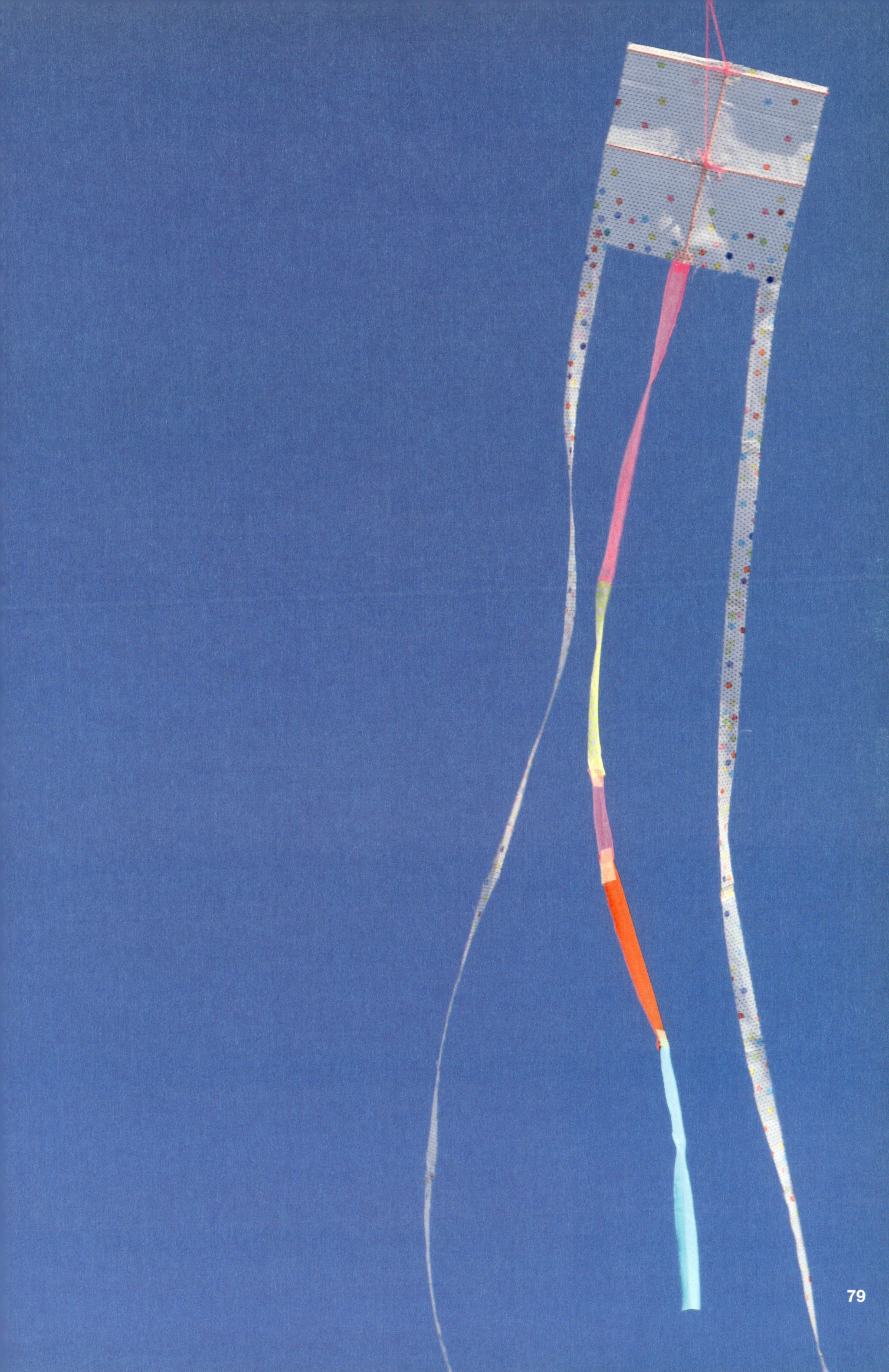

Chaque solstice d'été, l'immense plage de l'île danoise de Fanø accueille des milliers de cerfs-volants venus du monde entier. L'imagination sans limite des créateurs écrit des messages poétiques, ludiques ou fantastiques dans le ciel pailleté de couleurs. Au bout de leurs fils, les cerfs-volants dansent, portés par le vent d'ouest complice et projettent sur le sable des ombres folles.

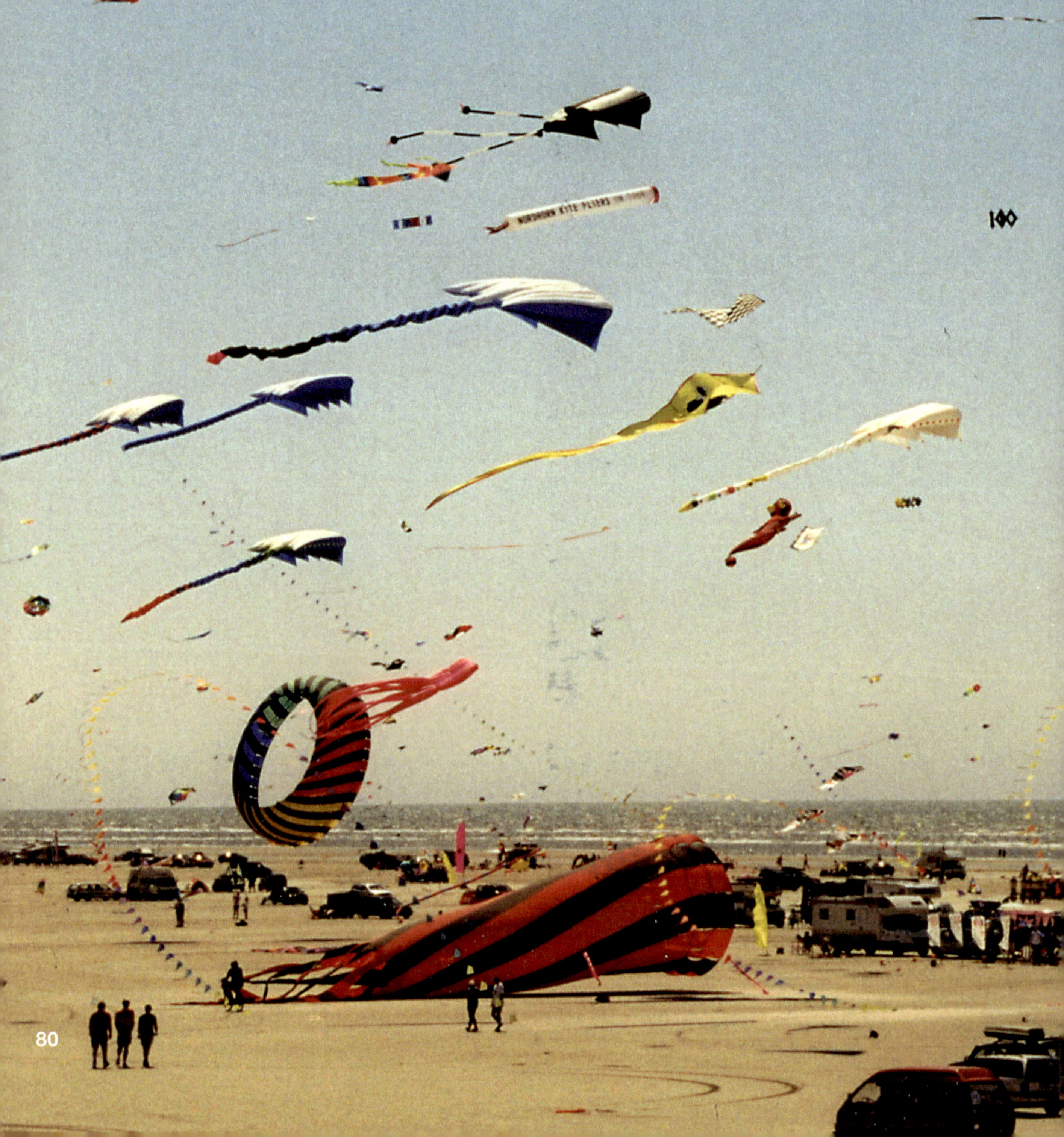

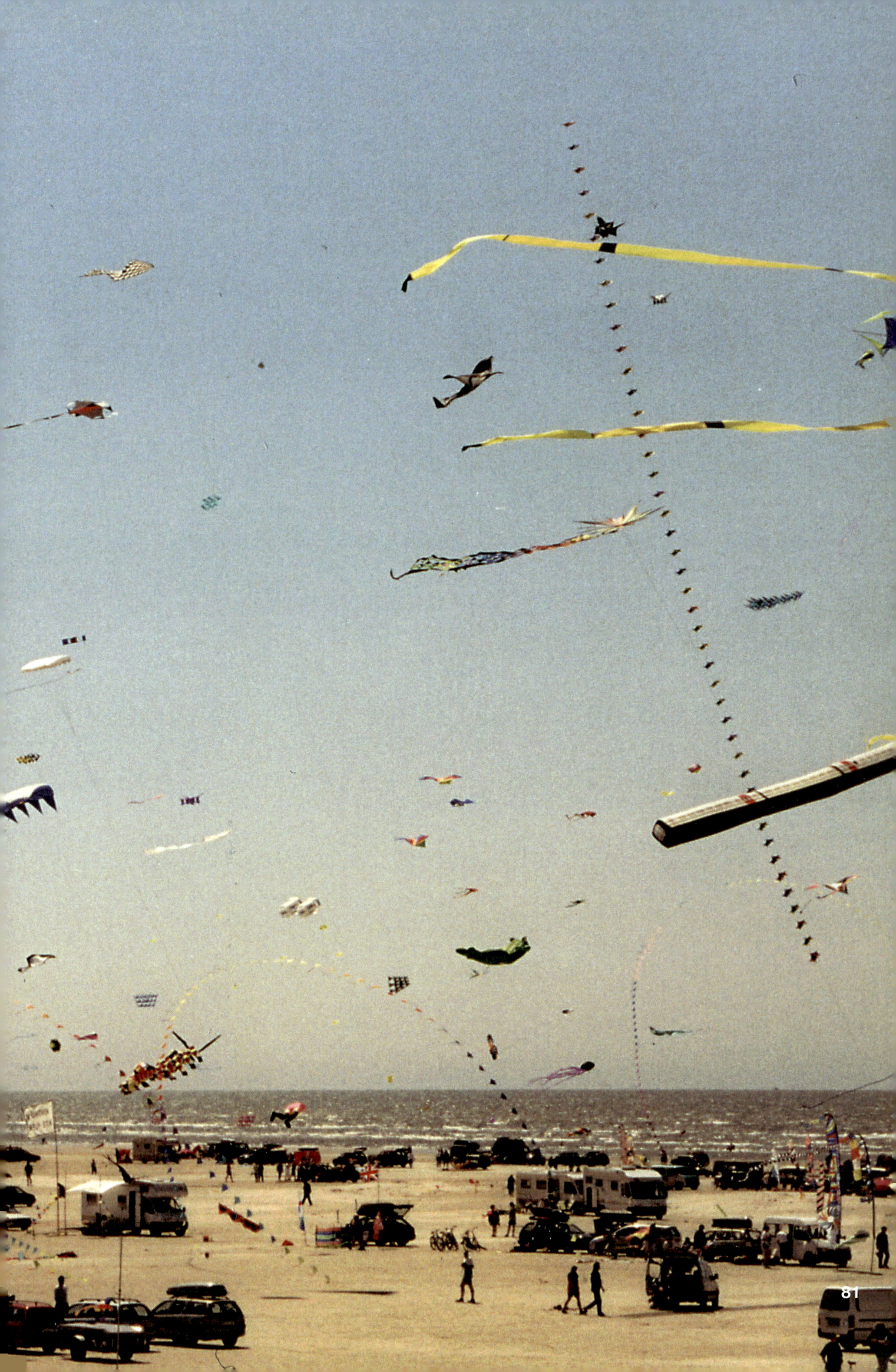

“de
deux choses
lune
l’autre
c’est le soleil ”

Jacques Prévert, extrait de « Le paysage changeur » in *Paroles*

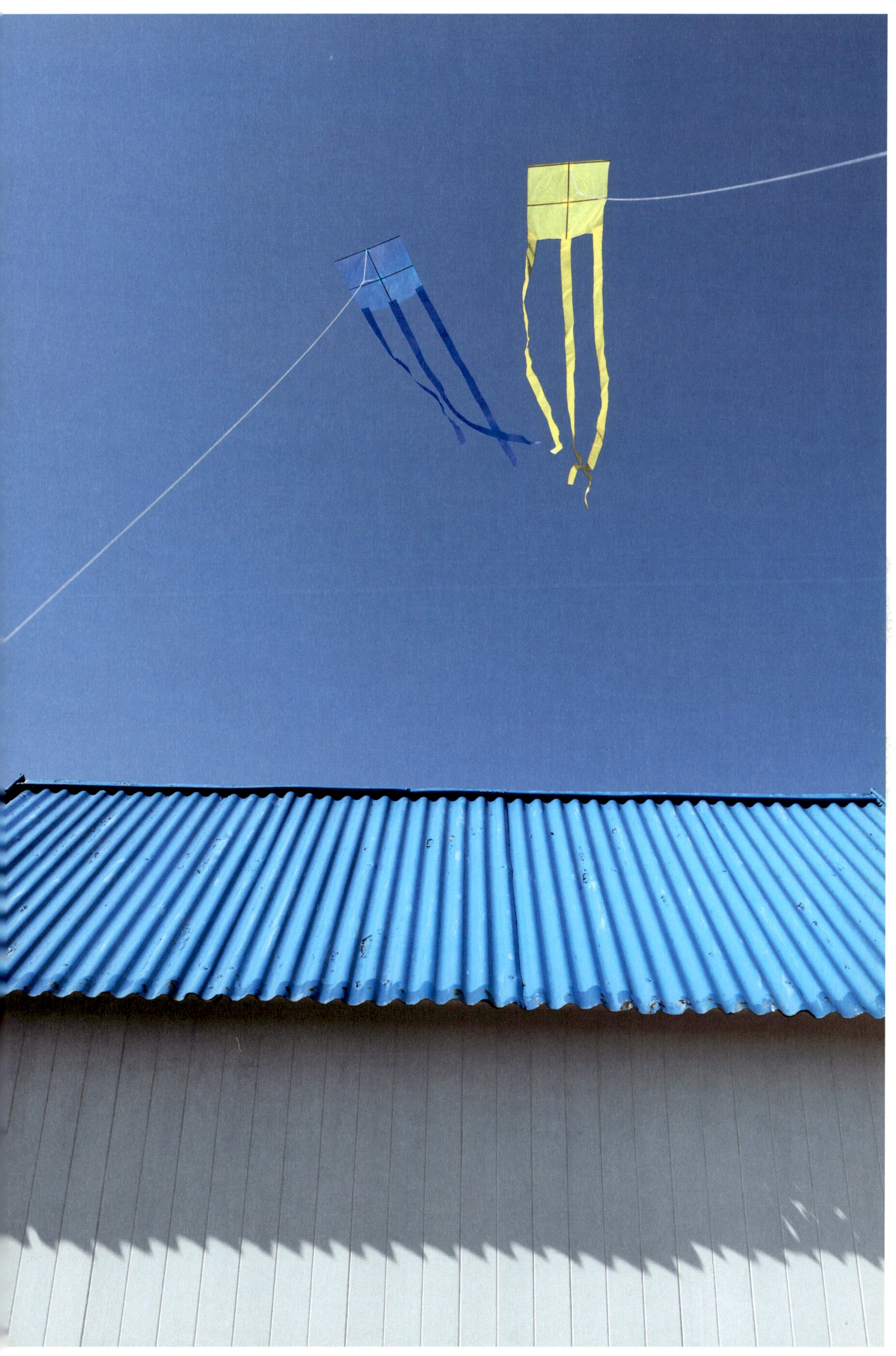

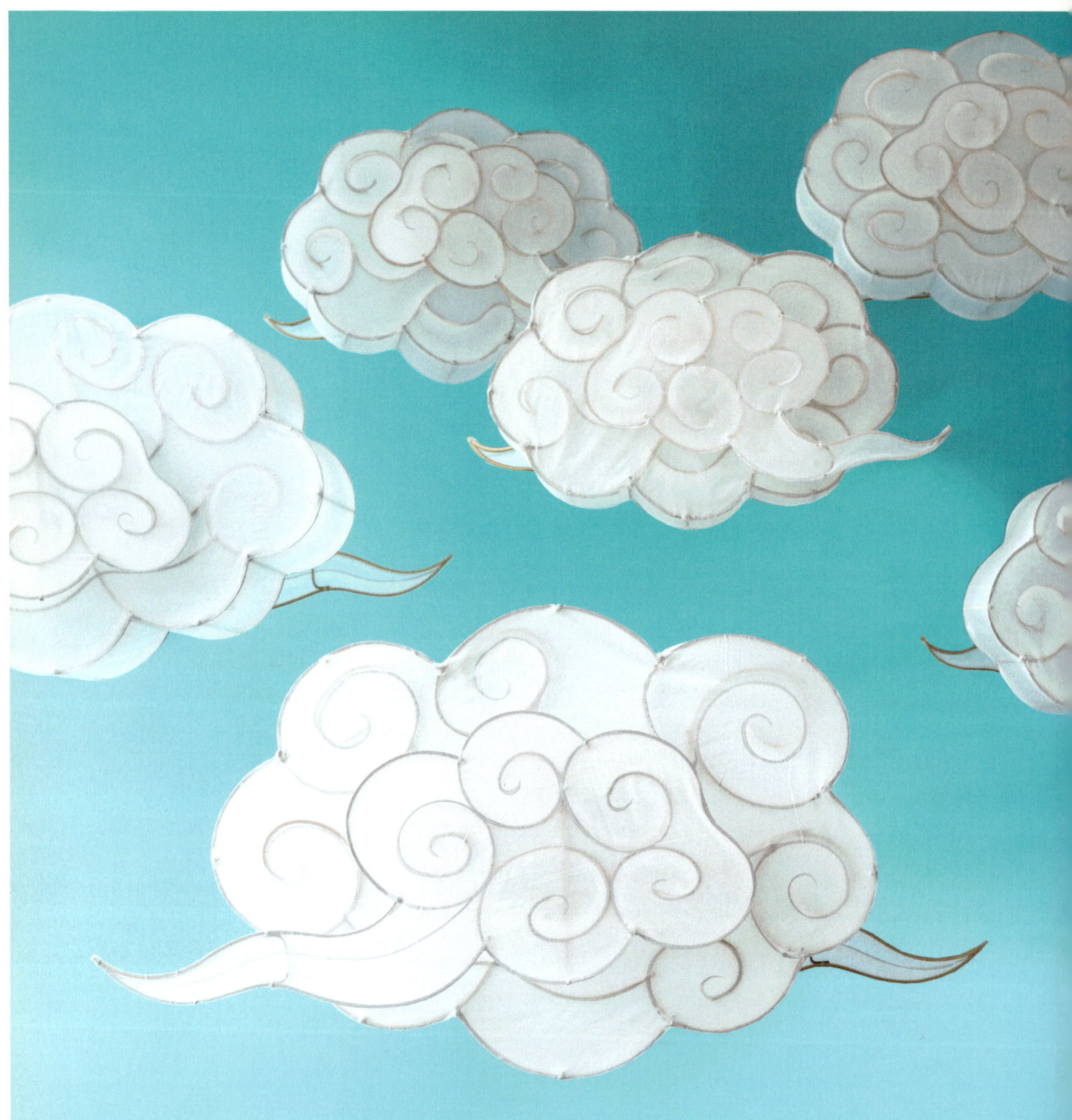

“Les nuages sont les Robins des Bois du ciel : ils volent l’eau à la mer pour la donner à la terre.” Franck Prévot

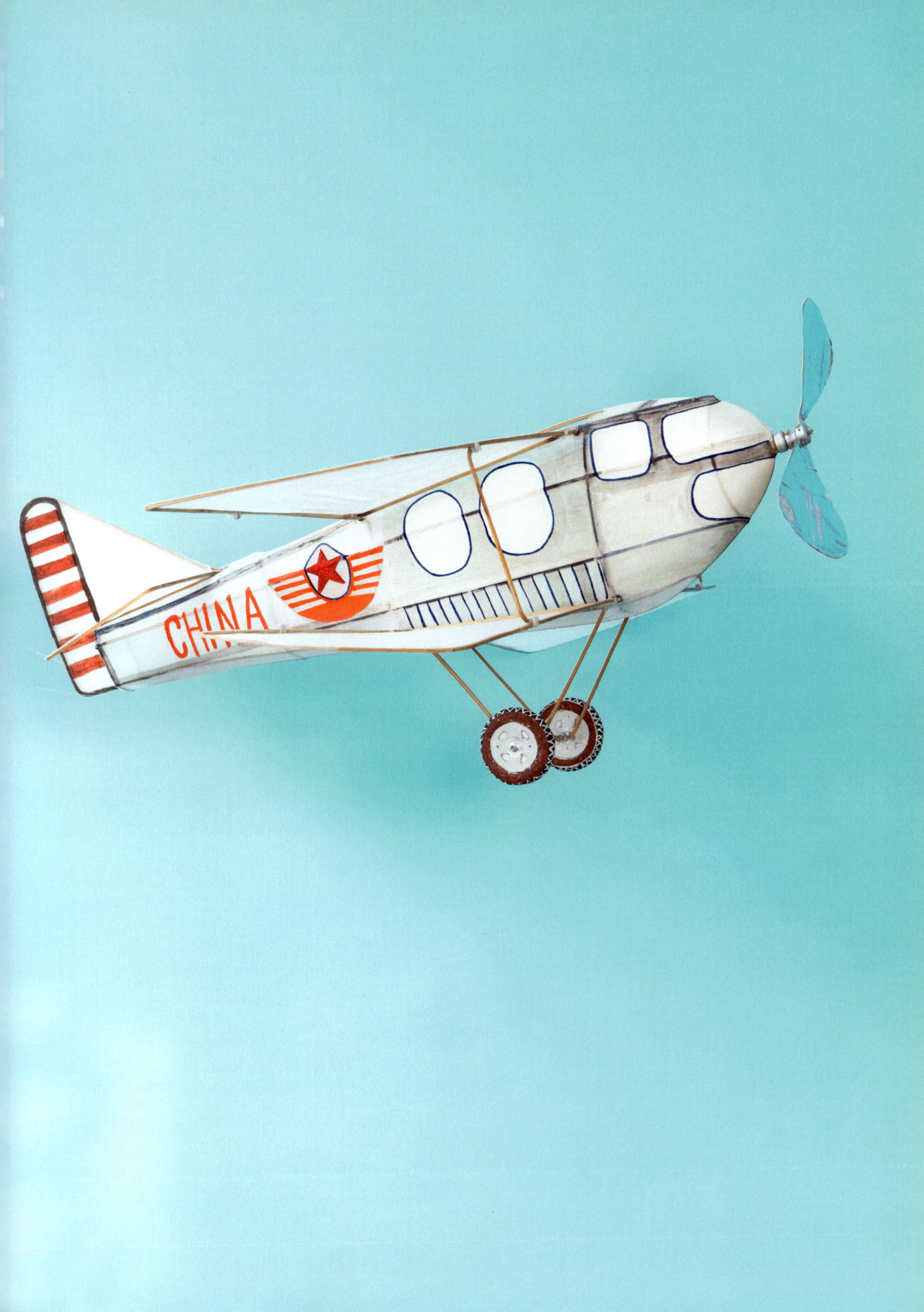
CHINA

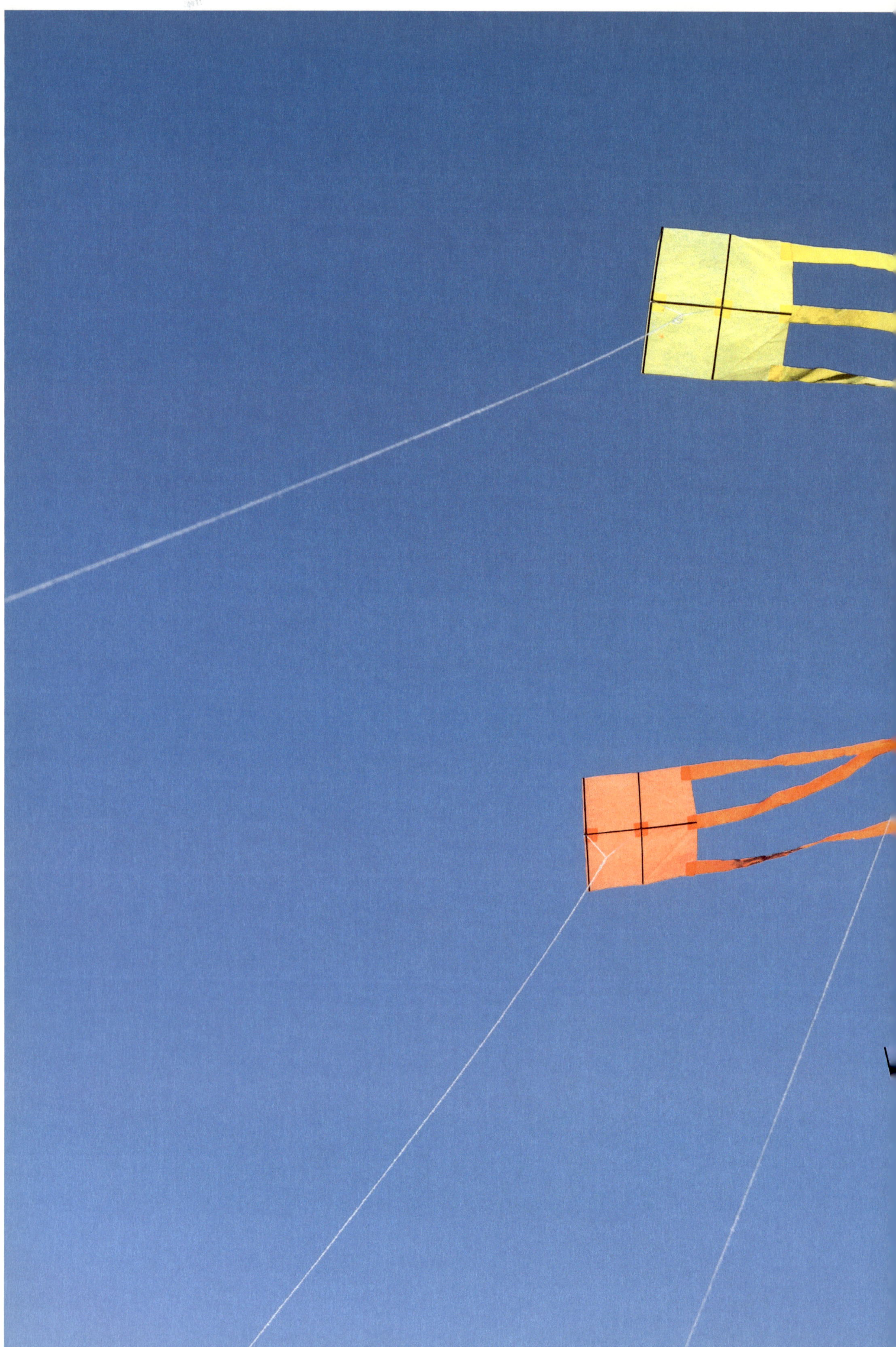

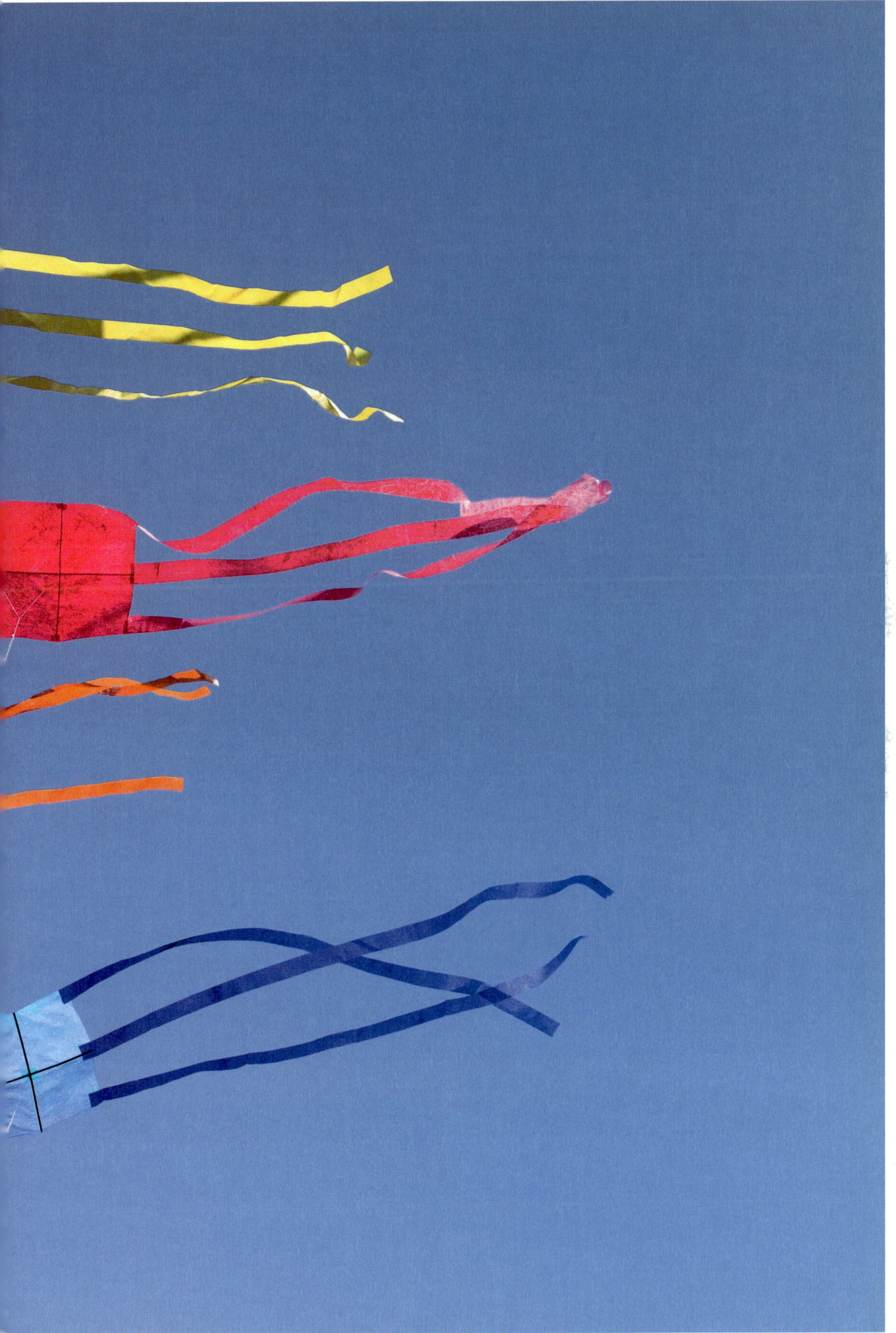

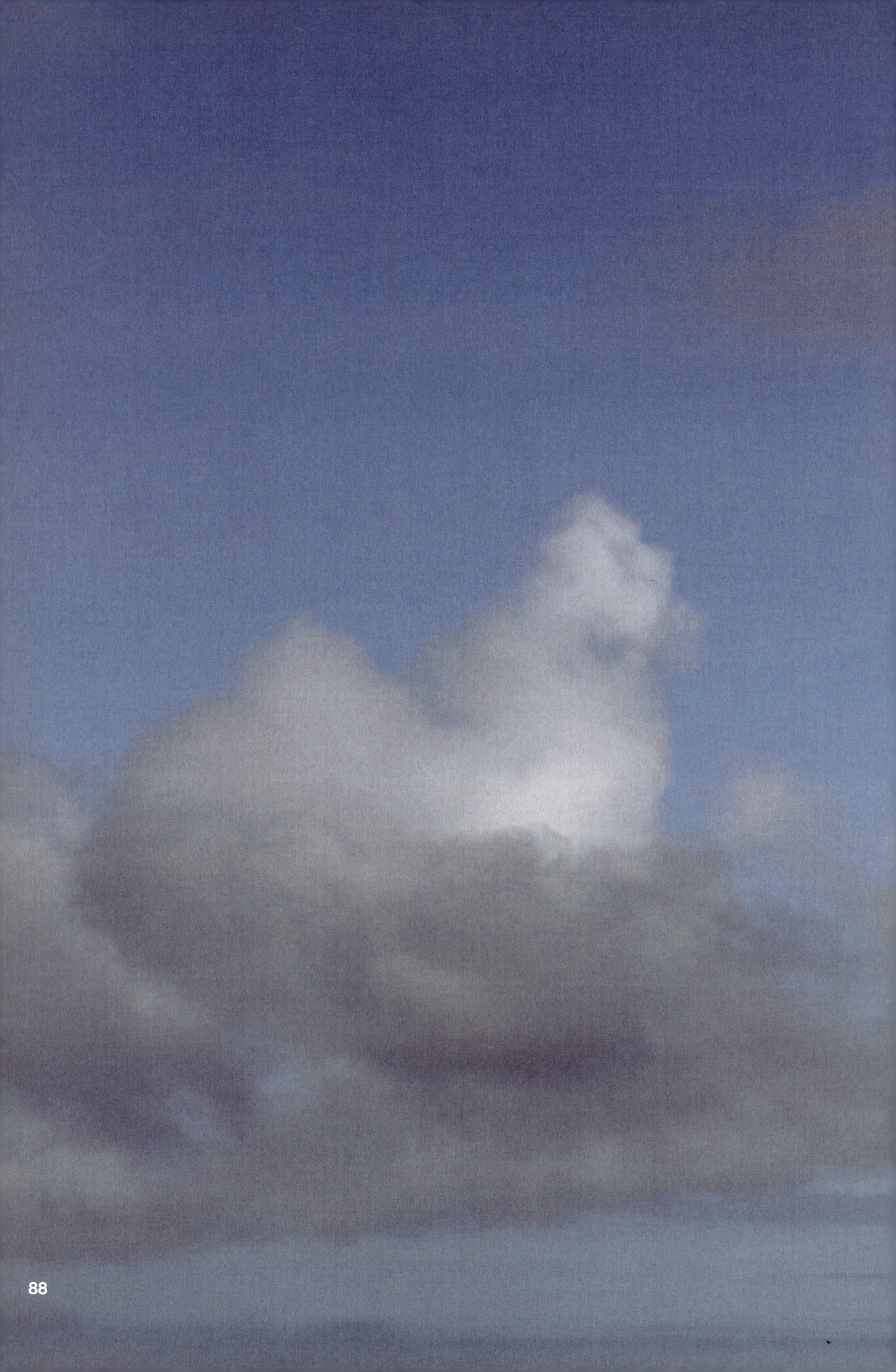

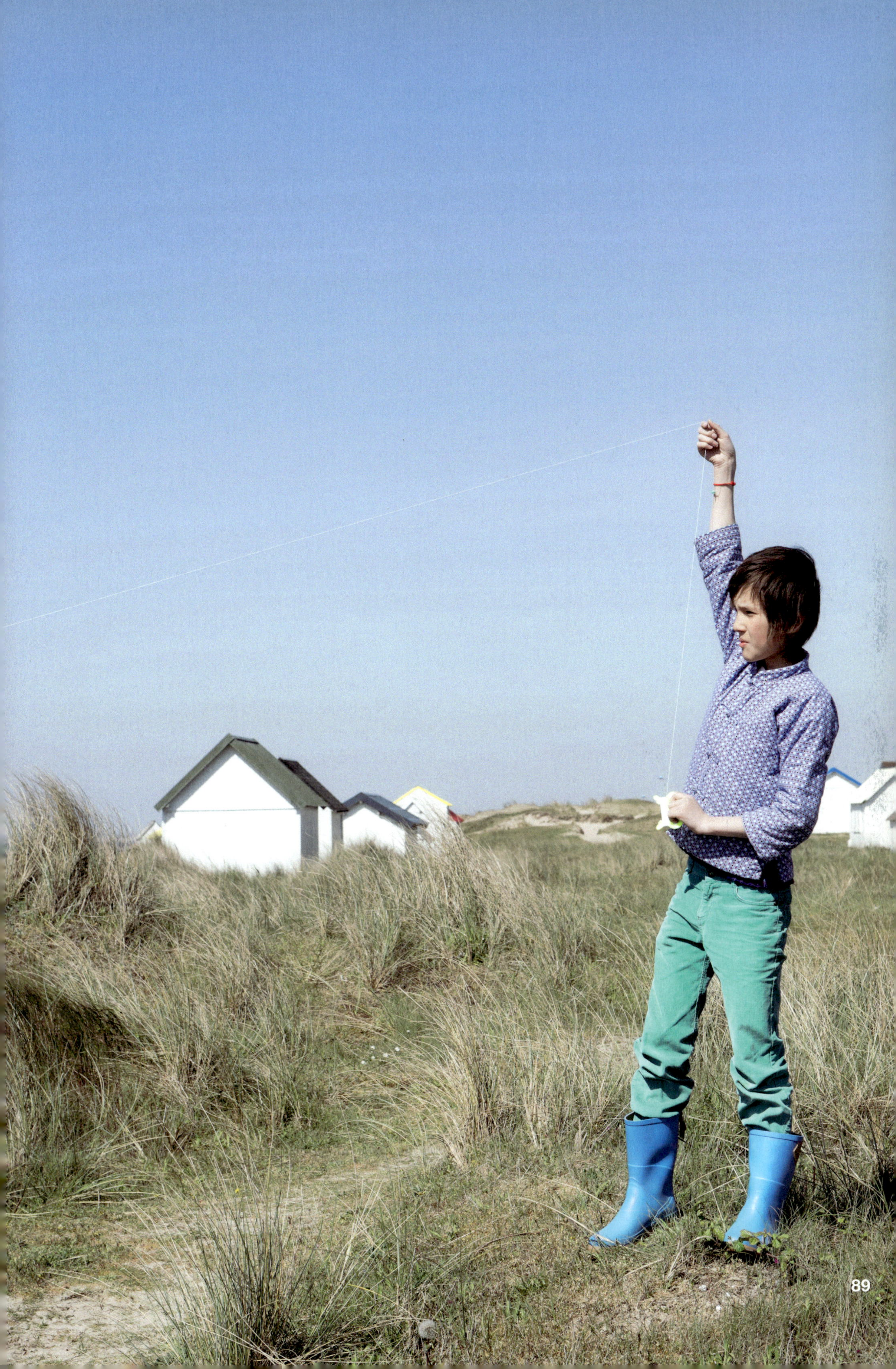

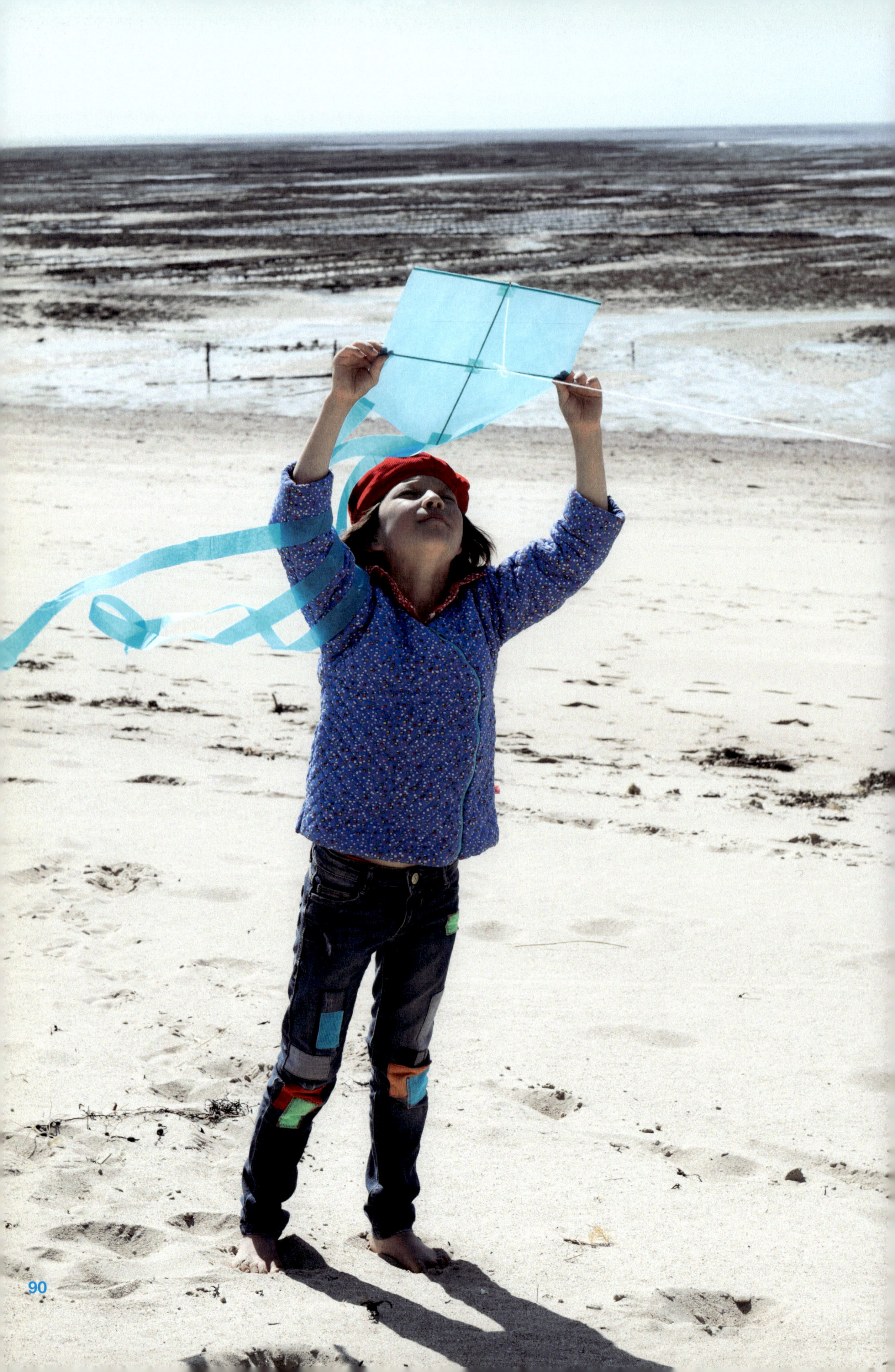

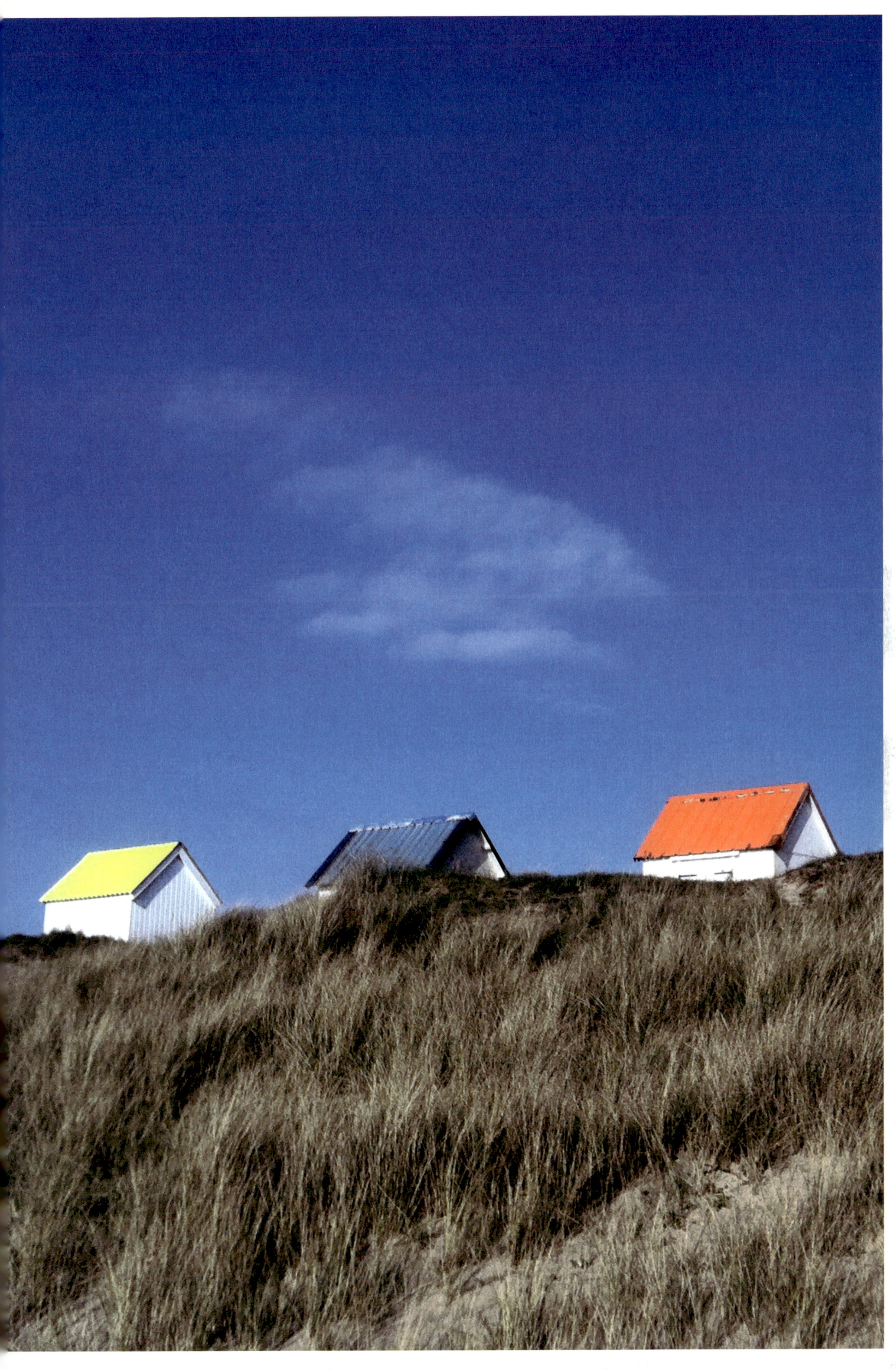

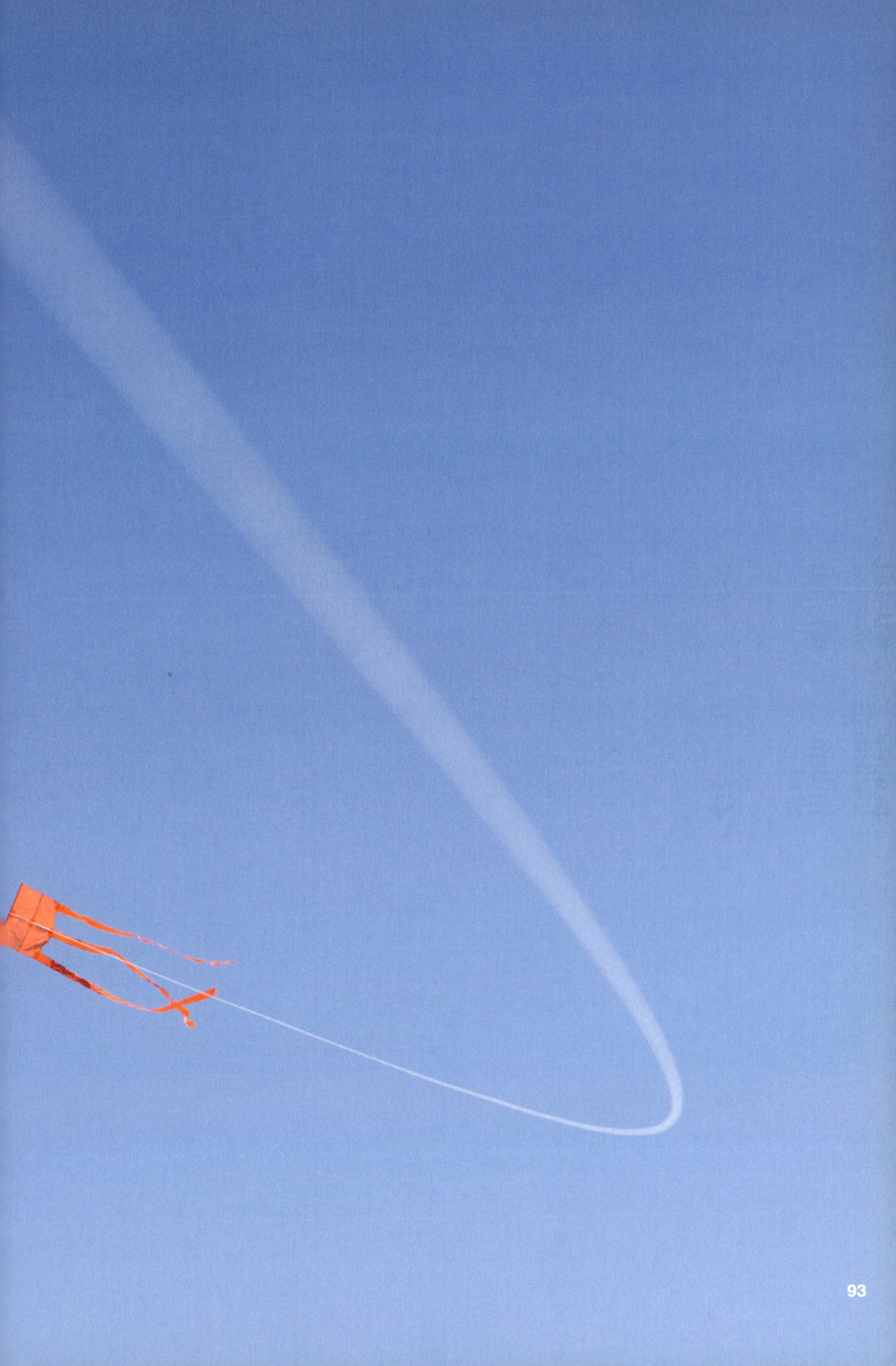

magie de l'enfance

On est de son enfance comme on est d'un pays et tout est terrain de jeu.

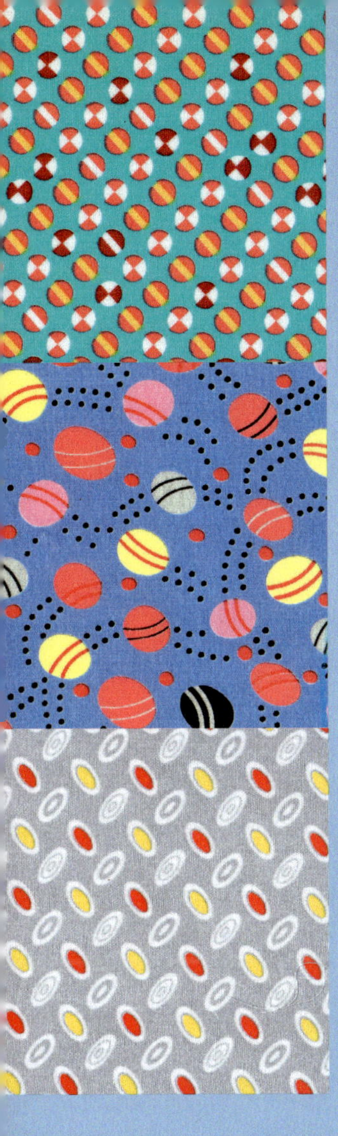

MYRIAM ET PAN N'ONT PAS OUBLIÉ LA POÉSIE DE LA LEUR. ELLE EST TOUJOURS LÀ, LA GAMINE QUI DESSINAIT, BRICOLAIT, ÉTAIT MAITRESSE D'ÉCOLE DANS UNE CABANE AU FOND DU JARDIN ET AMÉNAGEAIT UN CAMPEMENT EN PLANCHES POUR SES AMIS. IL EST TOUJOURS LÀ, LE GARÇON QUI CHASSAIT LES GRILLONS, FAISAIT ÉCLATER DES PÉTARDS ET FABRIQUAIT DES CERFS-VOLANTS AVEC DU PAPIER JOURNAL. LEUR ENTHOUSIASME RESTÉ INTACT A DONNÉ NAISSANCE AUX JOYEUSES PALETTES DES COLLECTIONS PETIT PAN POUR BÉBÉ ET ENFANTS.

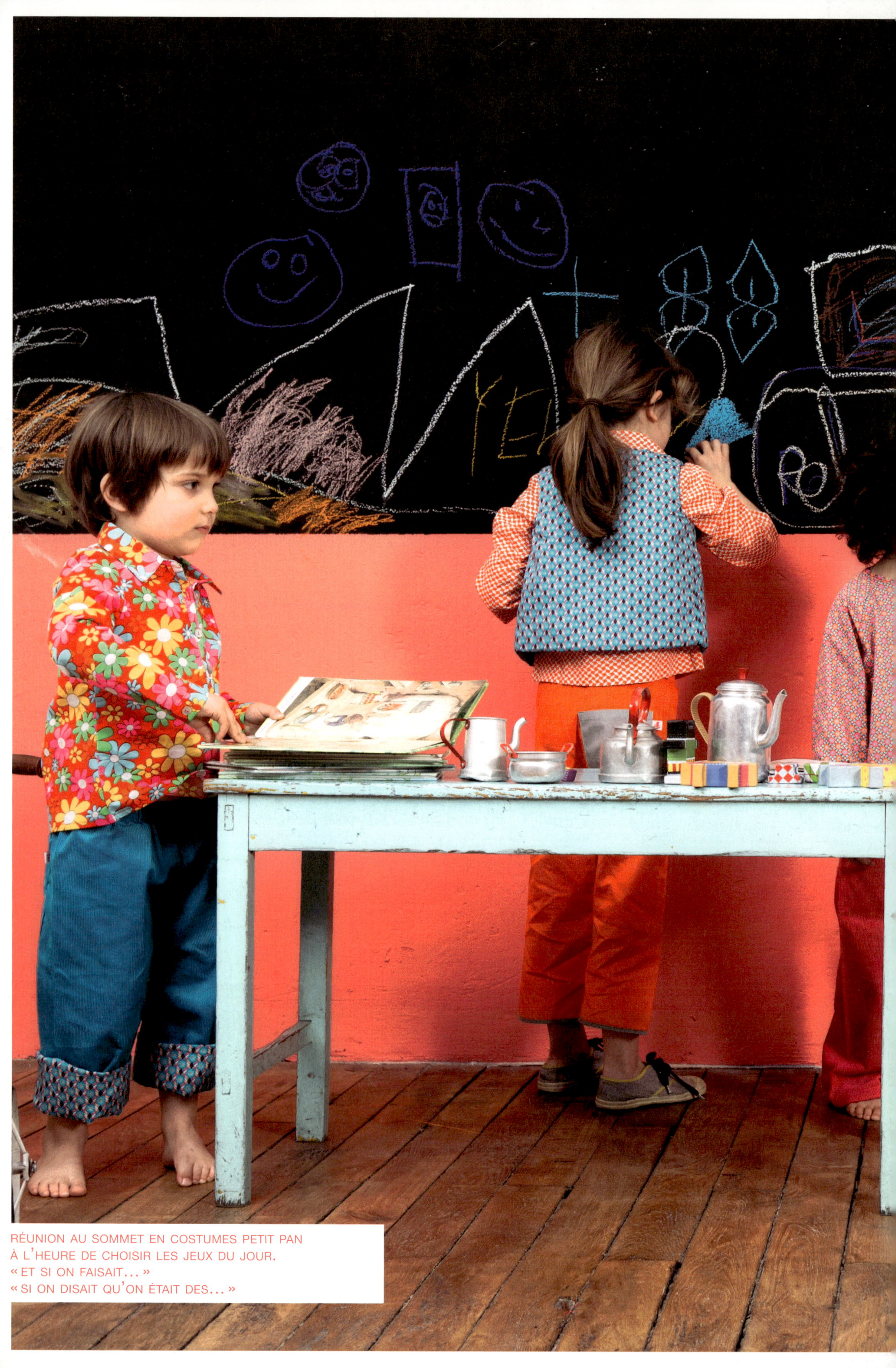

RÉUNION AU SOMMET EN COSTUMES PETIT PAN
À L'HEURE DE CHOISIR LES JEUX DU JOUR.
« ET SI ON FAISAIT... »
« SI ON DISAIT QU'ON ÉTAIT DES... »

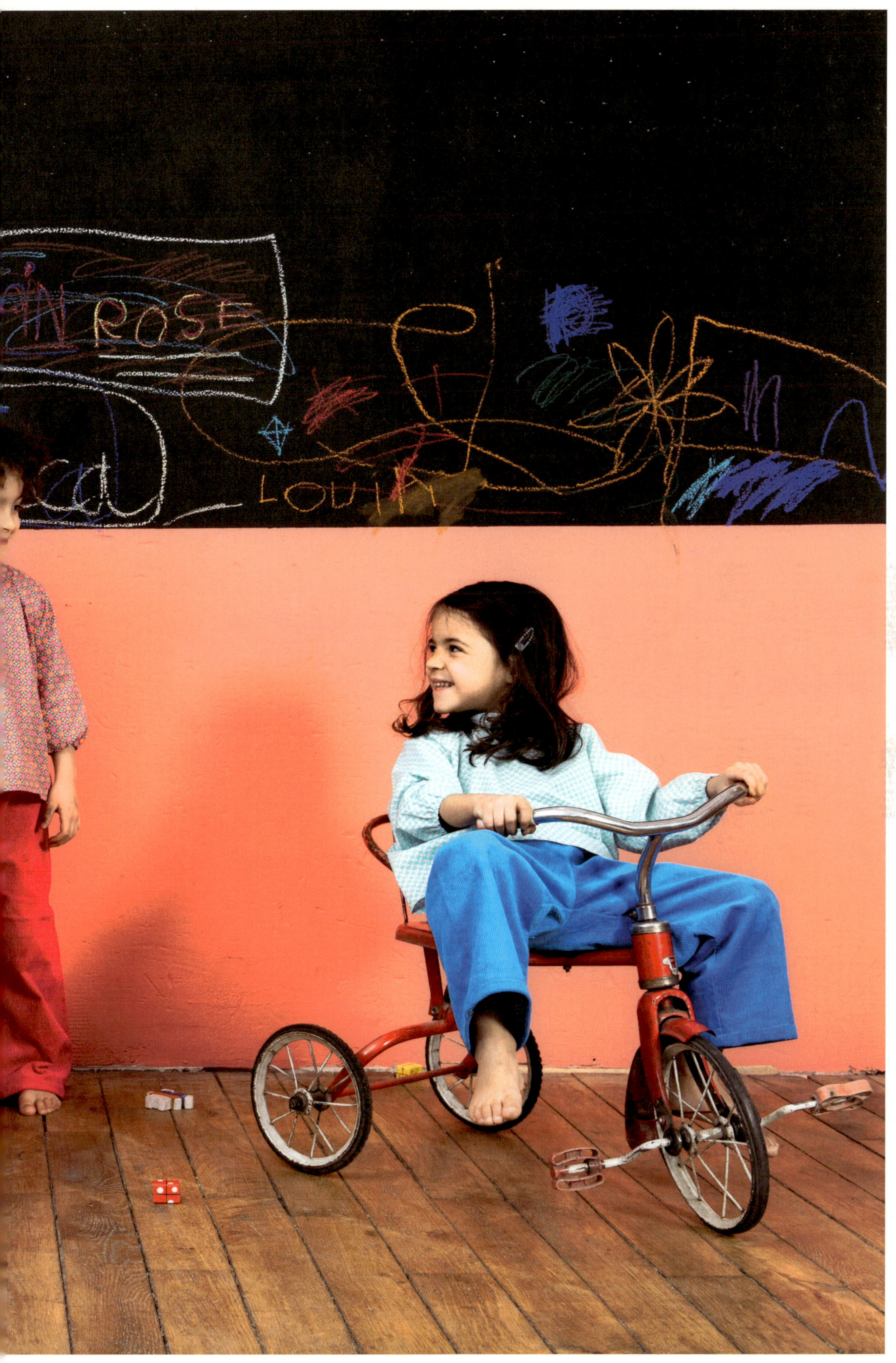
ROSE

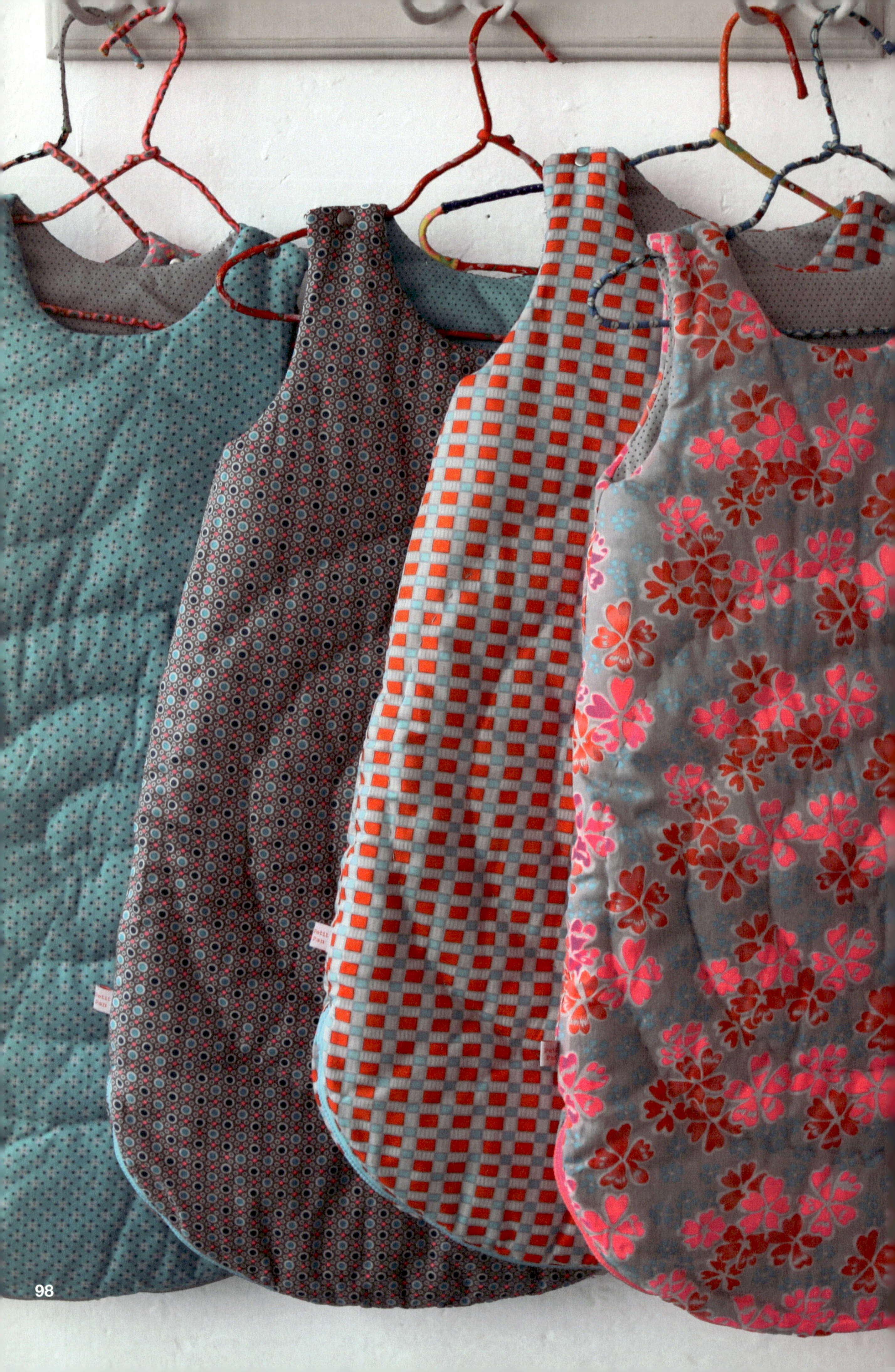

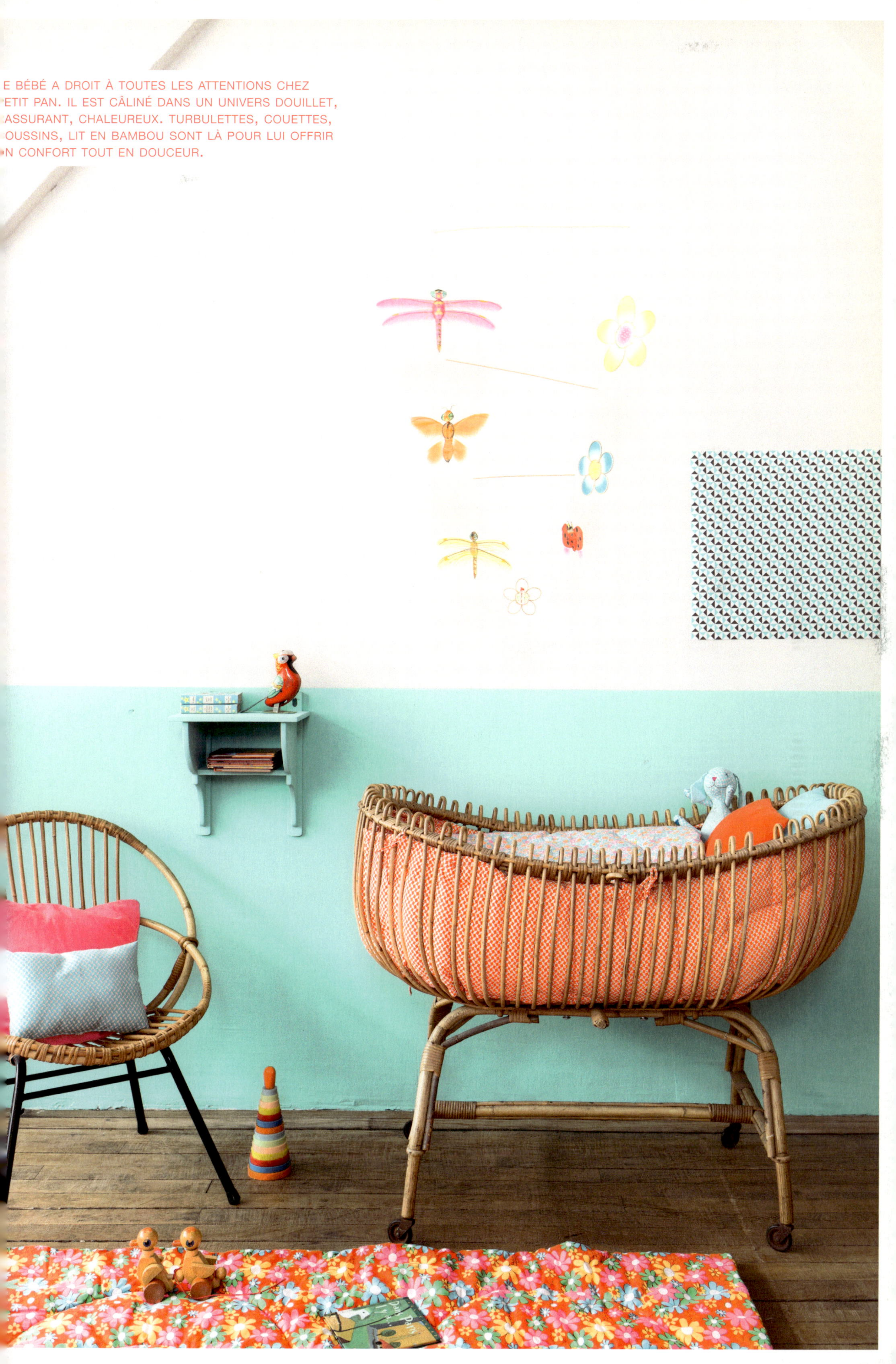

E BÉBÉ A DROIT À TOUTES LES ATTENTIONS CHEZ ETIT PAN. IL EST CÂLINÉ DANS UN UNIVERS DOUILLET, ASSURANT, CHALEUREUX. TURBULETTES, COUETTES, OUSSINS, LIT EN BAMBOU SONT LÀ POUR LUI OFFRIR N CONFORT TOUT EN DOUCEUR.

MARIONNETTES

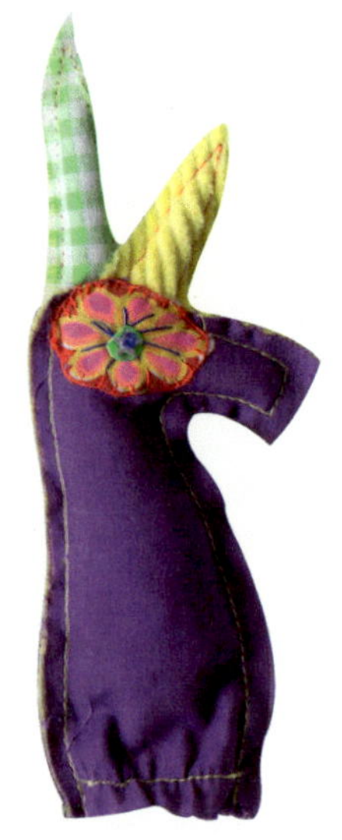

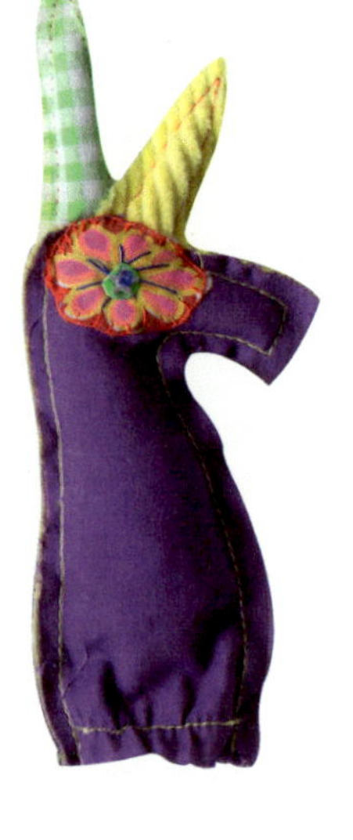

OGALO

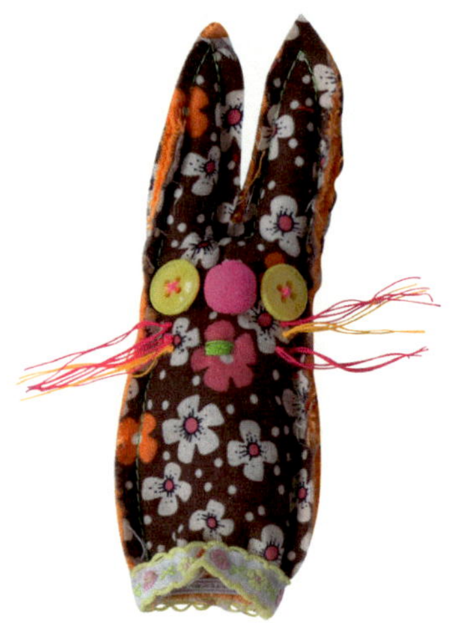

CROQUE-CAROTTES

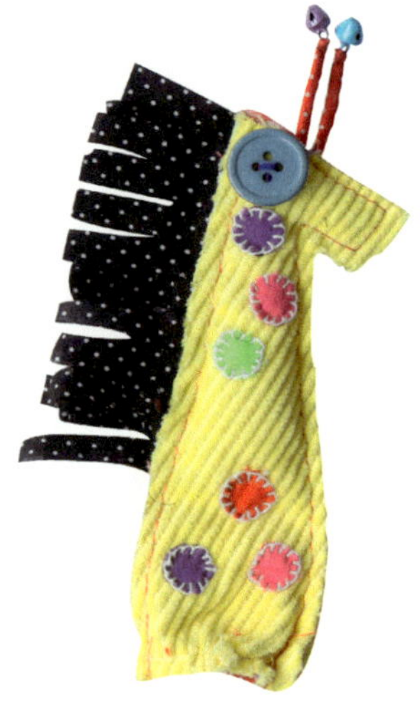

GIRAFFA

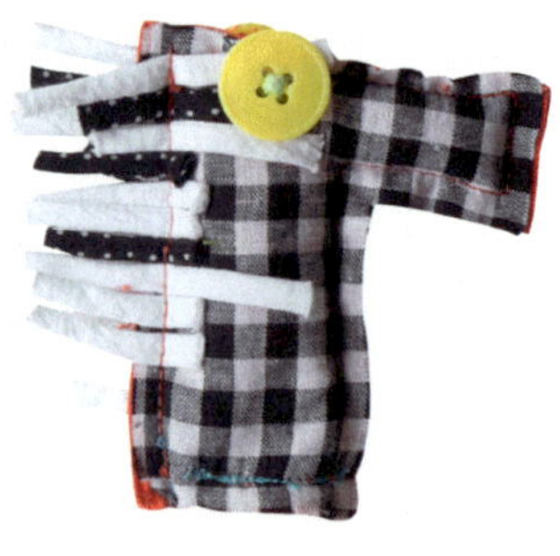

STRIOU

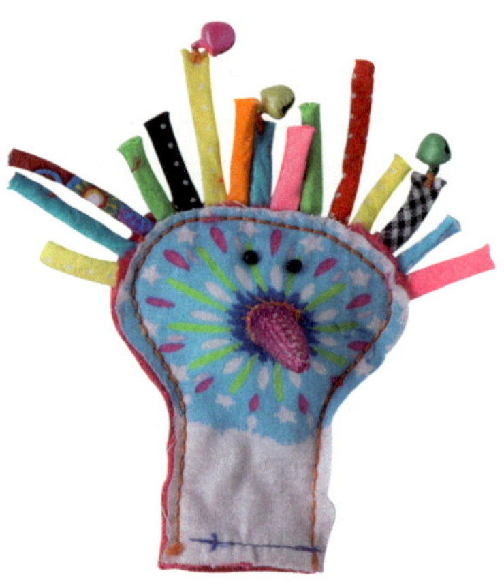

PLUMAGIC

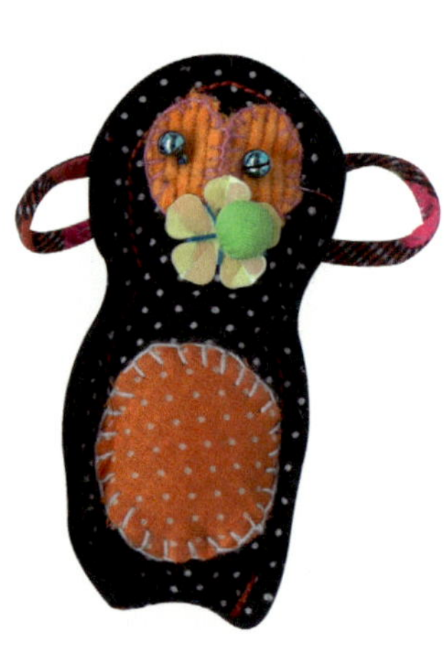

OUISTITI

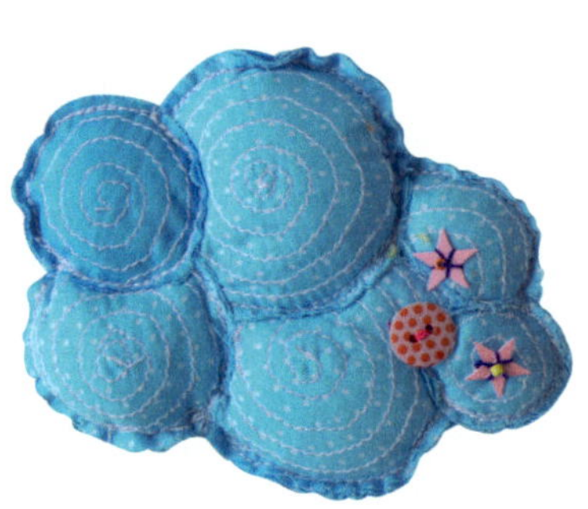

TOULAO

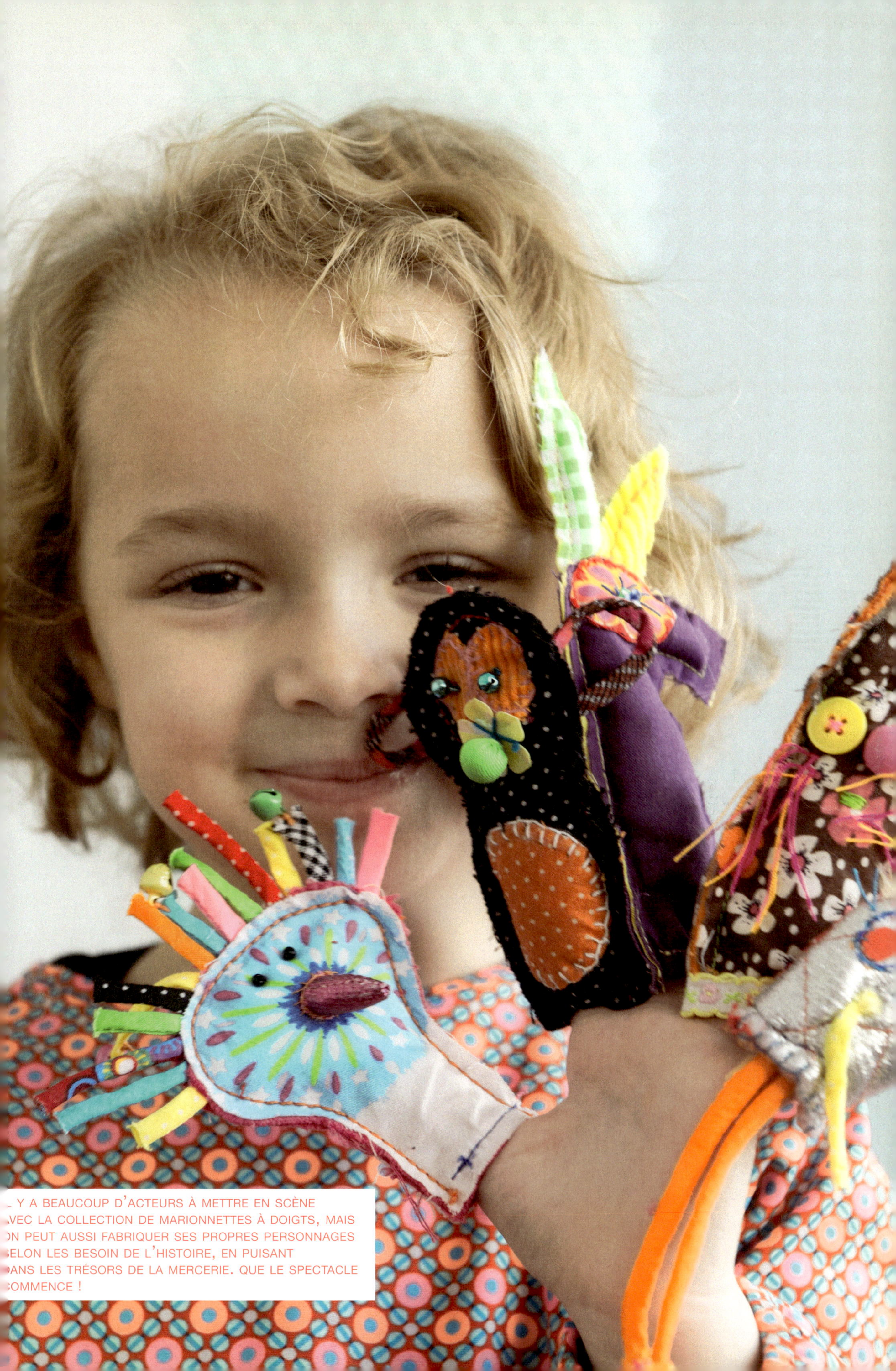

L Y A BEAUCOUP D'ACTEURS À METTRE EN SCÈNE VEC LA COLLECTION DE MARIONNETTES À DOIGTS, MAIS N PEUT AUSSI FABRIQUER SES PROPRES PERSONNAGES ELON LES BESOIN DE L'HISTOIRE, EN PUISANT ANS LES TRÉSORS DE LA MERCERIE. QUE LE SPECTACLE OMMENCE !

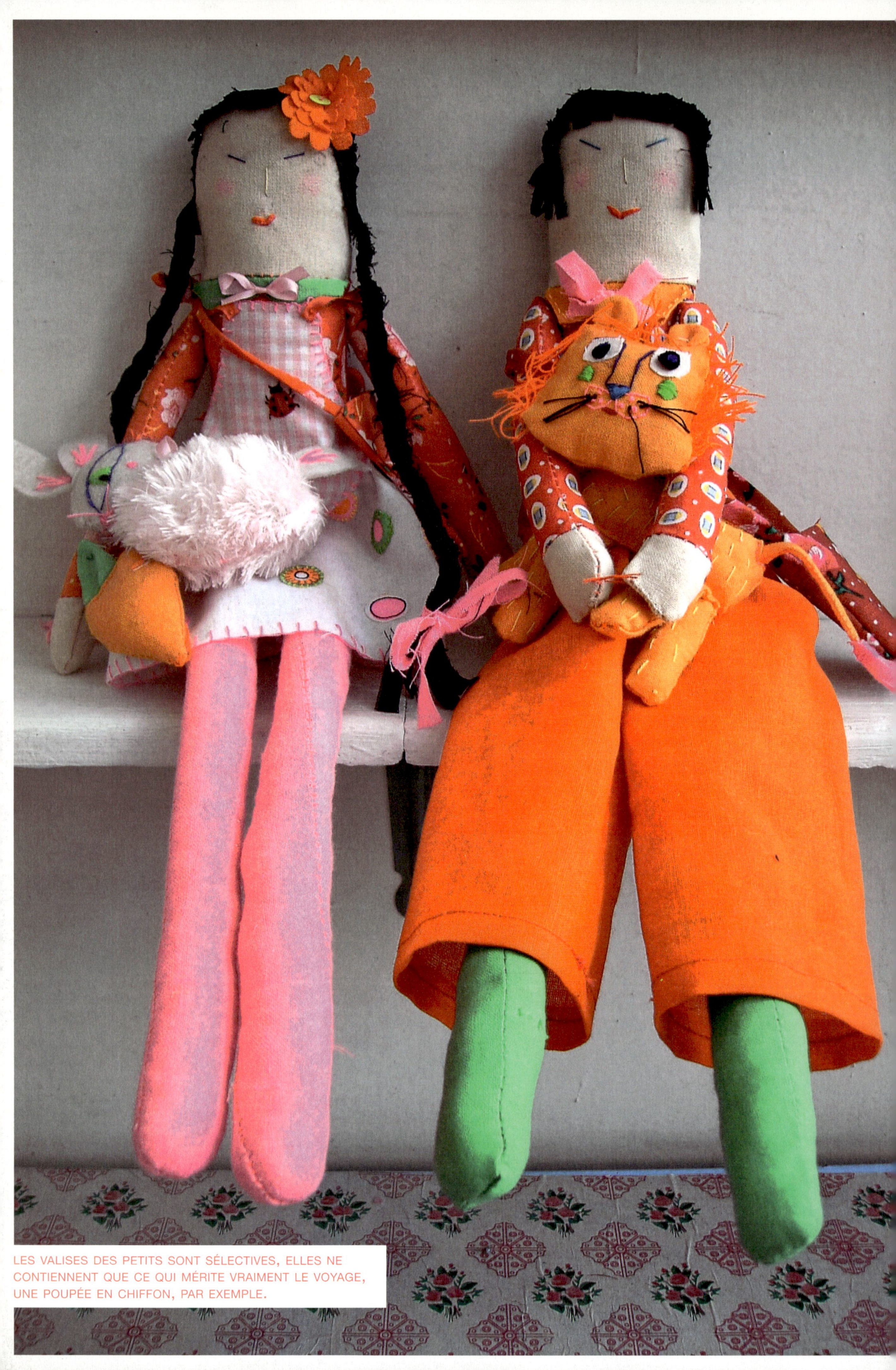

LES VALISES DES PETITS SONT SÉLECTIVES, ELLES NE CONTIENNENT QUE CE QUI MÉRITE VRAIMENT LE VOYAGE, UNE POUPÉE EN CHIFFON, PAR EXEMPLE.

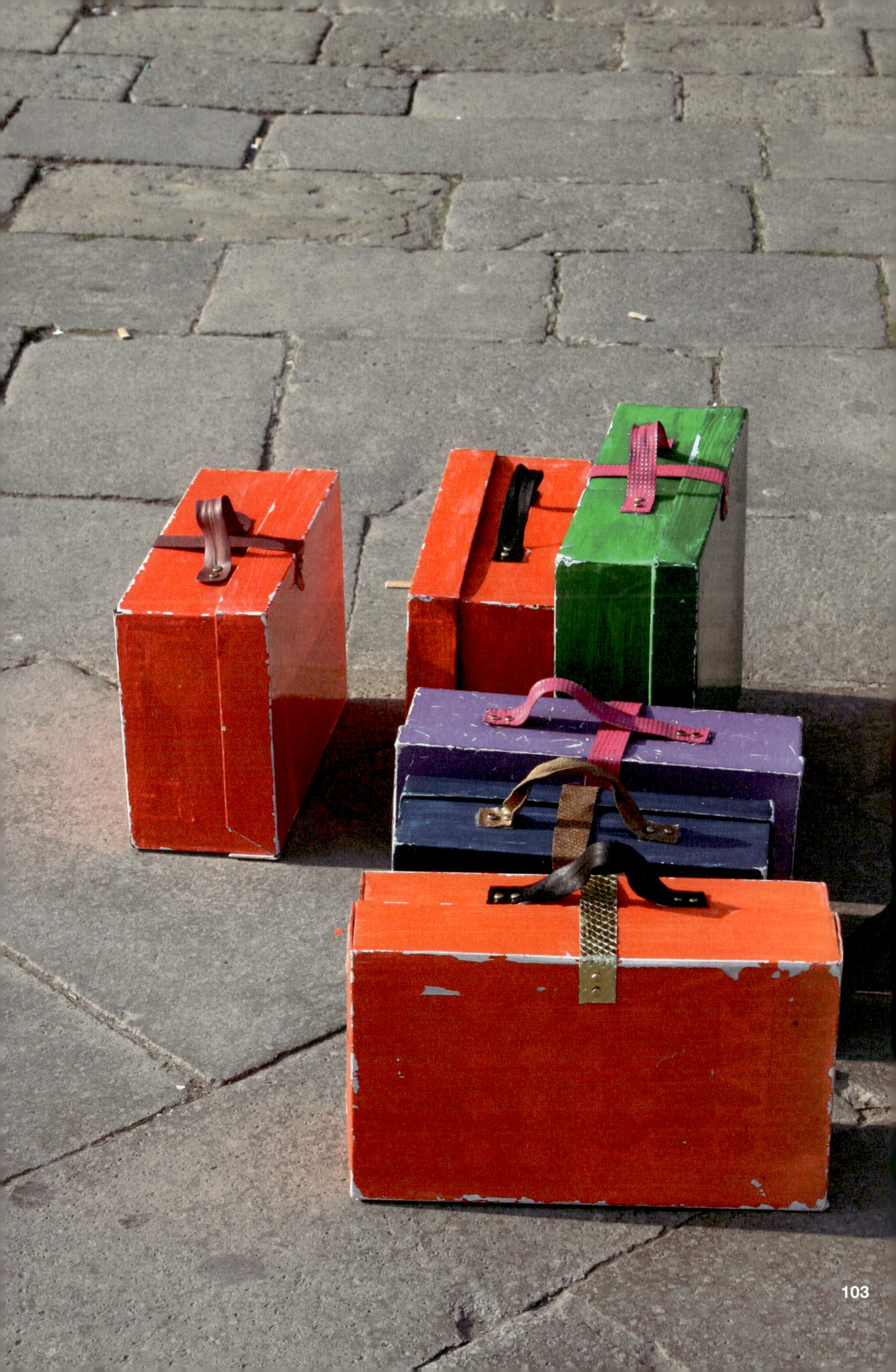

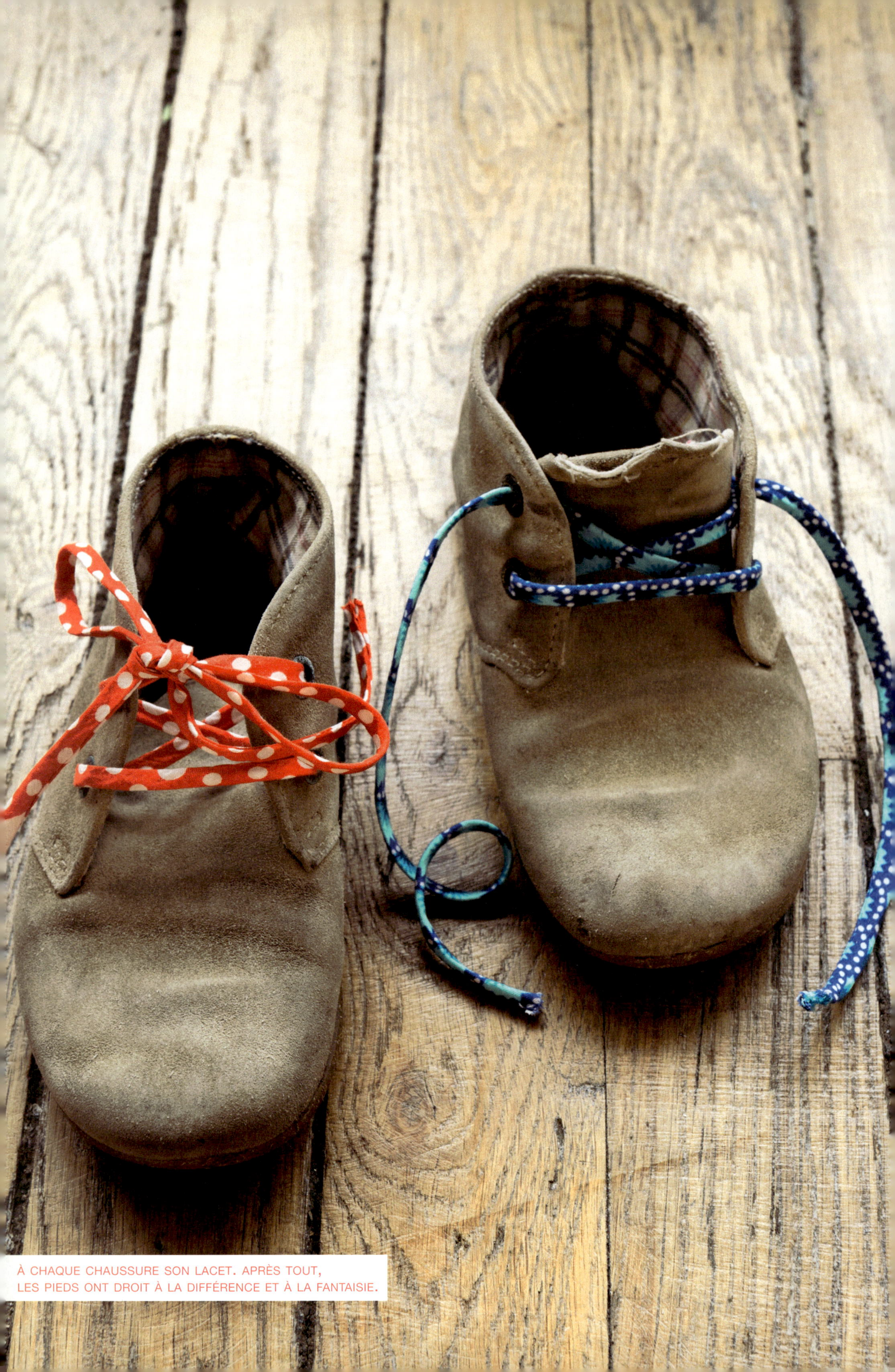

À CHAQUE CHAUSSURE SON LACET. APRÈS TOUT,
LES PIEDS ONT DROIT À LA DIFFÉRENCE ET À LA FANTAISIE.

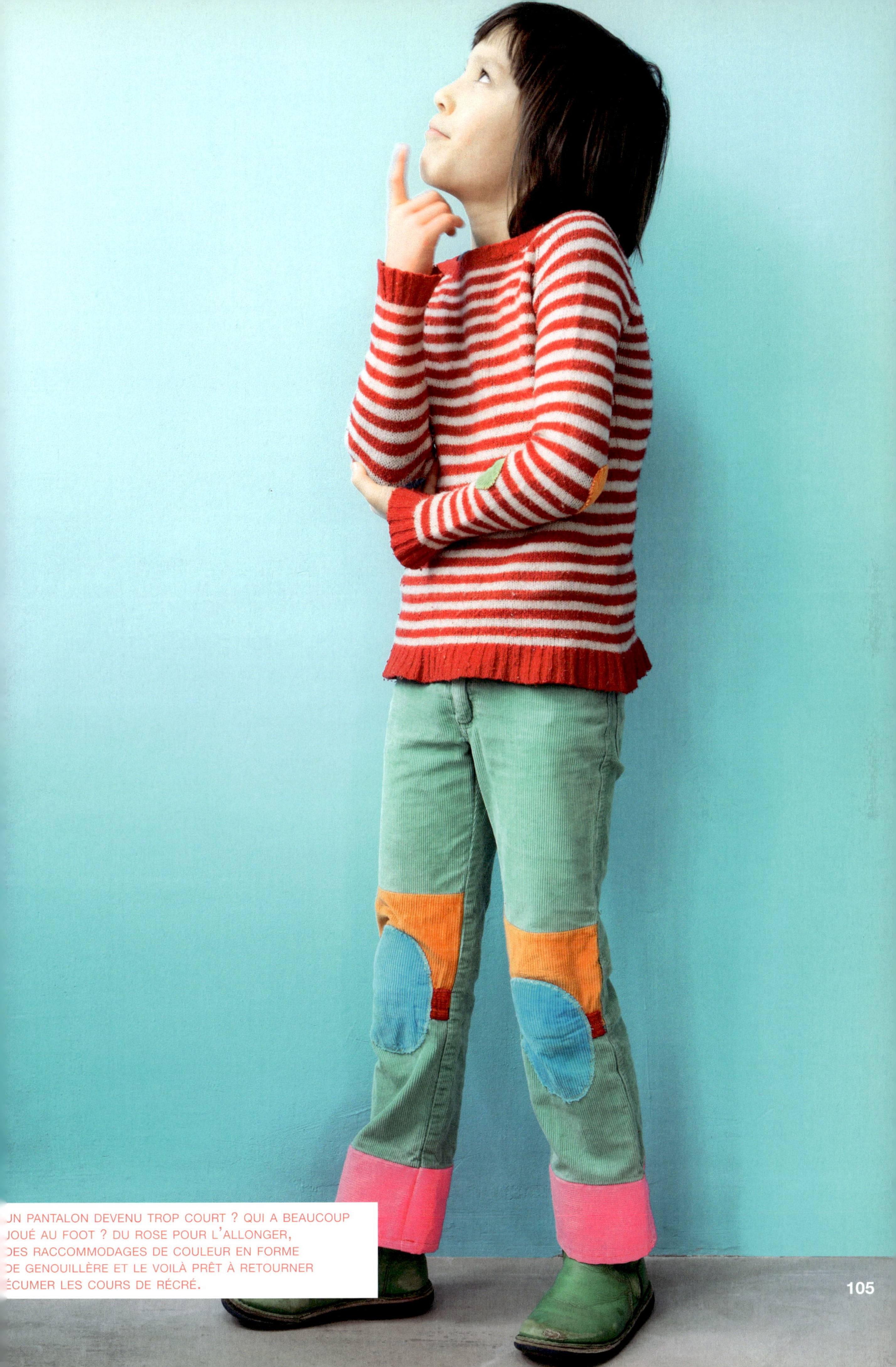

UN PANTALON DEVENU TROP COURT ? QUI A BEAUCOUP JOUÉ AU FOOT ? DU ROSE POUR L'ALLONGER, DES RACCOMMODAGES DE COULEUR EN FORME DE GENOUILLÈRE ET LE VOILÀ PRÊT À RETOURNER ÉCUMER LES COURS DE RÉCRÉ.

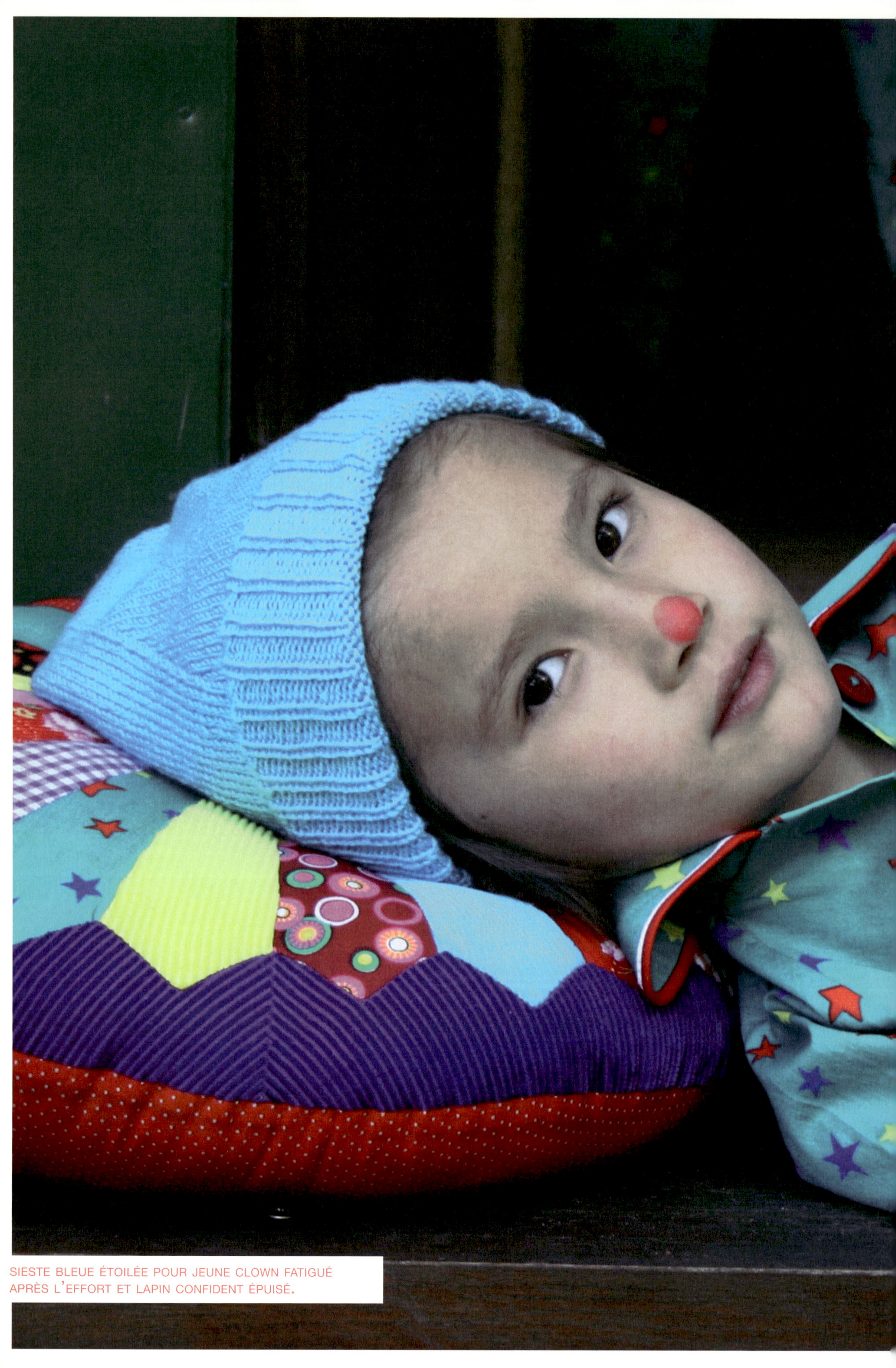

SIESTE BLEUE ÉTOILÉE POUR JEUNE CLOWN FATIGUÉ APRÈS L'EFFORT ET LAPIN CONFIDENT ÉPUISÉ.

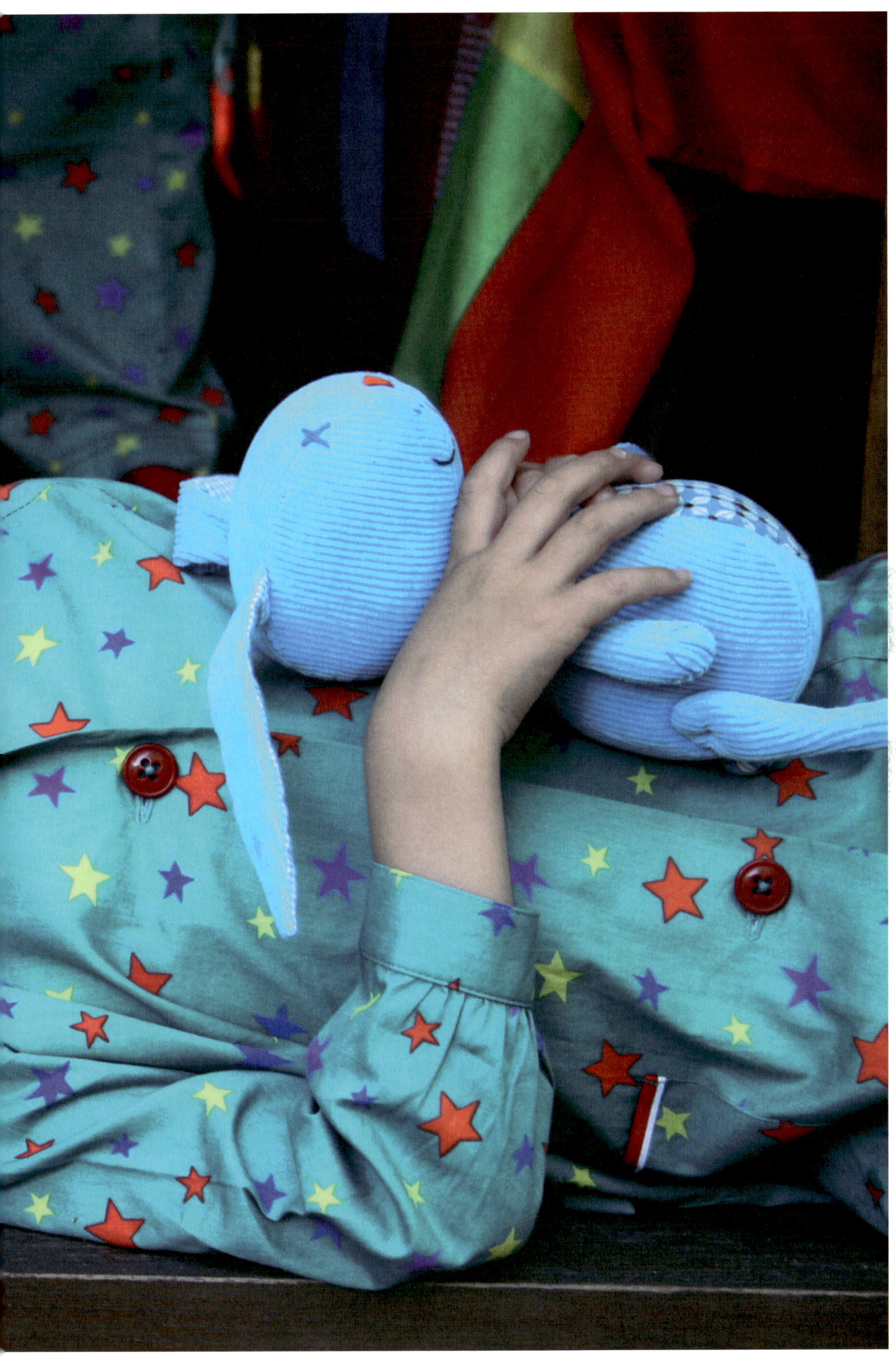

POUR LES SACS MUSETTE, LES BESACES
ET LES CARTABLES, C'EST LA RENTRÉE...
LA CLOCHE A SONNÉ.

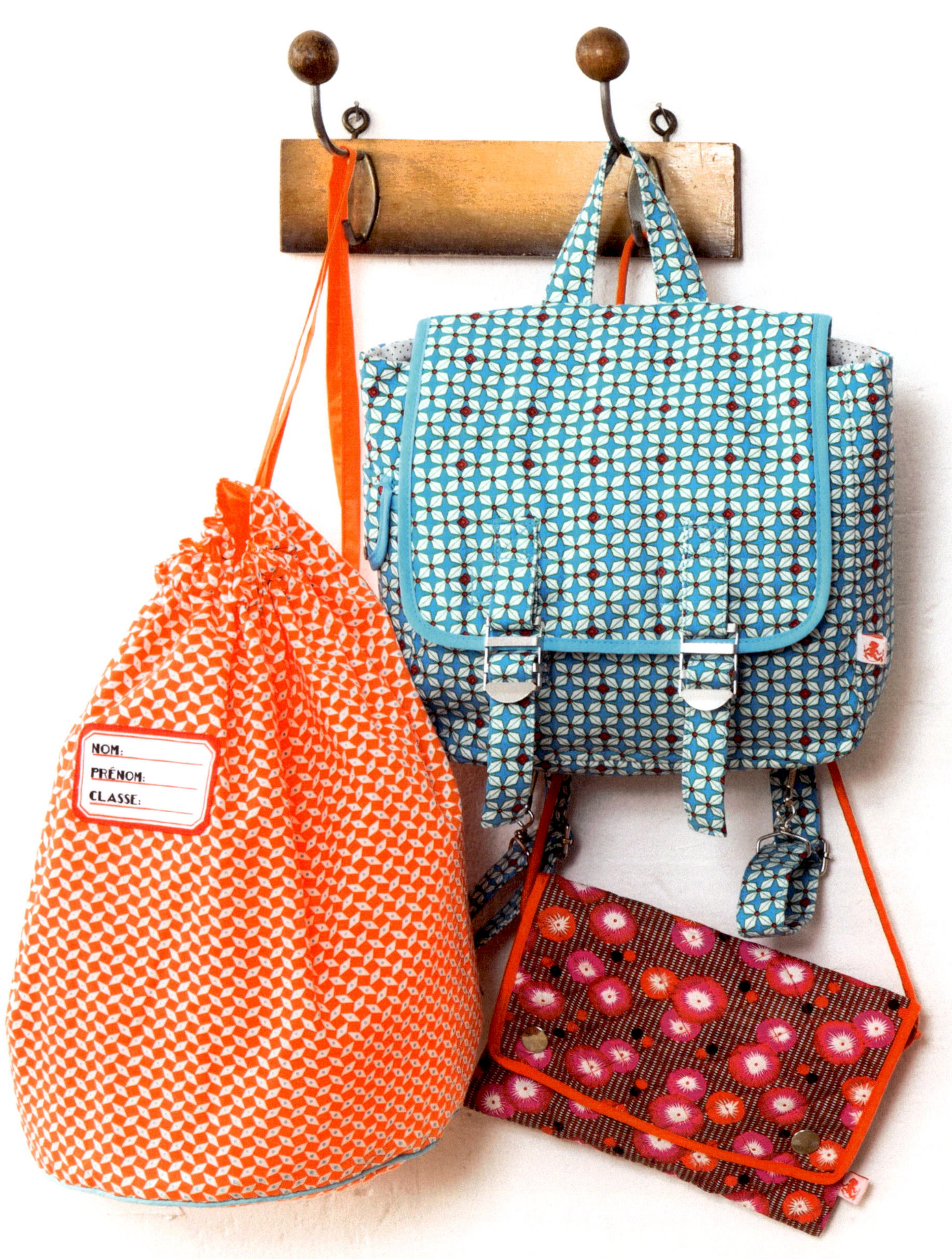

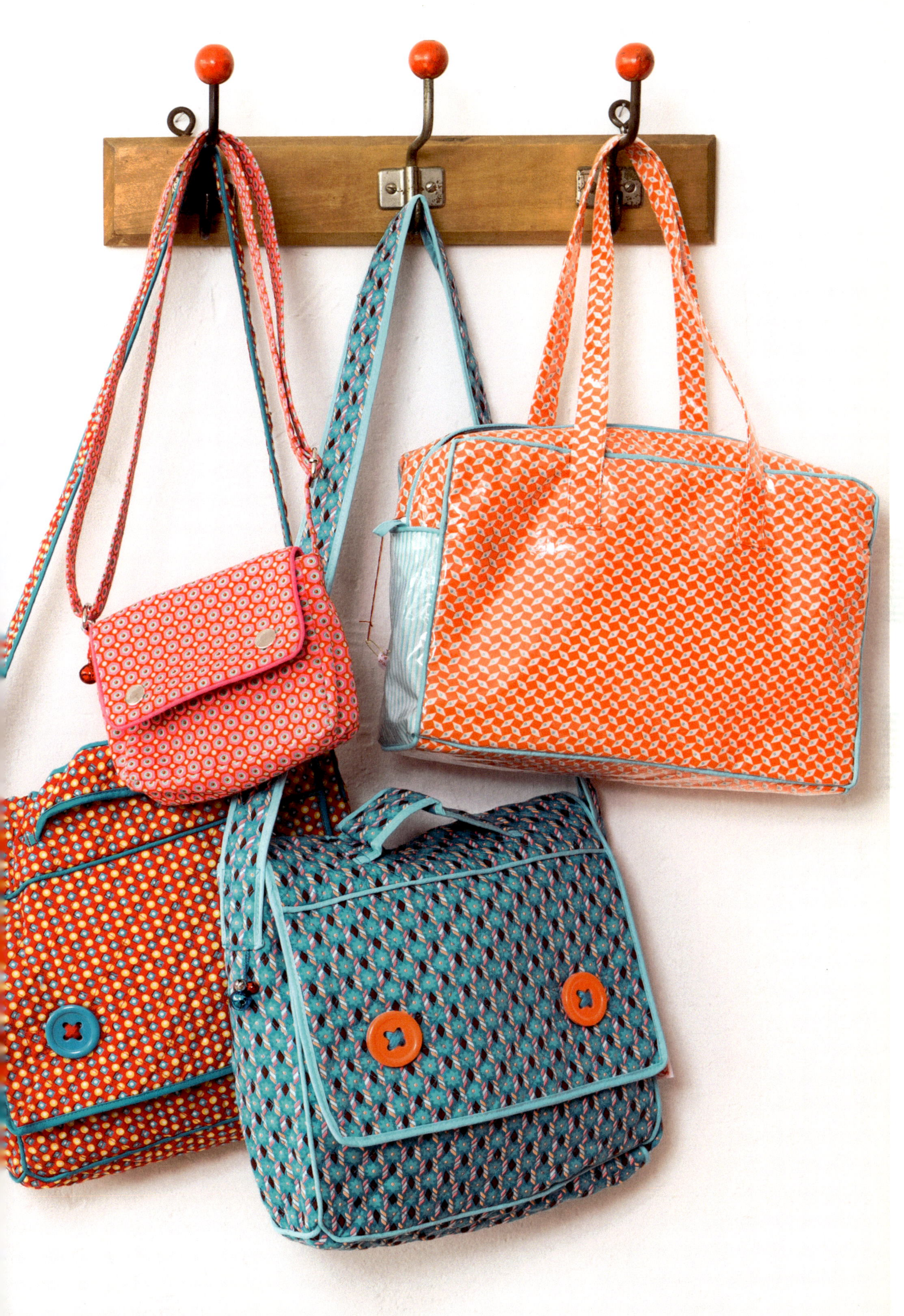

Dans la famille lapin, il y a des célébrités, au cinéma avec Roger Rabbit ou Bugs Bunny, en chocolat pour Pâques, en urgence comme le lapin d'Alice... Il y a aussi les lapins qui font des ombres sur la lune, qui sortent des chapeaux ou qui prêtent leurs pattes pour faire des porte-bonheur. Aujourd'hui, il faut compter avec le lapin Petit Pan, un géant tendre haut d'un mètre. Pattes articulées pour jouer, longues oreilles pour entendre les confidences, peau en tissu doux pour les câlins, il a tout pour devenir Lapin 1er, roi des Doudous.

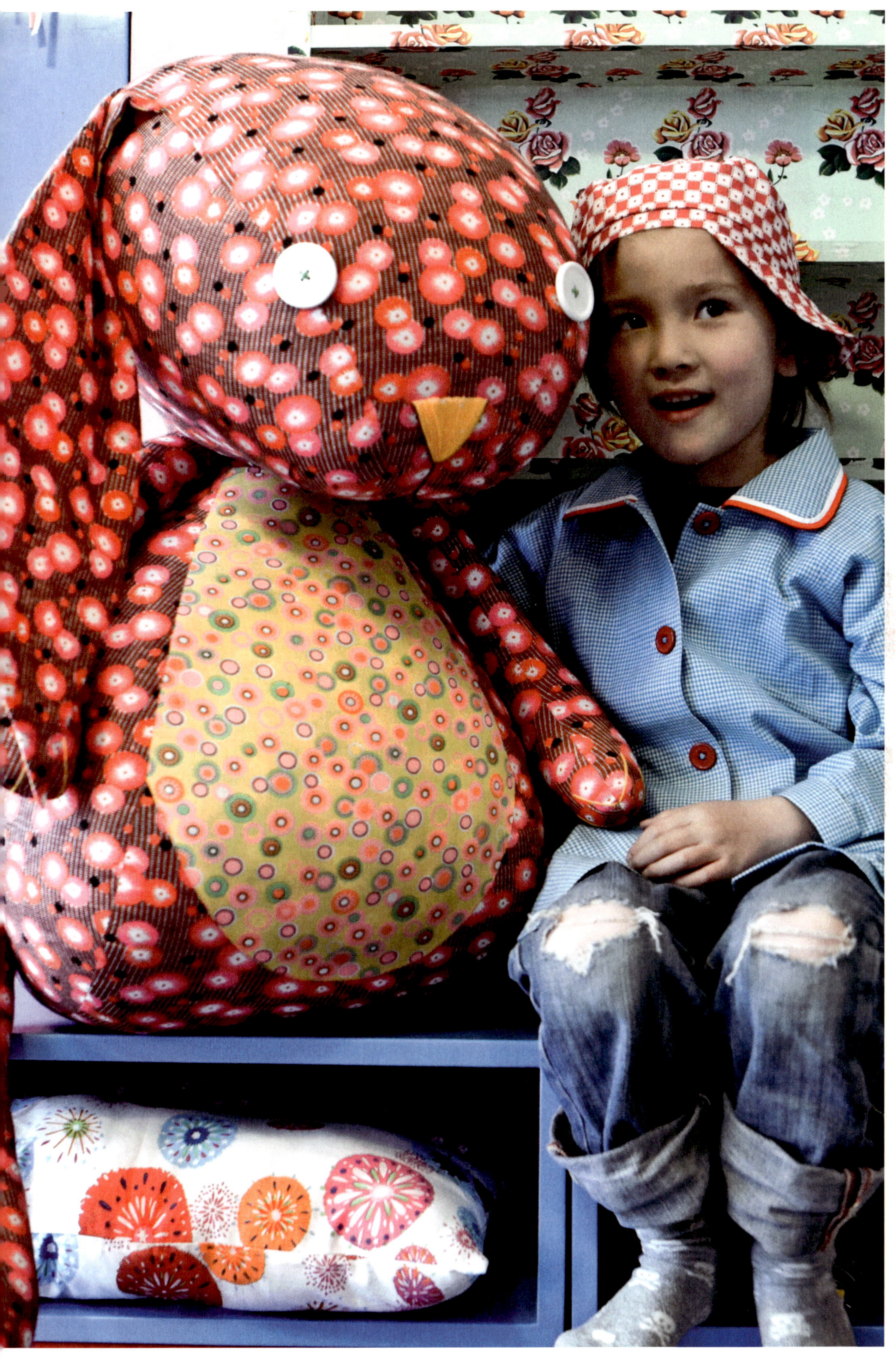

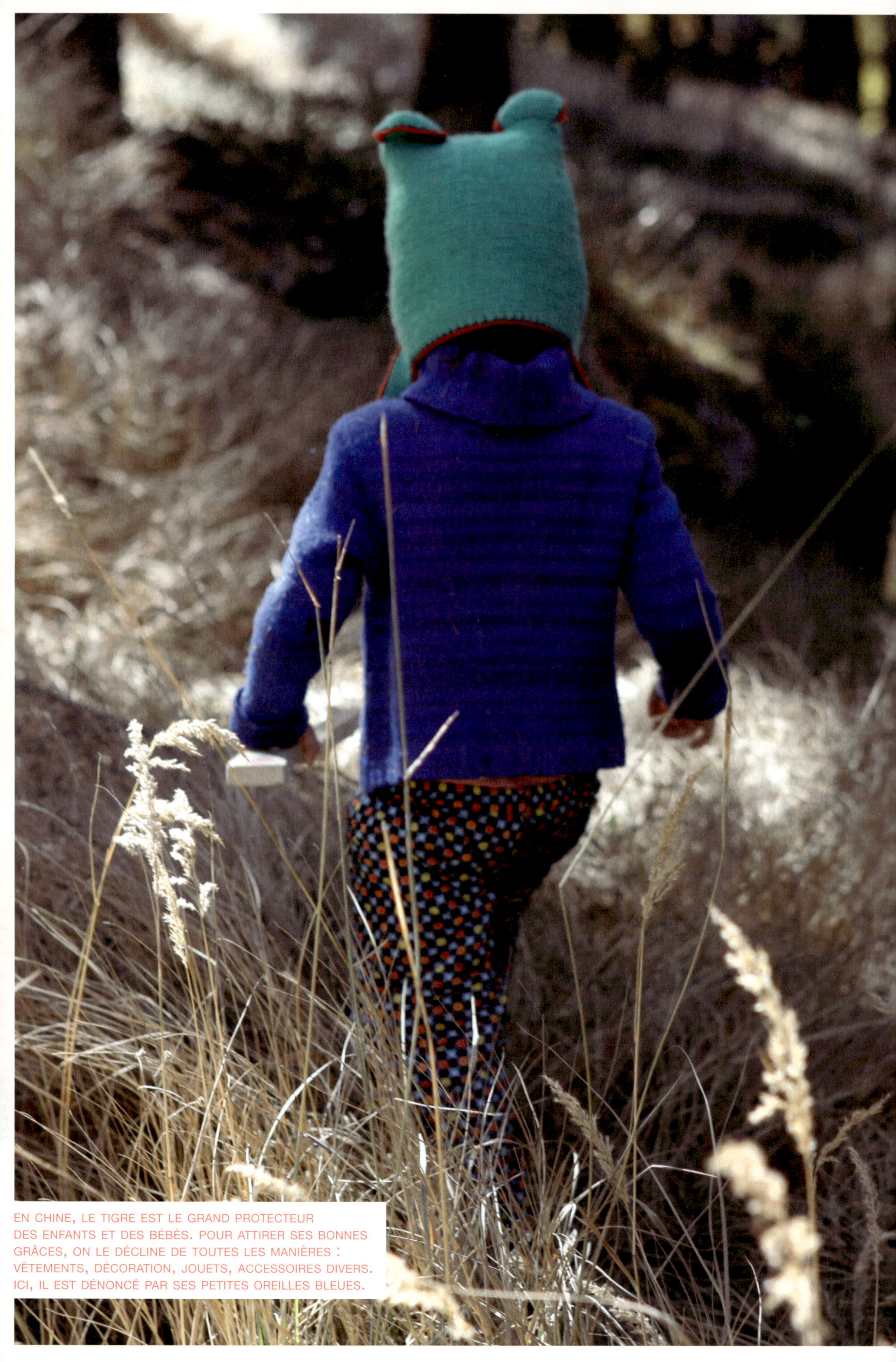

EN CHINE, LE TIGRE EST LE GRAND PROTECTEUR DES ENFANTS ET DES BÉBÉS. POUR ATTIRER SES BONNES GRÂCES, ON LE DÉCLINE DE TOUTES LES MANIÈRES : VÊTEMENTS, DÉCORATION, JOUETS, ACCESSOIRES DIVERS. ICI, IL EST DÉNONCÉ PAR SES PETITES OREILLES BLEUES.

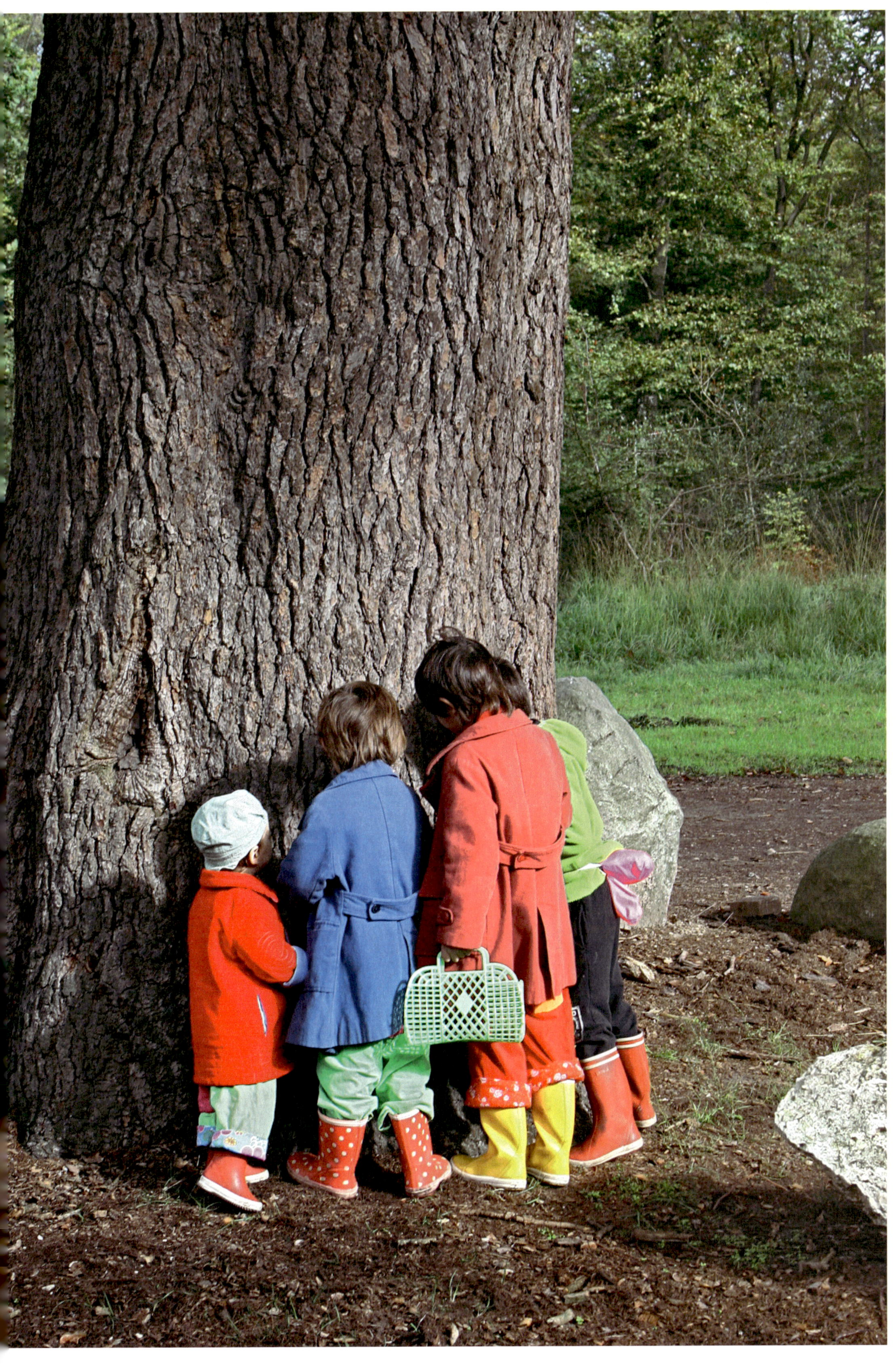

chaque jour est une fête

Une lanterne, une guirlande, un dessert original, un reflet de nacre, une danse, des pois de couleurs, une musique, des paillettes…

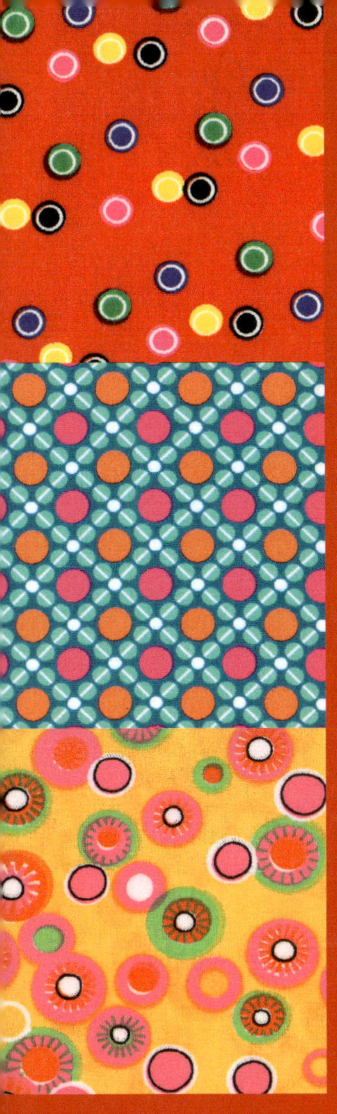

… ET LA FÊTE S'INSTALLE. QUAND ON L'INVITE, ELLE EST PARTOUT CHEZ ELLE, DEDANS, DEHORS, LE JOUR, LA NUIT, SAUPOUDRANT LE MOMENT D'UNE PINCÉE DE LÉGÈRETÉ. POUR SE SENTIR BIEN VIVANT, IL N'Y A PAS MIEUX QU'UN GRAIN DE FANTAISIE, UN ZESTE DE « COUR DE RÉCRÉ », UNE ESCAPADE JOYEUSE, DES RIRES PARTAGÉS.

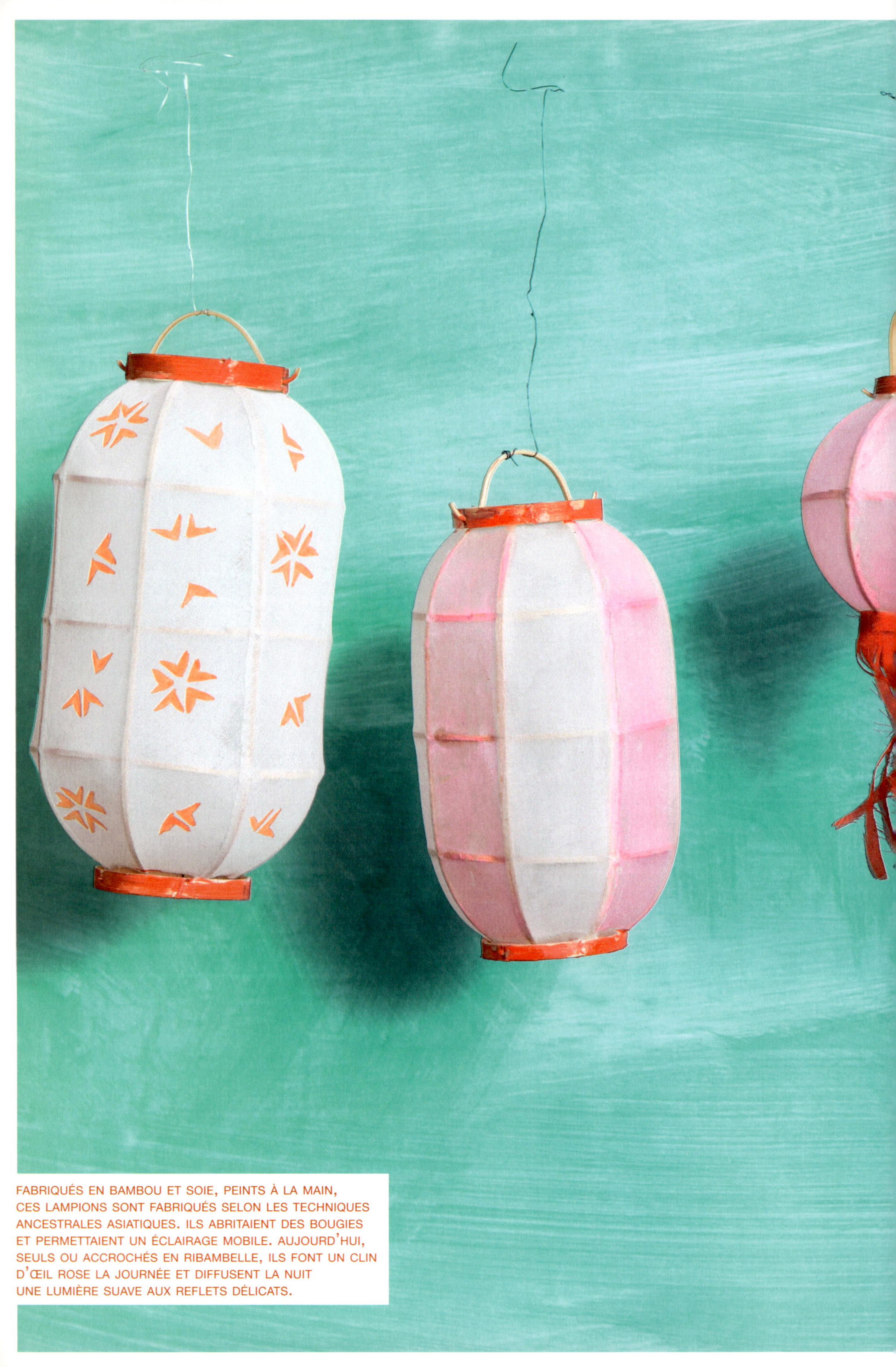

FABRIQUÉS EN BAMBOU ET SOIE, PEINTS À LA MAIN, CES LAMPIONS SONT FABRIQUÉS SELON LES TECHNIQUES ANCESTRALES ASIATIQUES. ILS ABRITAIENT DES BOUGIES ET PERMETTAIENT UN ÉCLAIRAGE MOBILE. AUJOURD'HUI, SEULS OU ACCROCHÉS EN RIBAMBELLE, ILS FONT UN CLIN D'ŒIL ROSE LA JOURNÉE ET DIFFUSENT LA NUIT UNE LUMIÈRE SUAVE AUX REFLETS DÉLICATS.

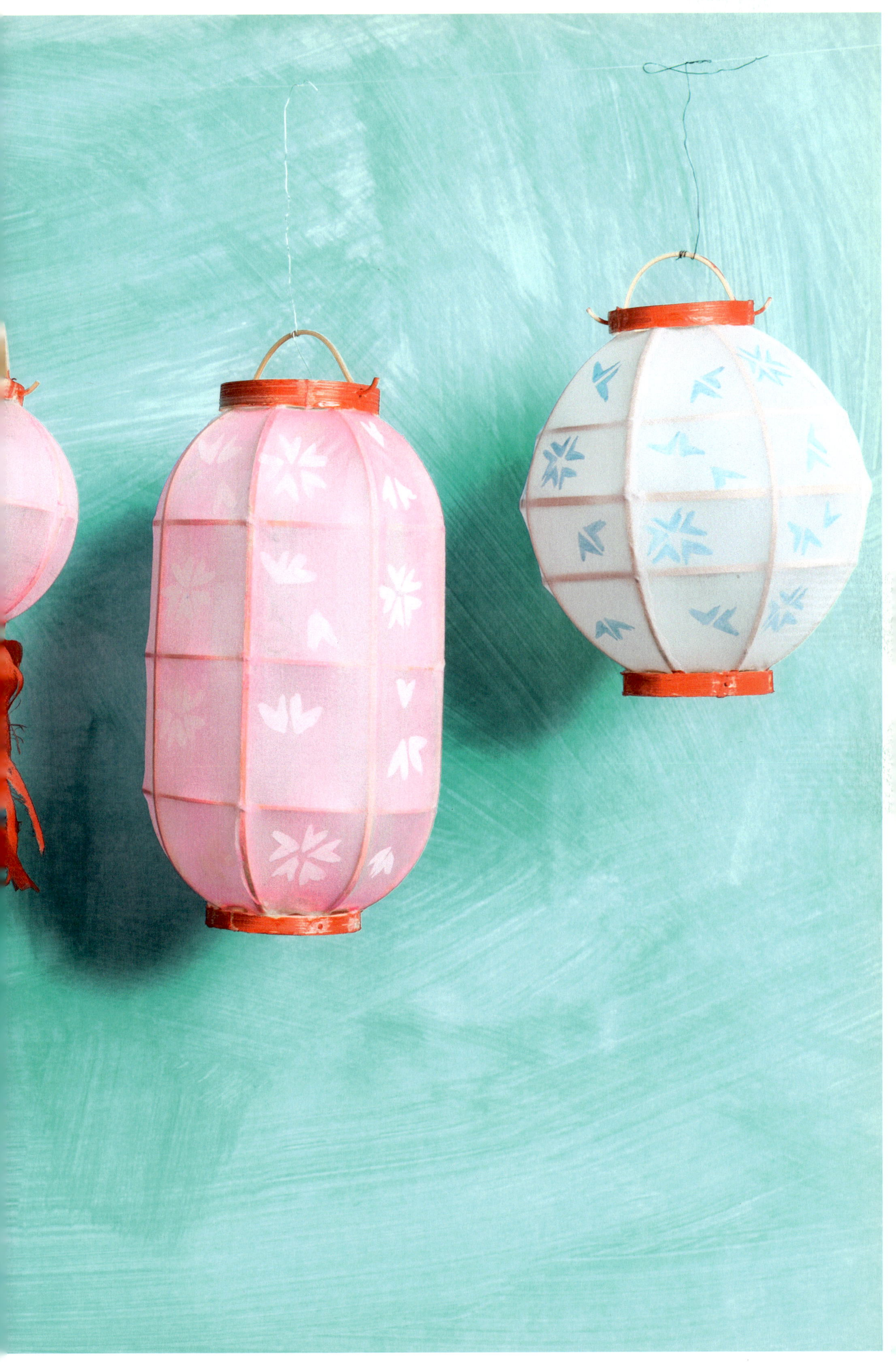

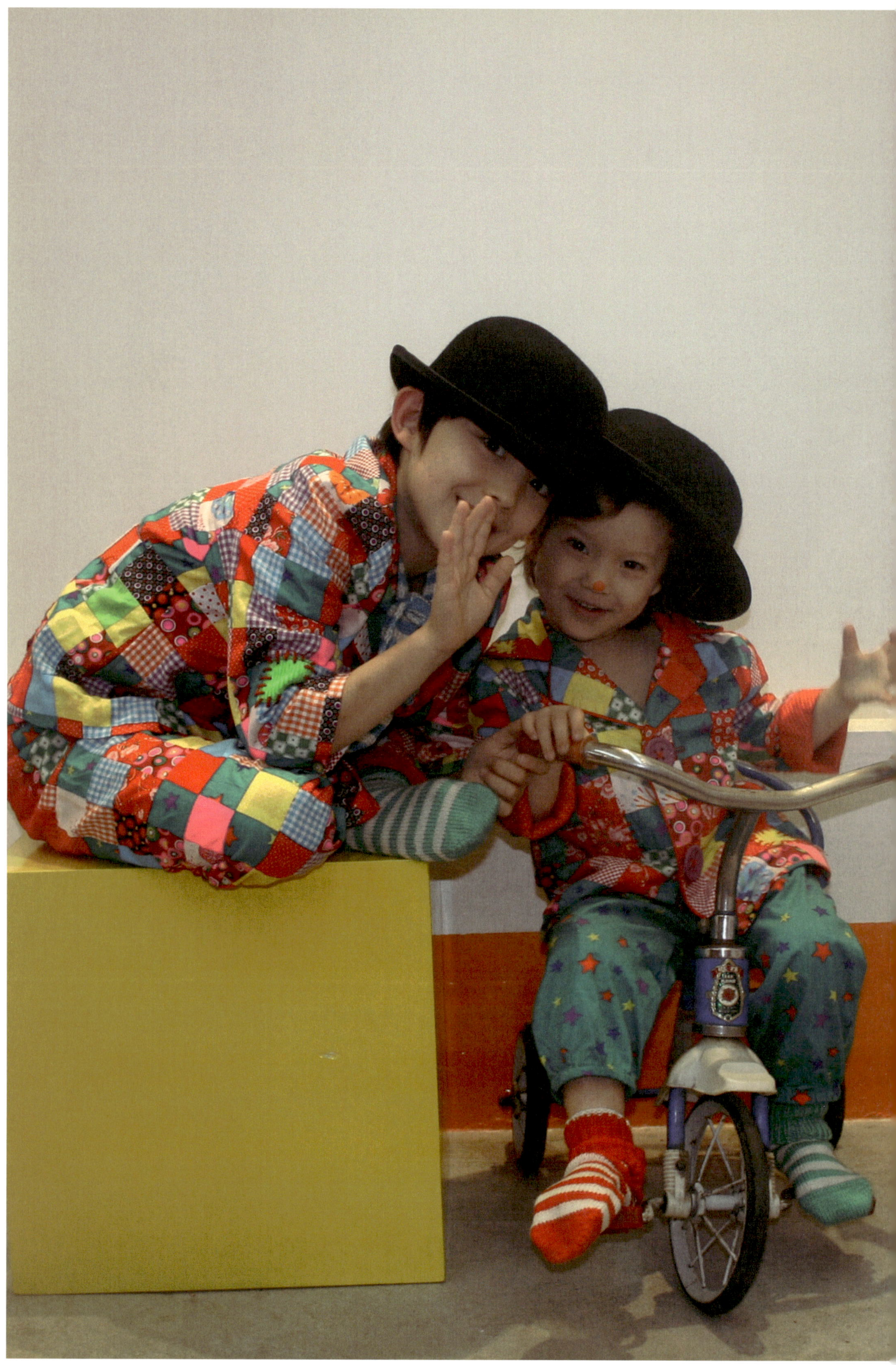

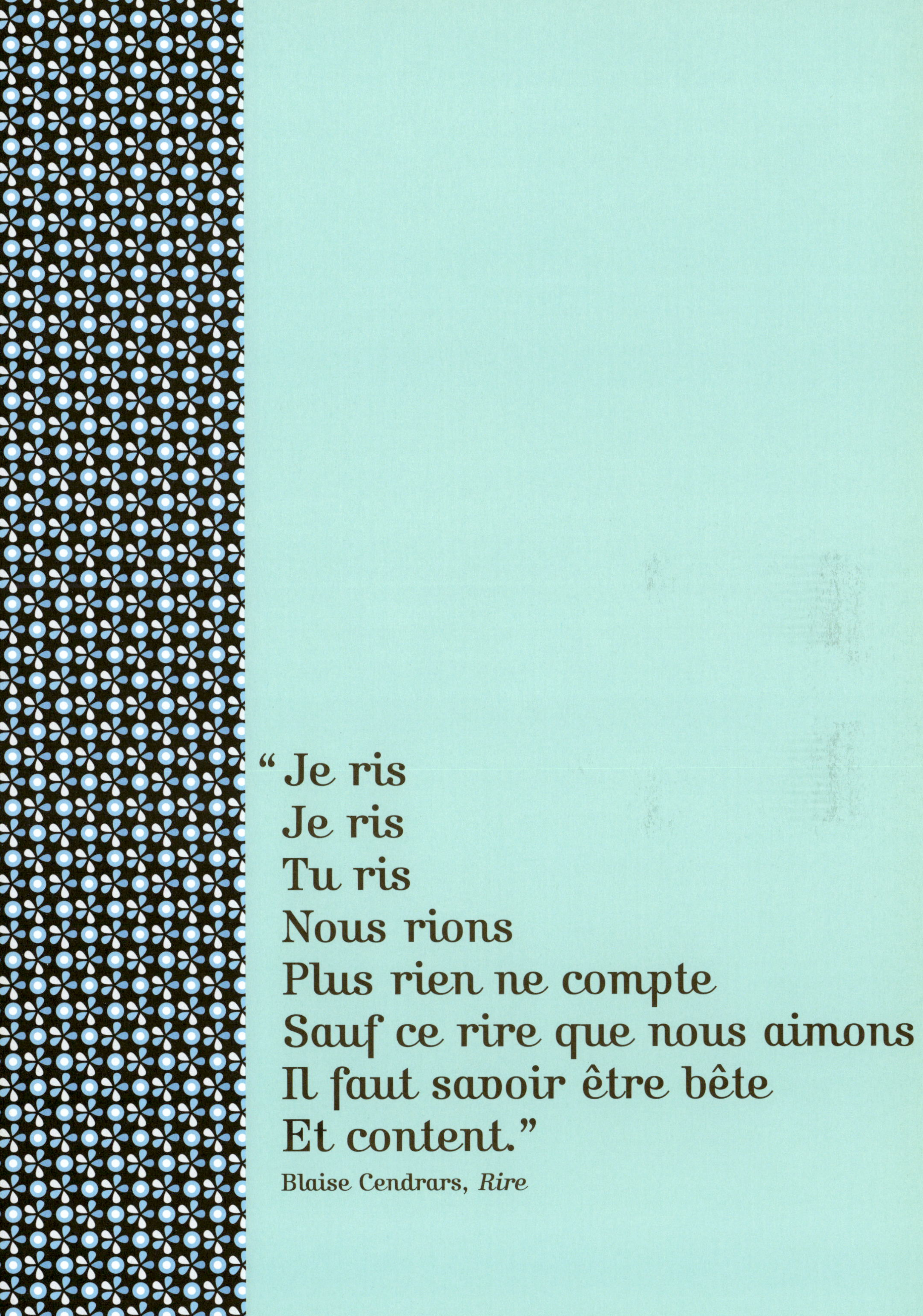

“Je ris
Je ris
Tu ris
Nous rions
Plus rien ne compte
Sauf ce rire que nous aimons
Il faut savoir être bête
Et content.”

Blaise Cendrars, *Rire*

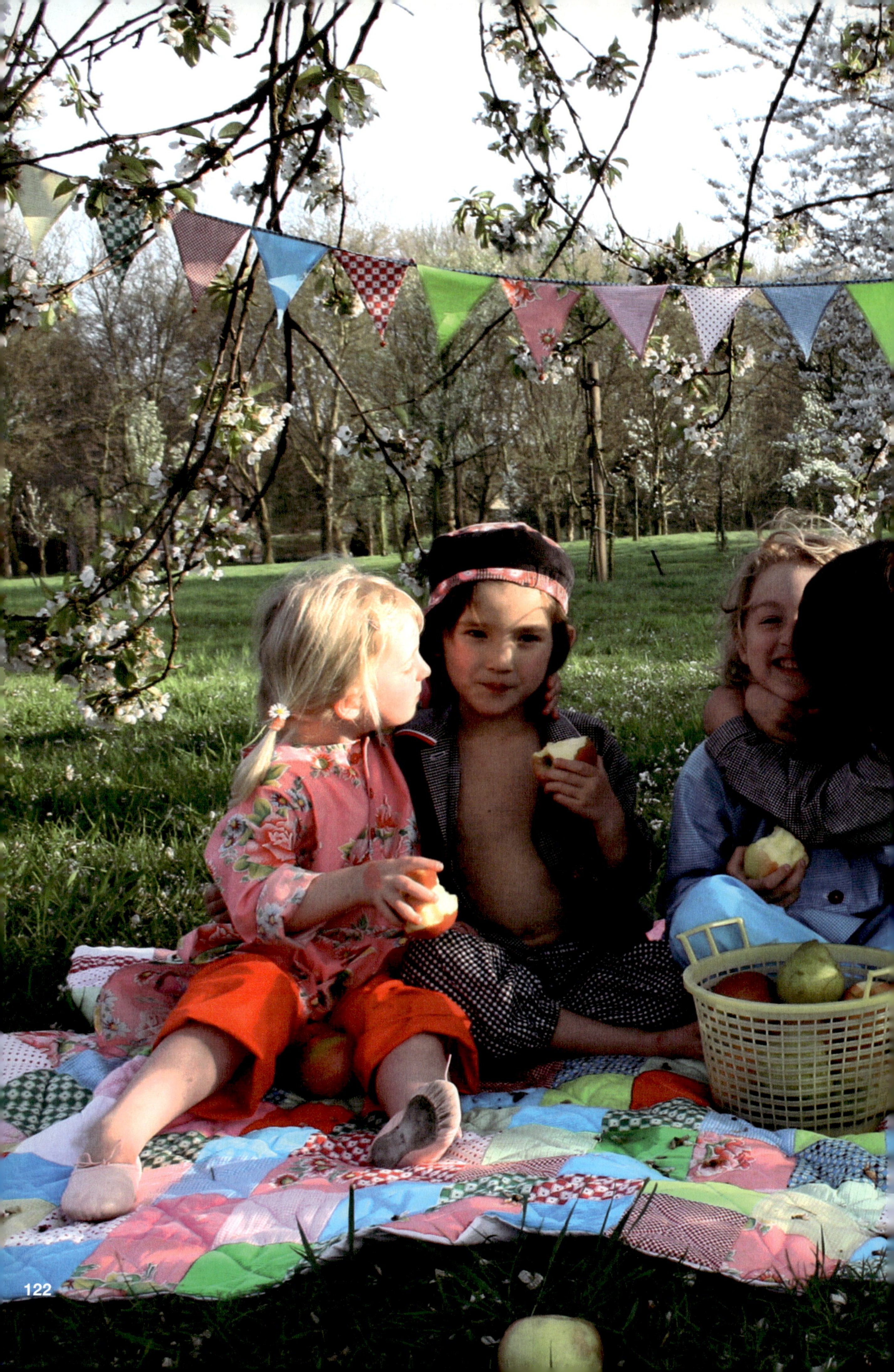

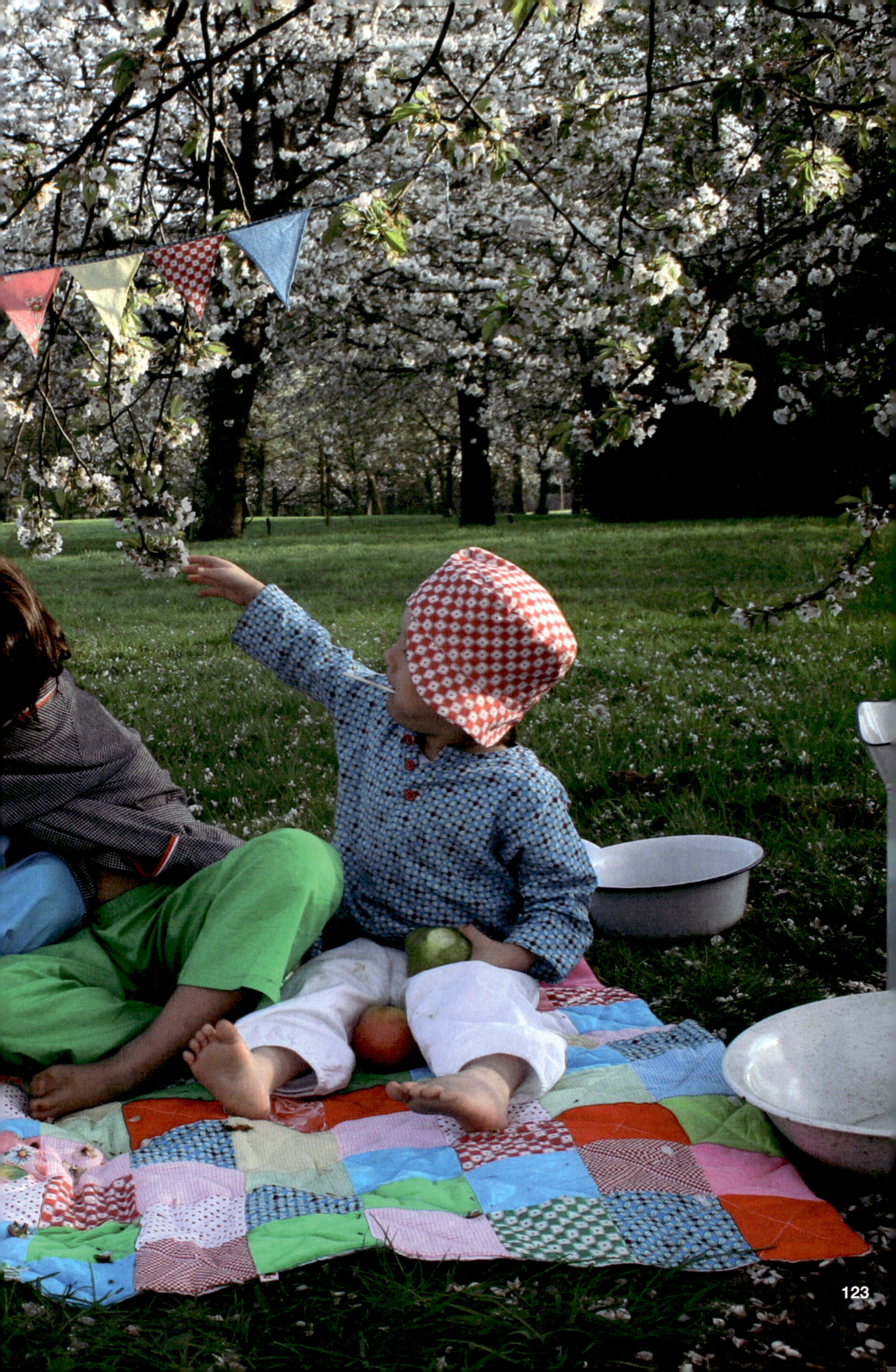

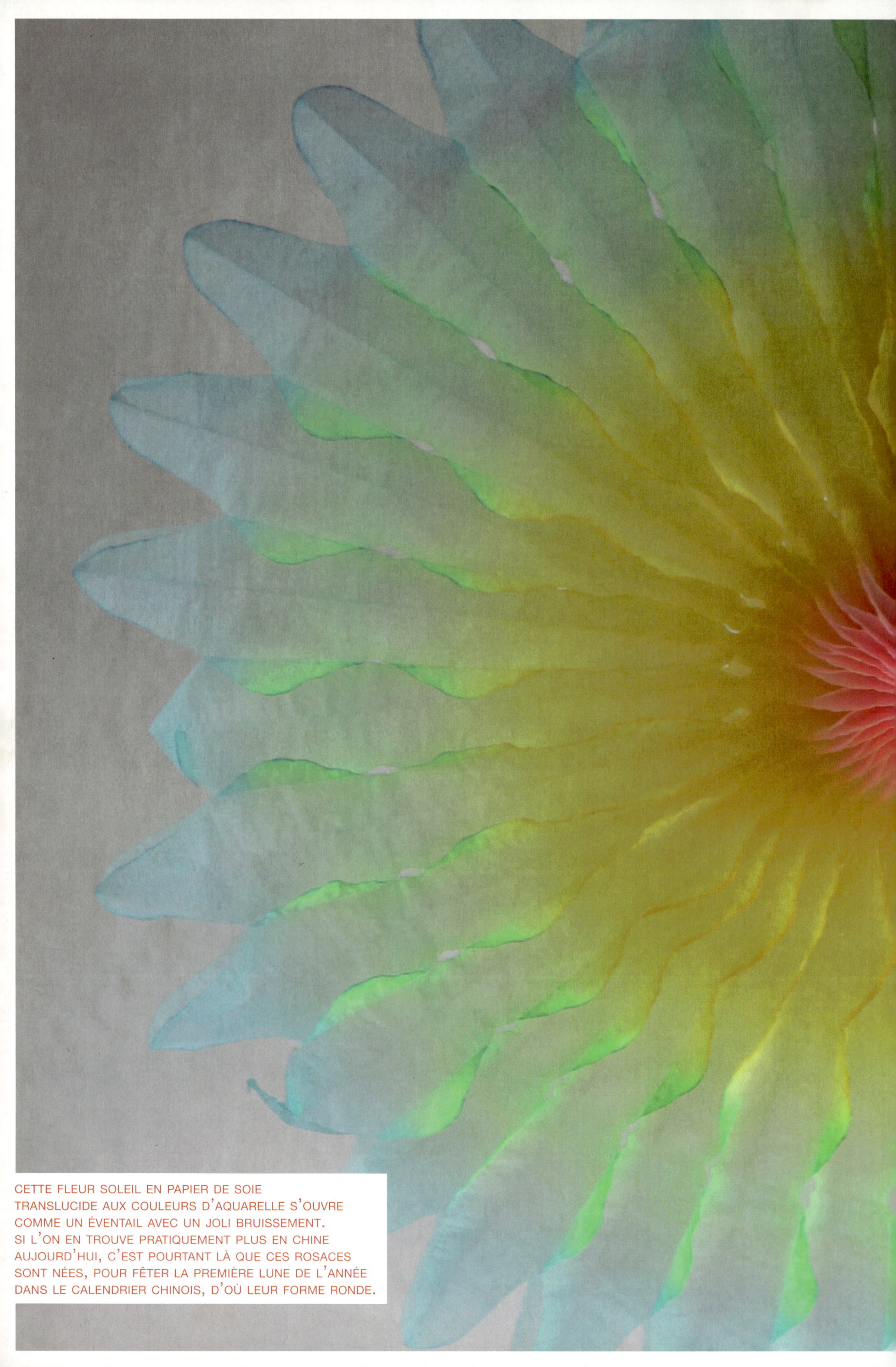

CETTE FLEUR SOLEIL EN PAPIER DE SOIE TRANSLUCIDE AUX COULEURS D'AQUARELLE S'OUVRE COMME UN ÉVENTAIL AVEC UN JOLI BRUISSEMENT. SI L'ON EN TROUVE PRATIQUEMENT PLUS EN CHINE AUJOURD'HUI, C'EST POURTANT LÀ QUE CES ROSACES SONT NÉES, POUR FÊTER LA PREMIÈRE LUNE DE L'ANNÉE DANS LE CALENDRIER CHINOIS, D'OÙ LEUR FORME RONDE.

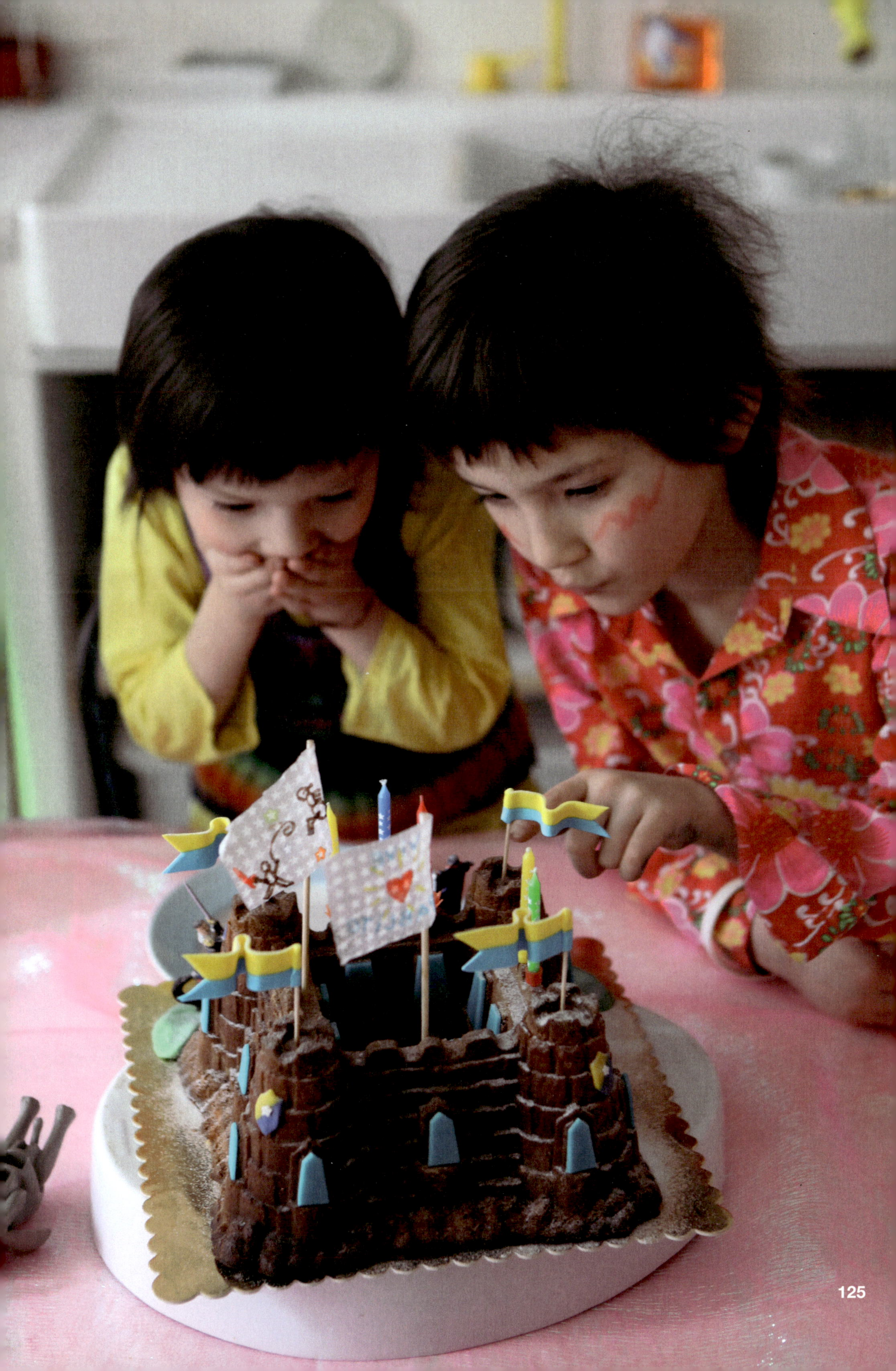

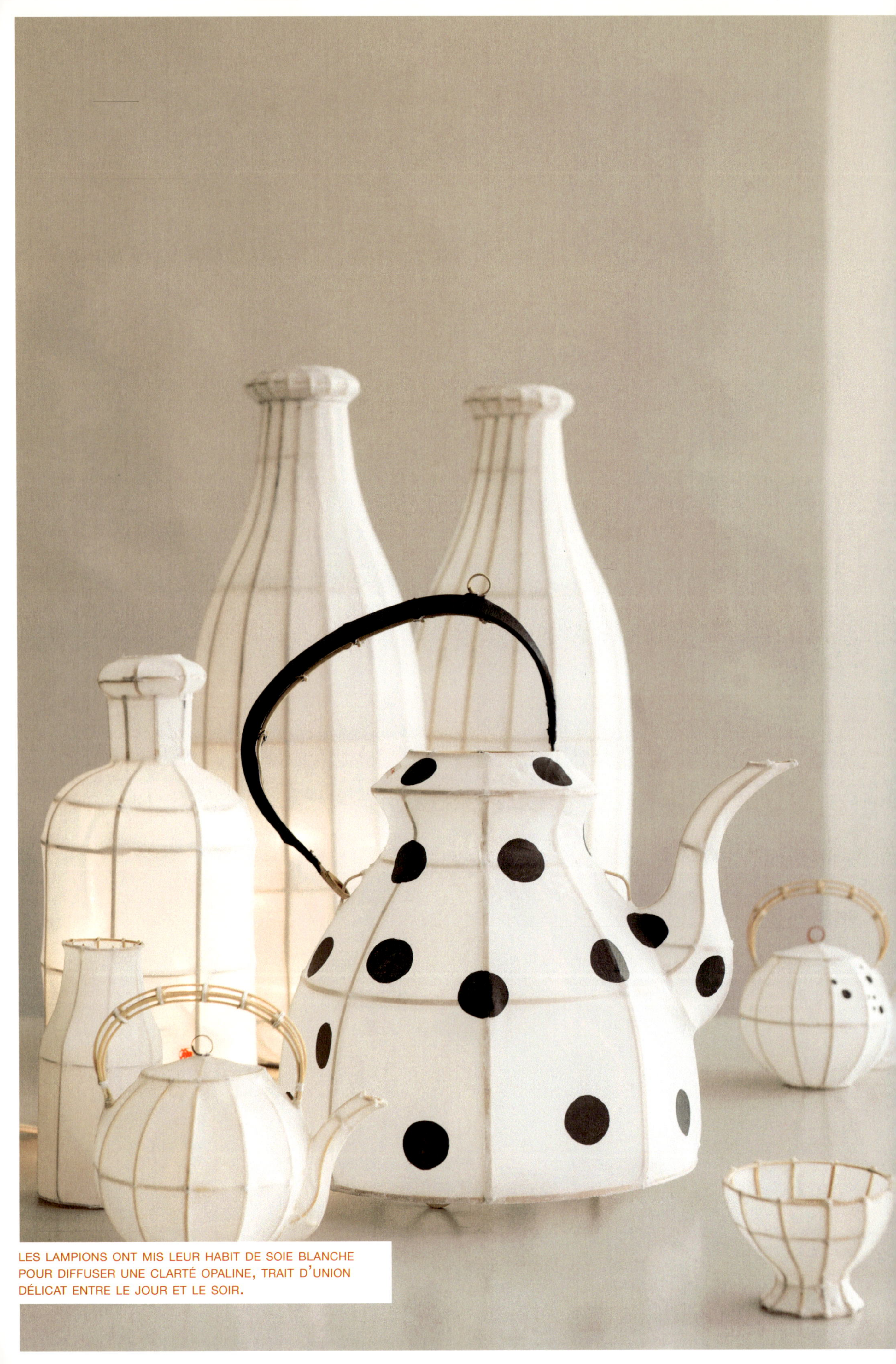

LES LAMPIONS ONT MIS LEUR HABIT DE SOIE BLANCHE POUR DIFFUSER UNE CLARTÉ OPALINE, TRAIT D'UNION DÉLICAT ENTRE LE JOUR ET LE SOIR.

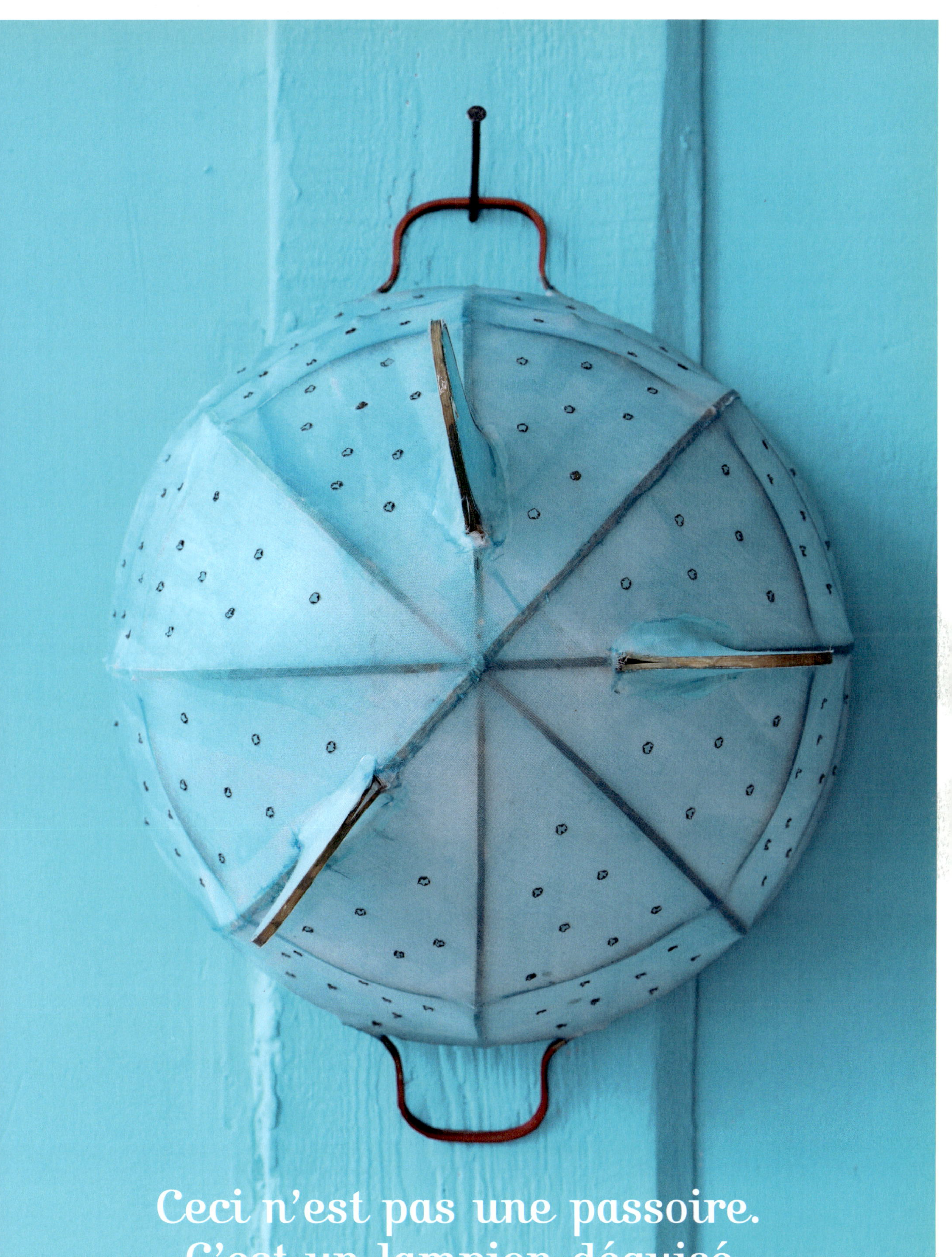

Ceci n'est pas une passoire.
C'est un lampion déguisé
pour éclairer la cuisine (ou autre)
sans en avoir l'air.

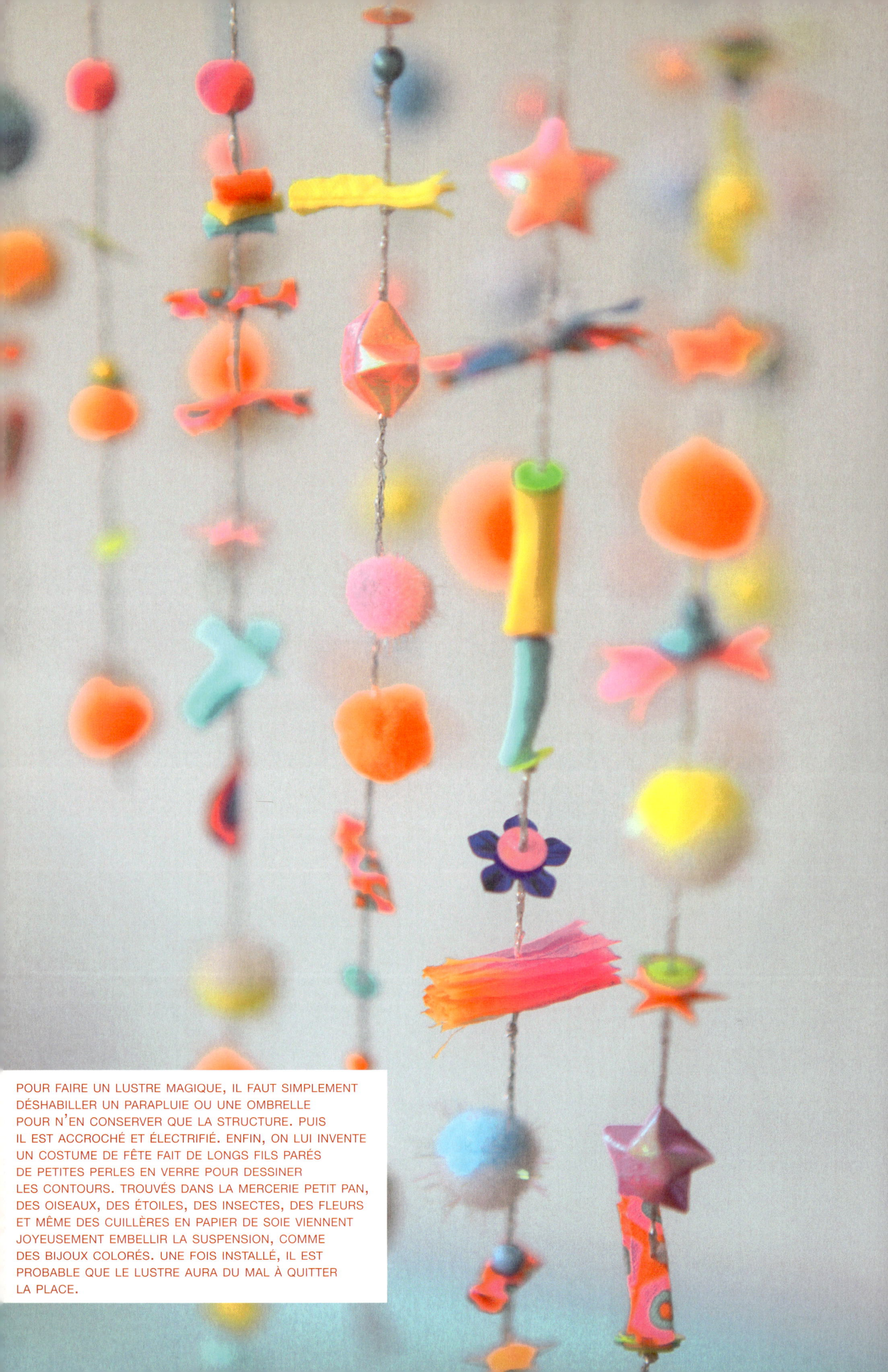

POUR FAIRE UN LUSTRE MAGIQUE, IL FAUT SIMPLEMENT DÉSHABILLER UN PARAPLUIE OU UNE OMBRELLE POUR N'EN CONSERVER QUE LA STRUCTURE. PUIS IL EST ACCROCHÉ ET ÉLECTRIFIÉ. ENFIN, ON LUI INVENTE UN COSTUME DE FÊTE FAIT DE LONGS FILS PARÉS DE PETITES PERLES EN VERRE POUR DESSINER LES CONTOURS. TROUVÉS DANS LA MERCERIE PETIT PAN, DES OISEAUX, DES ÉTOILES, DES INSECTES, DES FLEURS ET MÊME DES CUILLÈRES EN PAPIER DE SOIE VIENNENT JOYEUSEMENT EMBELLIR LA SUSPENSION, COMME DES BIJOUX COLORÉS. UNE FOIS INSTALLÉ, IL EST PROBABLE QUE LE LUSTRE AURA DU MAL À QUITTER LA PLACE.

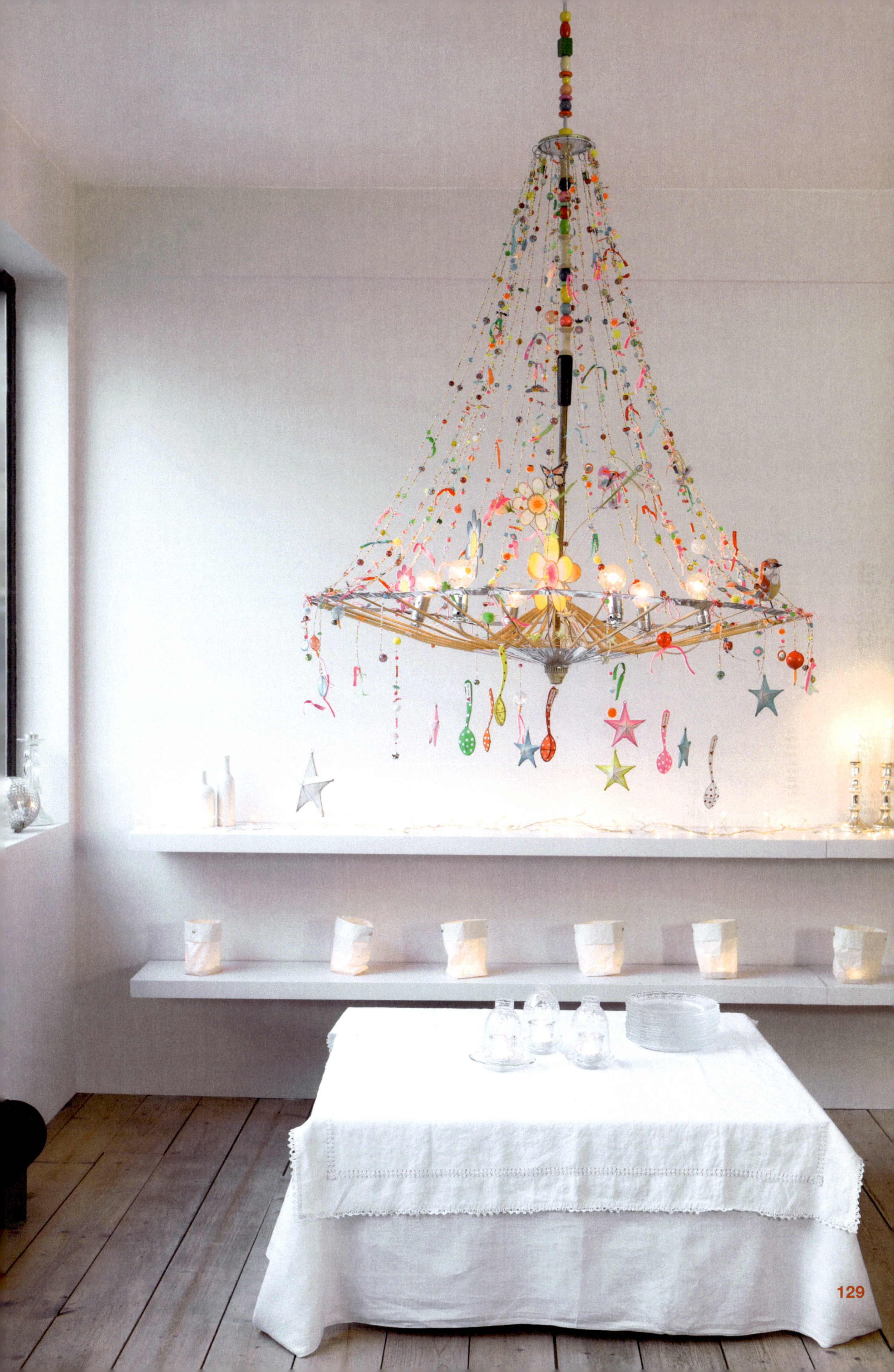

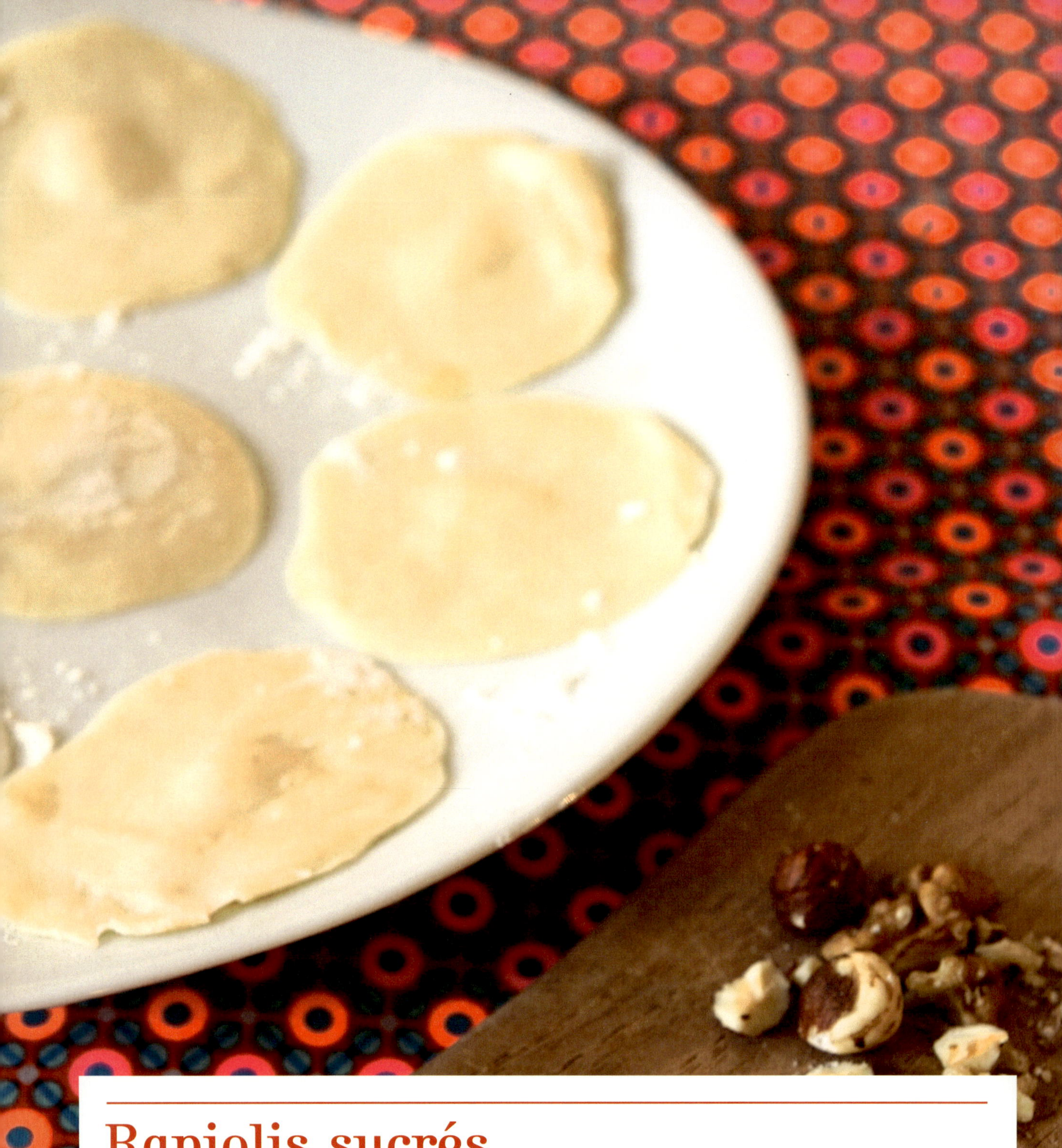

Raviolis sucrés

L'ART D'ACCOMMODER LES RESTES.
EN CHINE, QUAND ON FAIT DES RAVIOLIS À LA VIANDE OU AUX LÉGUMES ET QU'IL RESTE DE LA PÂTE, ON CONFECTIONNE DES PETITES AUMÔNIÈRES À LA FARCE SUCRÉE.

Recette pour 4 personnes
La pâte : *c'est la même que pour les nouilles aux légumes croquants*
La farce : *1 poignée de noisettes grillées – 1 poignée de noix grillées finement hachées*

Avec la pâte farinée, former un rouleau de 2 cm de diamètre et couper ce rouleau en berlingots : couper, puis faire ¼ de tour, recouper, etc. Fariner légèrement puis former des galets. Pour ce faire, poser un berlingot au creux d'une main et avec l'autre, appuyer fort pour obtenir un disque d'environ 5 cm de diamètre et d'au moins 1 mm d'épaisseur, en laissant le centre plus épais que les bords. Placer le disque de pâte dans la main, y déposer 1 cuillerée à café de farce et refermer. Presser fermement pour bien souder le col du ravioli. Cuire à l'eau bouillante et lorsqu'ils remontent à la surface, poursuivre la cuisson 3 minutes.

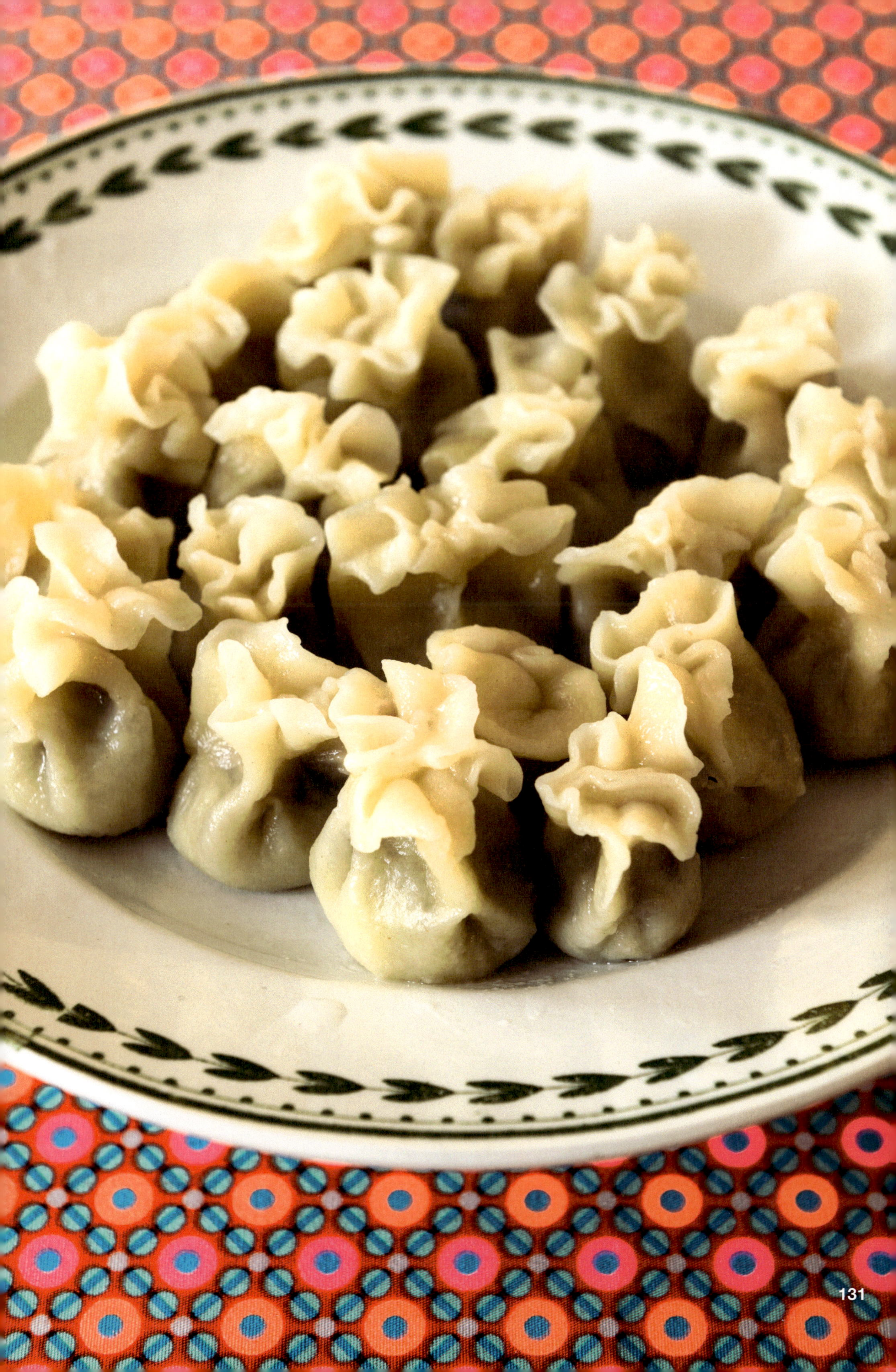

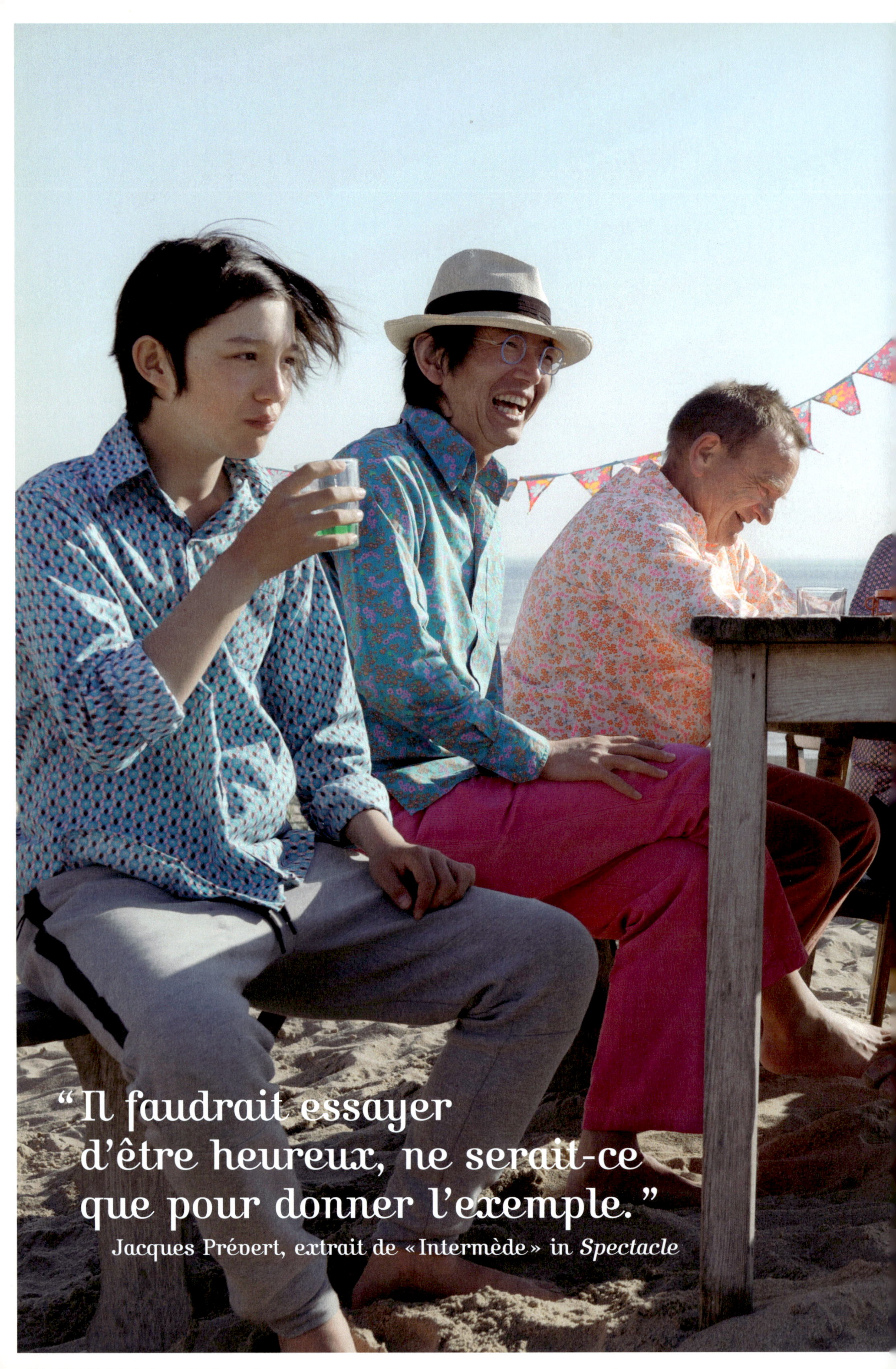

“Il faudrait essayer
d’être heureux, ne serait-ce
que pour donner l’exemple.”

Jacques Prévert, extrait de «Intermède» in *Spectacle*

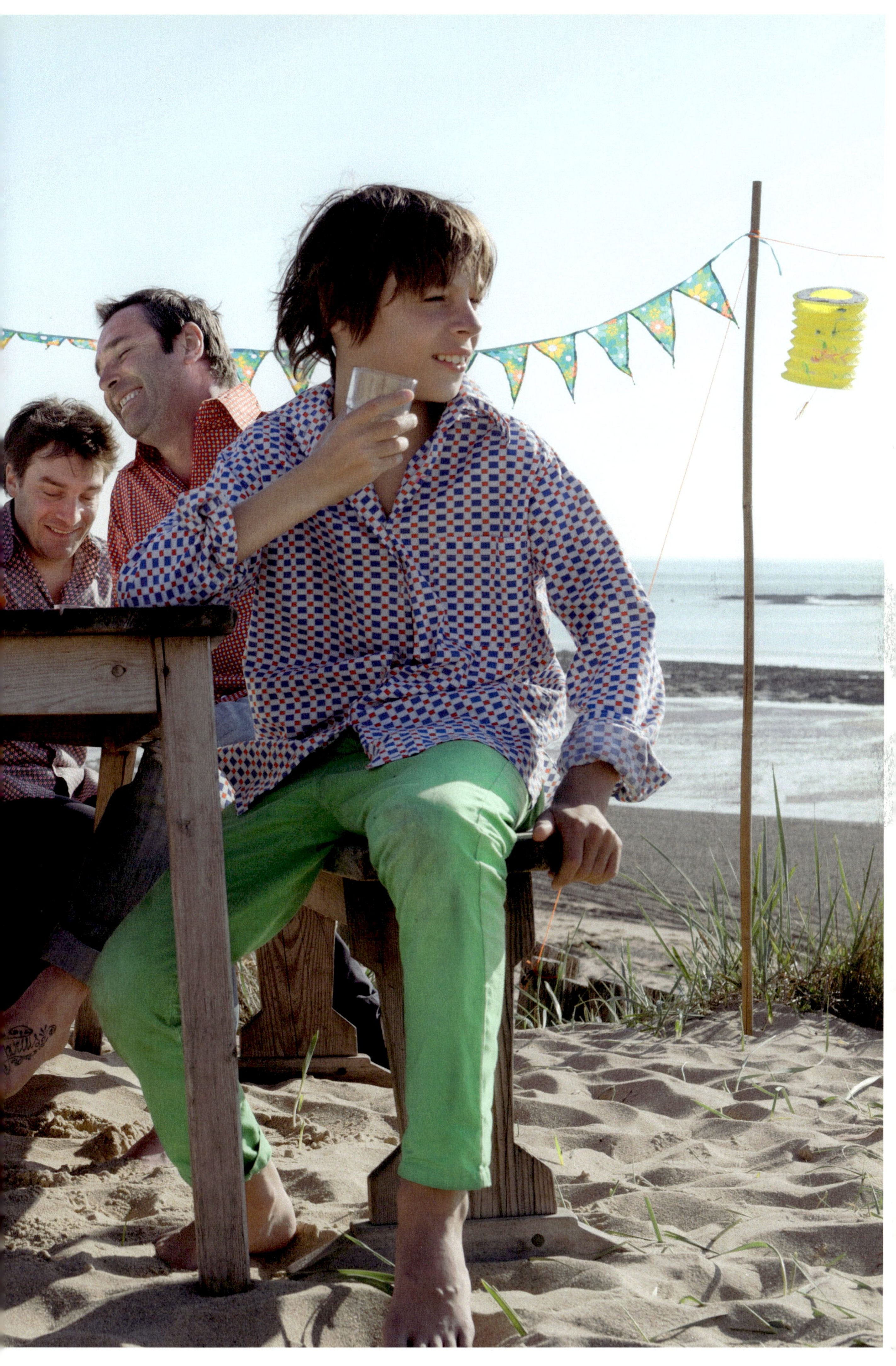

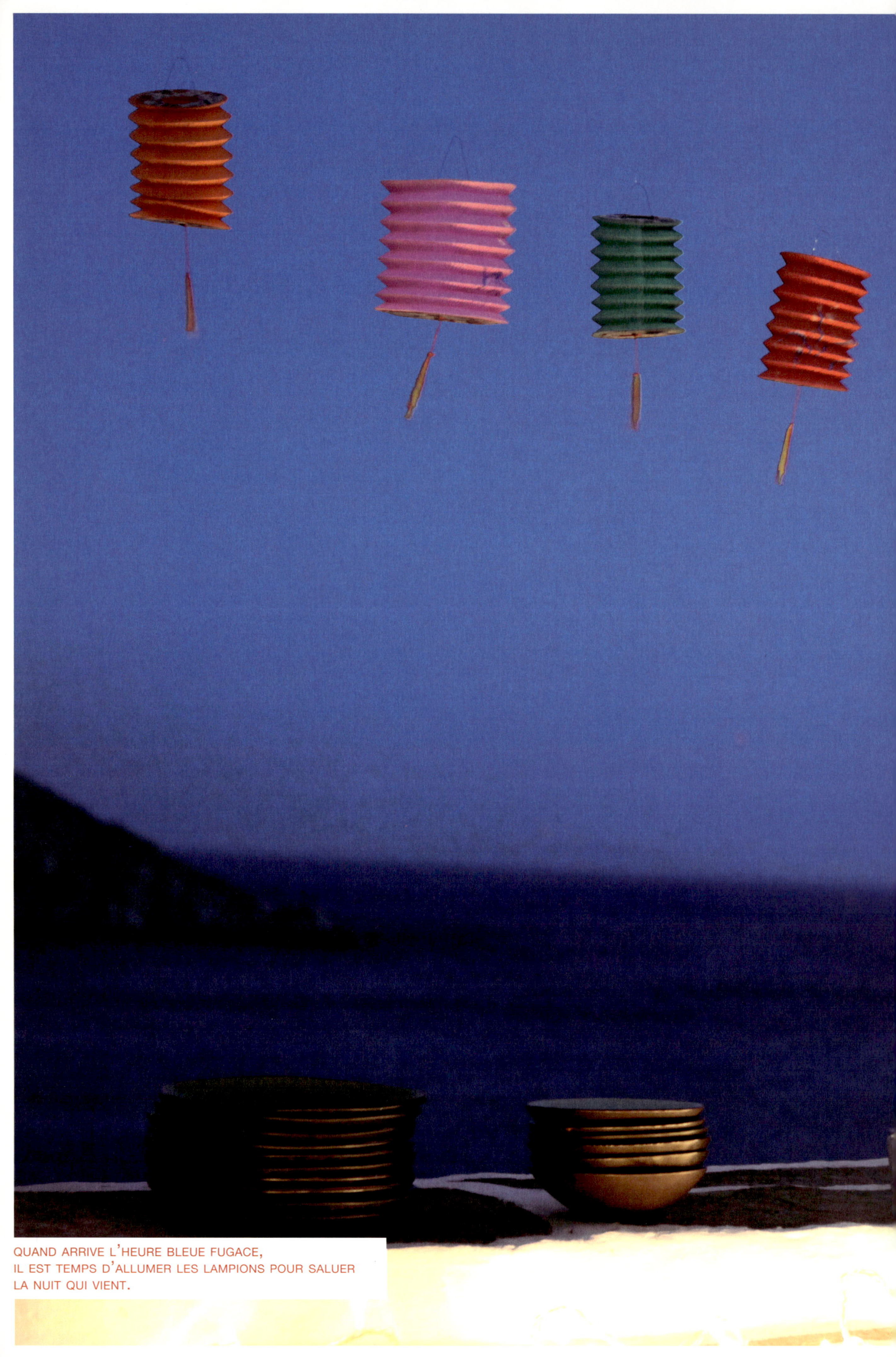

QUAND ARRIVE L'HEURE BLEUE FUGACE,
IL EST TEMPS D'ALLUMER LES LAMPIONS POUR SALUER
LA NUIT QUI VIENT.

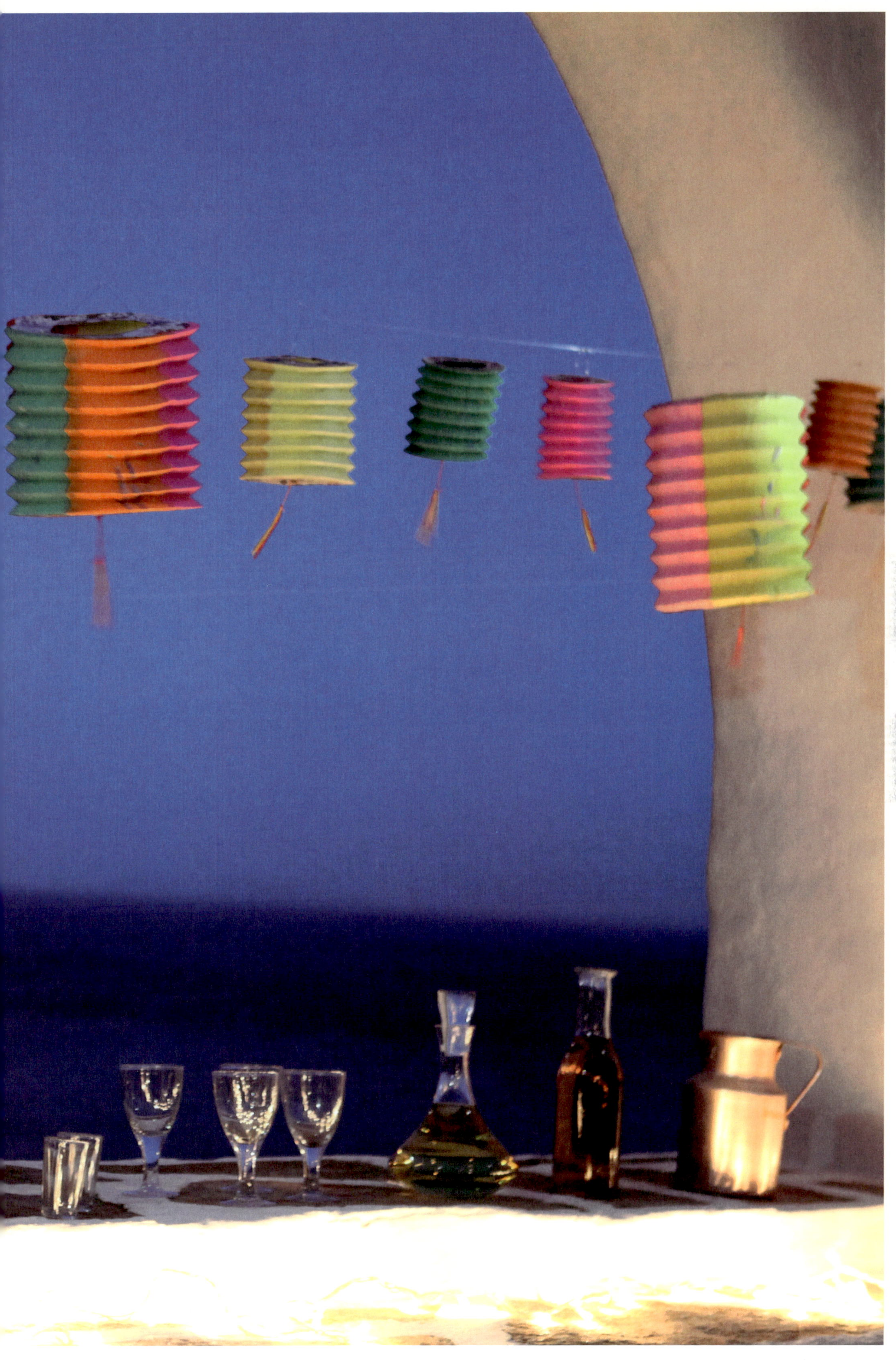

drôle de bestiaire

Les ours sont pacifiques, les hippocampes tombent des nues, les poissons volent et le tigre protège les bébés.

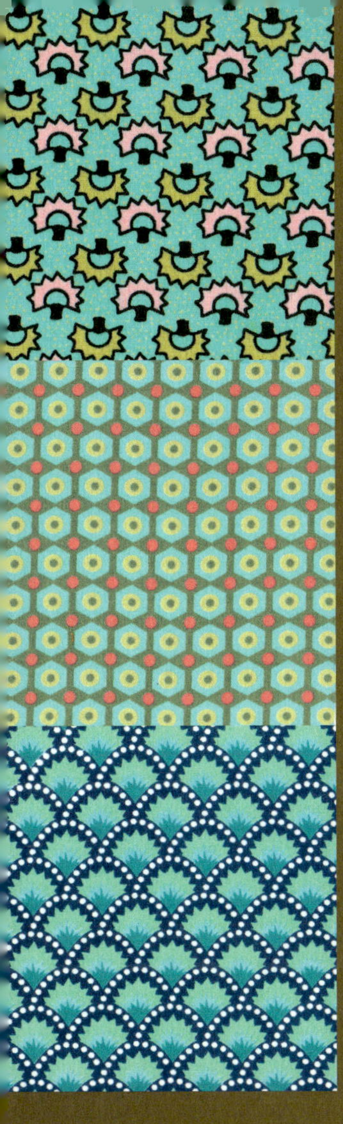

UNE FAUNE BIGARRÉE SE FAIT LANTERNES, MOBILES ET CERFS-VOLANTS COMME AUTANT DE CLINS D'ŒIL POÉTIQUES. QU'ILS SE BALANCENT, ÉCLAIRENT, VOLENT, S'ANIMENT AU BOUT DES DOIGTS, HABILLENT OU DÉCORENT, CES ANIMAUX SONT ISSUS D'UN MÊME IMAGINAIRE, CELUI DE MYRIAM, QUI A ATTRAPÉ LE VIRUS DE L'ENFANCE ET QUI, HEUREUSEMENT, N'EN GUÉRIT PAS.

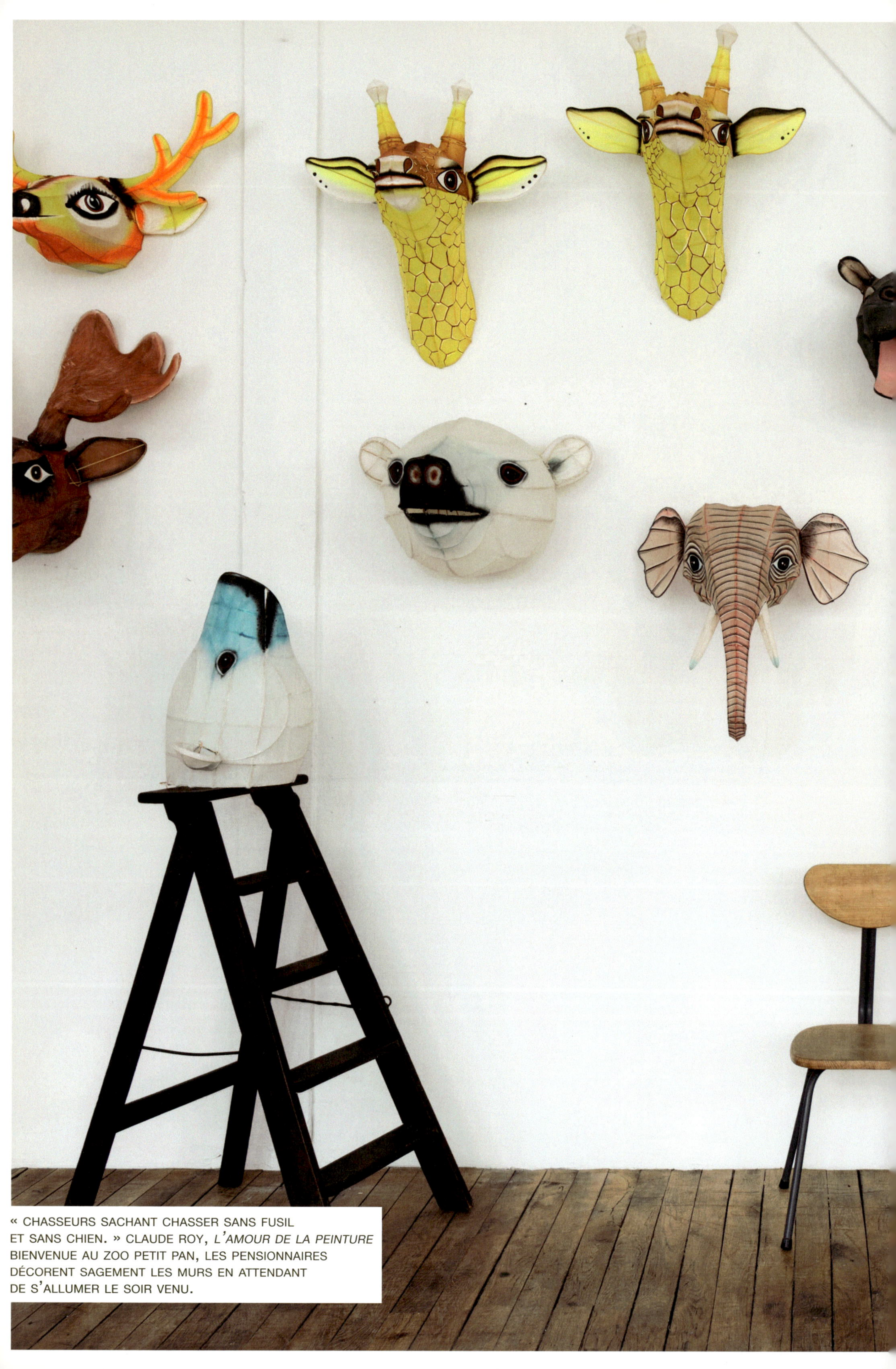

« CHASSEURS SACHANT CHASSER SANS FUSIL ET SANS CHIEN. » CLAUDE ROY, *L'AMOUR DE LA PEINTURE*
BIENVENUE AU ZOO PETIT PAN, LES PENSIONNAIRES DÉCORENT SAGEMENT LES MURS EN ATTENDANT DE S'ALLUMER LE SOIR VENU.

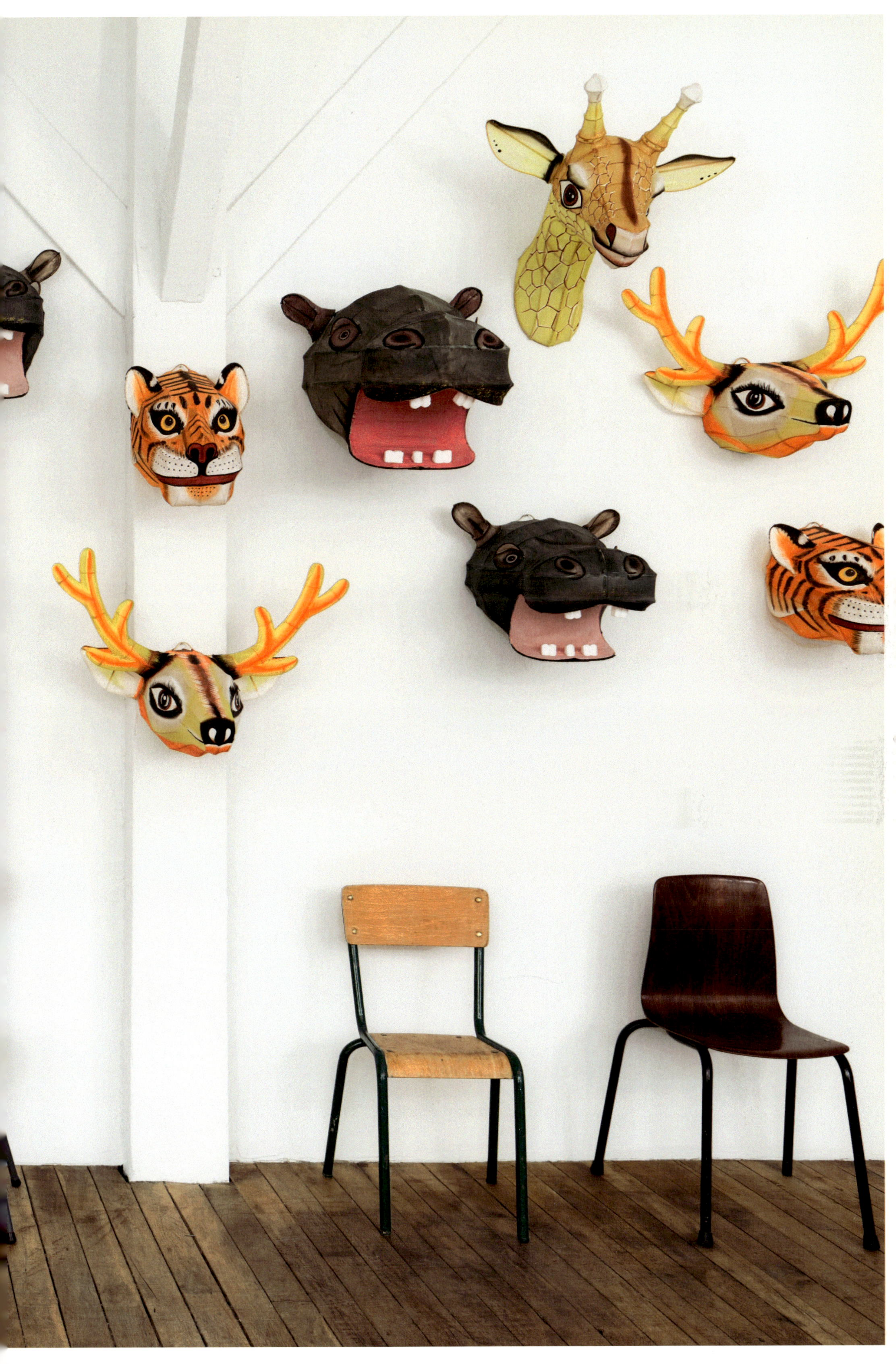

Ces animaux fabuleux sont tour à tour des cerfs-volants, des lampions ou des petits sujets à suspendre ou à poser. Poissons, oiseaux, insectes, ces créatures diaphanes se jouent des transparences et agitent doucement leurs couleurs d'aquarelle. Leur structure est en bambou coupé dans la longueur pour obtenir des baguettes fines qui sont ensuite chauffées pour leur donner une forme. Des nœuds en ficelle très minutieux relient les tiges entre elles. La structure est ensuite habillée de soie translucide et peinte avec des lavis d'encres de couleurs.

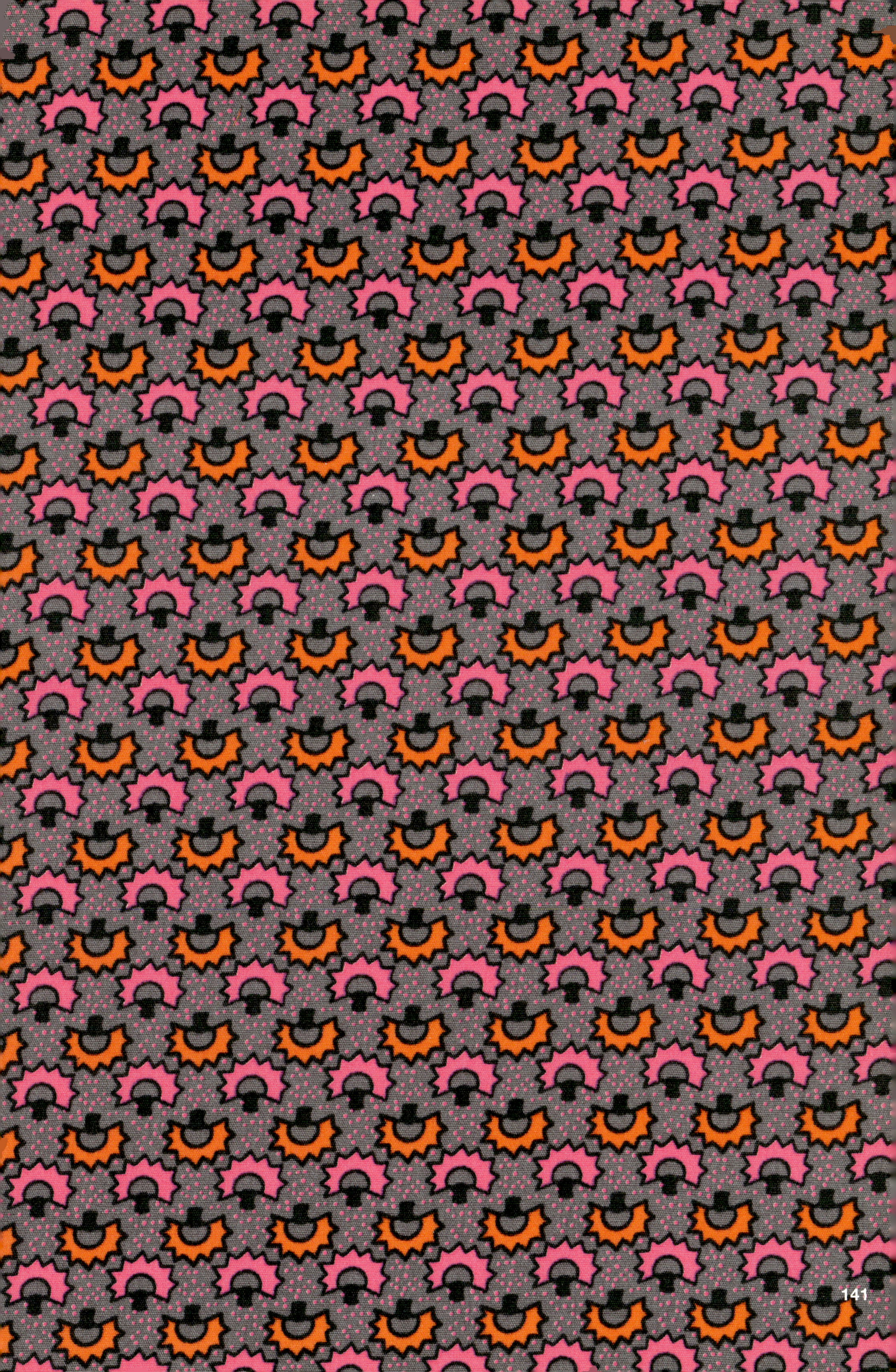

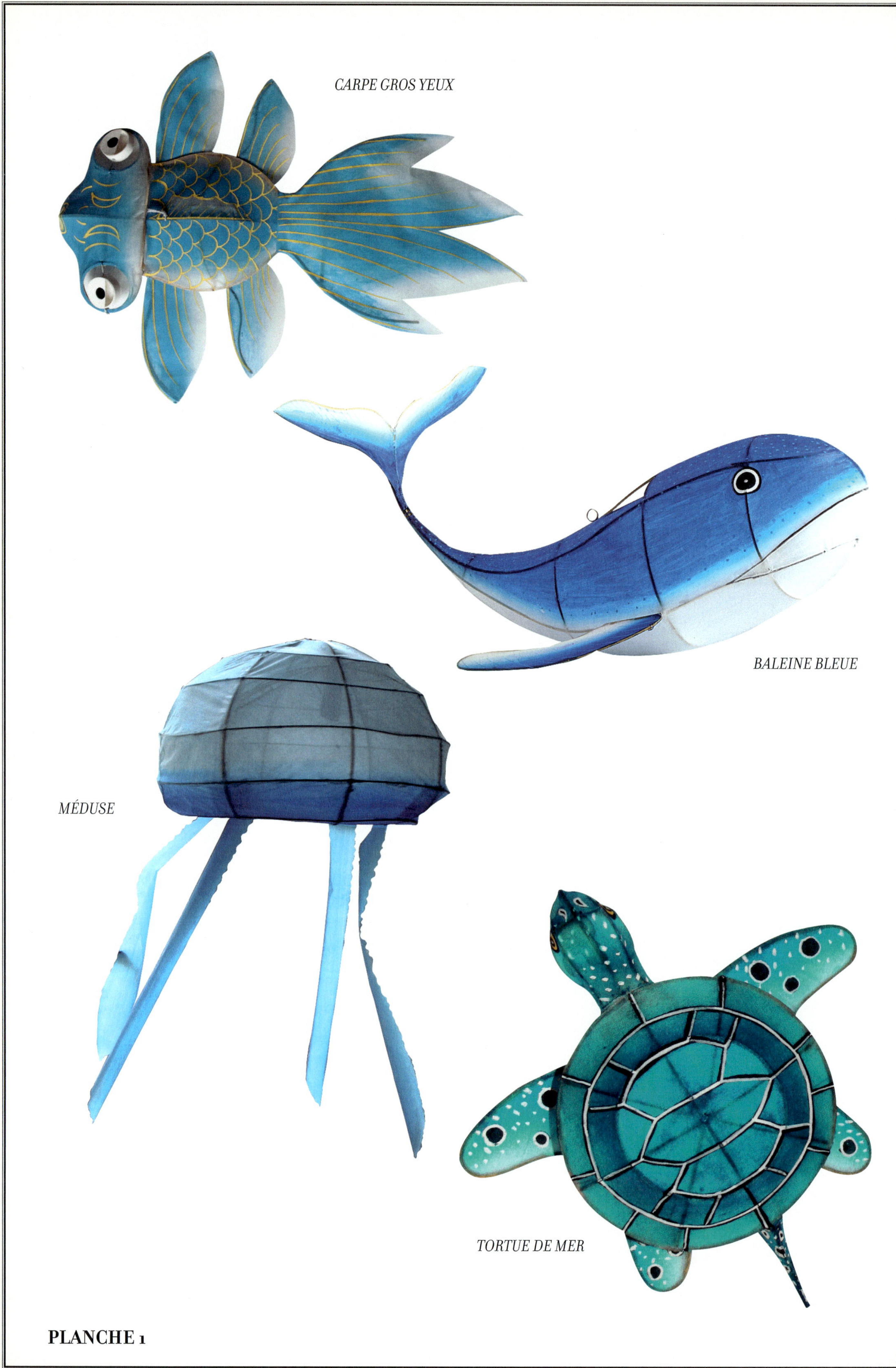

PLANCHE 1

HIPPOCAMPES RAYONNÉS

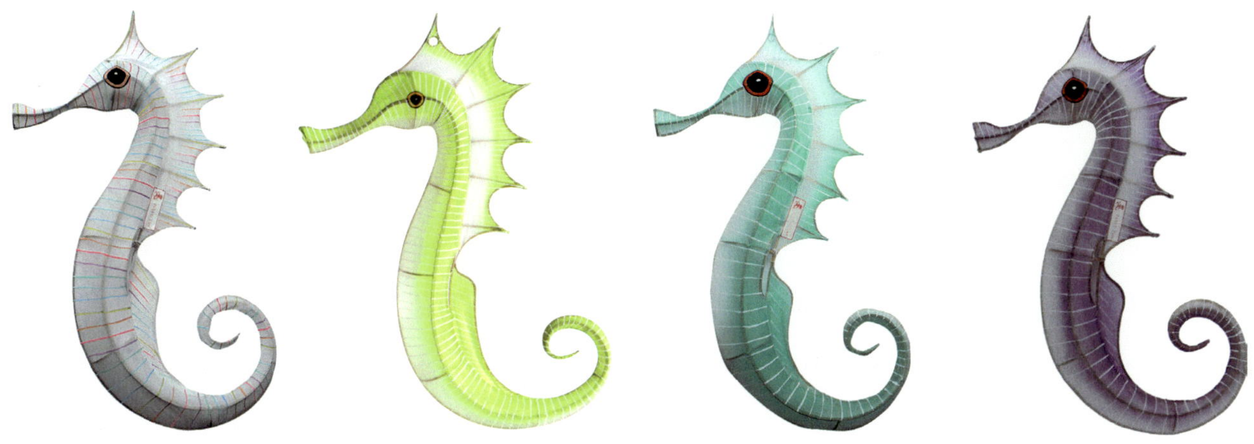

POISSONS

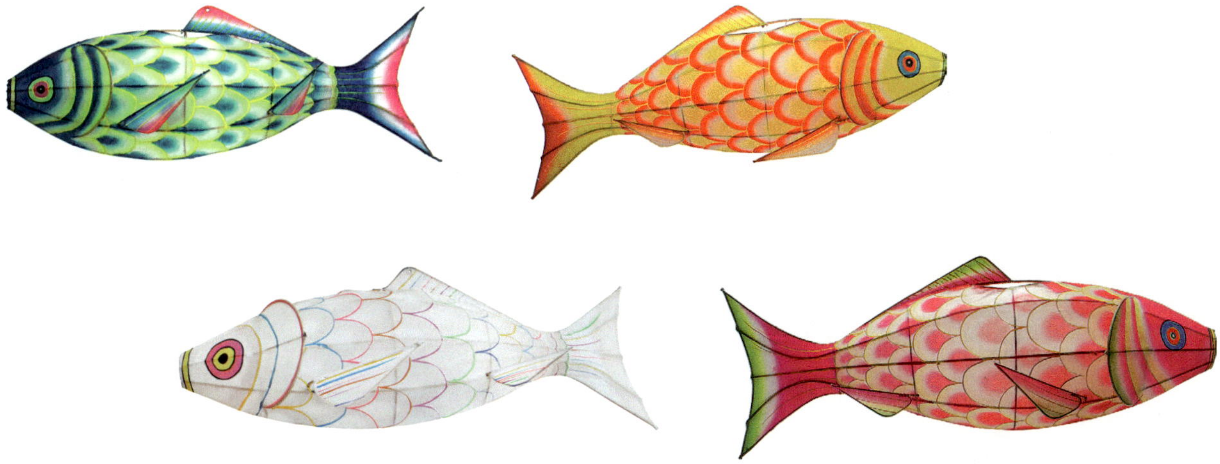

COQUILLES

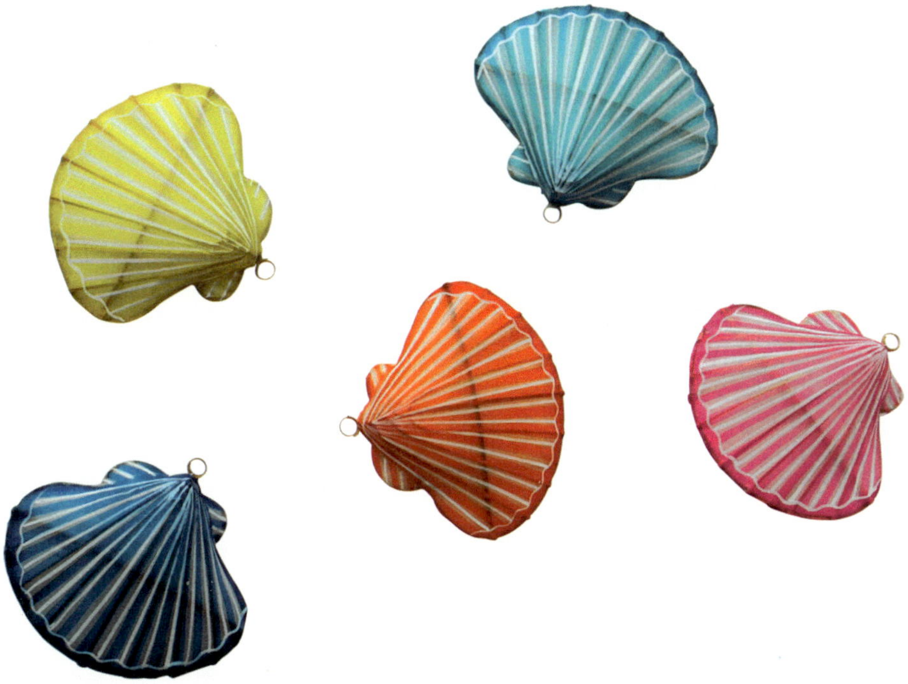

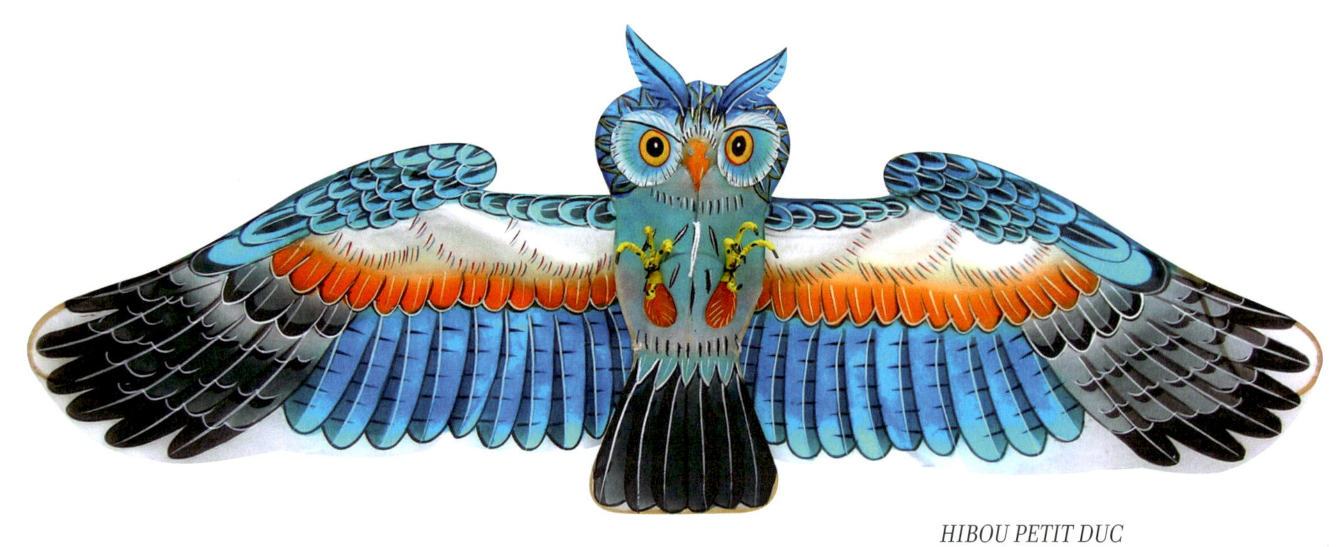

HIBOU PETIT DUC

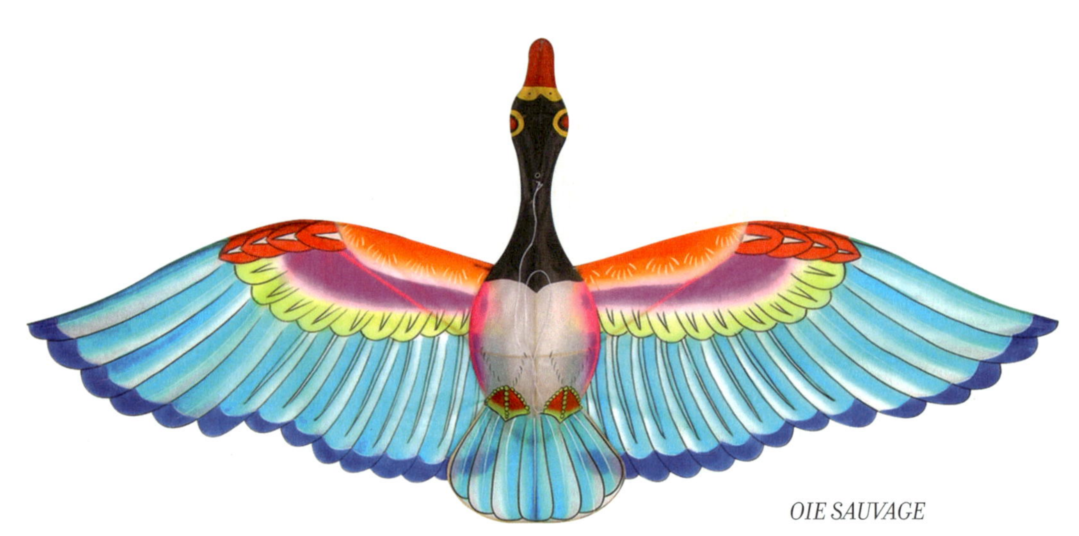

OIE SAUVAGE

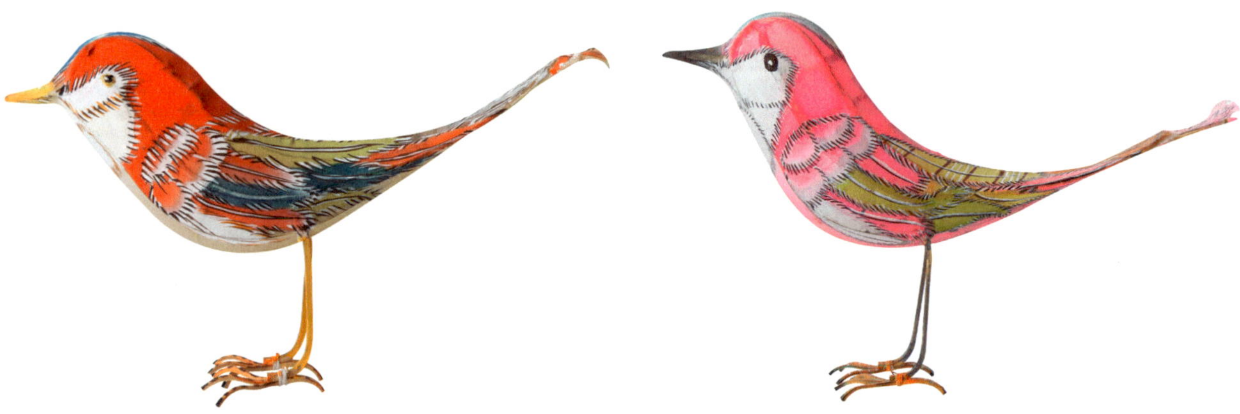

PIPIT DES BUISSONS

PLANCHE 3

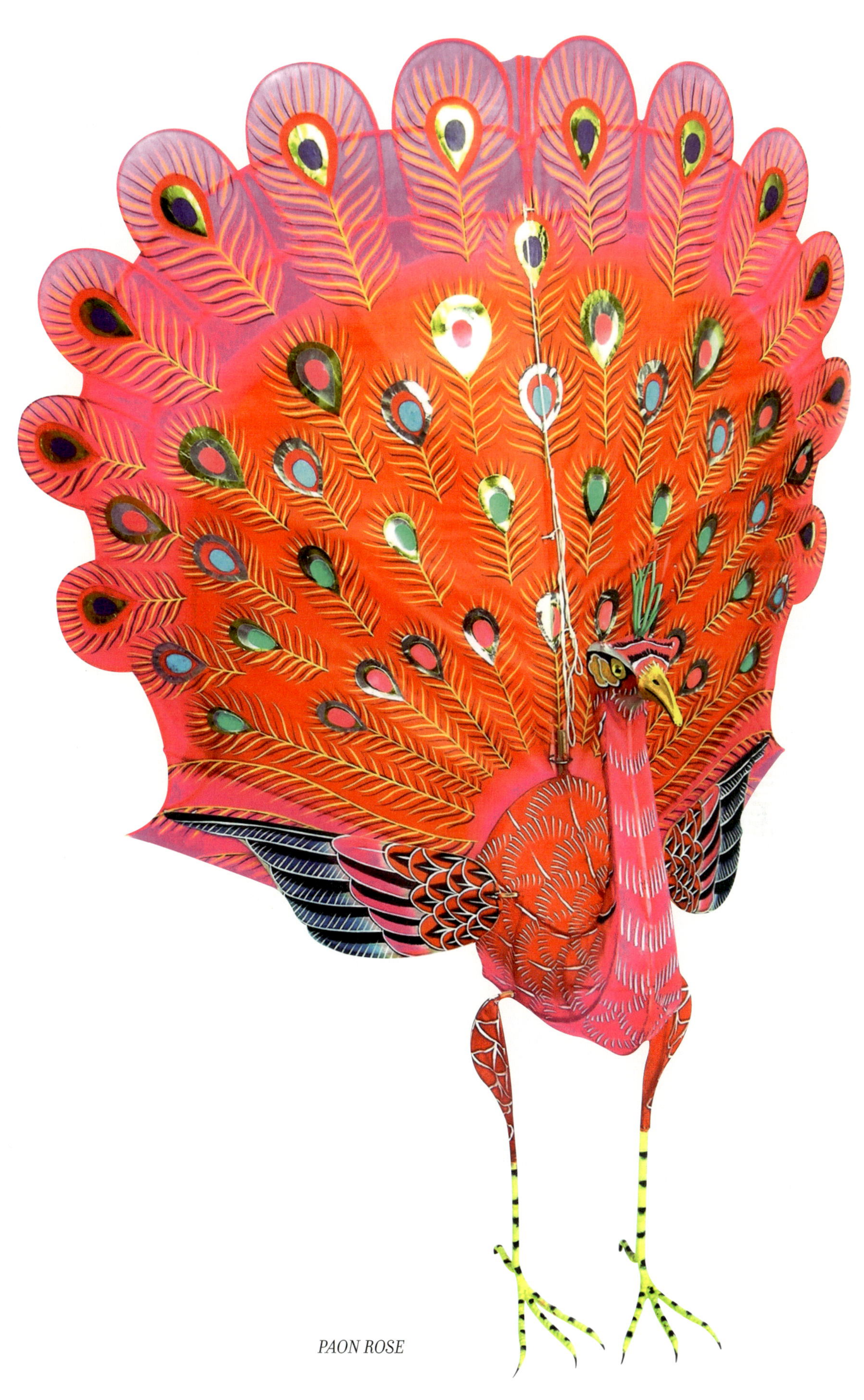

PAON ROSE

PLANCHE 4

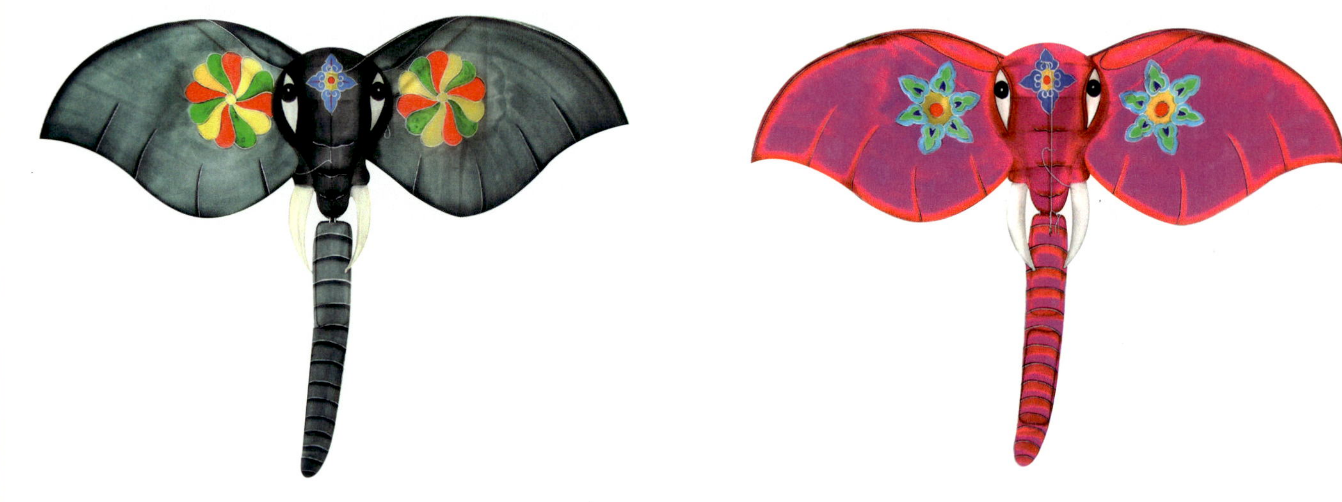

ELÉPHANT D'ASIE

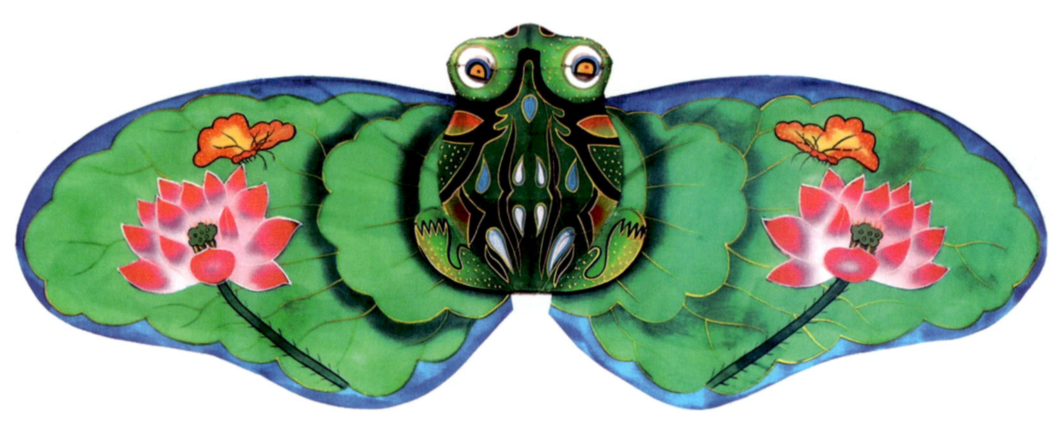

GRENOUILLE DU CIEL

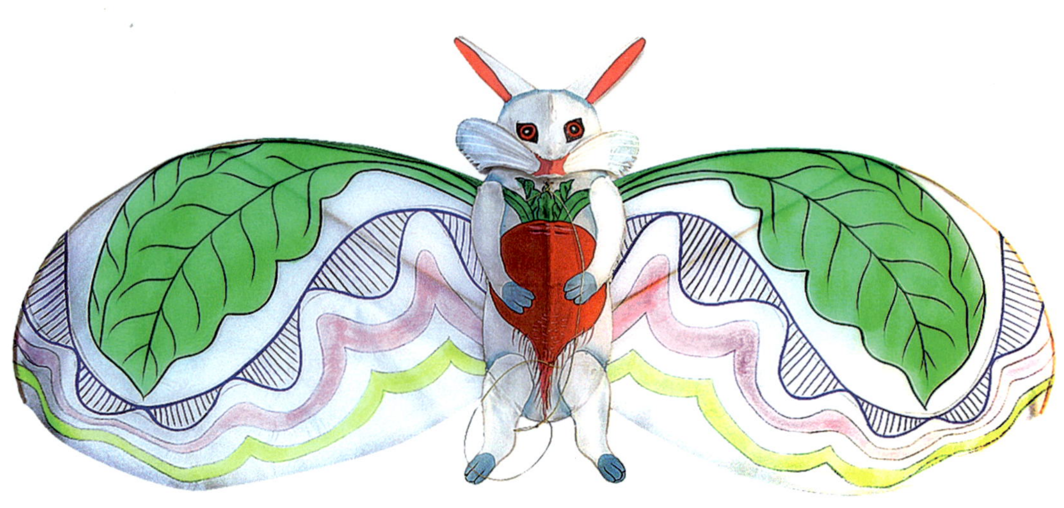

LAPIN GOURMAND

PLANCHE 5

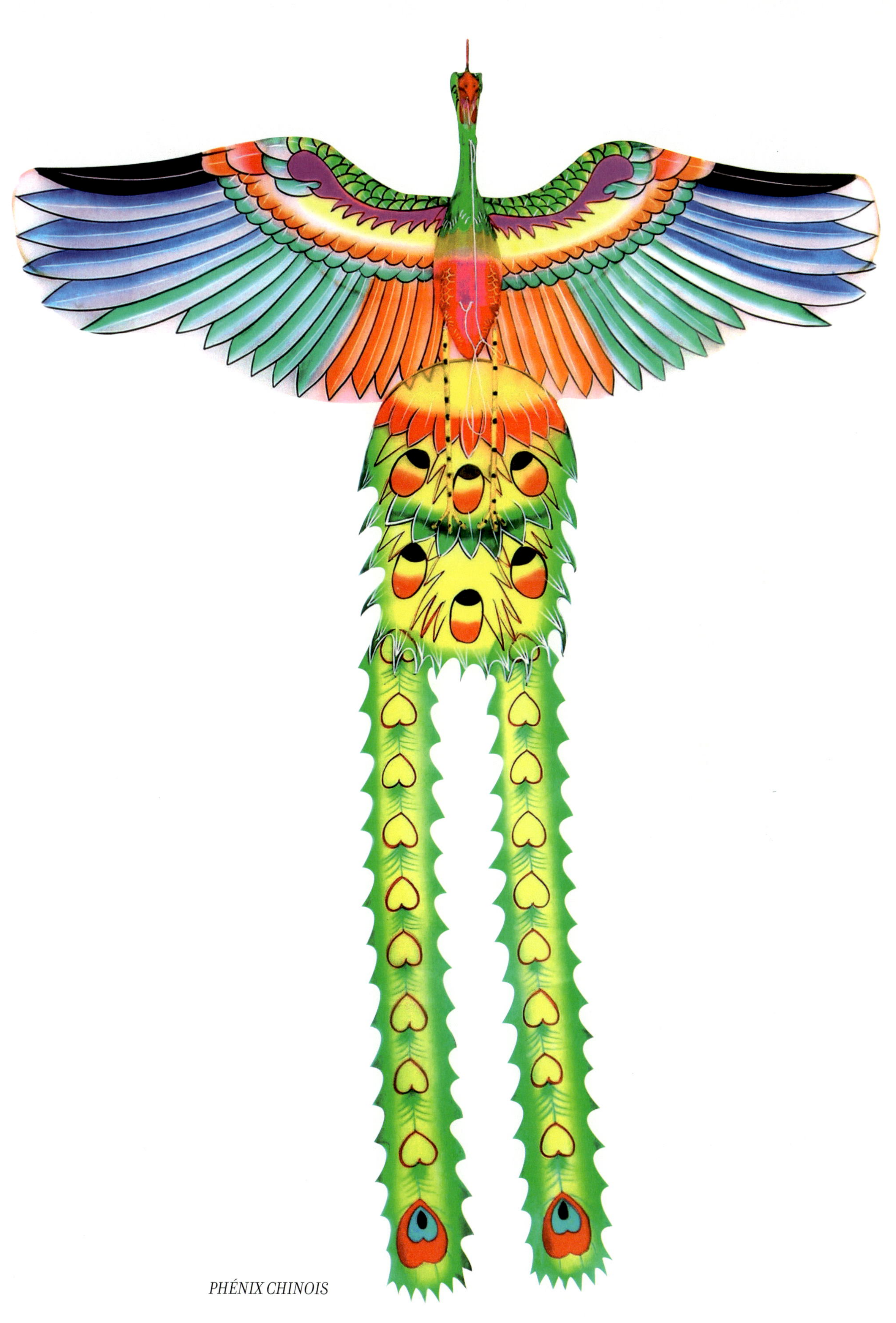

PHÉNIX CHINOIS

PLANCHE 6

INSECTES

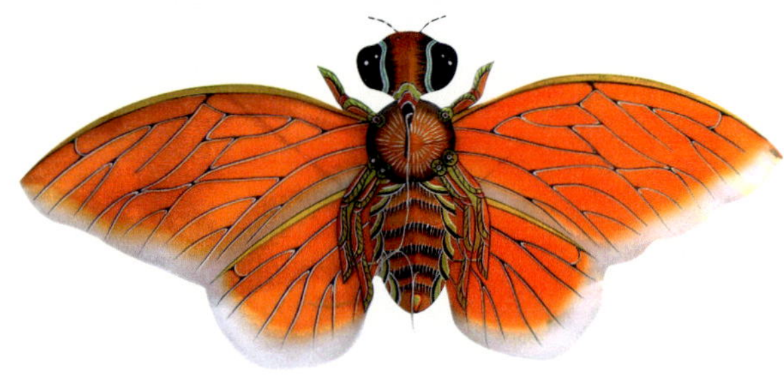

ABEILLE OUVRIÈRE

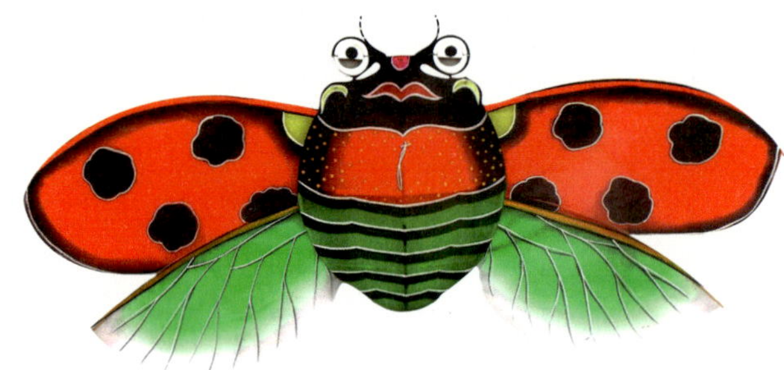

COCCINELLE À HUIT POINTS

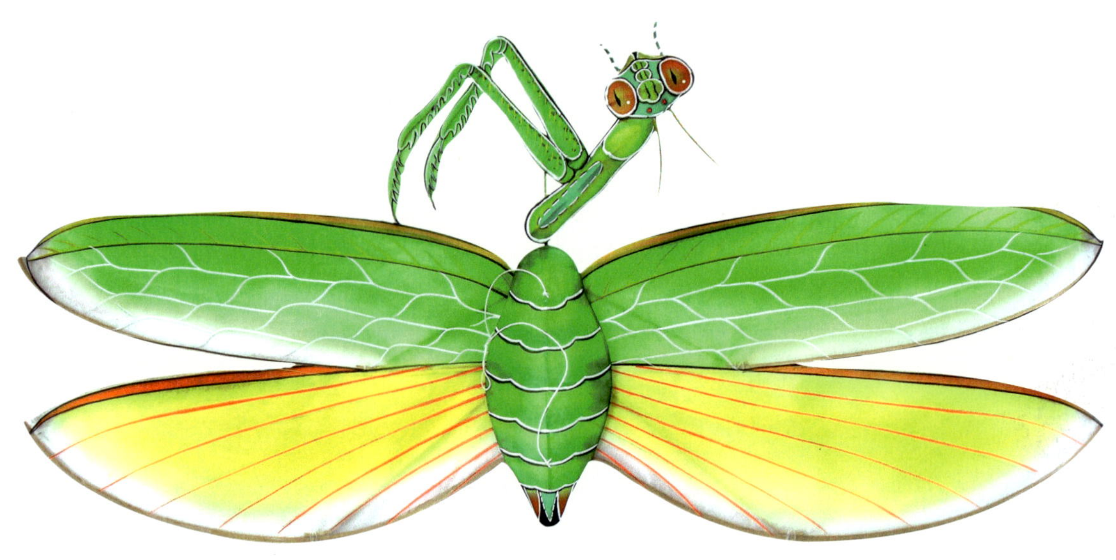

MANTE RELIGIEUSE

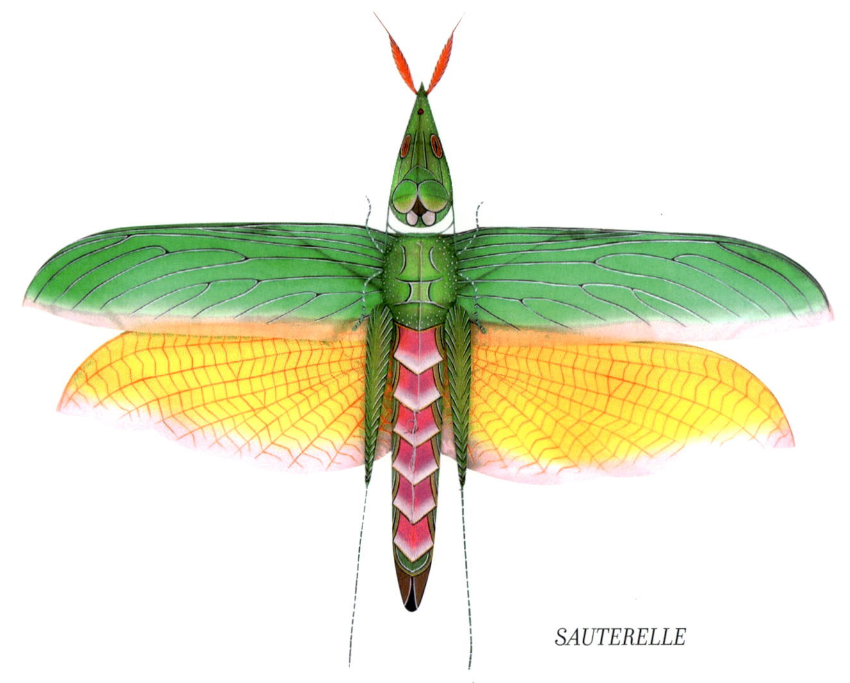

SAUTERELLE

PLANCHE 7

PAPILLONS

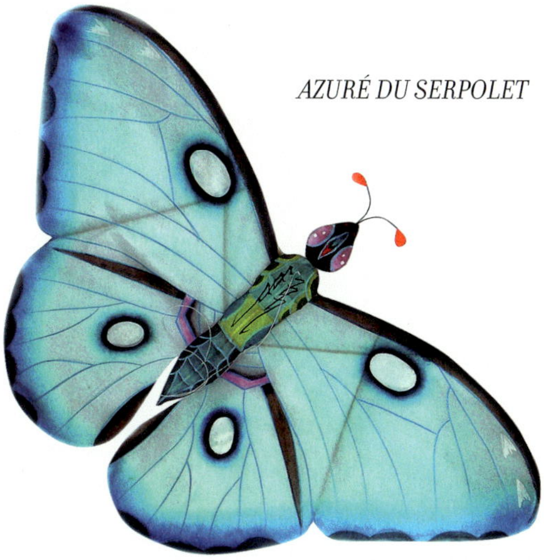

AZURÉ DU SERPOLET

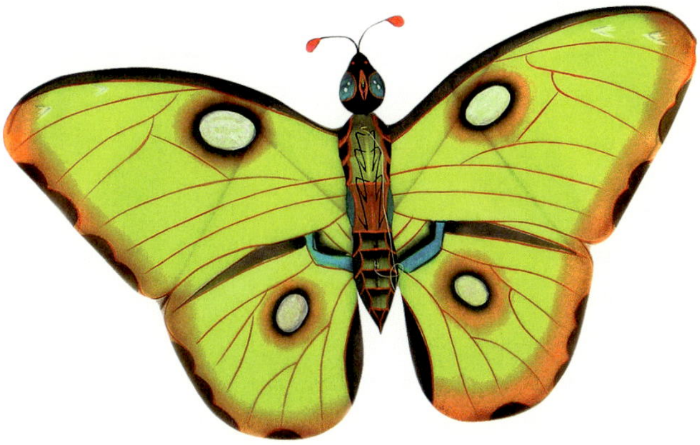

BROCATELLE D'OR

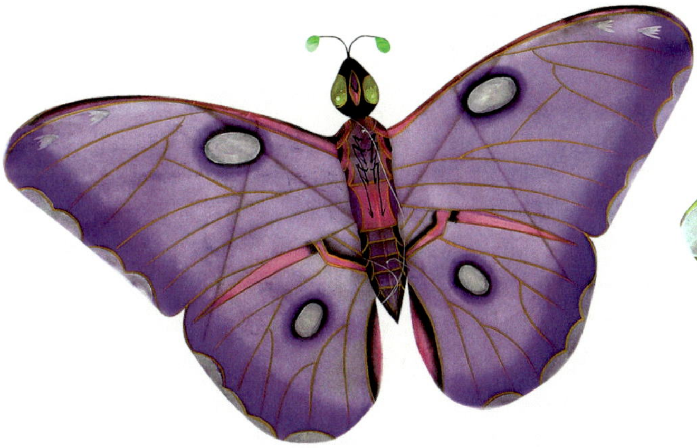

AZURÉ VIOLET DE LA LUZERNE

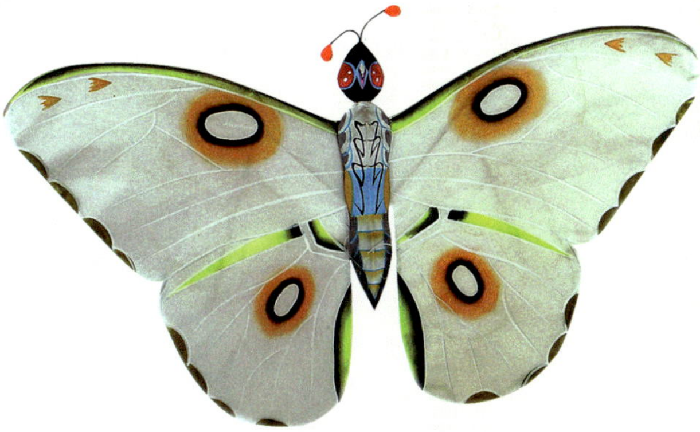

PETIT NACRÉ

LIBELLULES

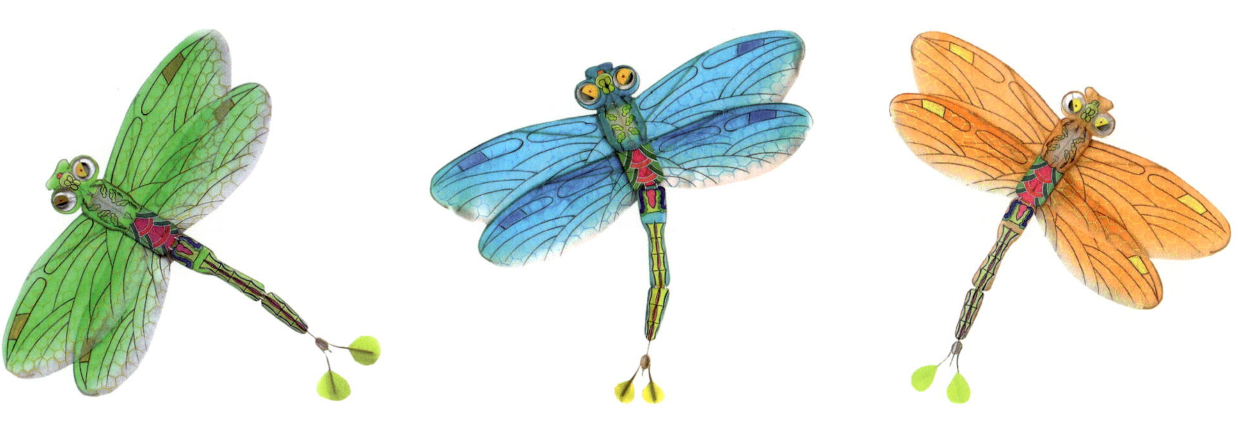

DEMOISELLE VERTE

DEMOISELLE BLEUE

DEMOISELLE ORANGE

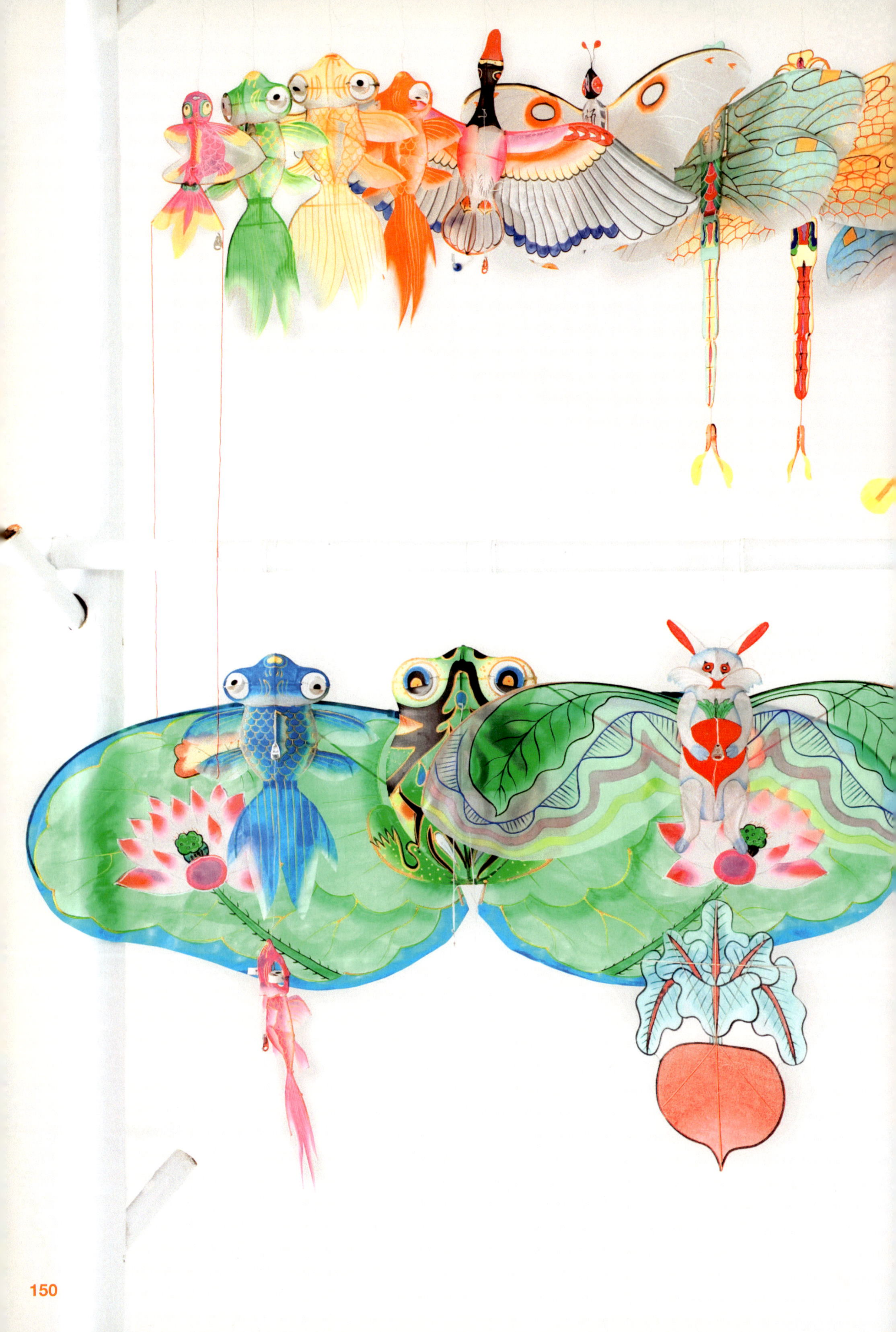

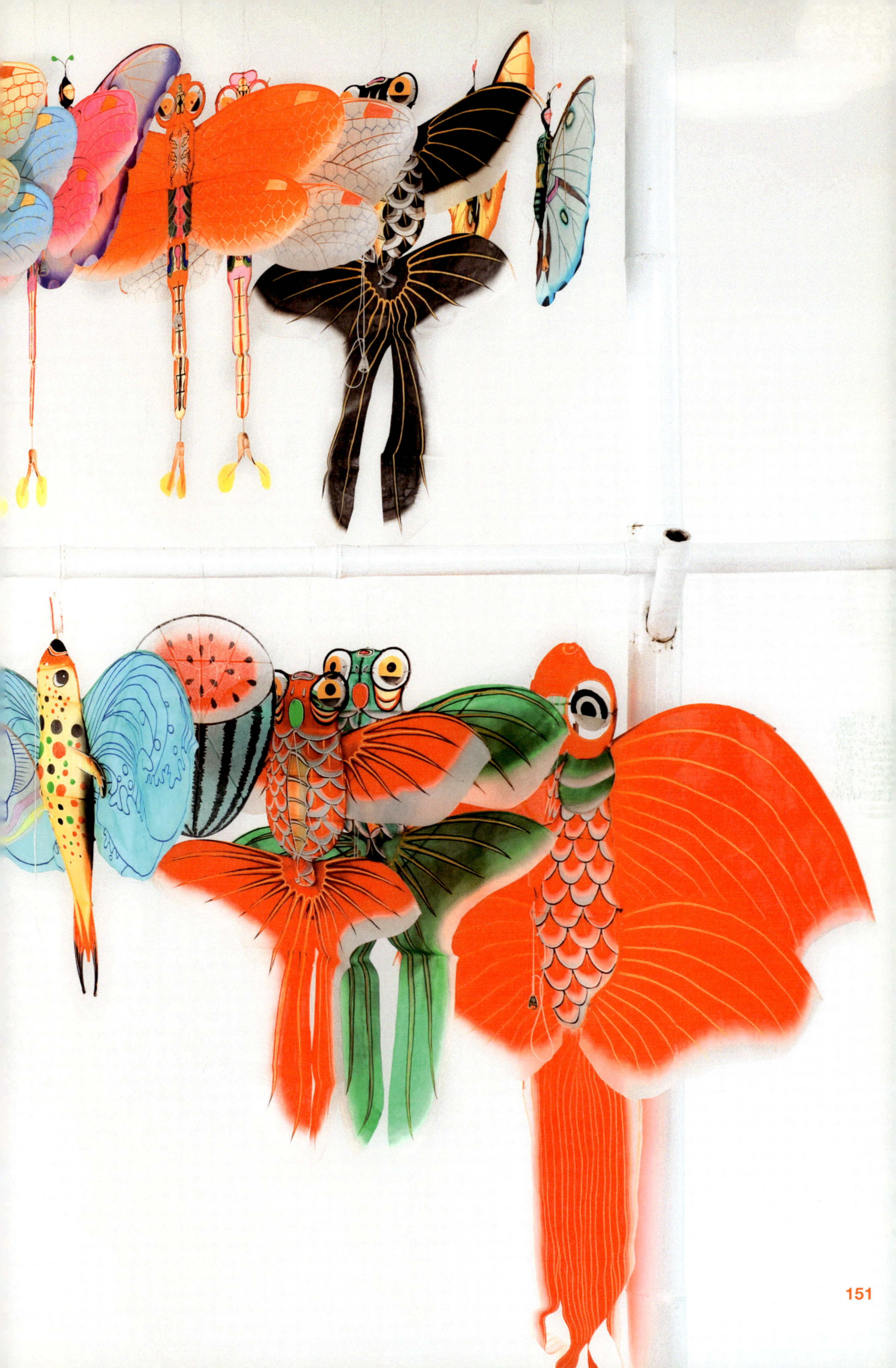

petites natures

Le manque de plein-air et de végétation est le lot de tous les citadins.

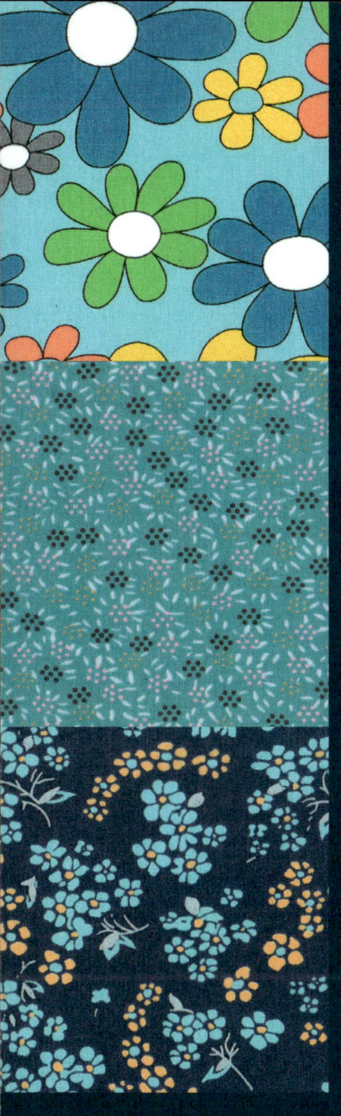

LES QUATRE SAISONS ONT POURTANT DROIT D'ASILE ET IL EST URGENT DE LEUR FAIRE UNE PLACE DANS NOS HABITATIONS DES VILLES. ON PEUT APPRIVOISER LA NATURE AVEC DES PETITS GESTES QUI CHANGENT TOUT. MYRIAM IMPRIME LE PRINTEMPS SUR DES TISSUS, INVENTE DES LÉGUMES VOLANTS ET DES CRAIES BOTANIQUES, FAIT DESSINER DES MAISONS-JARDINS AUX ENFANTS, GERMER DES PLANTES ET FLEURIR LES GLAÇONS. LA VÉGÉTATION EST COMME UNE SECONDE NATURE.

“ Un habitant doit
avoir le droit
de se pencher
à sa fenêtre
et de tout agencer
sur le mur
extérieur,
comme il lui plaît,
aussi loin que porte
son bras, afin que
ce soit visible
de loin, depuis
la rue : ici habite
un homme. ”

Hundertwasser,
Manifeste de la moisissure contre le rationalisme en architecture

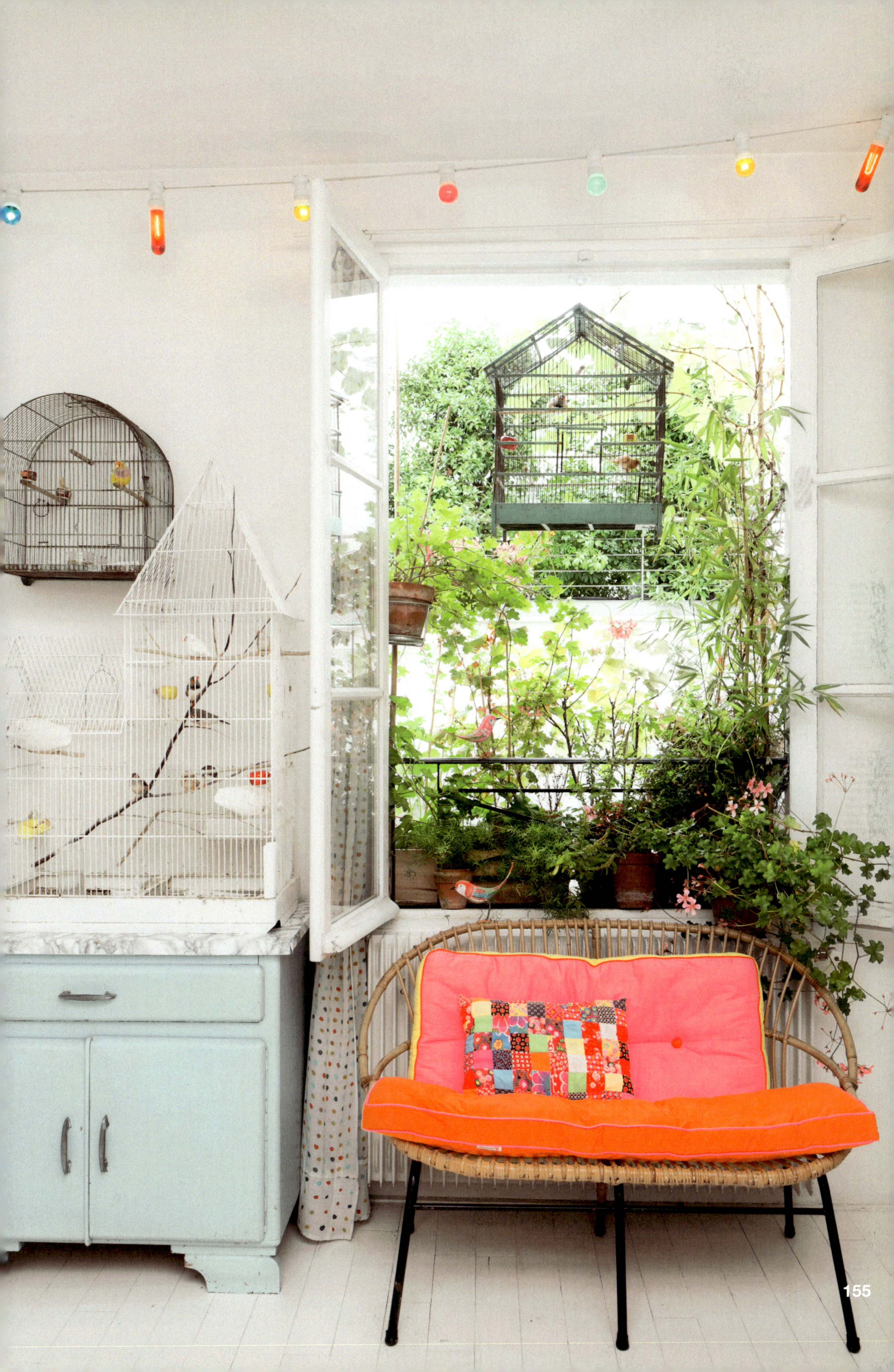

FEUILLES ET PLUMES

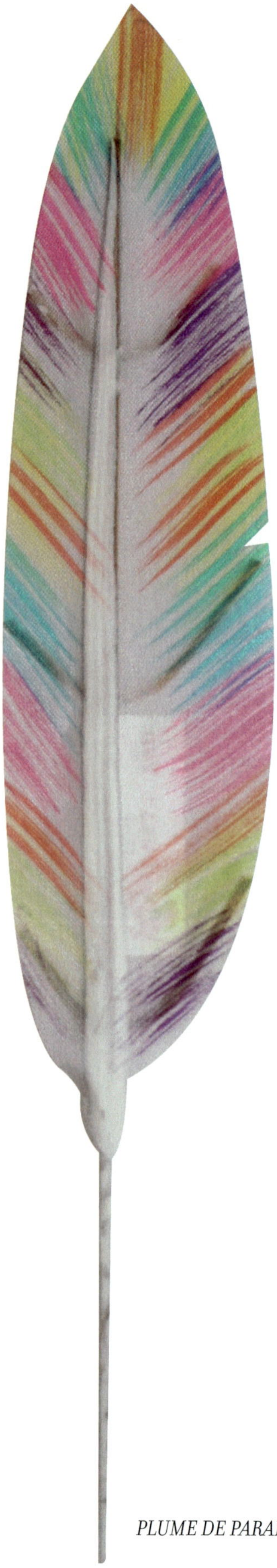

GINKGO 1

GINKGO 2

PLUME DE PARADISIER

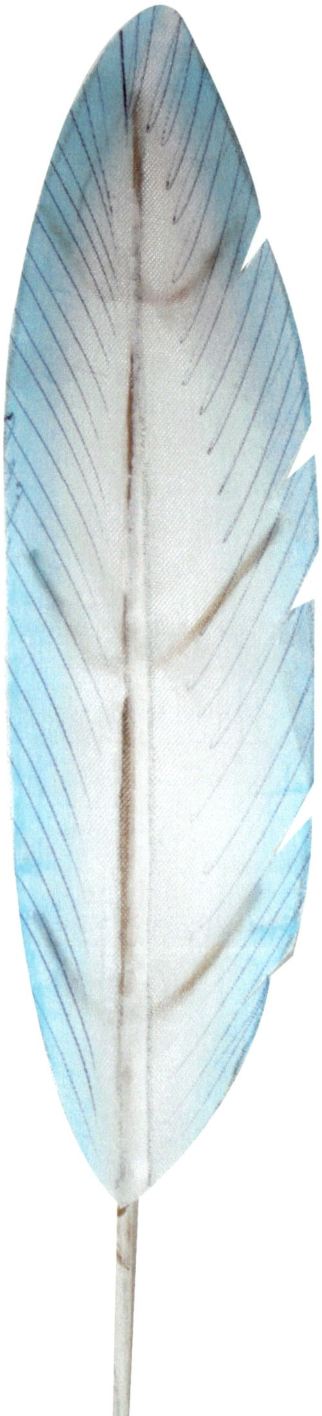

PLUME D'HIRONDELLE BLEUE

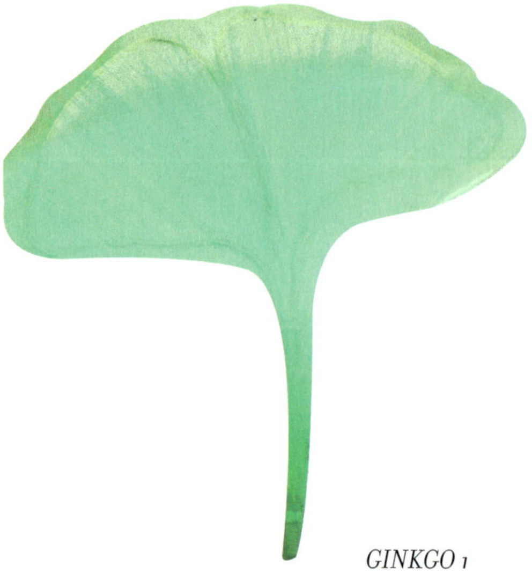

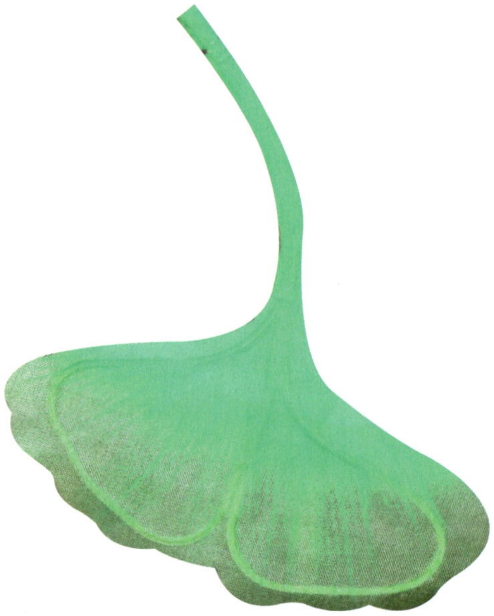

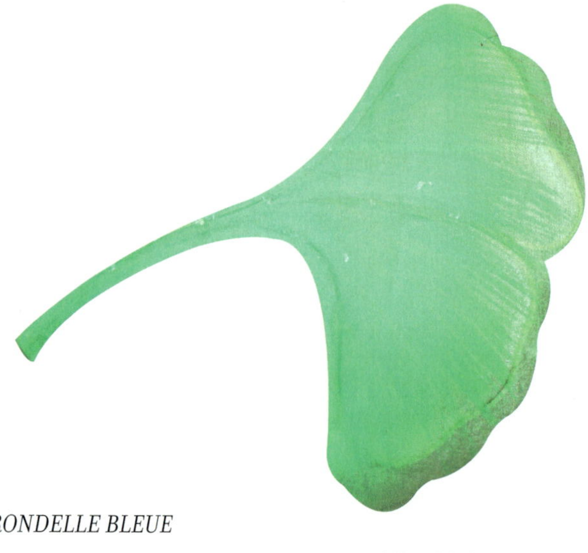

GINKGO 3

PLANCHE 1

FLEURS

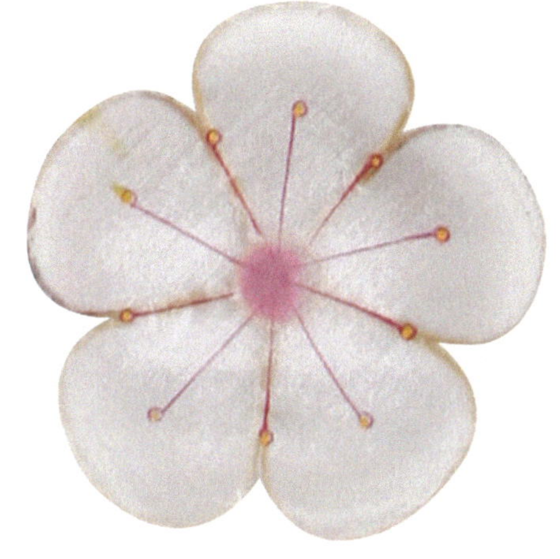

FLEUR DE PRUNIER

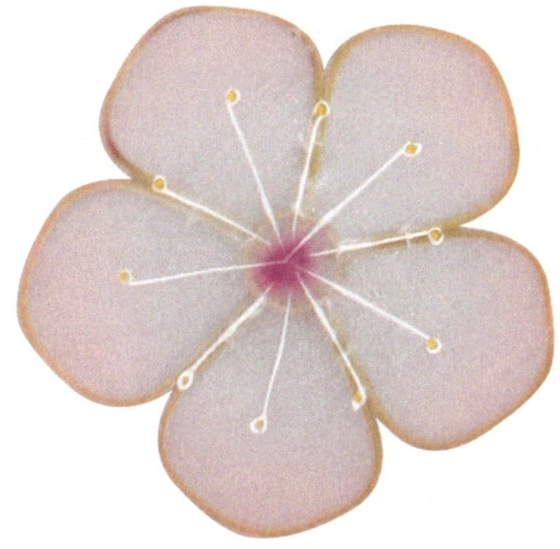

FLEUR D'AMANDIER

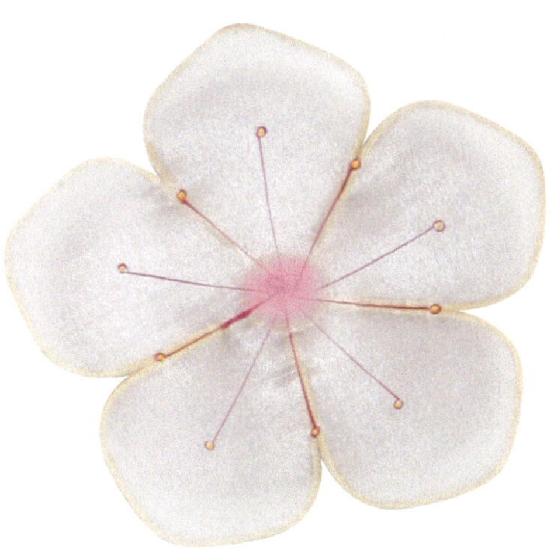

FLEUR DE CERISIER

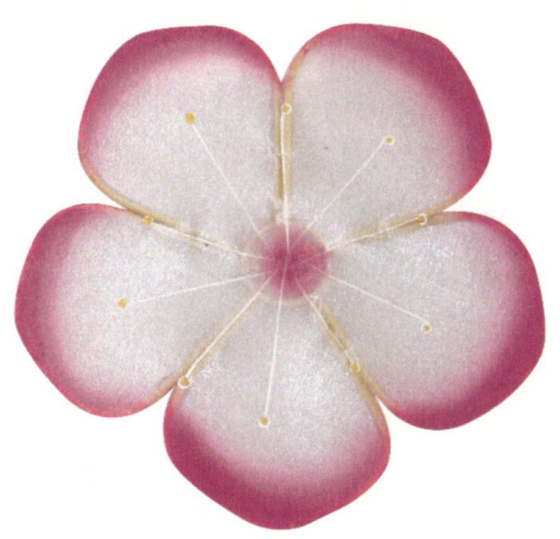

FLEUR DE PÊCHER

SOUS-BOIS

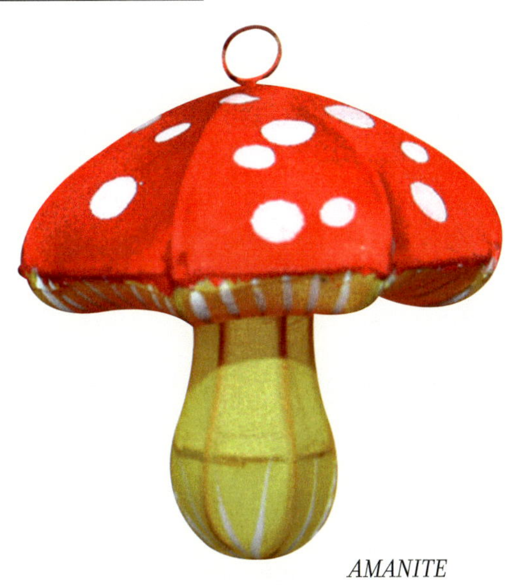

AMANITE

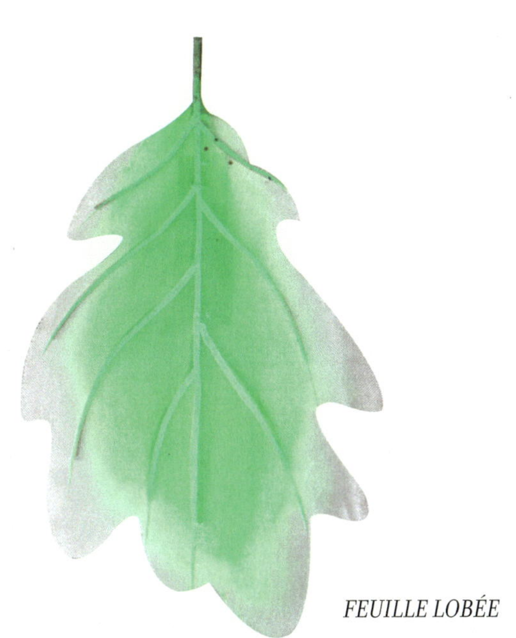

FEUILLE LOBÉE

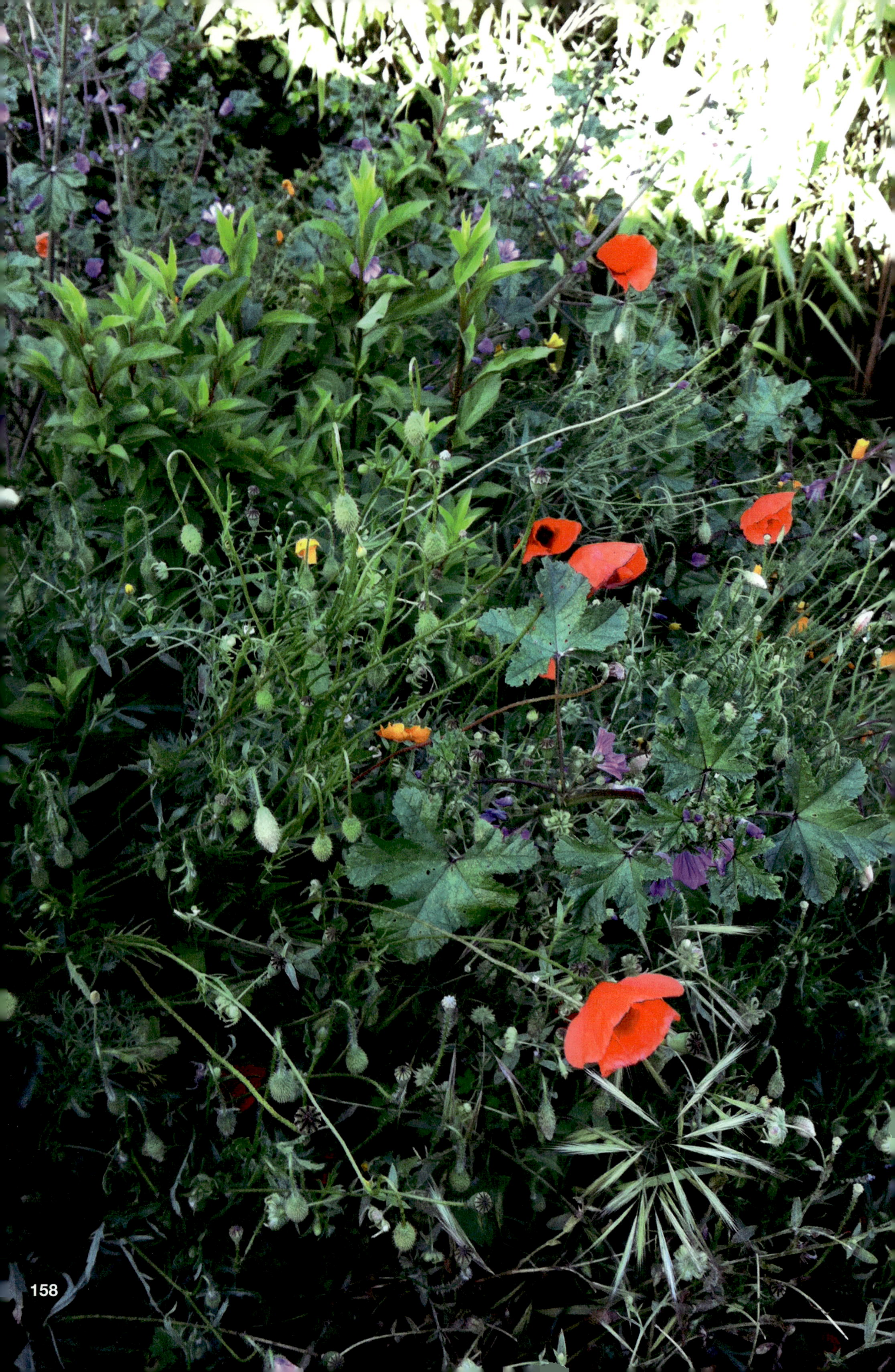

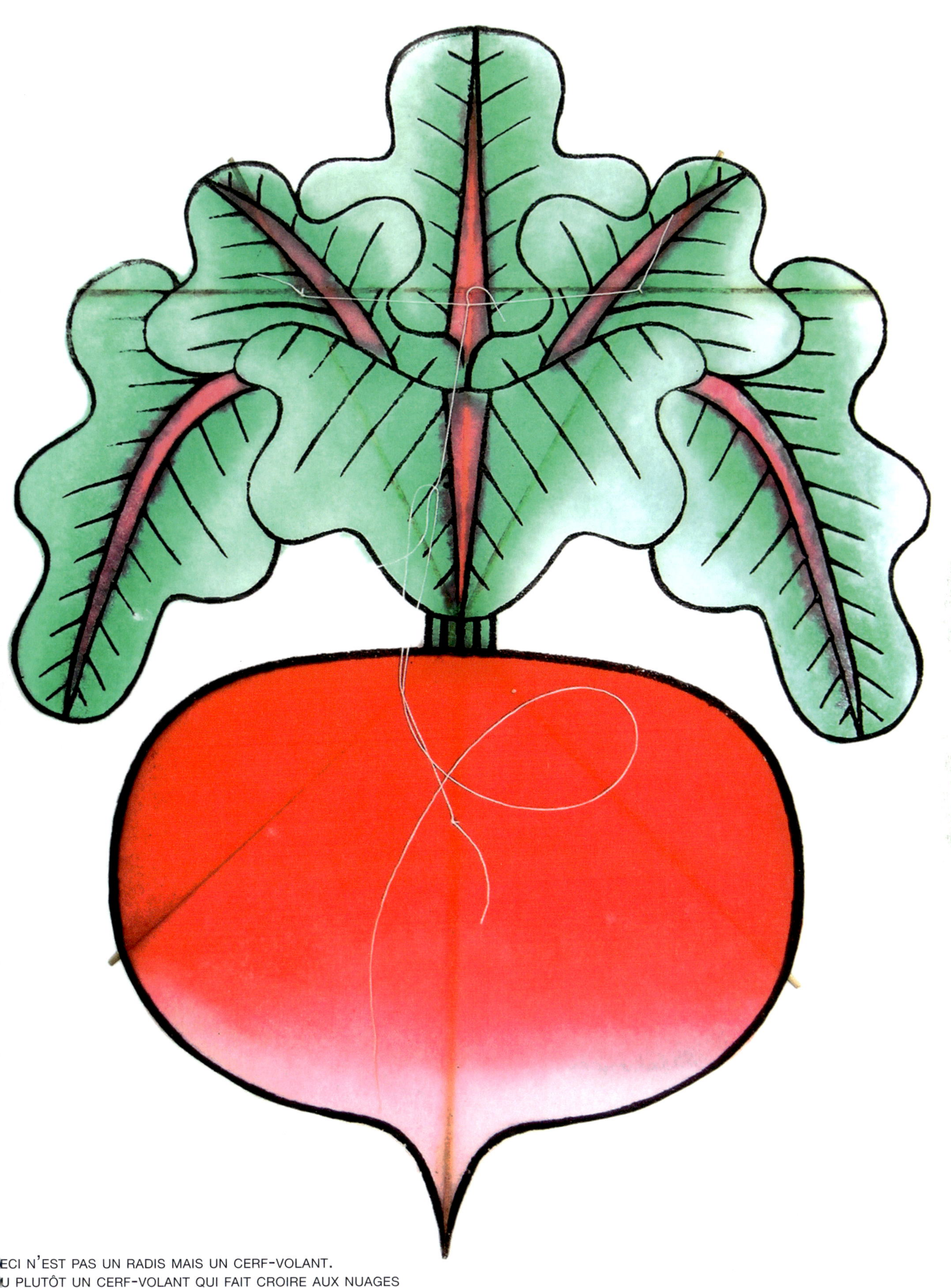

ECI N'EST PAS UN RADIS MAIS UN CERF-VOLANT.
U PLUTÔT UN CERF-VOLANT QUI FAIT CROIRE AUX NUAGES
U'IL EST UN RADIS. OU UN RADIS QUI S'ENVOLE
ISCRÈTEMENT QUAND LE CUISINIER A LE DOS TOURNÉ.
EU IMPORTE, CE QUI COMPTE, C'EST DE VOIR UN VOL
E RADIS UN JOUR DE VENT D'OUEST.

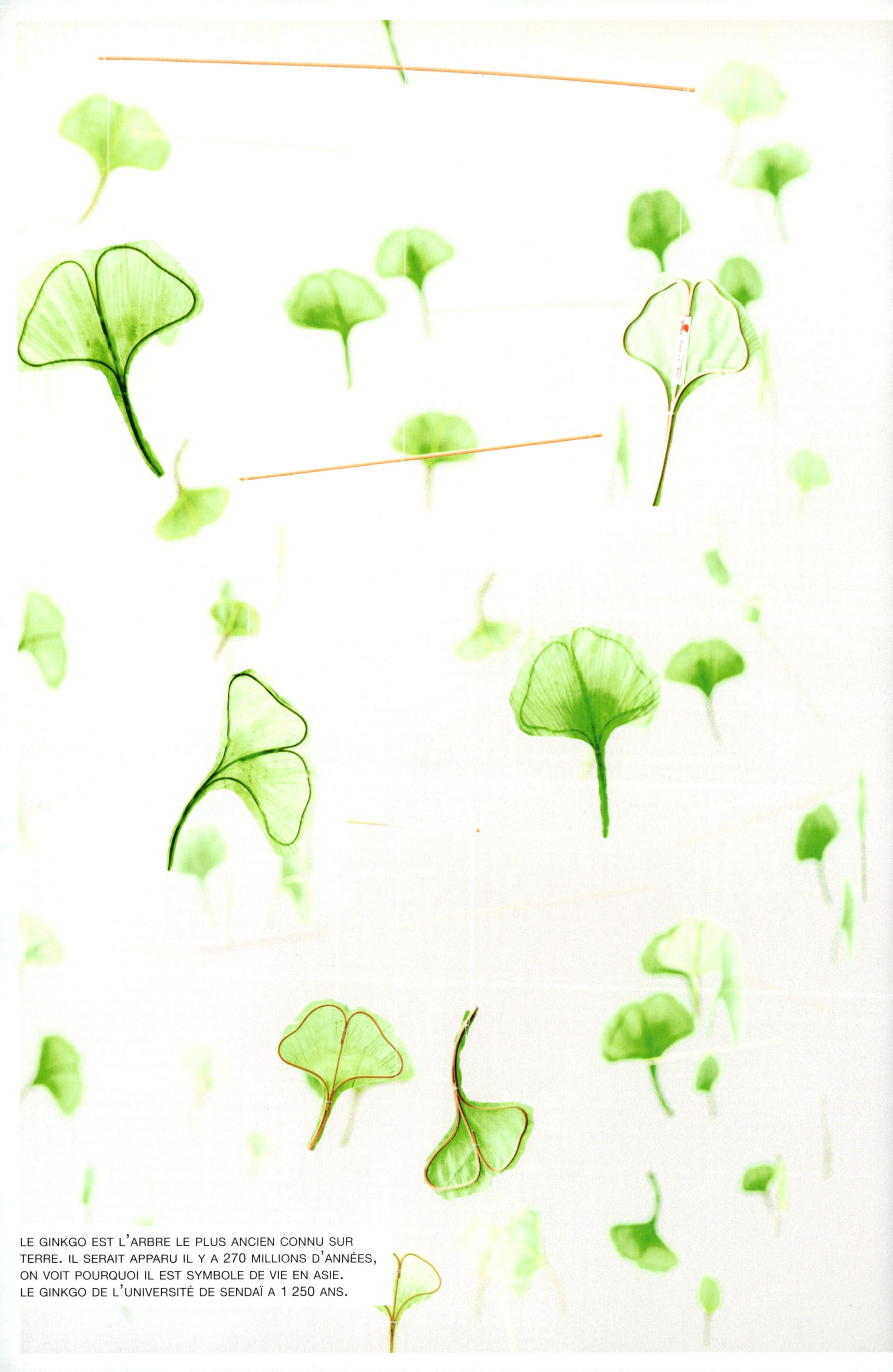

LE GINKGO EST L'ARBRE LE PLUS ANCIEN CONNU SUR TERRE. IL SERAIT APPARU IL Y A 270 MILLIONS D'ANNÉES, ON VOIT POURQUOI IL EST SYMBOLE DE VIE EN ASIE. LE GINKGO DE L'UNIVERSITÉ DE SENDAÏ A 1 250 ANS.

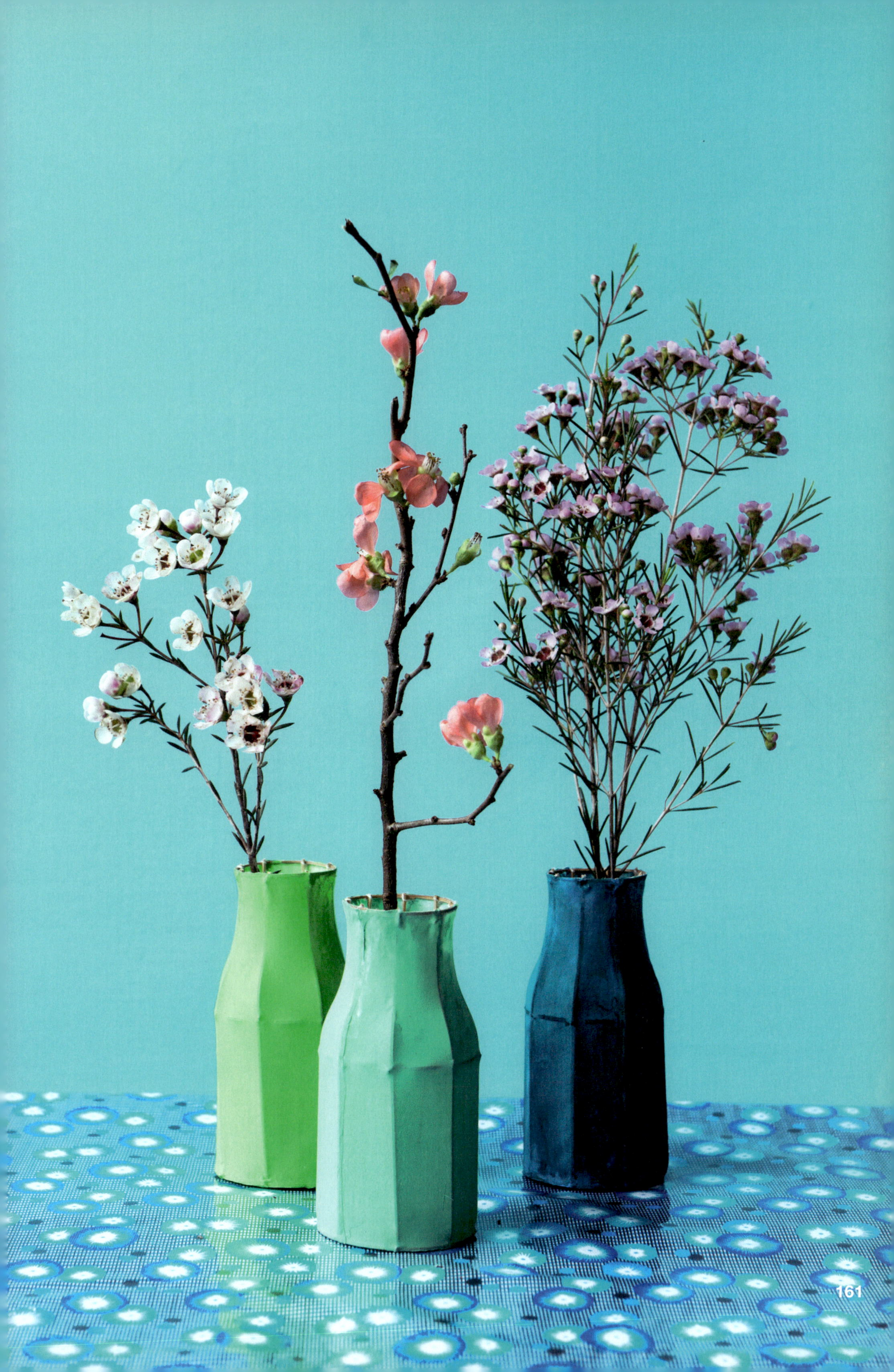

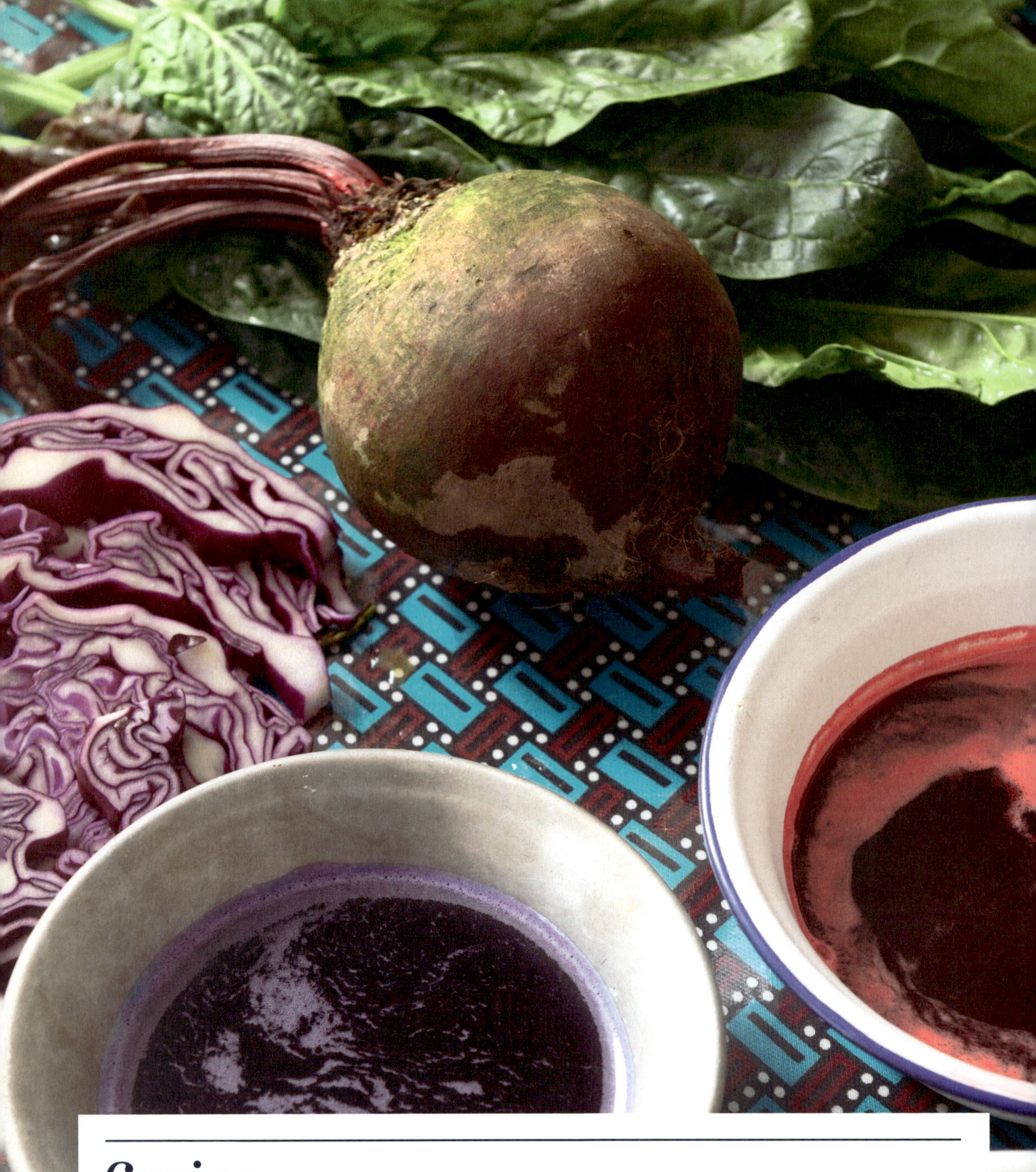

Craies

CHOISIR UN BEAU CHOU ROUGE, UNE BETTERAVE ROUGE CRUE ET QUELQUES FEUILLES D'ÉPINARD. POUR FAIRE UNE CRAIE BLEUE, DÉCOUPER LA MOITIÉ DU CHOU ROUGE EN FINES LANIÈRES. AJOUTER 5 CUILLERÉES À SOUPE D'EAU ET RÉDUIRE EN PURÉE À L'AIDE D'UN MIXEUR. POSER UN MORCEAU DE TOILE À BEURRE AU-DESSUS D'UN BOL ET VERSER DEDANS LA PURÉE DE CHOU ROUGE. FERMER LE TORCHON ET PRESSER LA PURÉE DE CHOU À 2 MAINS. UN JET D'UN VIOLET LUMINEUX S'ÉCOULE DANS LE BOL.

Verser 3 cuillerées à soupe de ce jus dans un pot en verre.
Ajouter 3 cuillerées de plâtre et mélanger afin d'obtenir un mélange lisse et onctueux.
Verser dans une boîte à œufs en carton placée à l'envers. Laisser sécher une nuit avant d'extraire la craie du moule.
Procéder de la même manière avec la betterave rouge pour faire une craie rose et avec les feuilles d'épinard pour une craie verte. On peut aussi mélanger les jus pour obtenir de nouvelles nuances.

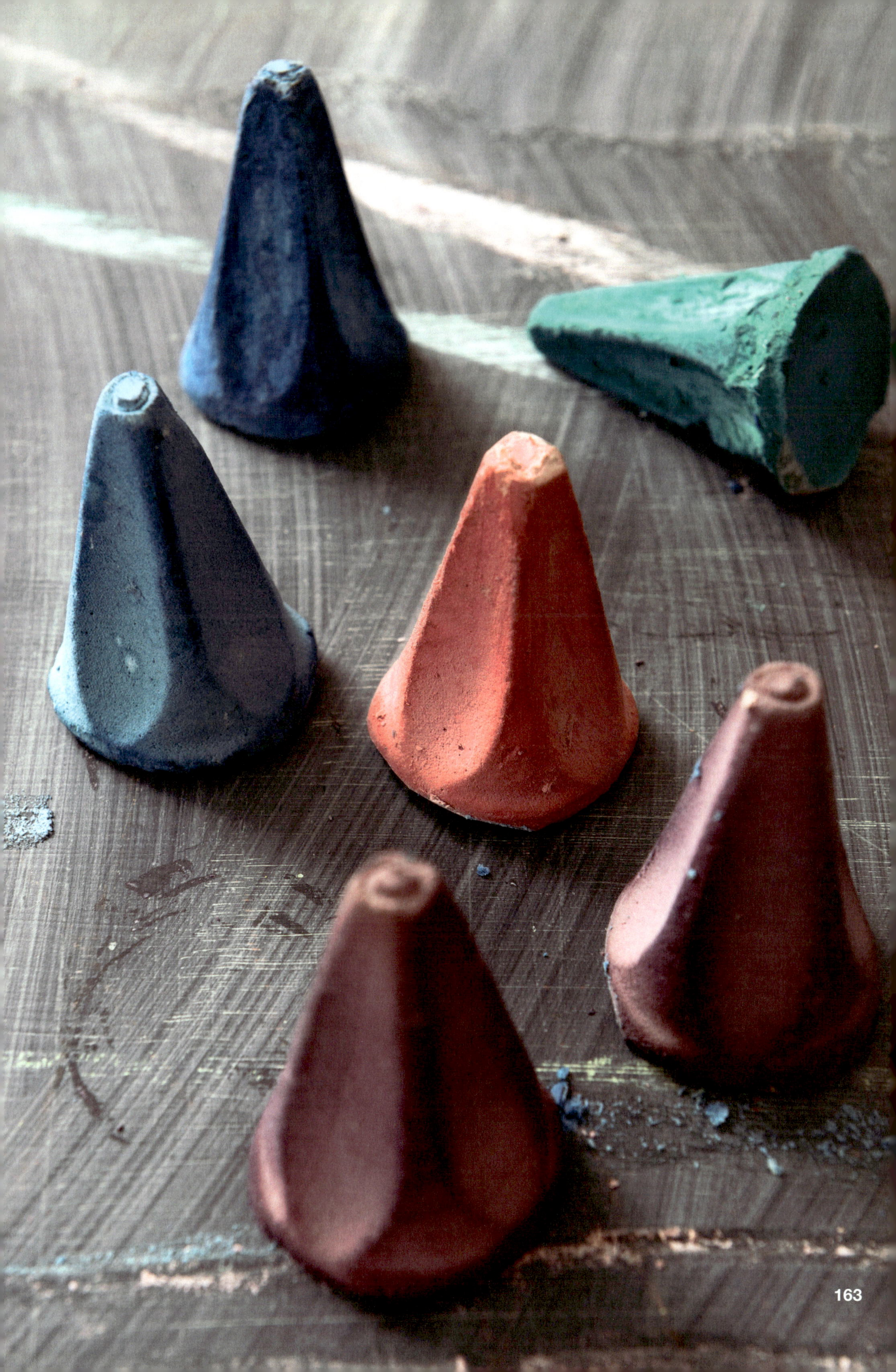

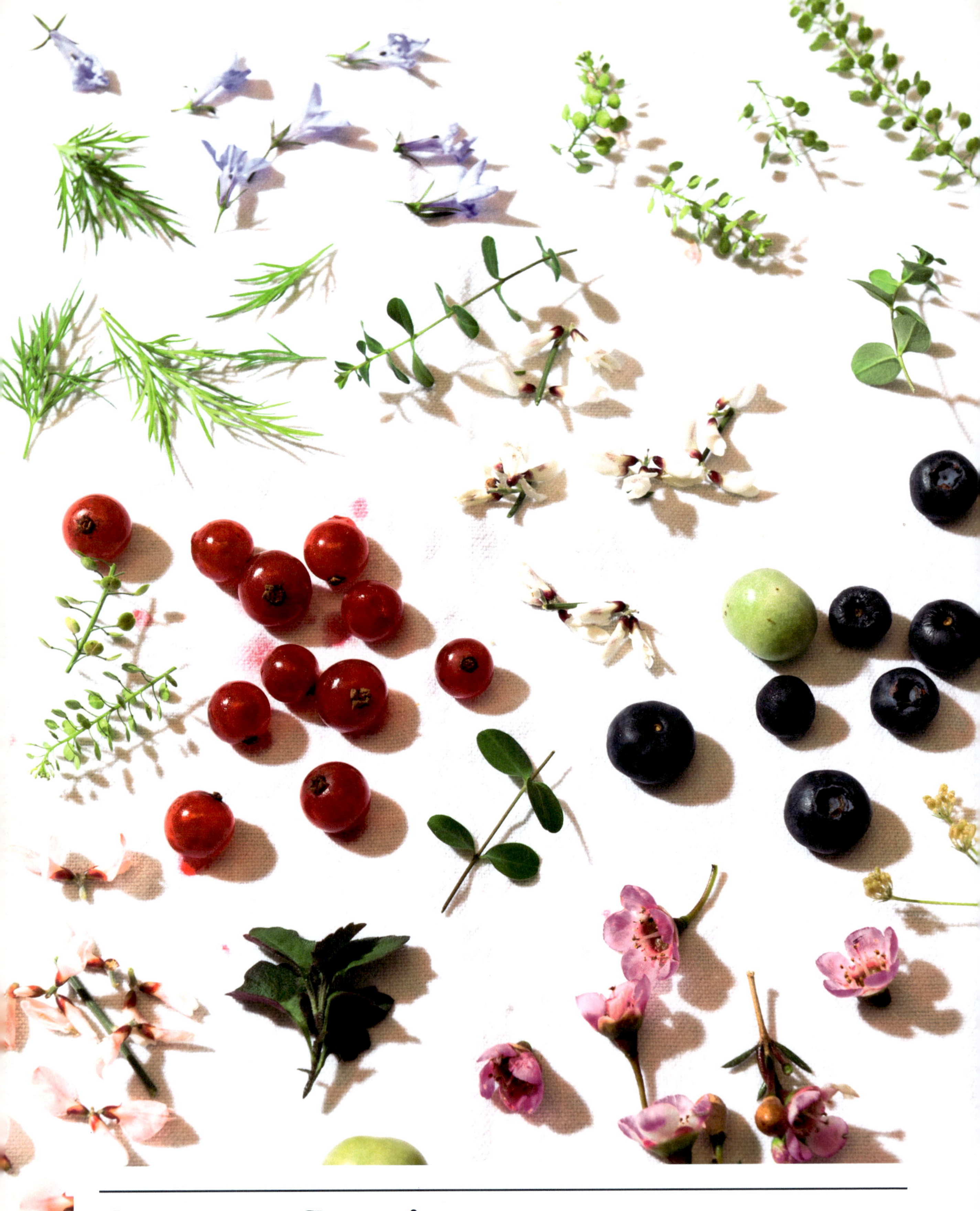

Glaçons fleuris

FLEURS DE TILLEUL, DE VIOLETTE, DE MAUVE, DE PULMONAIRE, D'AUBÉPINE, DE CAPUCINE, DE POIS DE SENTEUR, DE BOURRACHE, DE LAVANDE, DES PÉTALES DE ROSE, DES BAIES DE GROSEILLE, DES FEUILLES DE MENTHE...

Toutes ces plantes comestibles sont utilisables pour faire des glaçons fleuris. Une fois hachés en petits tronçons délicats, il suffit de les installer dans des bacs à glaçons, de remplir d'eau et de mettre à congeler. À utiliser pour rafraîchir des sirops, des jus, des cocktails.

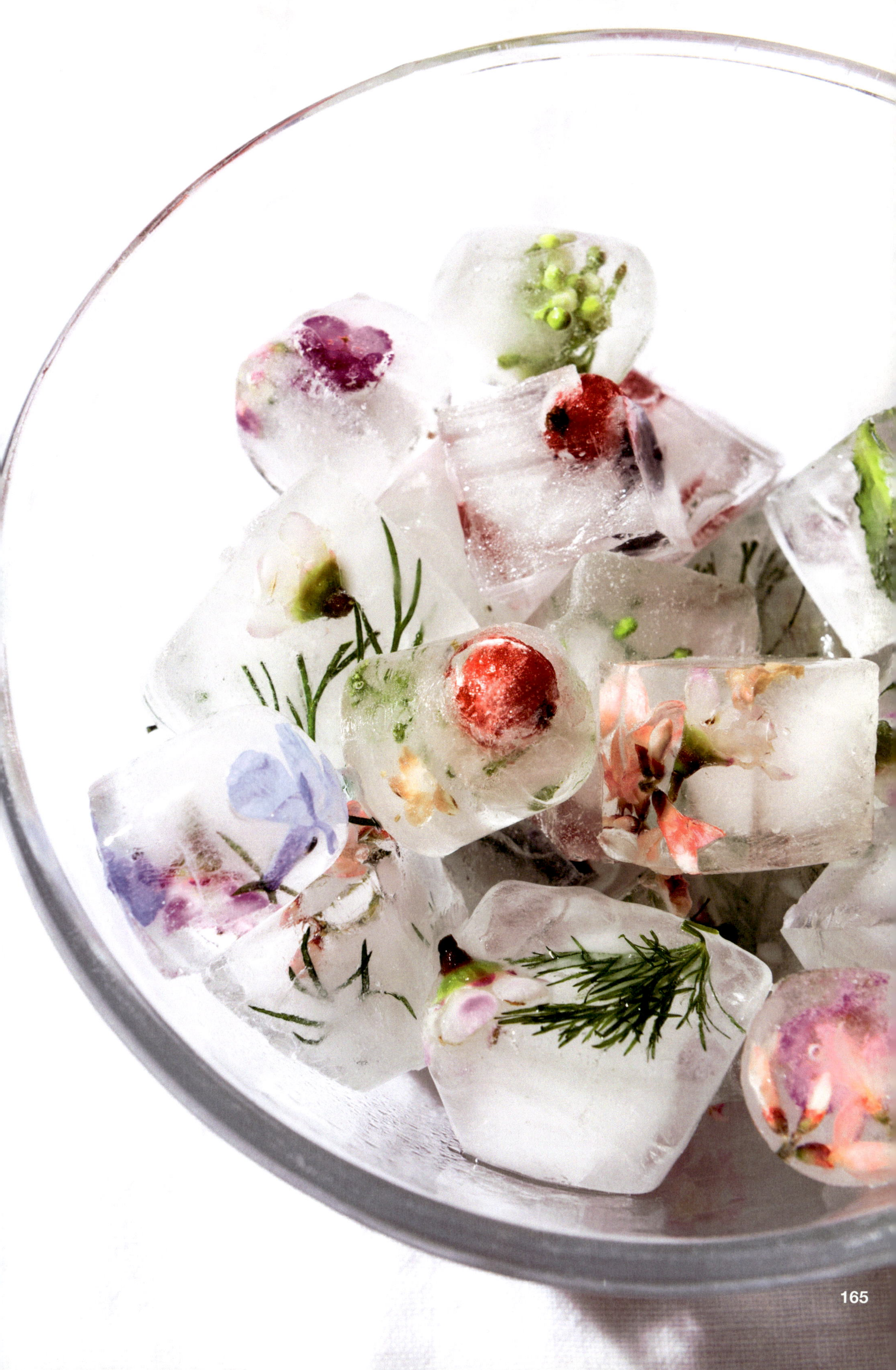

Thé aux fleurs

POUR FAIRE DU THÉ AUX FLEURS TOUTE L'ANNÉE, IL FAUT PROFITER DES VACANCES D'ÉTÉ POUR FAIRE PROVISION DE PÉTALES DE ROSES, DE FLEURS DE CAMOMILLE, DE VIOLETTES OU DE JASMIN. FAIRE SÉCHER LA RÉCOLTE À L'OMBRE ET À PLAT, PUIS LA CONSERVER DANS DES SACHETS EN PAPIER.

Pour préparer le thé blanc aux fleurs, laisser infuser une poignée de fleurs séchées dans de l'eau pendant sept minutes. Filtrer et servir chaud ou glacé.

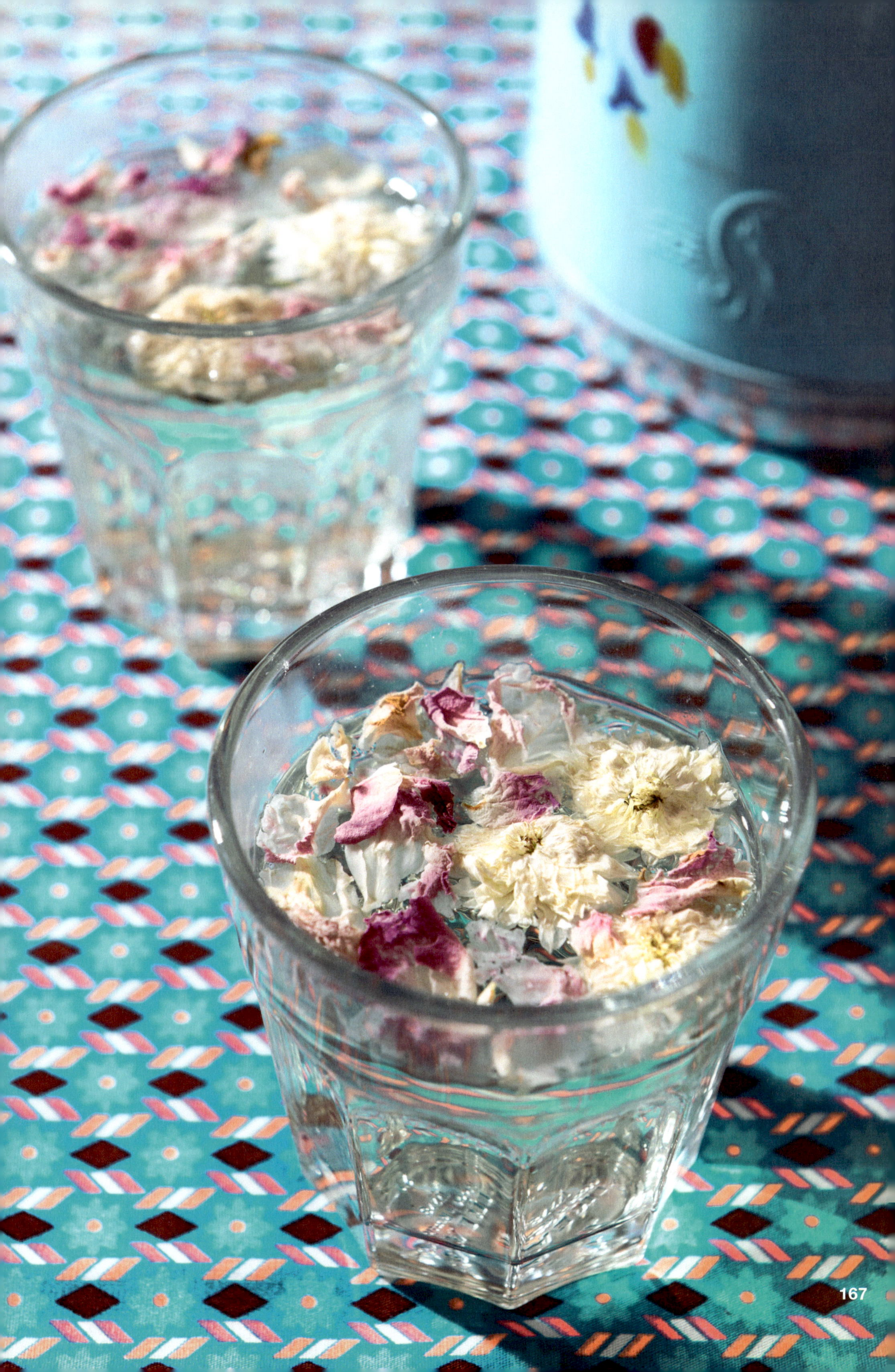

les grandes vacances

Une mer ou une autre, l'été ou le printemps, il y a le moment désiré où la tribu Pan opte pour une parenthèse de plein air.

RIEN N'EST JAMAIS PROGRAMMÉ À L'AVANCE, LE MATIN QUI VIENT INVENTE L'EMPLOI DU TEMPS DE LA JOURNÉE ET SON LOT DE PETITS PLAISIRS À CUEILLIR ET À PARTAGER. DANS LES BAGAGES, IL Y A TOUJOURS QUELQUES ACCESSOIRES POUR « HABILLER » LES LIEUX DE VACANCES ET SE LES APPROPRIER (TISSUS, RIDEAUX, GUIRLANDES, MOBILES...). MÊME CHOSE POUR LE COMBI ORANGEADE, GARANT DE LIBERTÉ ET PARFAIT POUR UN SÉJOUR SEMI-NOMADE. LE RESTE NAÎT DE CE QU'OFFRE LA NATURE : LES PÊCHES MIRACULEUSES DE PAN, LE LAND ART AVEC LES ENFANTS, LES PIQUE-NIQUES... TOUT EST PRÉTEXTE À IMPROVISER, À GOÛTER LA VIE AUTREMENT EN ENJOLIVANT TOUT À PARTIR DE PRESQUE RIEN.

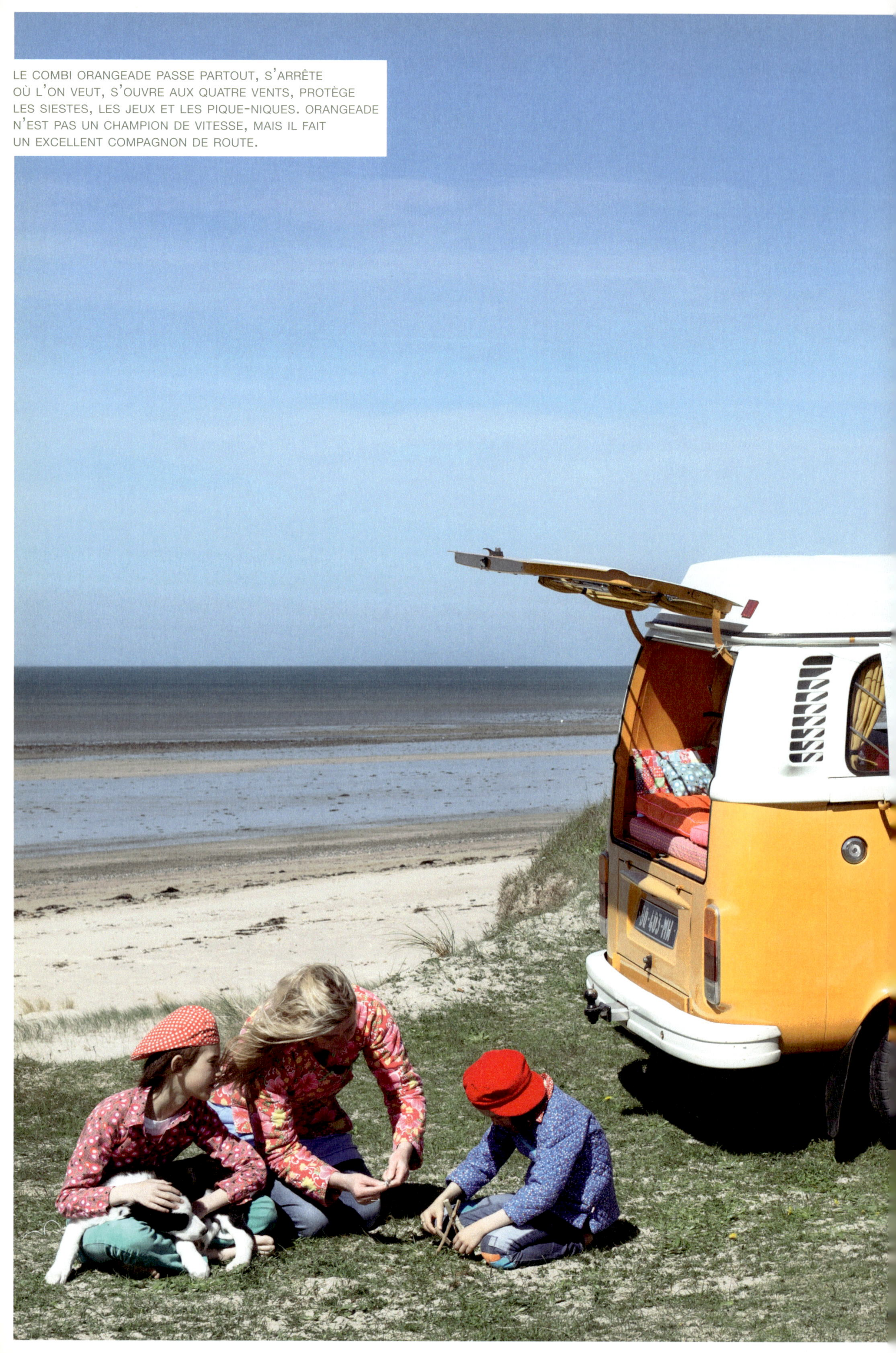

LE COMBI ORANGEADE PASSE PARTOUT, S'ARRÊTE OÙ L'ON VEUT, S'OUVRE AUX QUATRE VENTS, PROTÈGE LES SIESTES, LES JEUX ET LES PIQUE-NIQUES. ORANGEADE N'EST PAS UN CHAMPION DE VITESSE, MAIS IL FAIT UN EXCELLENT COMPAGNON DE ROUTE.

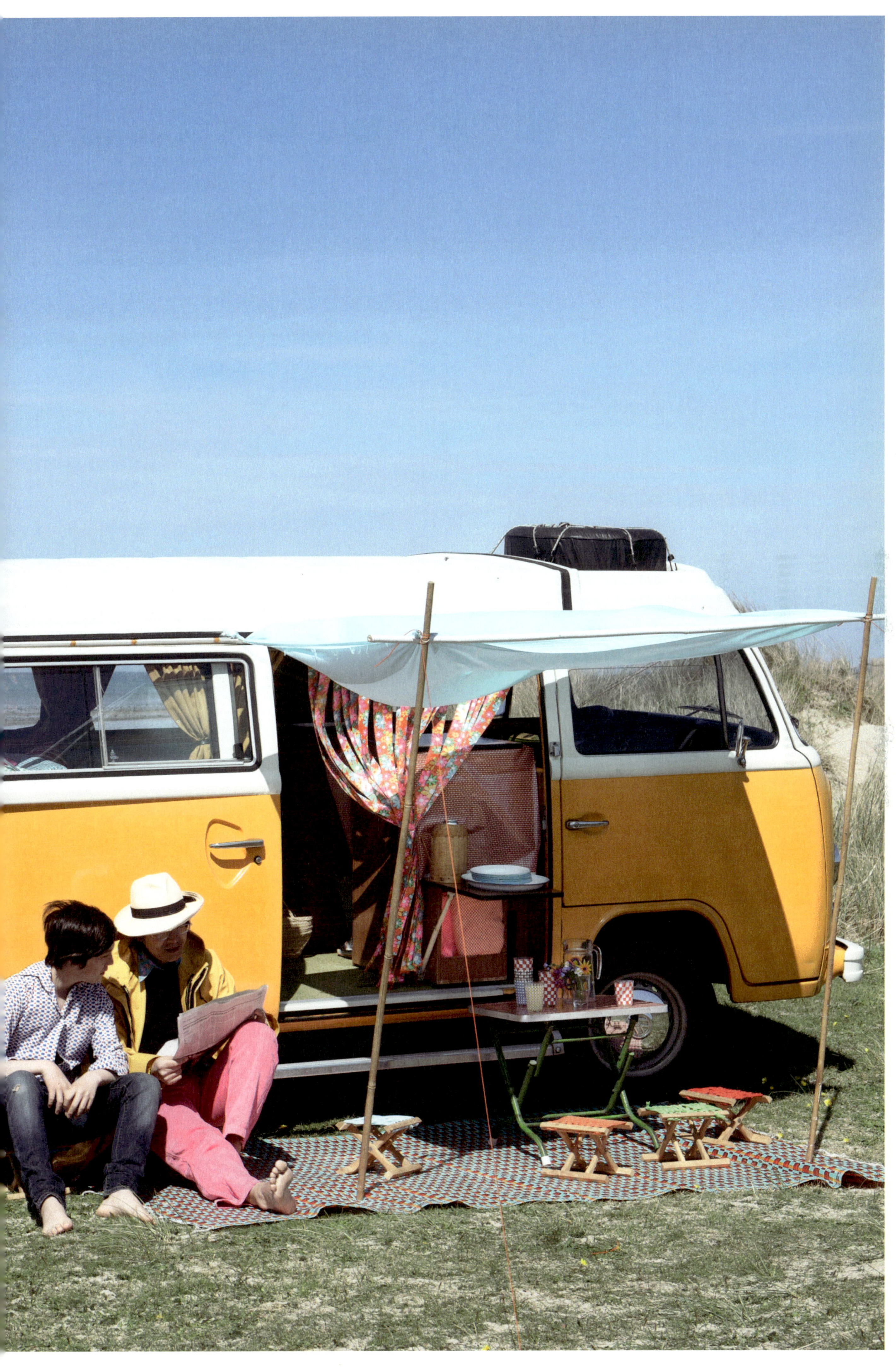

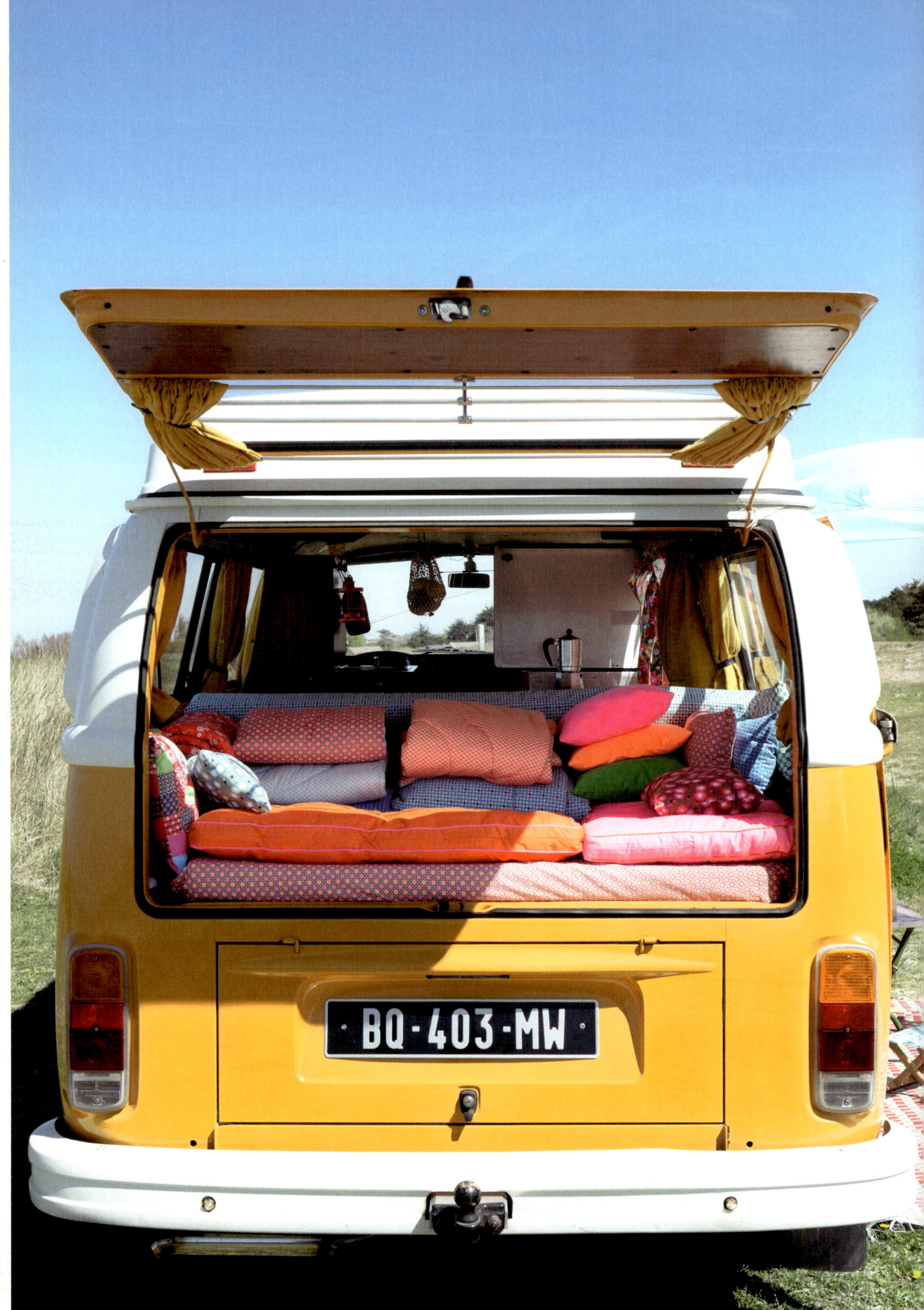
BQ-403-MW

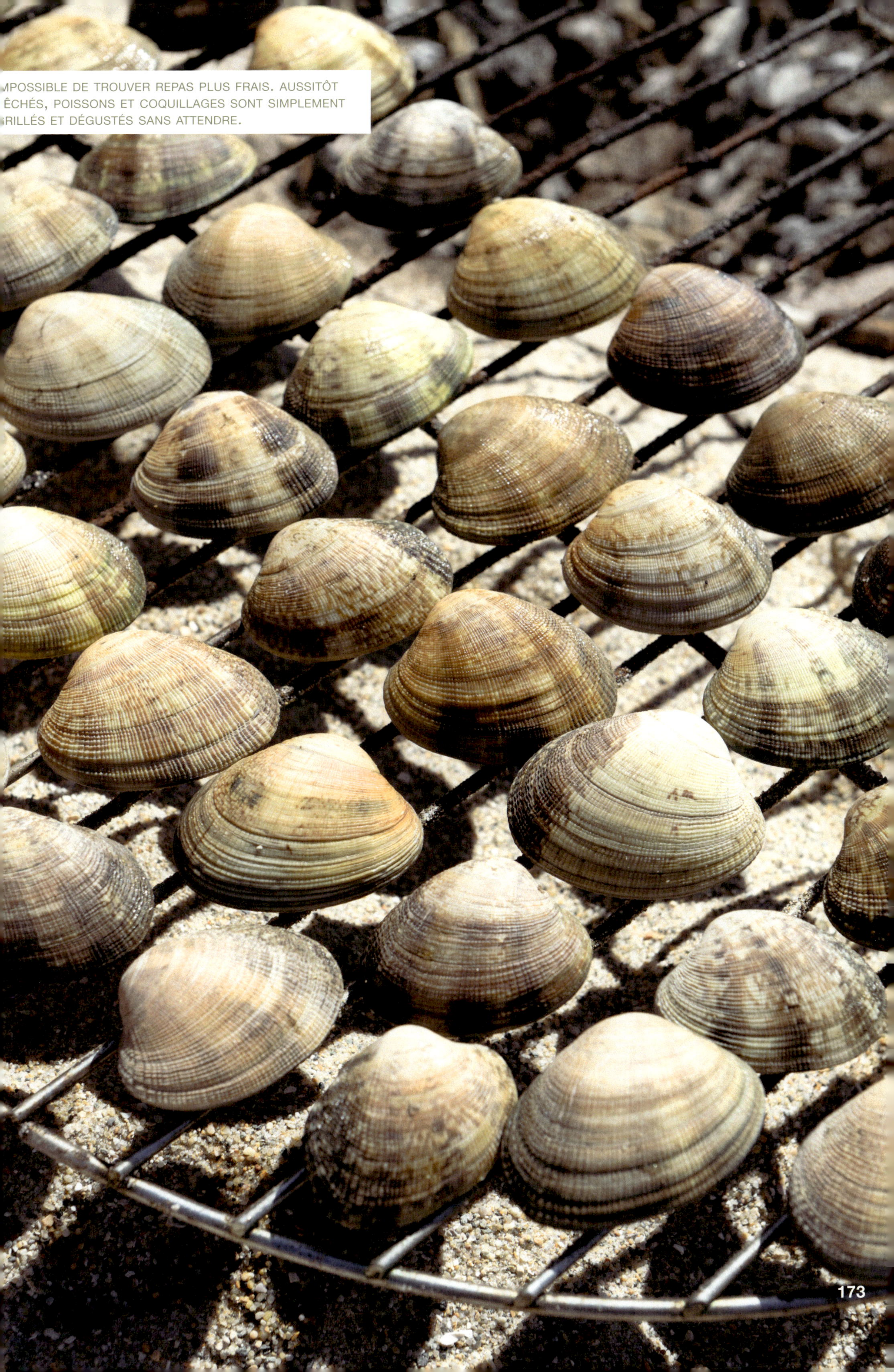

MPOSSIBLE DE TROUVER REPAS PLUS FRAIS. AUSSITÔT ÉCHÉS, POISSONS ET COQUILLAGES SONT SIMPLEMENT RILLÉS ET DÉGUSTÉS SANS ATTENDRE.

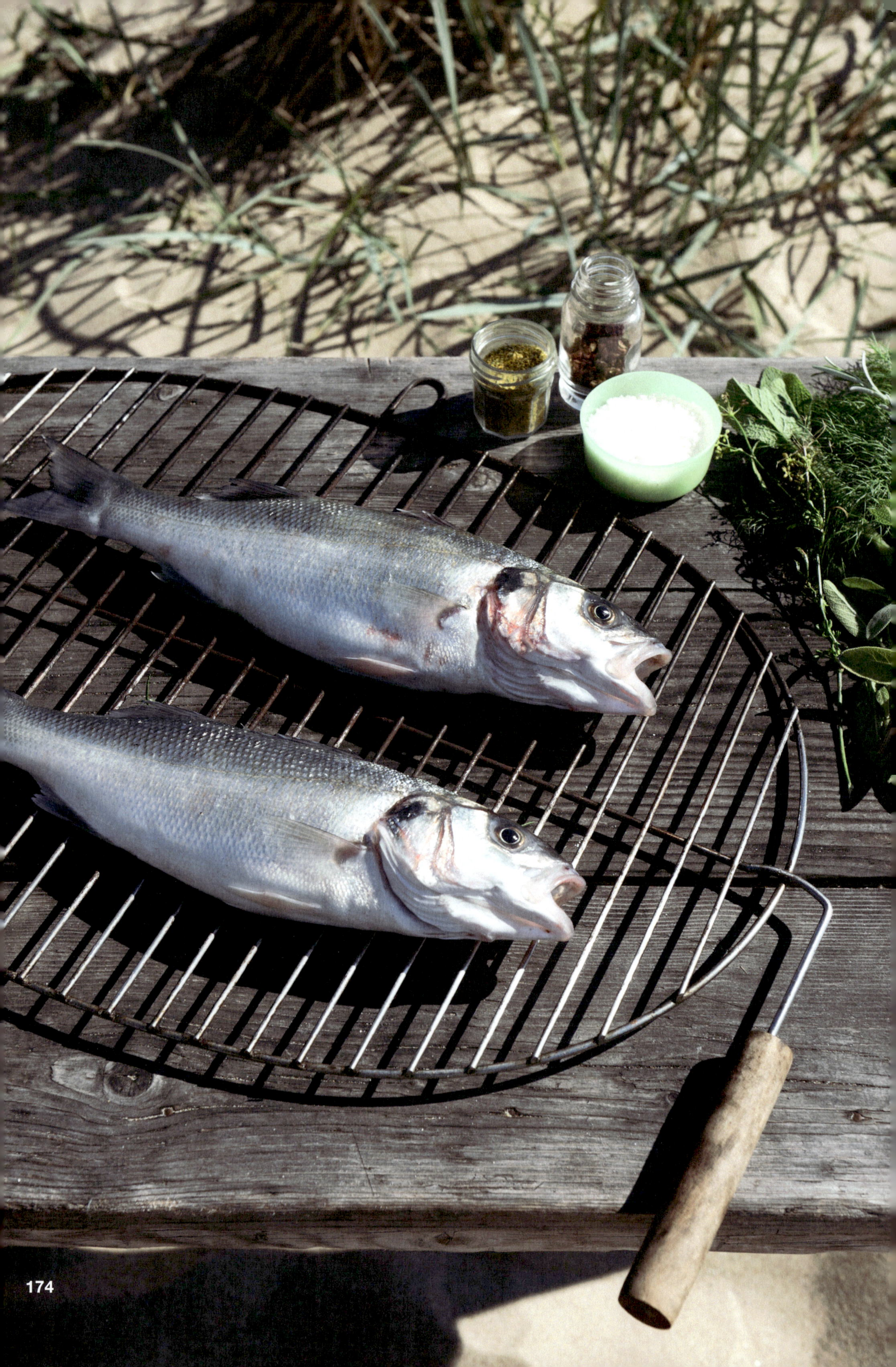

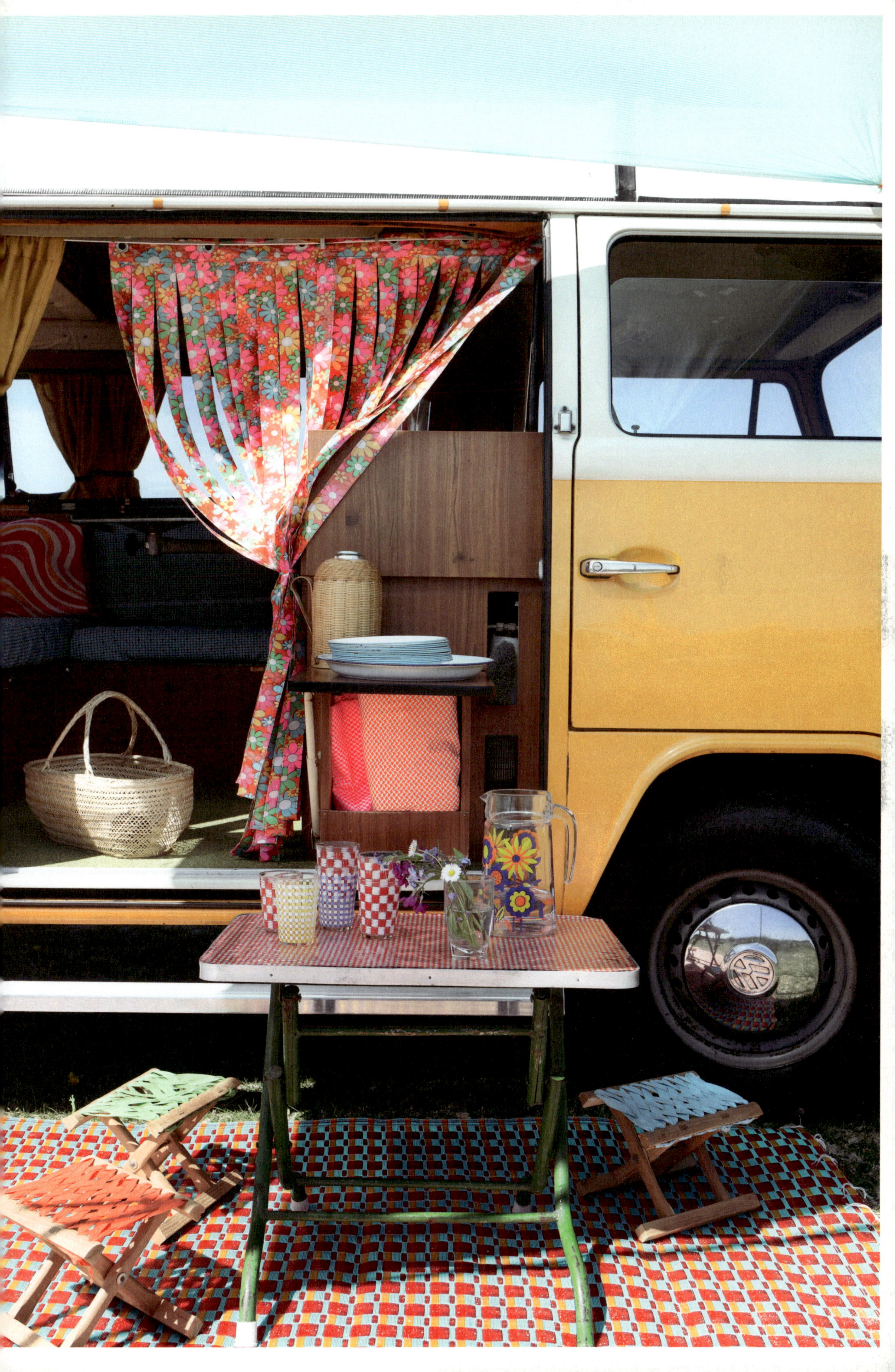

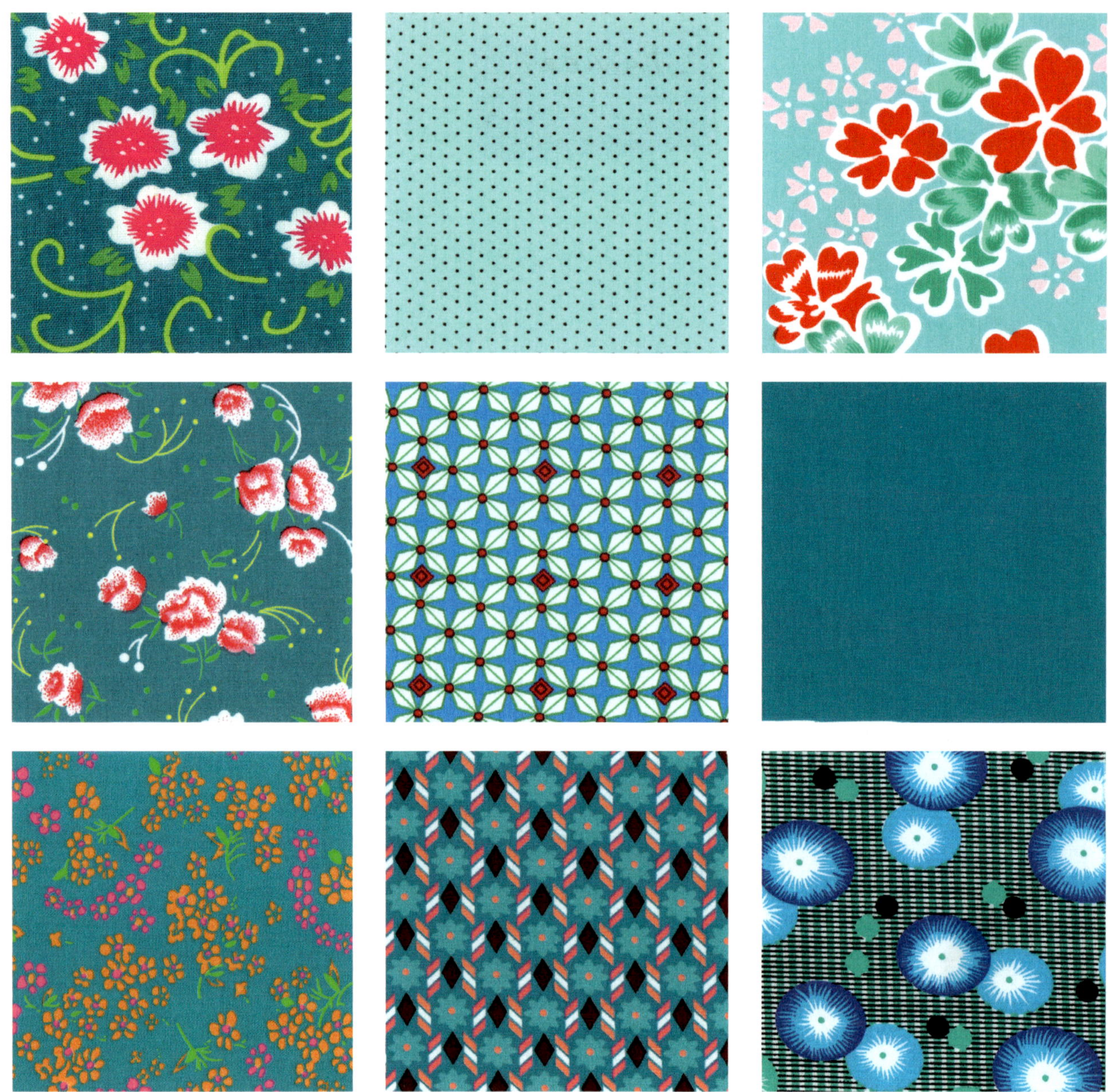

POUR DONNER UNE DEUXIÈME VIE À UN PANIER FATIGUÉ, ON UTILISE DES LANIÈRES DE TISSU D'ENVIRON 2 CM DE LARGE QUE L'ON ENFILE À TRAVERS LES MAILLES DES BORDURES ET DES POIGNÉES. LA NOUVELLE JEUNESSE DU PANIER LUI PERMETTRA D'ARPENTER DE NOUVEAU FIÈREMENT LES MARCHÉS ET LES PLAGES.

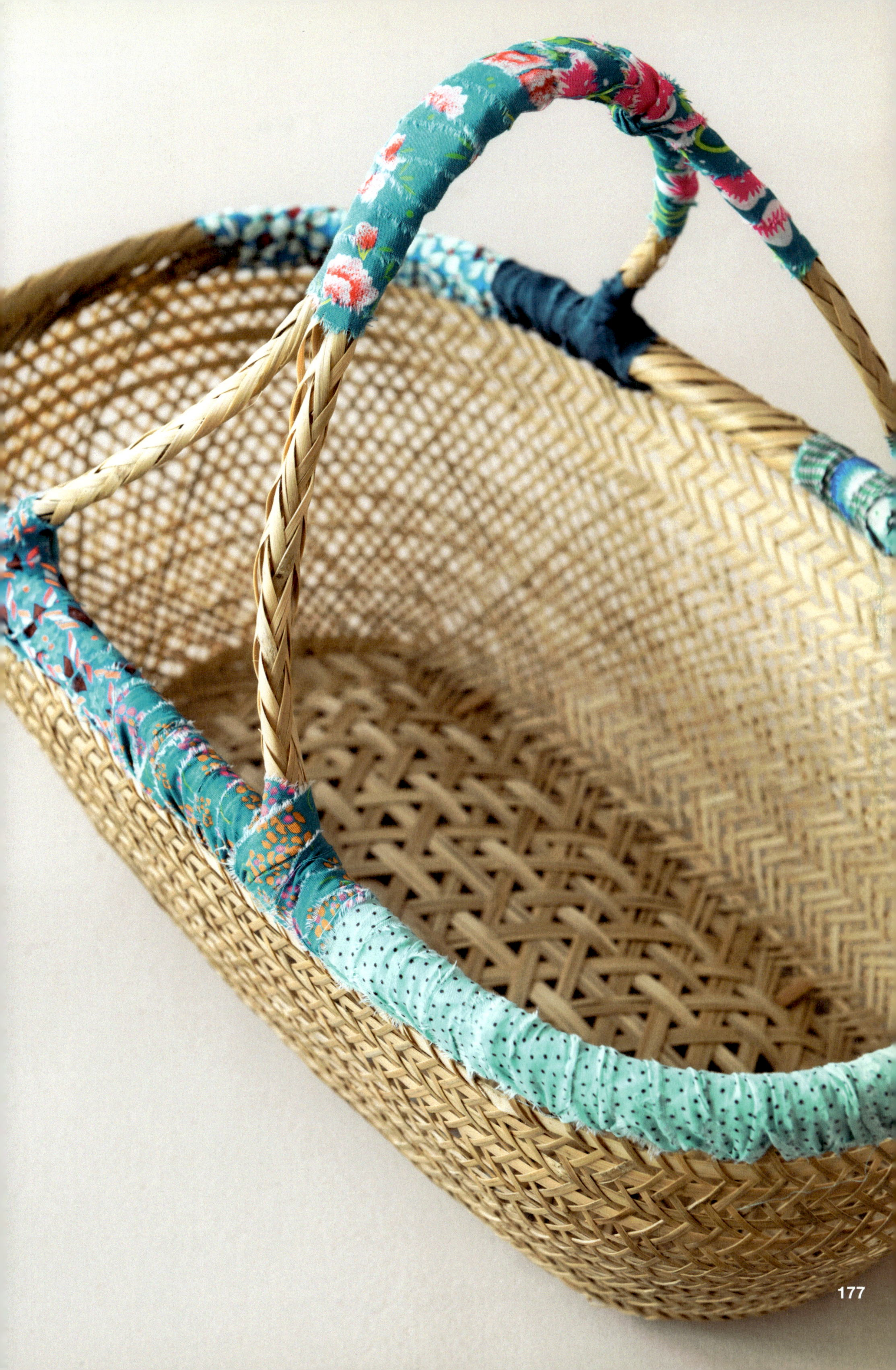

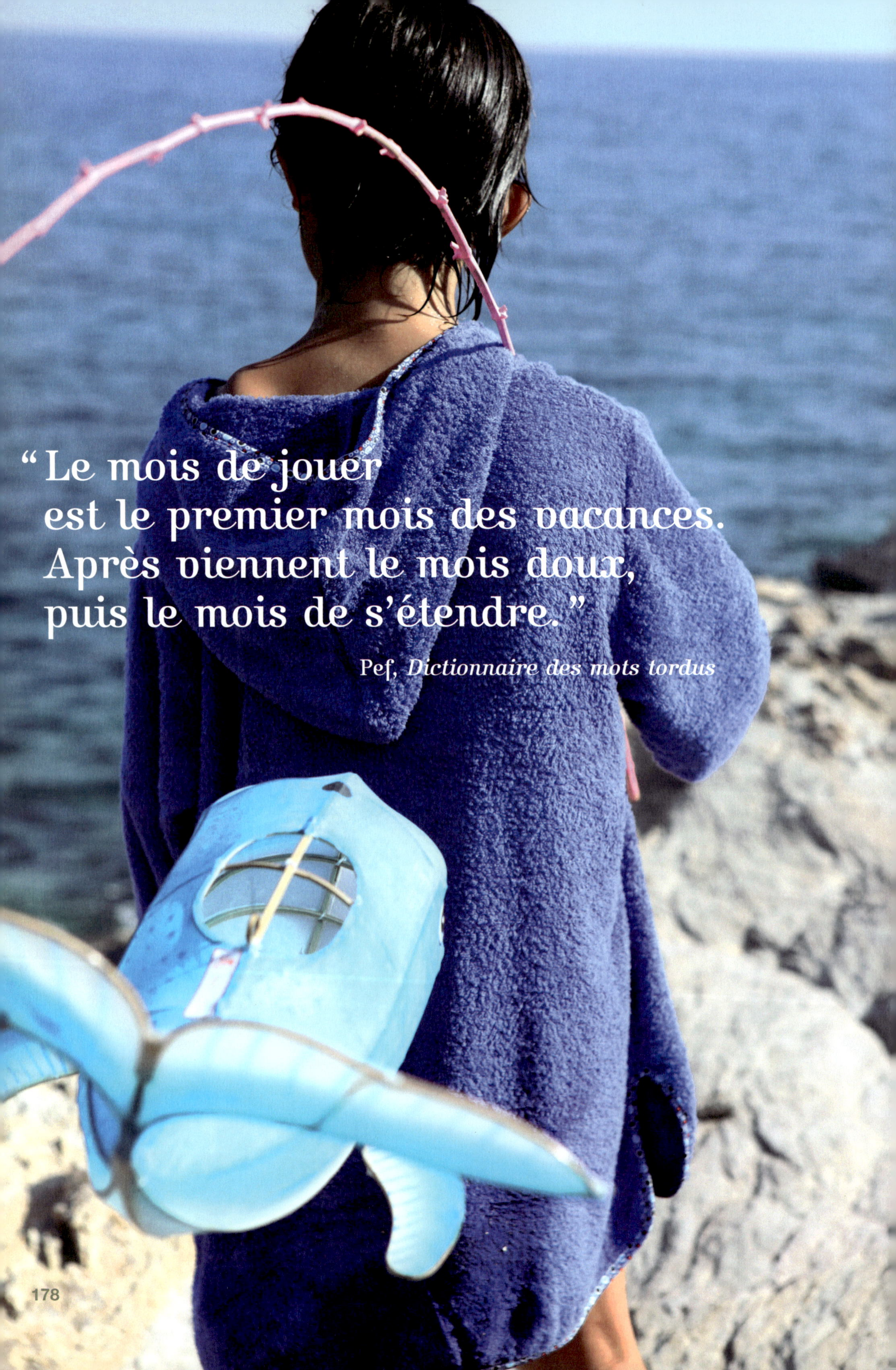

“Le mois de jouer
est le premier mois des vacances.
Après viennent le mois doux,
puis le mois de s’étendre.”

Pef, *Dictionnaire des mots tordus*

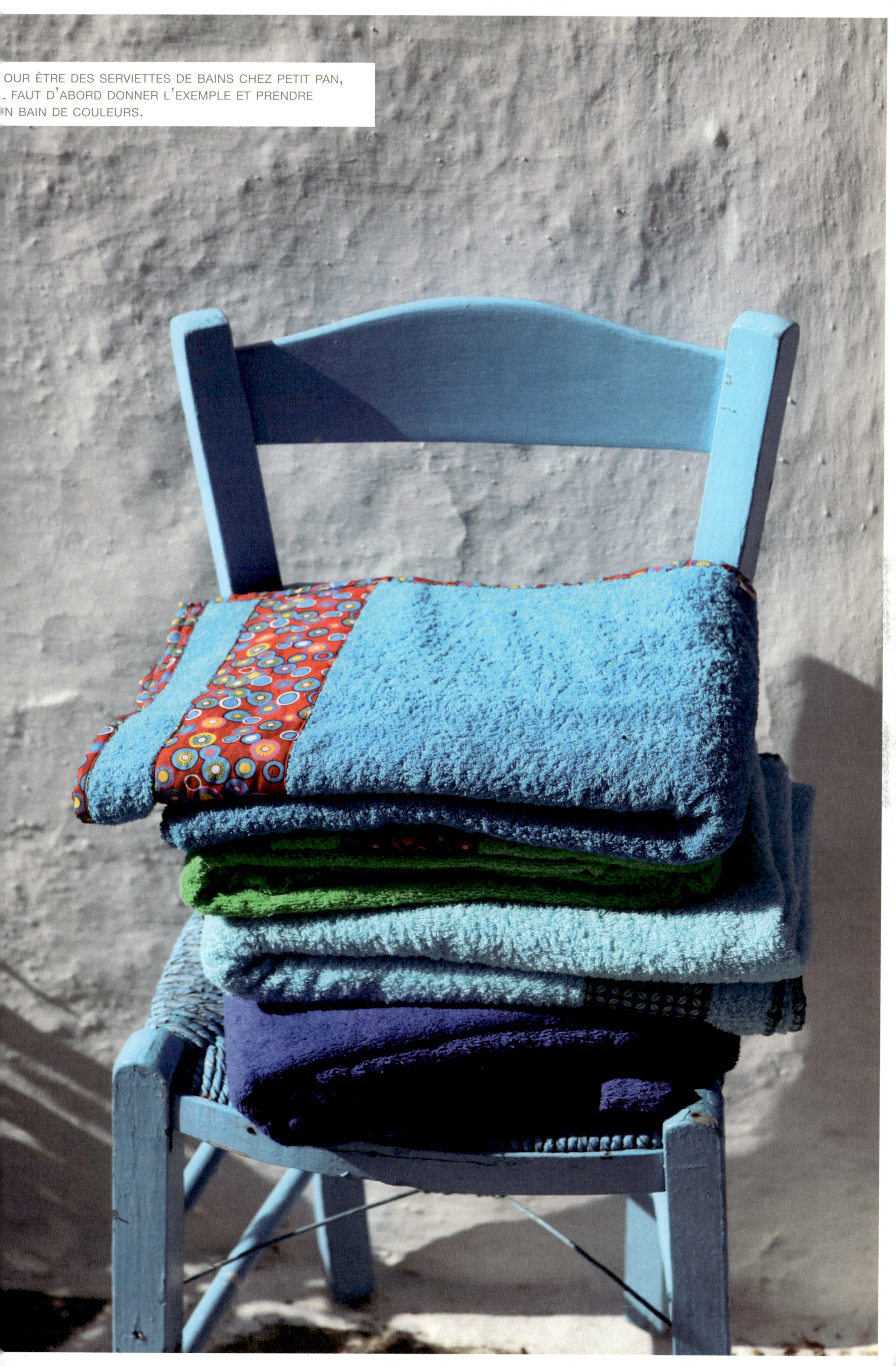

OUR ÊTRE DES SERVIETTES DE BAINS CHEZ PETIT PAN,
. FAUT D'ABORD DONNER L'EXEMPLE ET PRENDRE
N BAIN DE COULEURS.

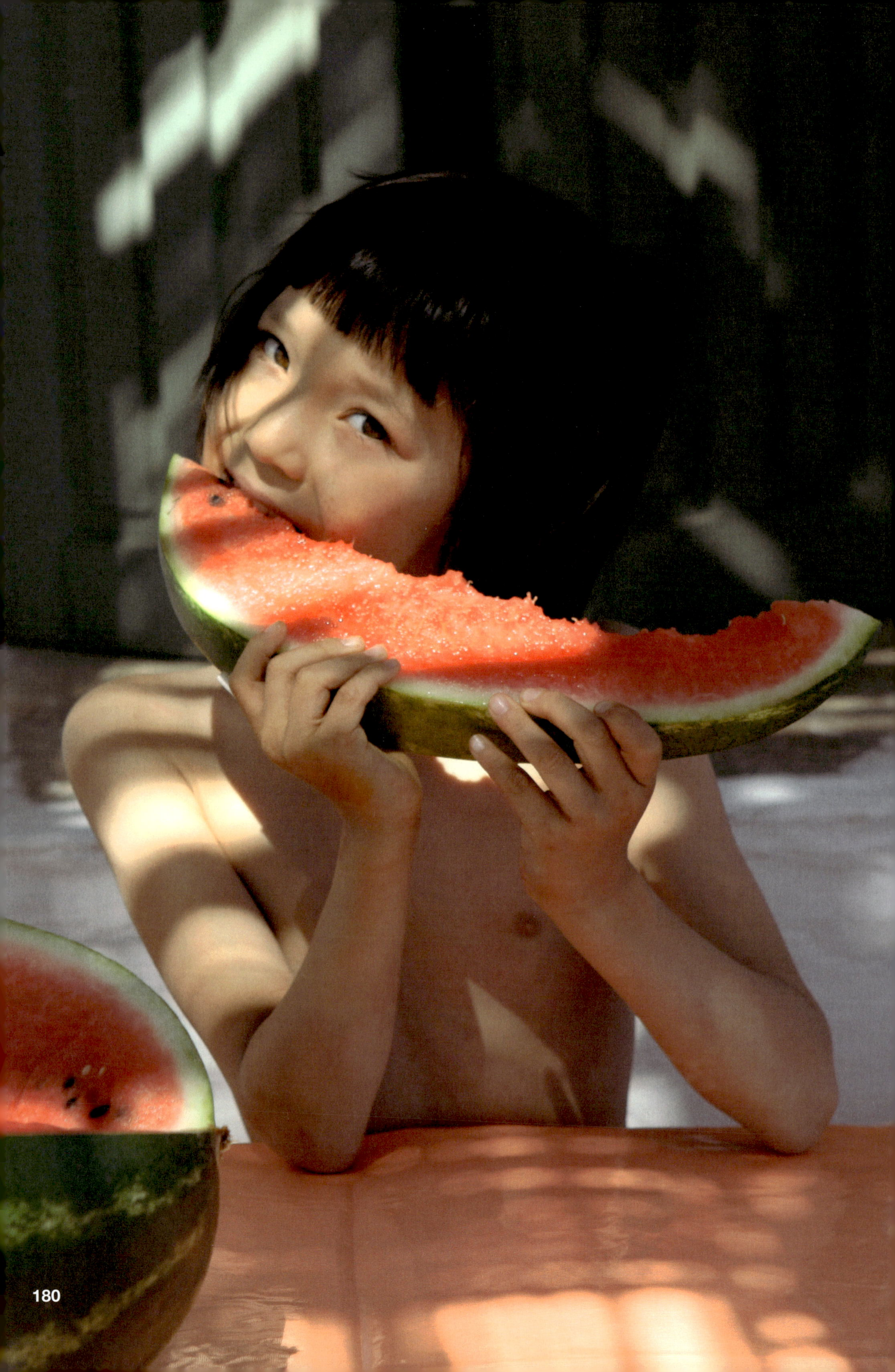

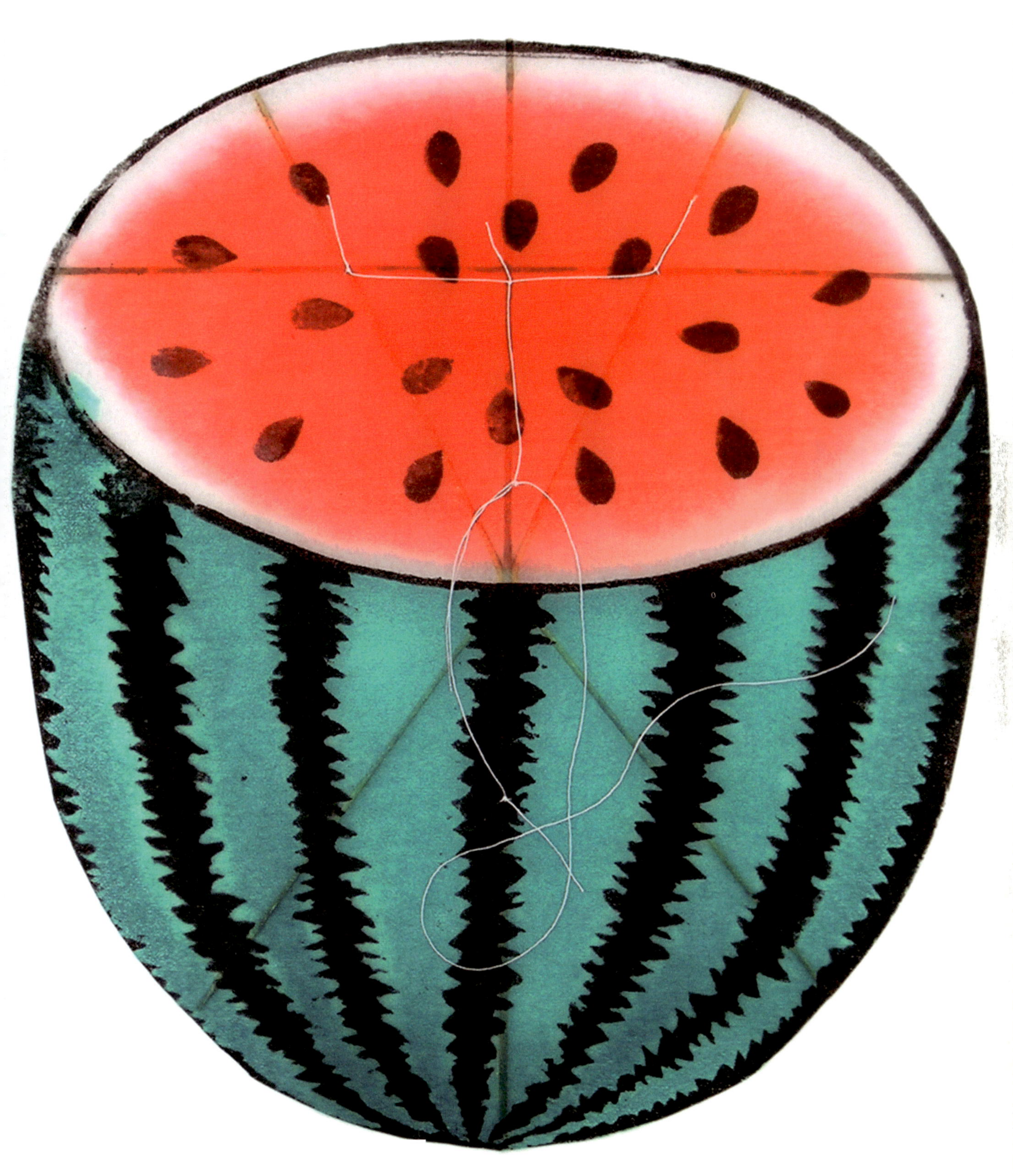

Mais si, ceci est une pastèque. Sauf qu'elle rêvait d'être papillon ou bulle de savon, alors elle s'est débrouillée pour entrer dans la collection de cerfs-volants Petit Pan. Et maintenant elle vole.

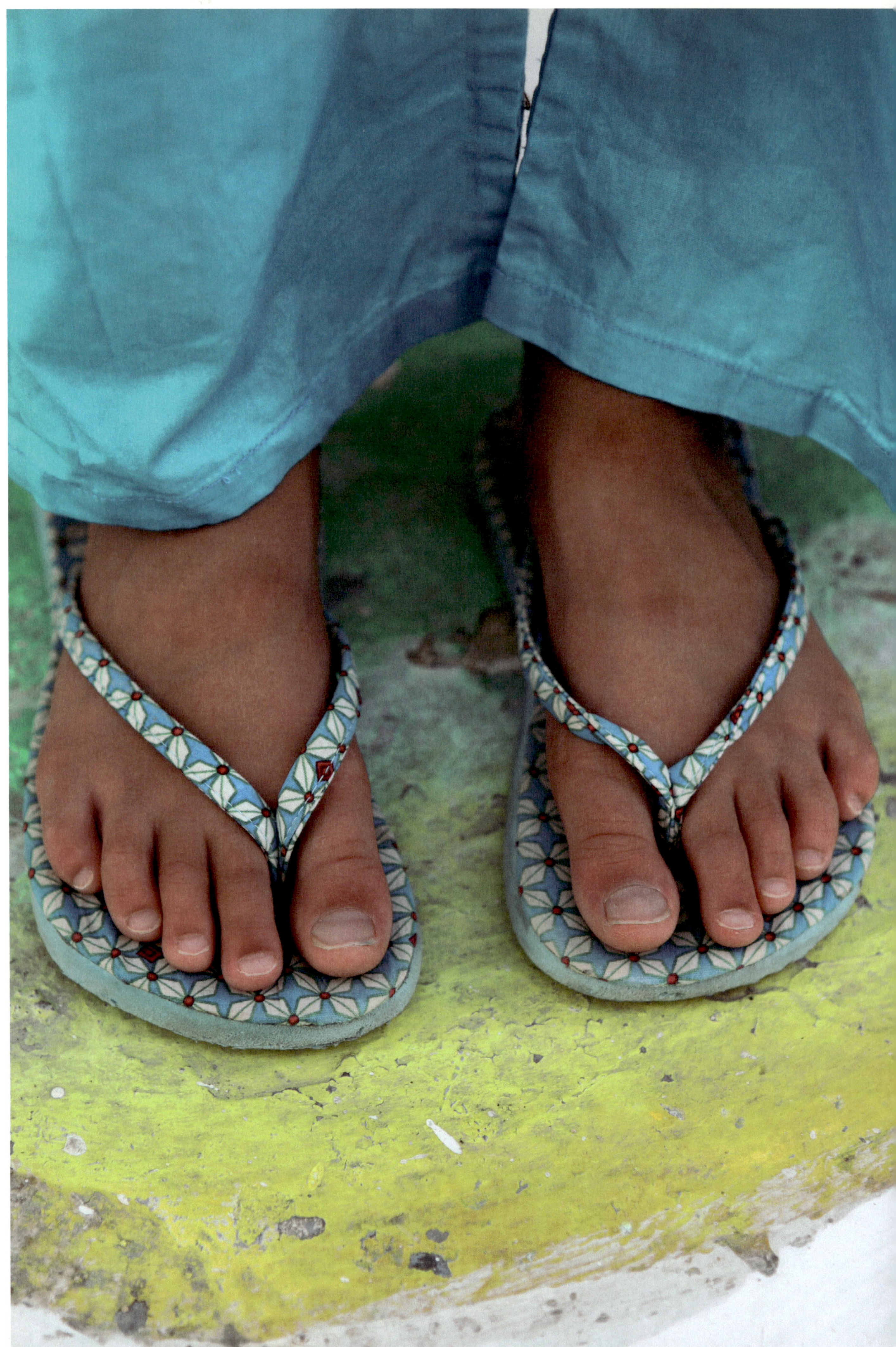

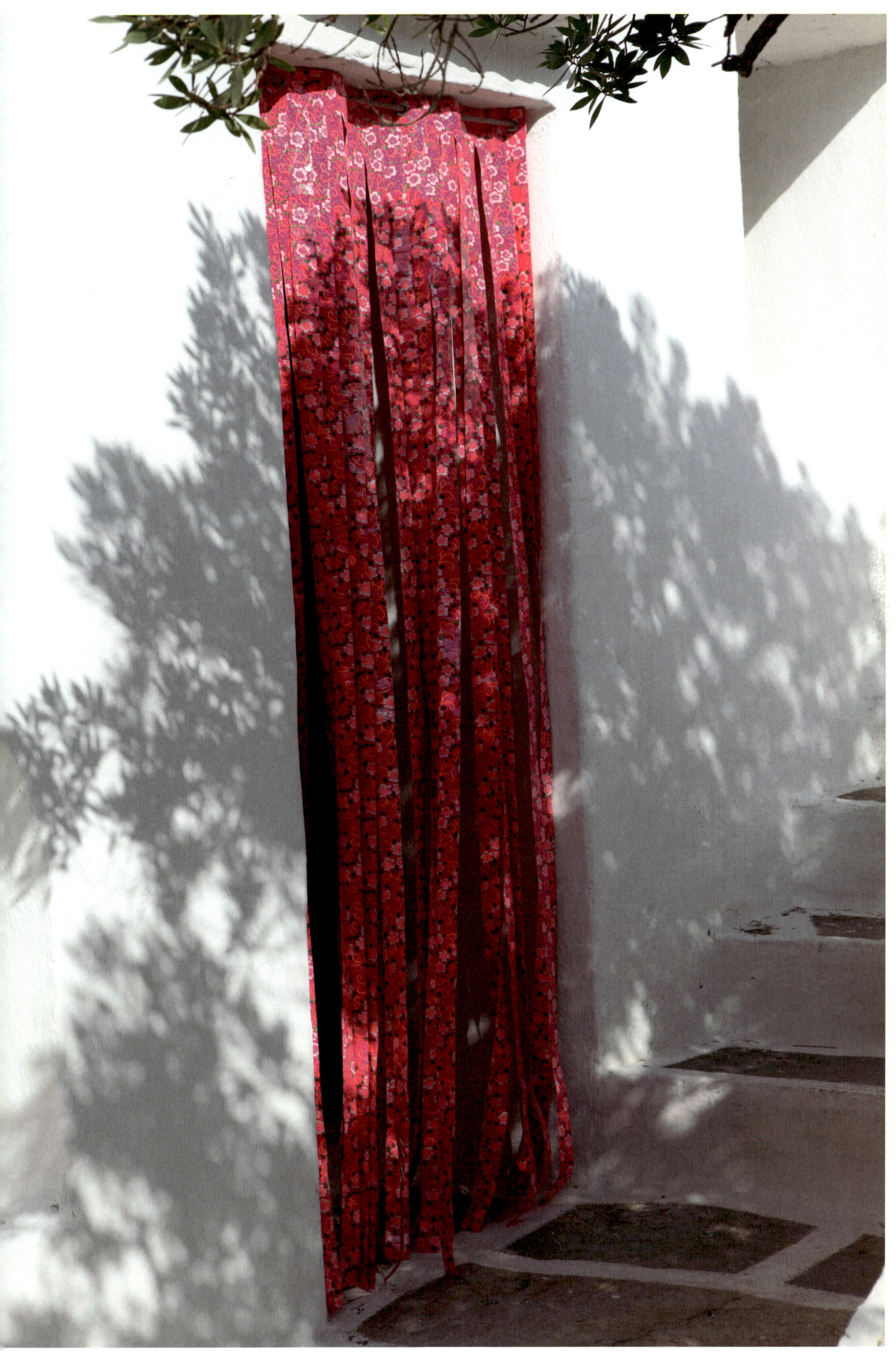

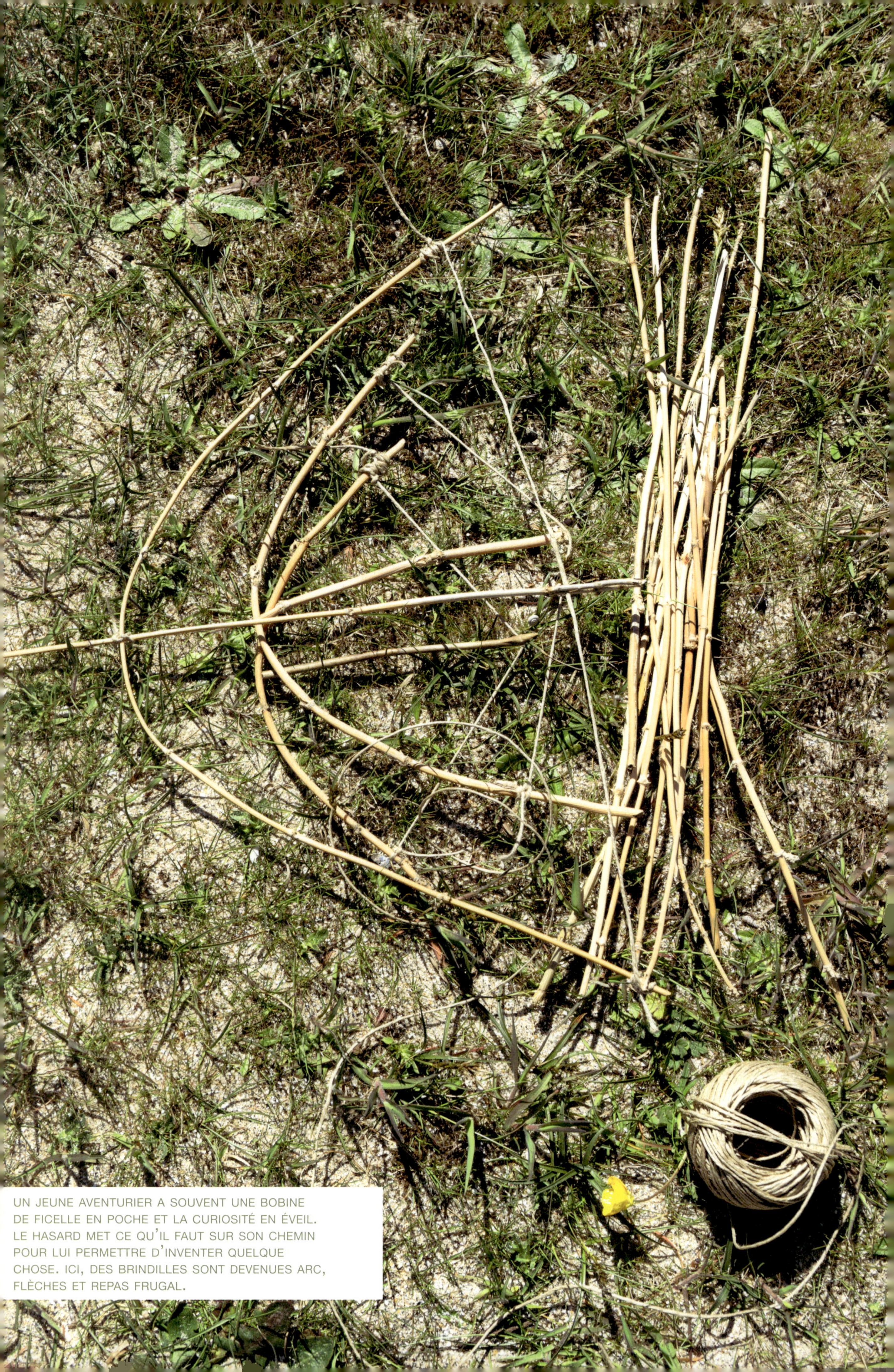

UN JEUNE AVENTURIER A SOUVENT UNE BOBINE DE FICELLE EN POCHE ET LA CURIOSITÉ EN ÉVEIL. LE HASARD MET CE QU'IL FAUT SUR SON CHEMIN POUR LUI PERMETTRE D'INVENTER QUELQUE CHOSE. ICI, DES BRINDILLES SONT DEVENUES ARC, FLÈCHES ET REPAS FRUGAL.

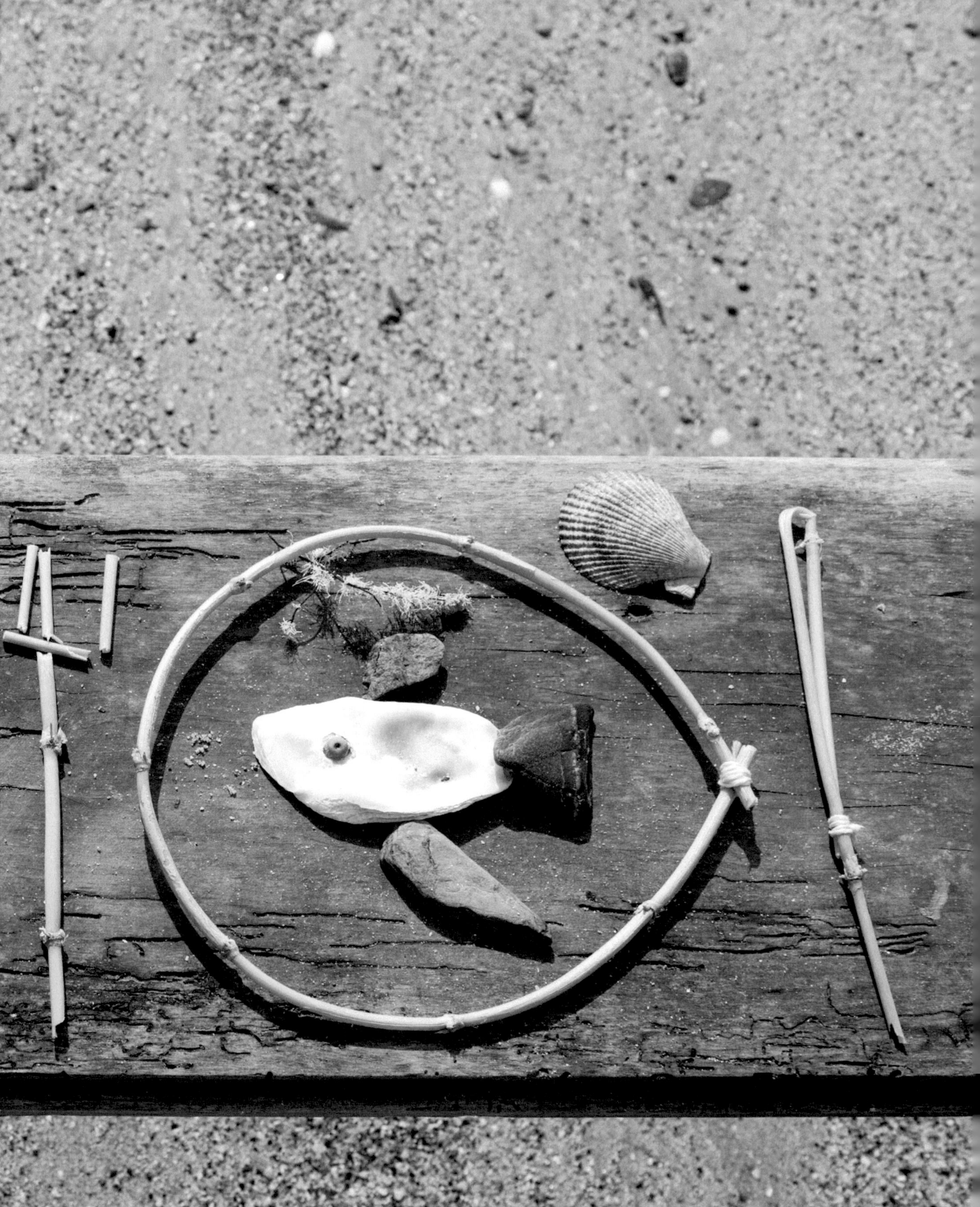

graines d'artistes

Myriam apprend aux enfants à exprimer leurs émotions,
leur montre comment regarder…

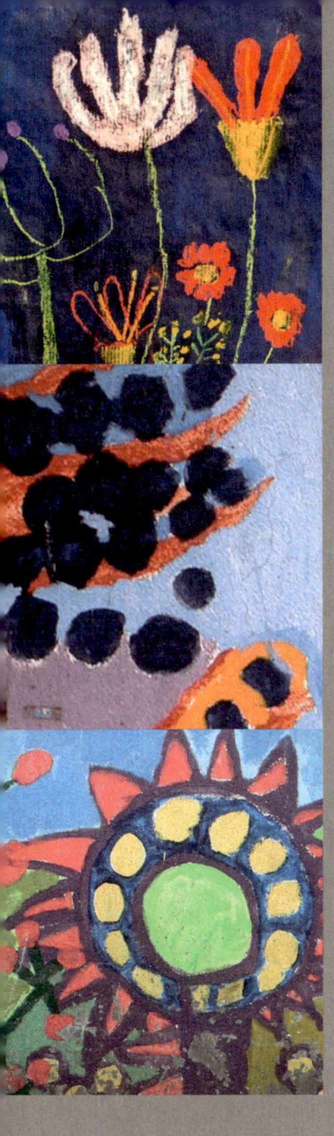

... ET MET À LEUR DISPOSITION DES LANGAGES FACILES À APPRIVOISER : DESSIN, PEINTURE, MOSAÏQUE... UNE FOIS OUVERTE, LA PORTE DU RÊVE NE SE FERME PLUS JAMAIS. C'EST CE SÉSAME QU'ELLE OFFRE AUX ENFANTS DE SES ATELIERS. VOICI QUELQUES EXEMPLES.

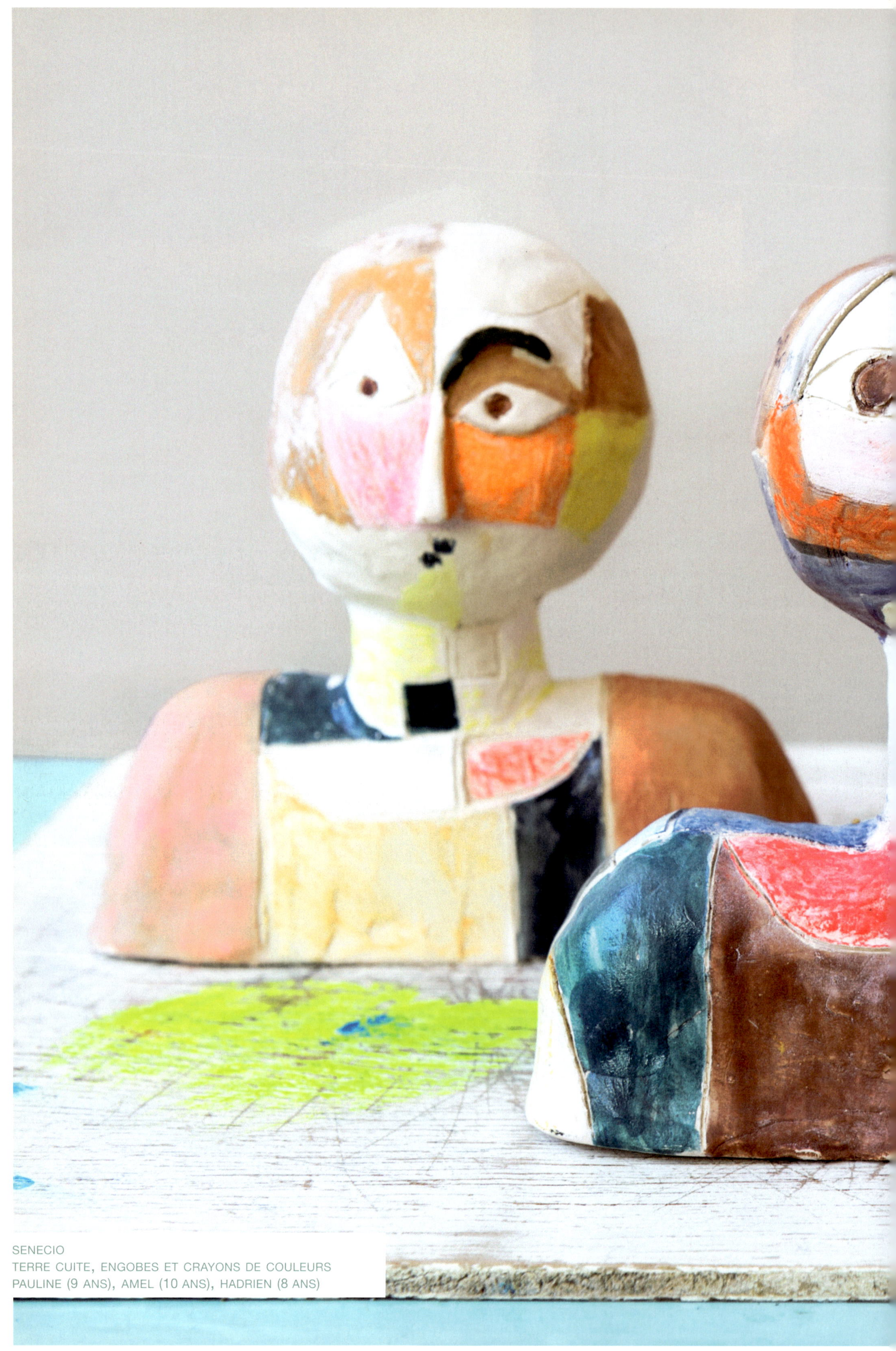

SENECIO
TERRE CUITE, ENGOBES ET CRAYONS DE COULEURS
PAULINE (9 ANS), AMEL (10 ANS), HADRIEN (8 ANS)

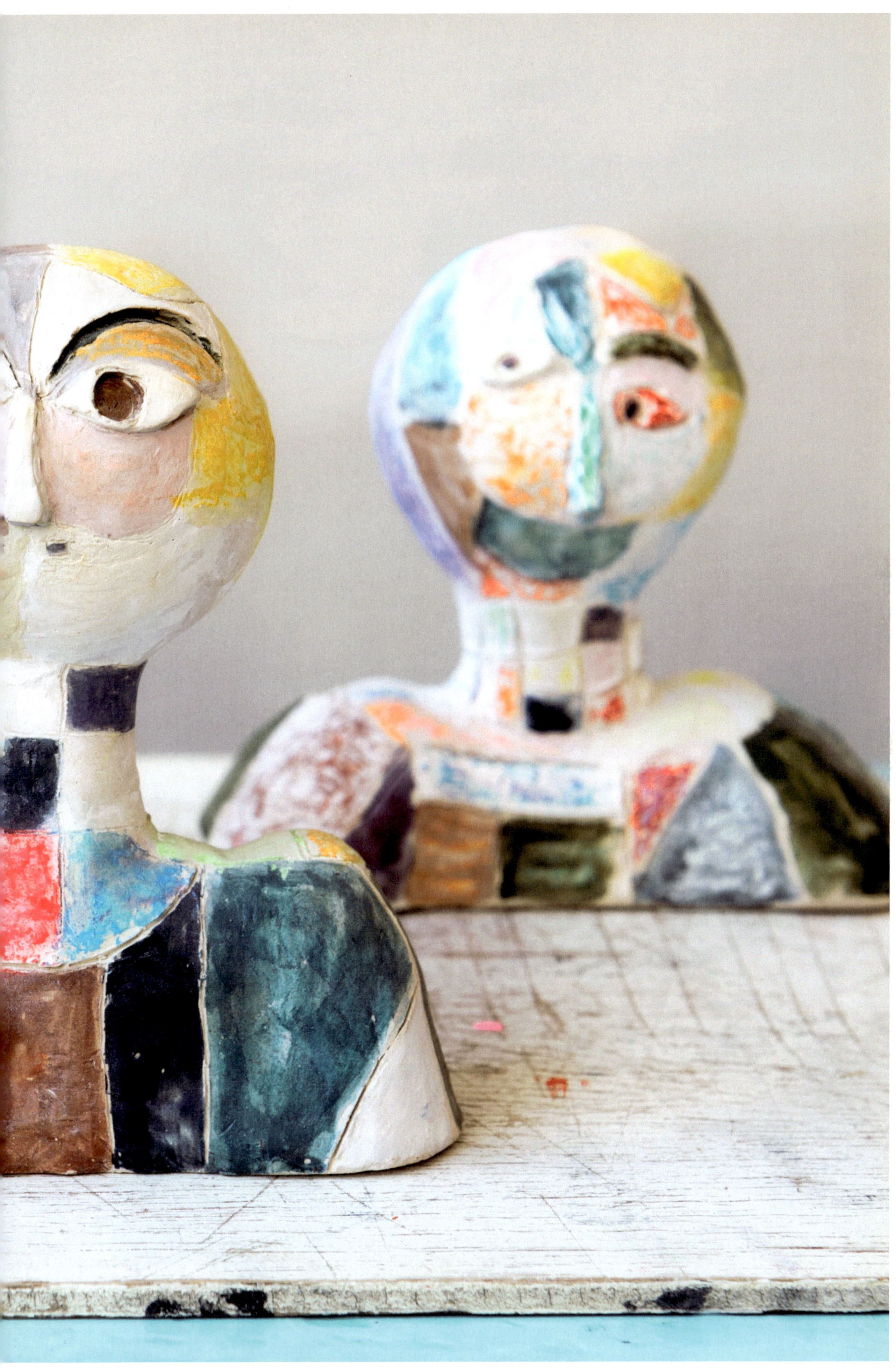

le ... fin du proc
peinture à l'huile. J
terminée. Ce qui a
ce sont les reflets da
que ça corresponde p
au tableau. Nous avo
tour des rôles, pour d
pensait de notre table
notre opinion sur not
et celles des autres.
nous avons fini le bu
er. J'ai eu pas mal a
avec les détails (le ma
..etc) sinon je me
bien amusée. Vend
allons faire beauco
choses, fignoler des
par ci - par là... Et d
... aim est un
Pour l'instant je sui

EXTRAIT DU JOURNAL DE MARGAUX (9 ANS)
ENCRE DE CHINE ET PLUME EN BAMBOU

Danse au-dessus du volcan

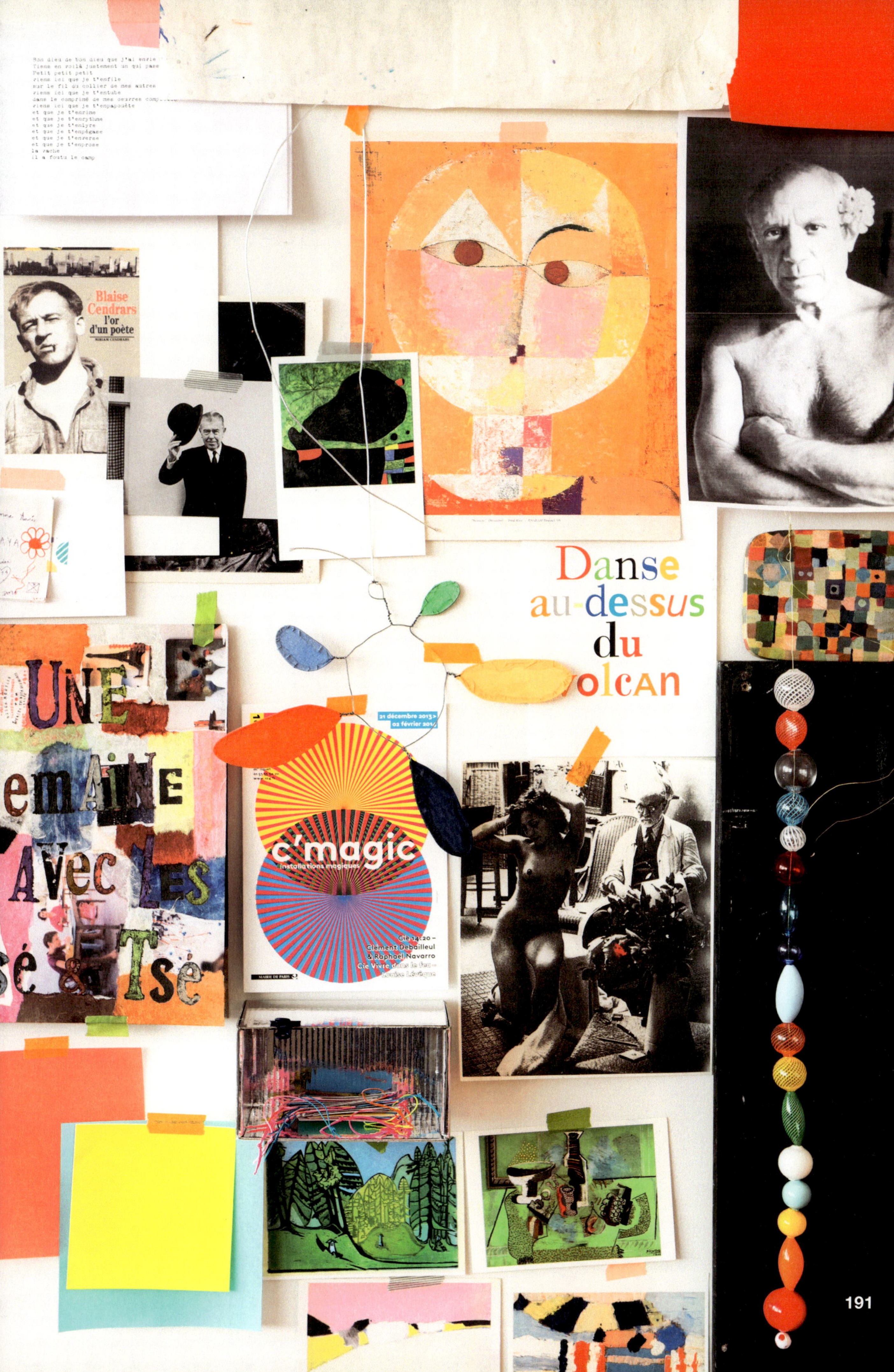

PORTRAIT VERT
MONOTYPE ET COLLAGE
APOLLINE (7 ANS)

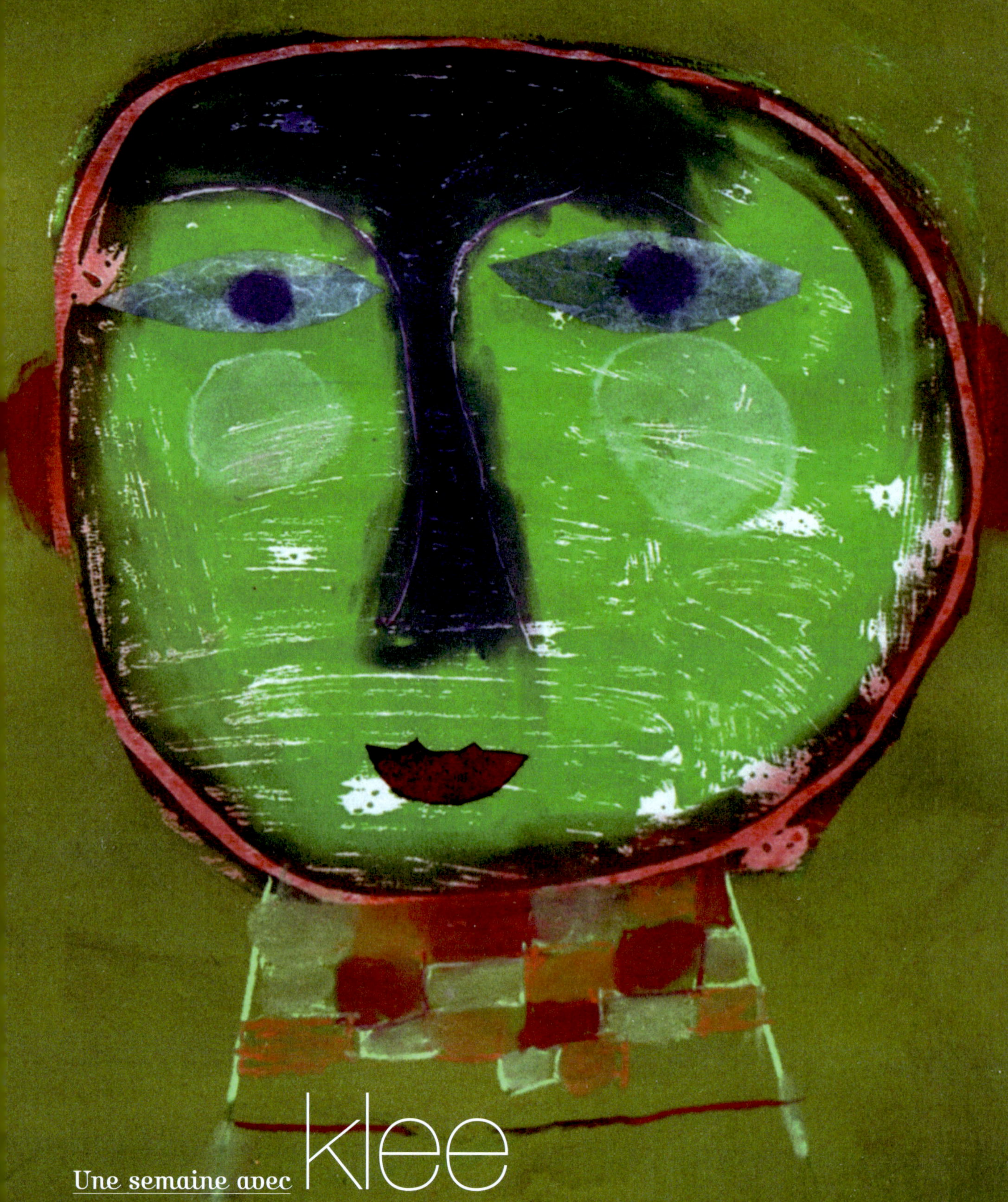

Une semaine avec klee

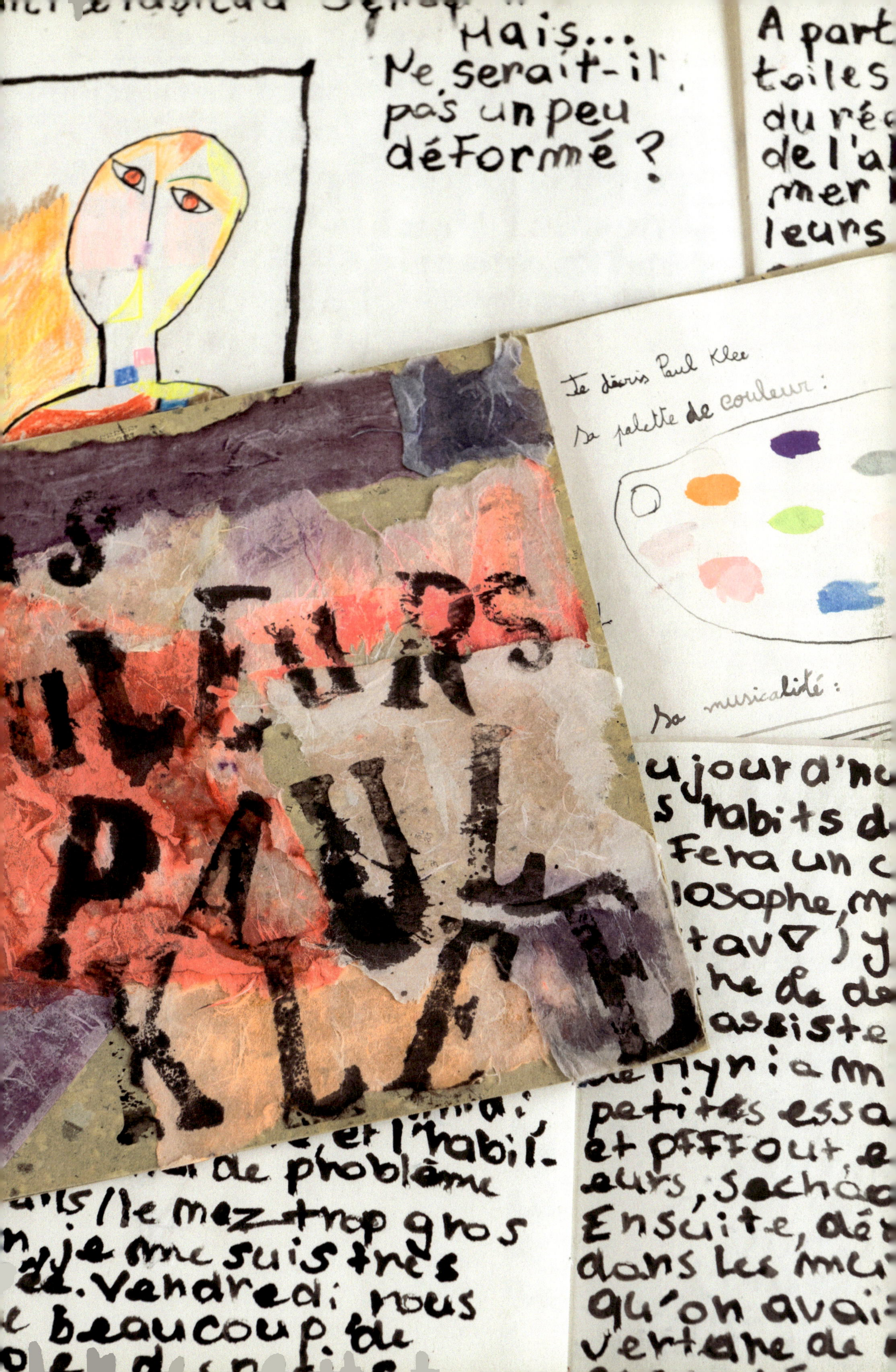

Mais...
Ne serait-il pas un peu déformé ?
Je décris Paul Klee
Sa palette de couleur :
Sa musicalité :

Une semaine avec modigliani

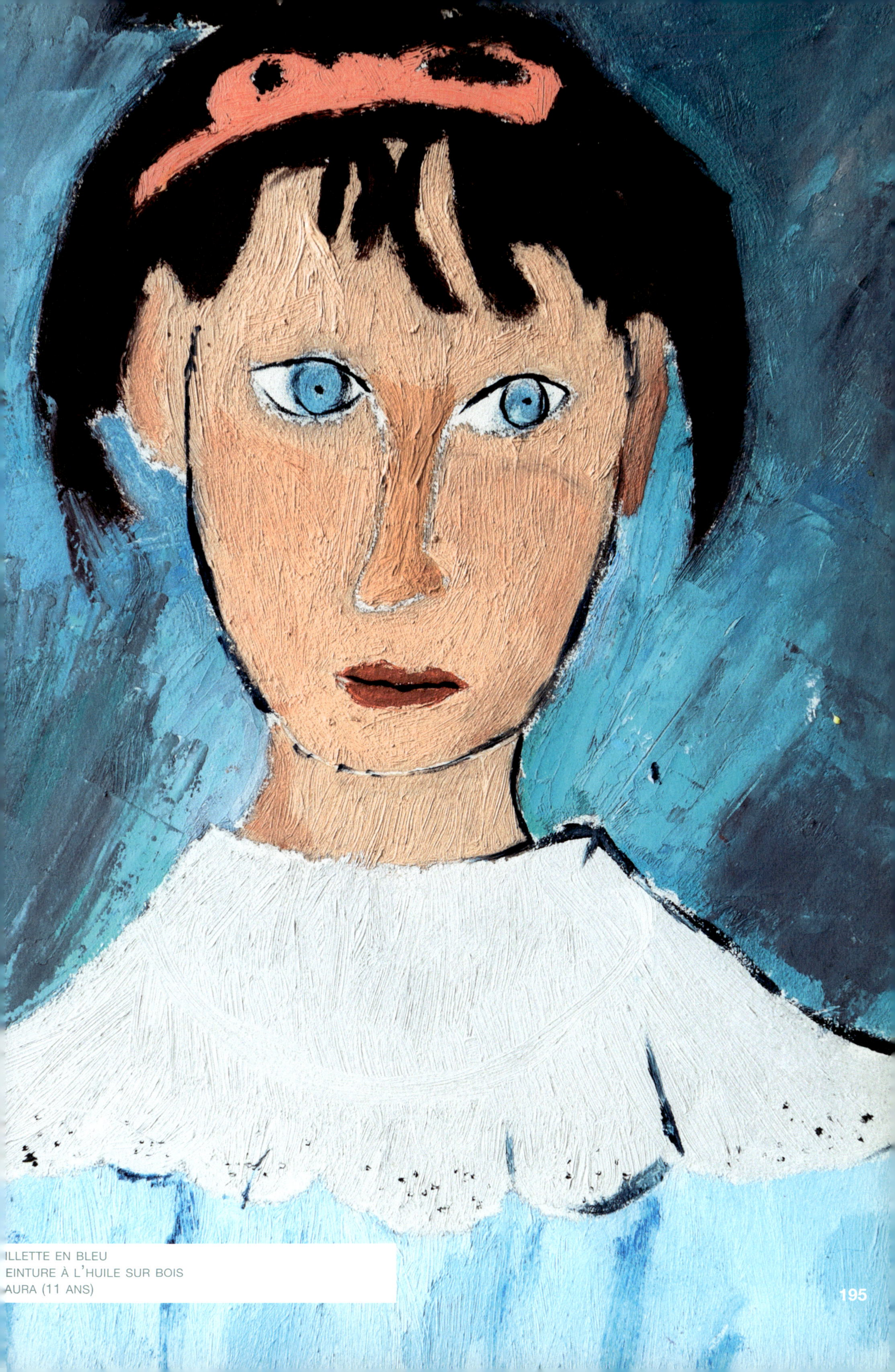

ILLETTE EN BLEU
EINTURE À L'HUILE SUR BOIS
AURA (11 ANS)

Une semaine avec morandi

Myriam commence par promener les enfants dans Bologne, en passant devant la maison où a vécu le peintre, imaginant son atelier, son jardin. Elle leur explique que Morandi est un peintre intimiste, un peintre du silence. L'idée fait son chemin, par exemple, à partir de ce moment, ils ne diront plus « nature morte », mais « vie silencieuse » quand ils peindront une composition. Elle raconte qu'il aimait travailler seul dans son atelier entouré de ses bouteilles et de ses toiles et qu'il portait une telle attention à ses pinceaux que lorsqu'ils arrivaient en fin de vie, ils les enterrait dans son jardin.
Dans le musée Giorgio Morandi, les enfants découvrent ses toiles et son atelier reconstitué. Myriam propose d'envisager les bouteilles et les flacons comme des personnages. Immédiatement, l'imagination bouillonne, on compare les silhouettes, les couleurs, on attribue des caractères. C'est l'heure des « on dirait… ». Suit celle de la création, de retour à l'atelier.

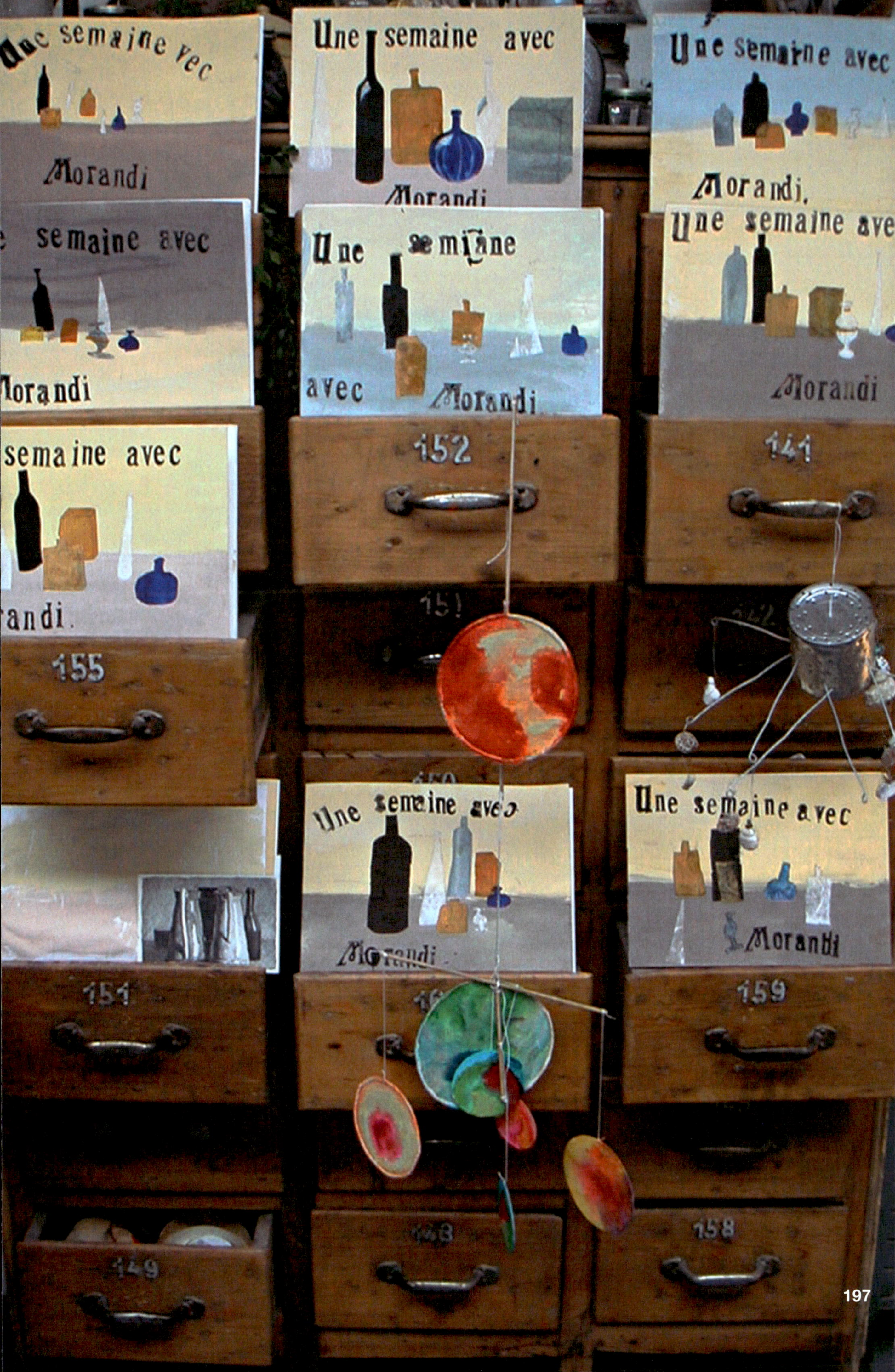
Une semaine avec
Morandi
Une semaine avec
Morandi
Une semaine avec
Morandi.
semaine avec
Morandi
Une semaine avec
Morandi
semaine avec
randi.
152
141
155
Une semaine avec
Morandi
Une semaine avec
Morandi
151
159
149
158

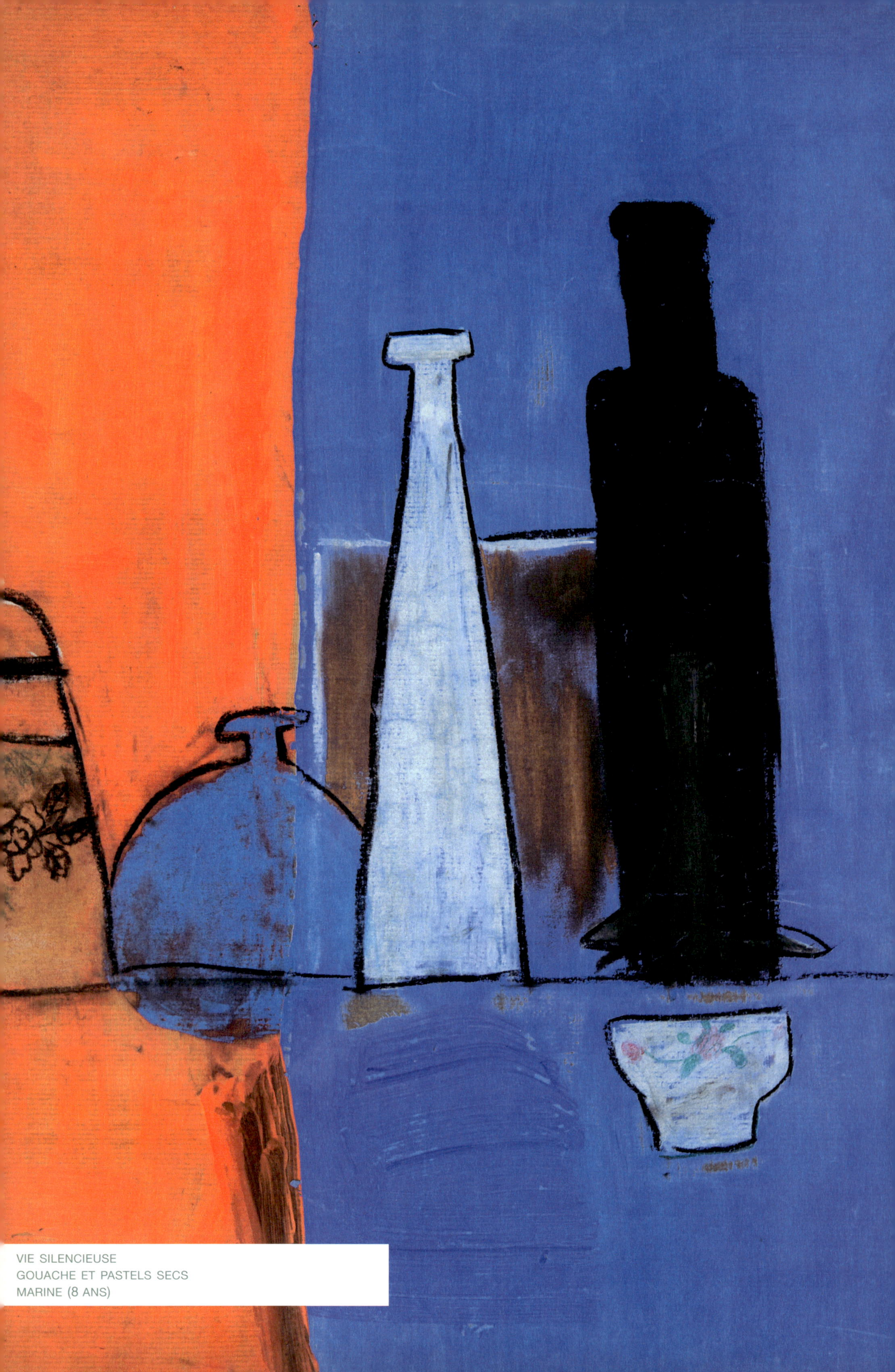

VIE SILENCIEUSE
GOUACHE ET PASTELS SECS
MARINE (8 ANS)

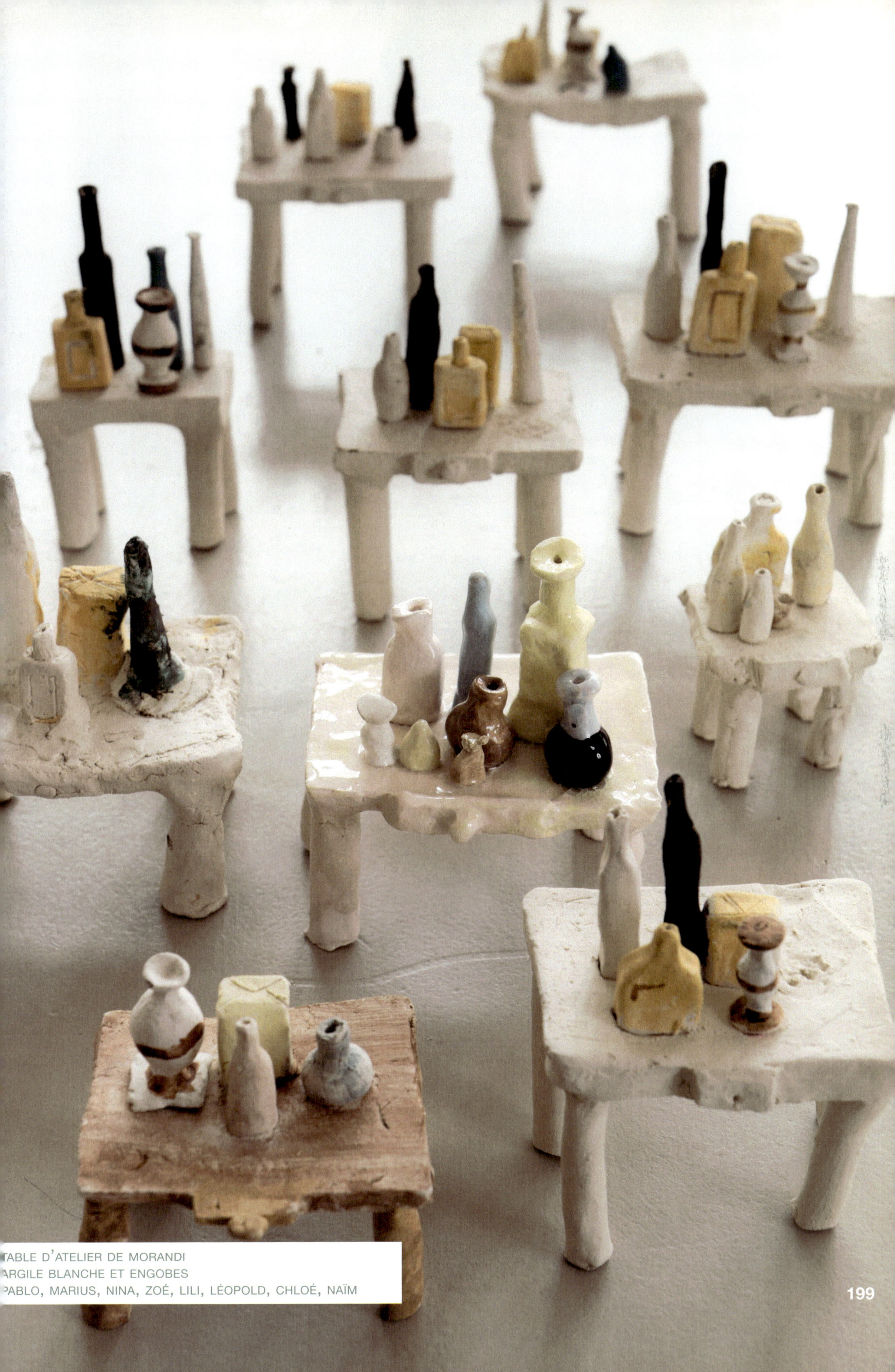

TABLE D'ATELIER DE MORANDI
ARGILE BLANCHE ET ENGOBES
PABLO, MARIUS, NINA, ZOÉ, LILI, LÉOPOLD, CHLOÉ, NAÏM

Une semaine avec picasso

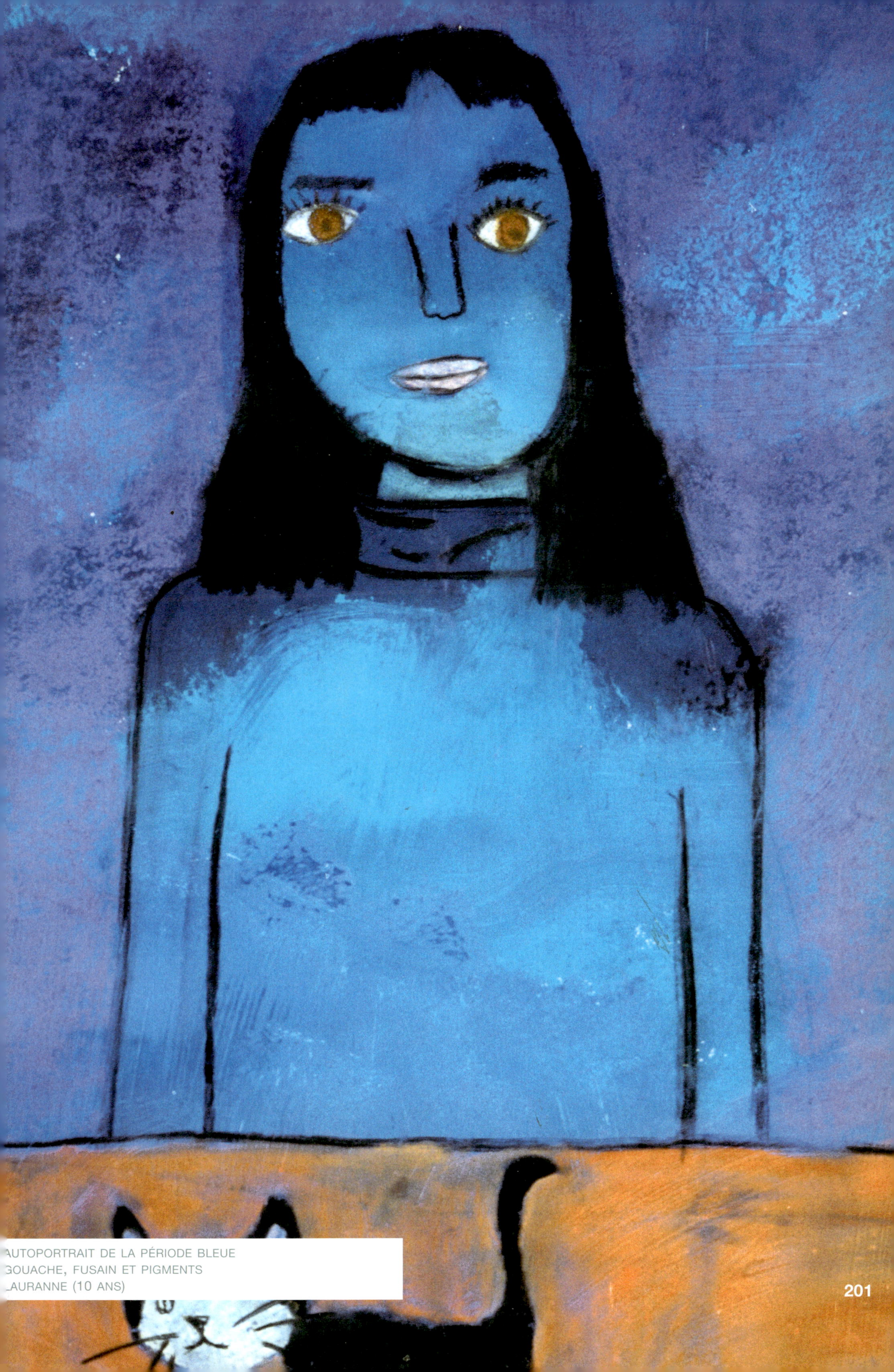

AUTOPORTRAIT DE LA PÉRIODE BLEUE
GOUACHE, FUSAIN ET PIGMENTS
LAURANNE (10 ANS)

" Mon maître ne m'a rien appris,
il m'a seulement modelée, caressée
et ici il me laisse aller à ma guise
sur le papier glacé.
Même quand il ne fait rien, il travaille jour et nuit
et n'a jamais une minute à lui, il n'a pas le temps,
il n'a pas l'heure et conjugue sa vie
au futur antérieur, au passé infini.
Où qu'il demeure, il garde grande ouverte sa fenêtre
qui donne sur la mer, sur la terre, sur la vie.
Il regarde le paysage, Antibes ou Guernica
et les femmes de partout, la lumière de toujours
ou la Grèce d'autrefois.
Tous ces paysages, il les voit, et les mains
dans les poches, à sa guise, à sa tristesse
ou sa gaieté soudaine, il les modifie.
Et puis il referme la fenêtre
et signe sur le chambranle.
Le paysage et tout cela est encadré
et tout cela on l'emporte dans un musée.
Je l'ai vu faire, c'est comme ça qu'il fait. "

Jacques Prévert, extrait de «Diurnes» in *Fatras*

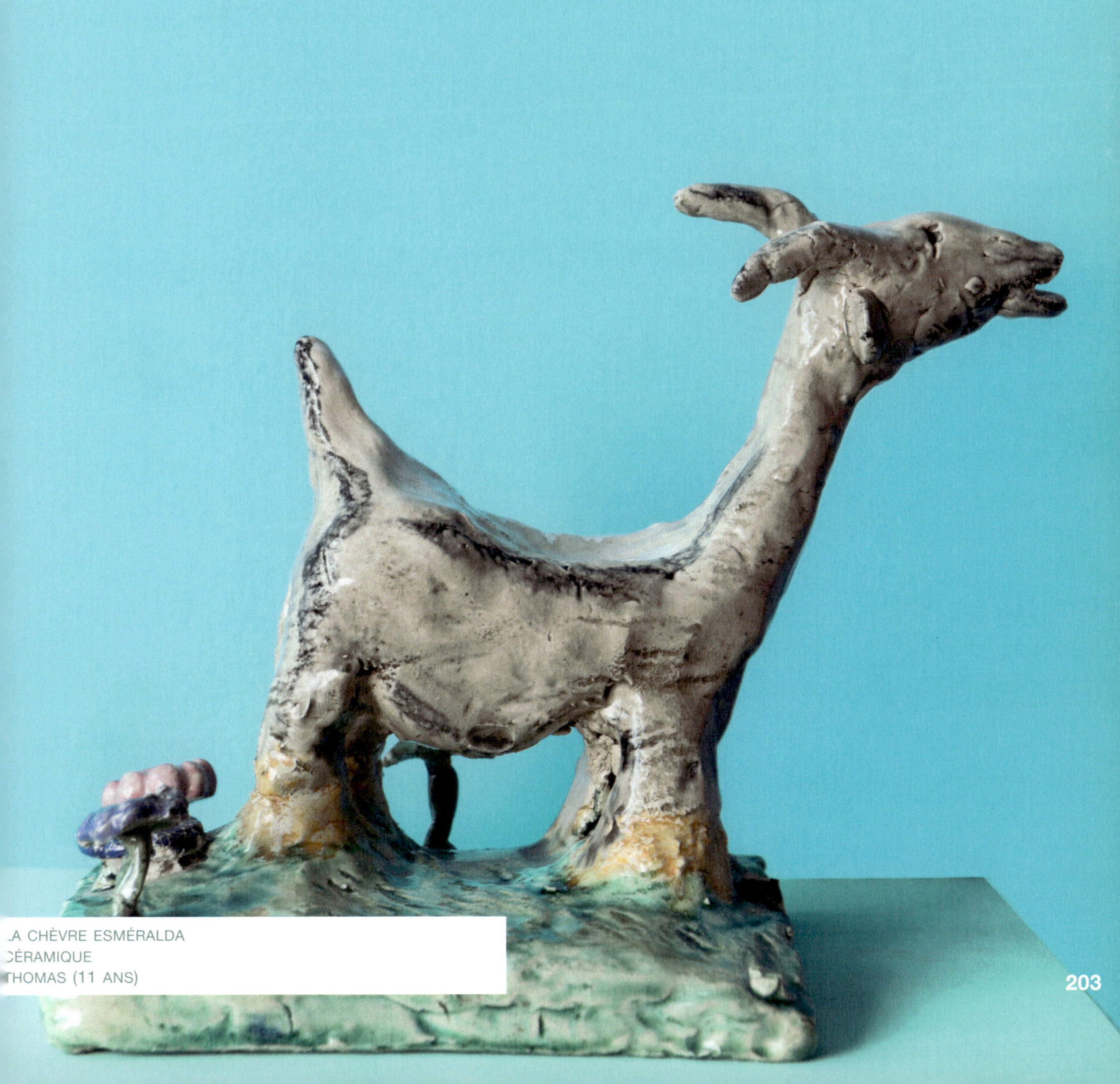

LA CHÈVRE ESMÉRALDA
CÉRAMIQUE
THOMAS (11 ANS)

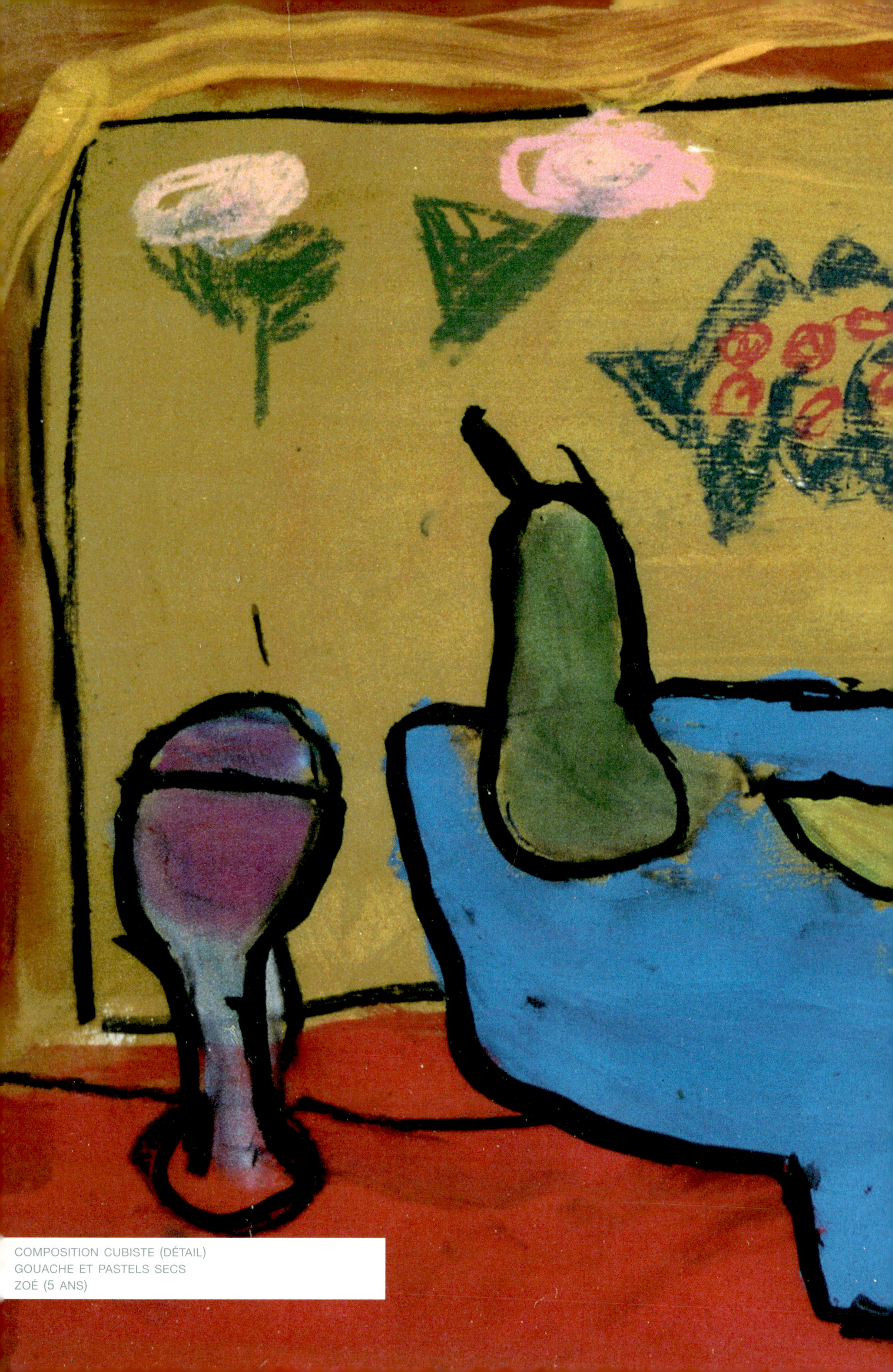

COMPOSITION CUBISTE (DÉTAIL)
GOUACHE ET PASTELS SECS
ZOÉ (5 ANS)

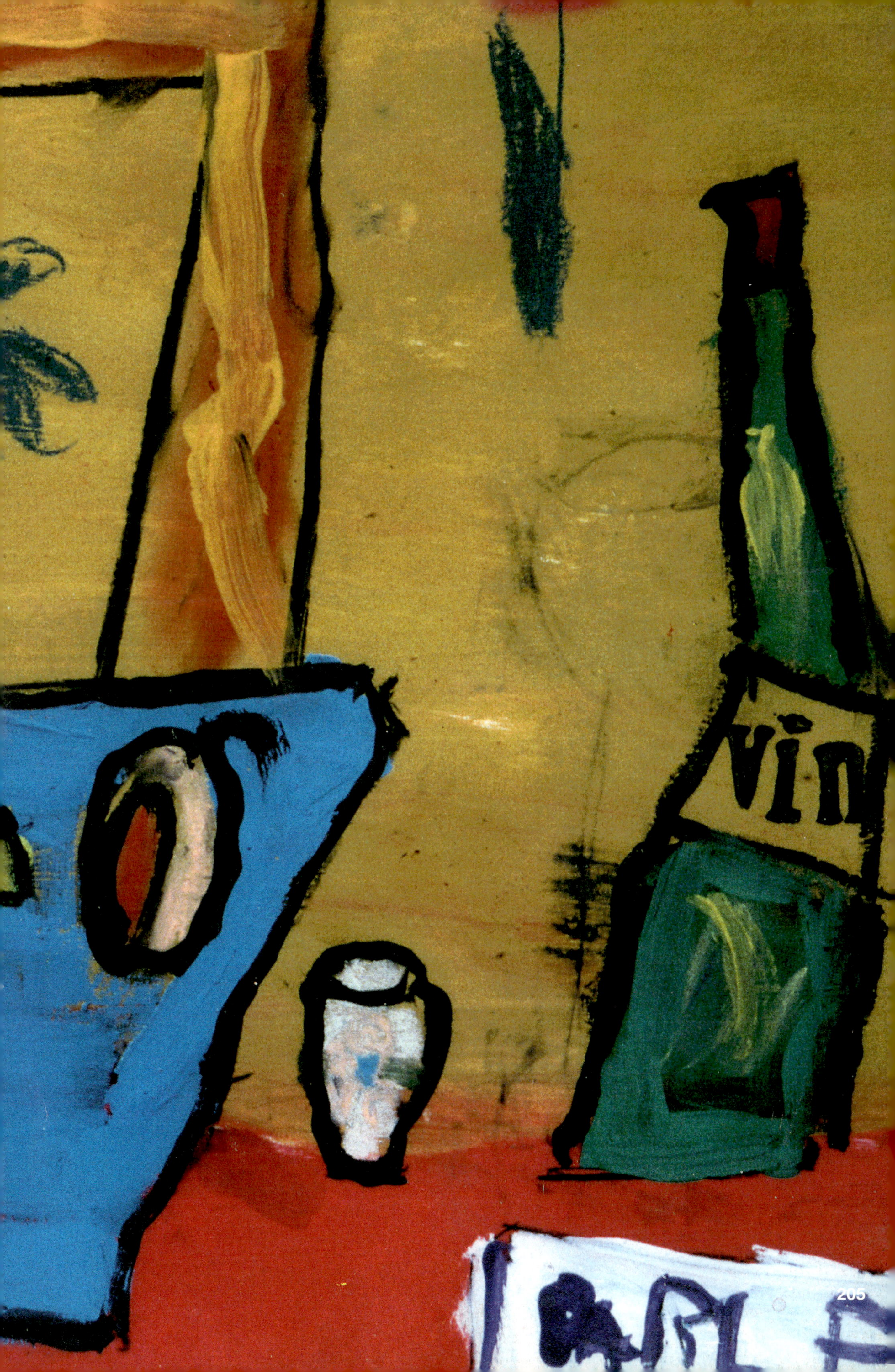
vin

Une semaine avec

hundertwasser

“Certains disent que les maisons sont faites de murs, moi je dis qu’elles sont faites de fenêtre”, c’est Hundertwasser qui le dit et le prouve à Vienne dans les années cinquante. Les enfants sont tout de suite séduits par ce professeur des Beaux-Arts-architecte-philosophe qui invente des maisons-collines, des jardins suspendus, construit des immeubles multicolores, ondoyants, bienfaisants et matériellement accessibles à tous. La sincérité de cet écologiste généreux et ses créations insolites fascinent les enfants qui intègrent sa démarche et ses rêves comme une évidence.

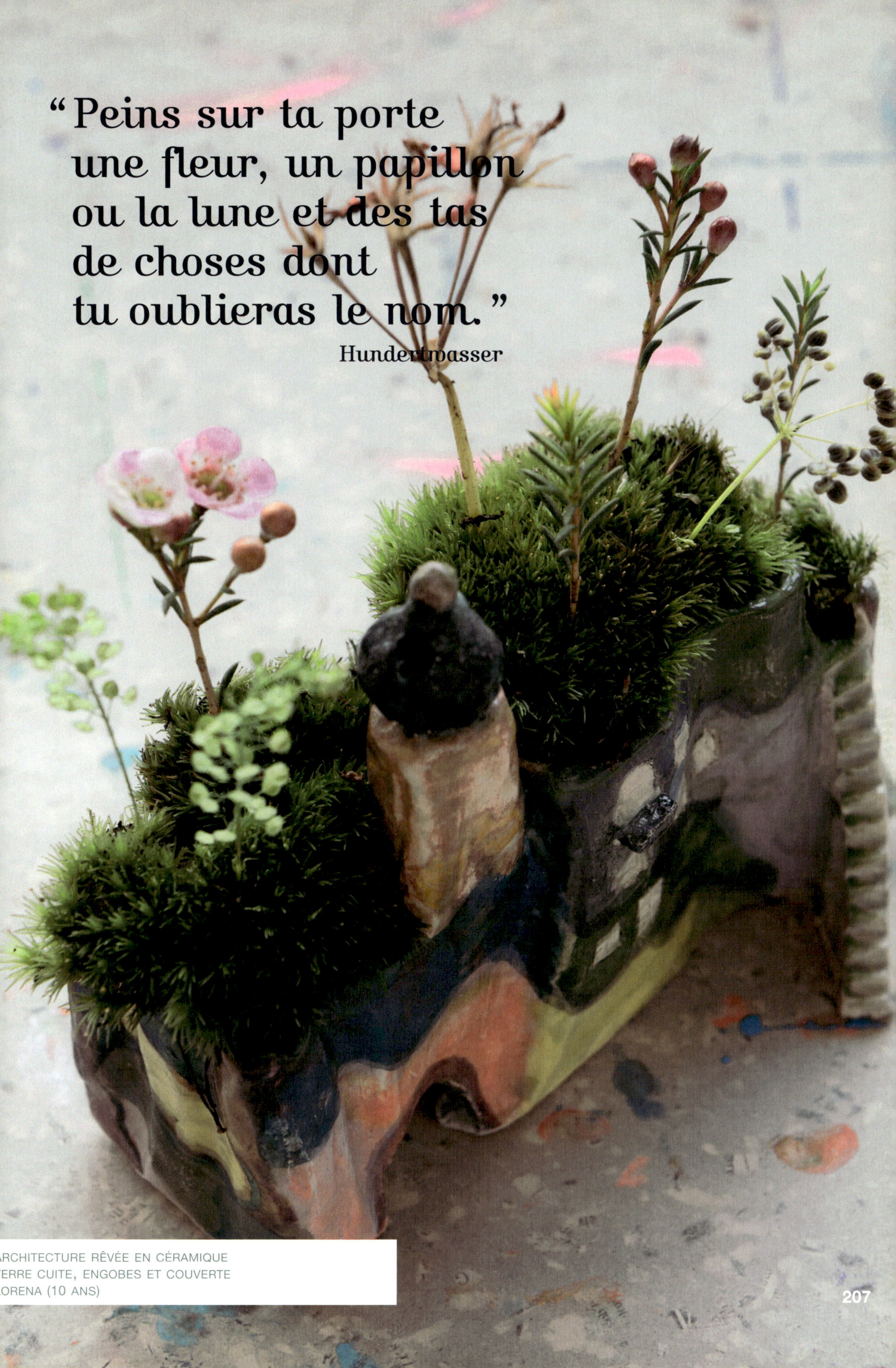

"Peins sur ta porte
une fleur, un papillon
ou la lune et des tas
de choses dont
tu oublieras le nom."

Hundertwasser

RCHITECTURE RÊVÉE EN CÉRAMIQUE
ERRE CUITE, ENGOBES ET COUVERTE
ORENA (10 ANS)

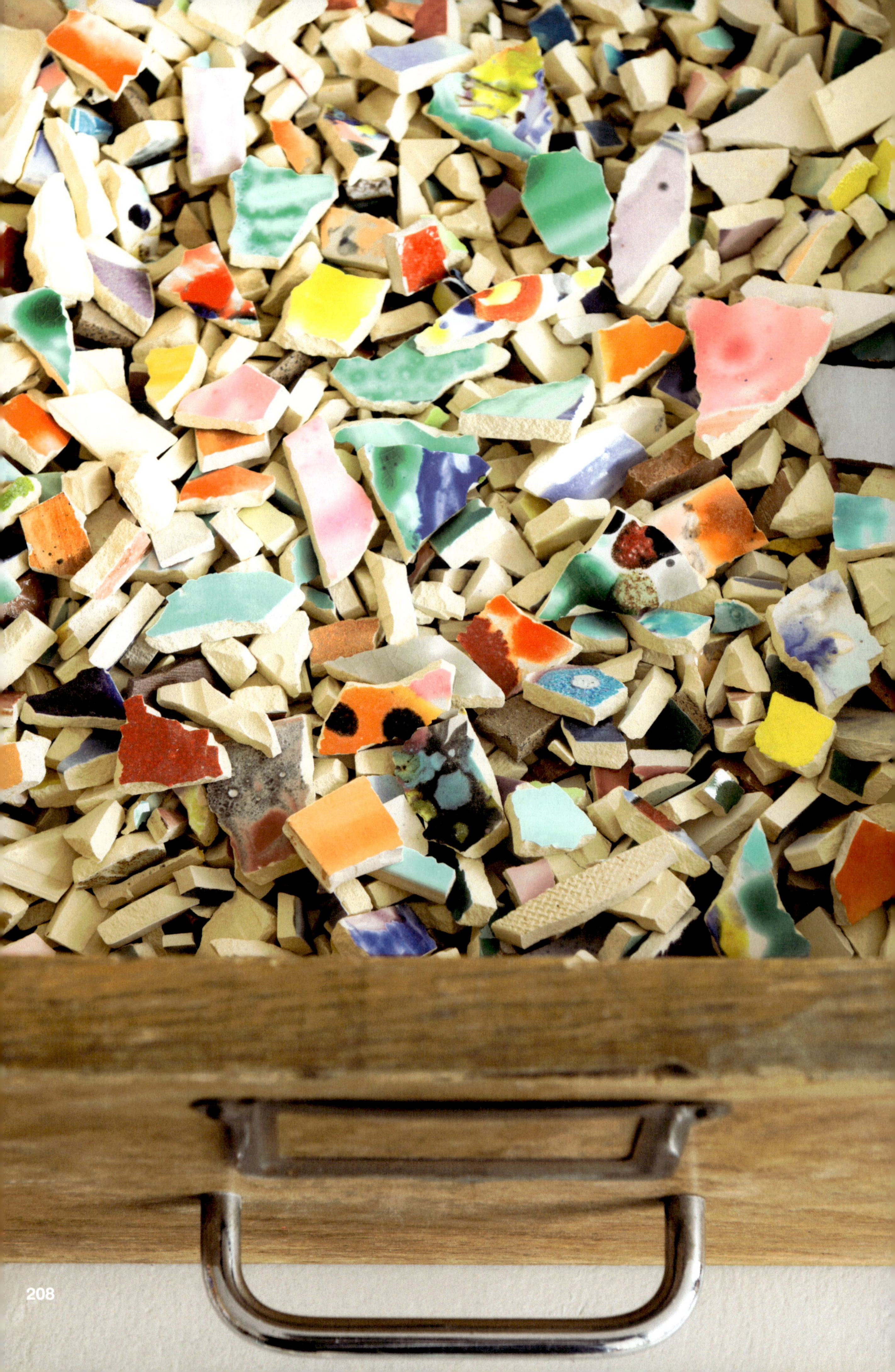

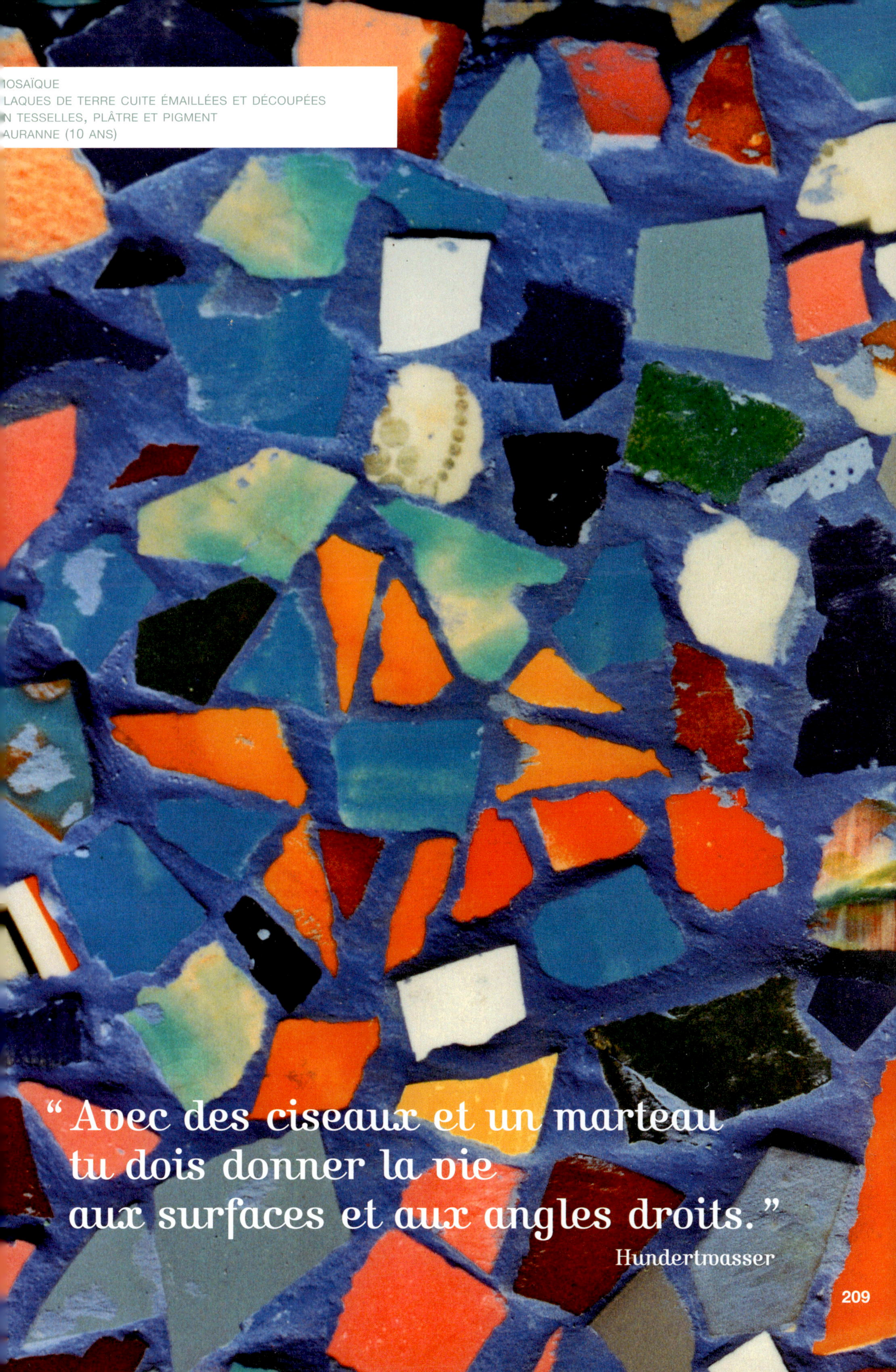

IOSAÏQUE
LAQUES DE TERRE CUITE ÉMAILLÉES ET DÉCOUPÉES
N TESSELLES, PLÂTRE ET PIGMENT
AURANNE (10 ANS)

*“Avec des ciseaux et un marteau
tu dois donner la vie
aux surfaces et aux angles droits.”*

Hundertwasser

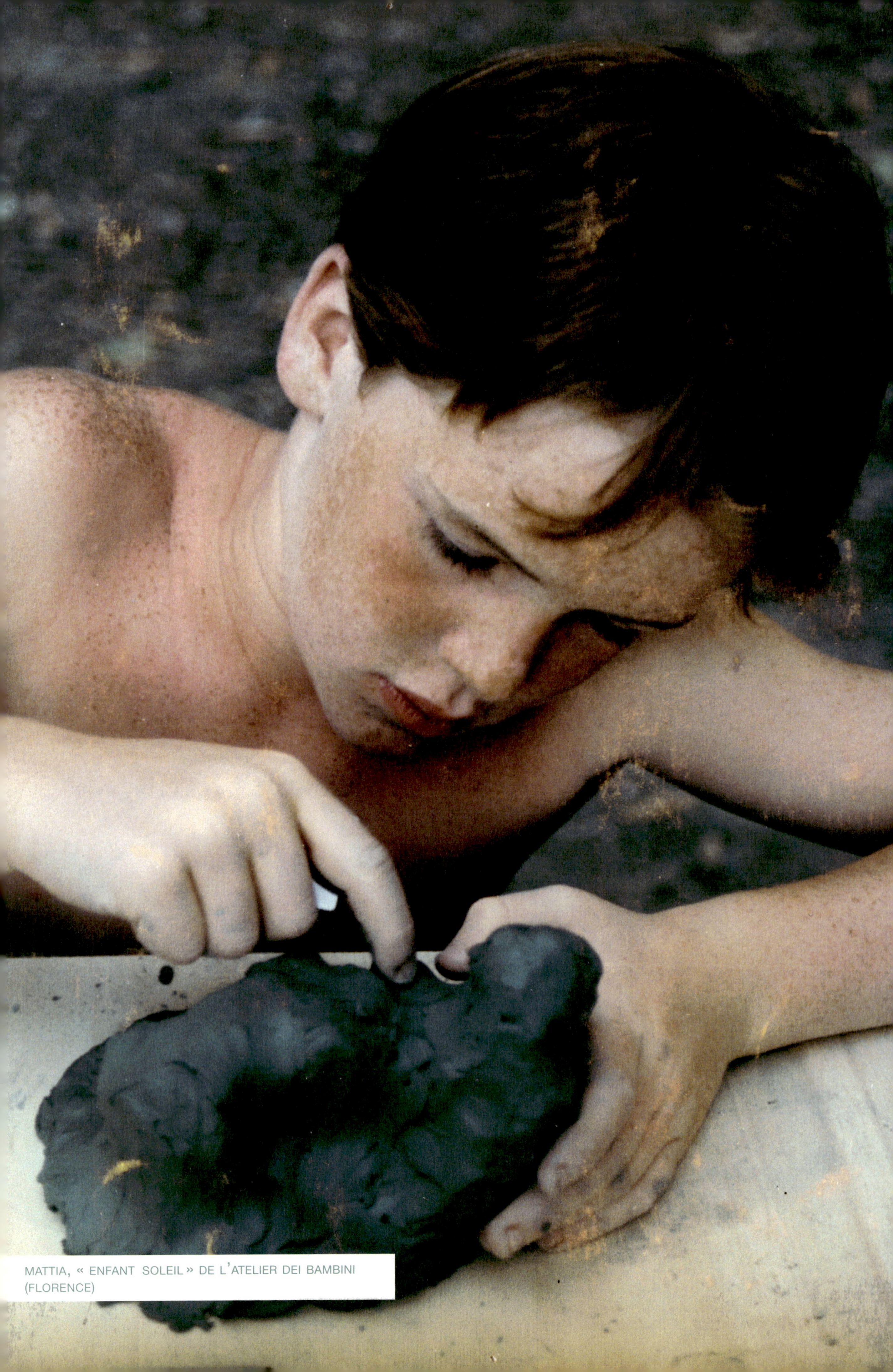

MATTIA, « ENFANT SOLEIL » DE L'ATELIER DEI BAMBINI (FLORENCE)

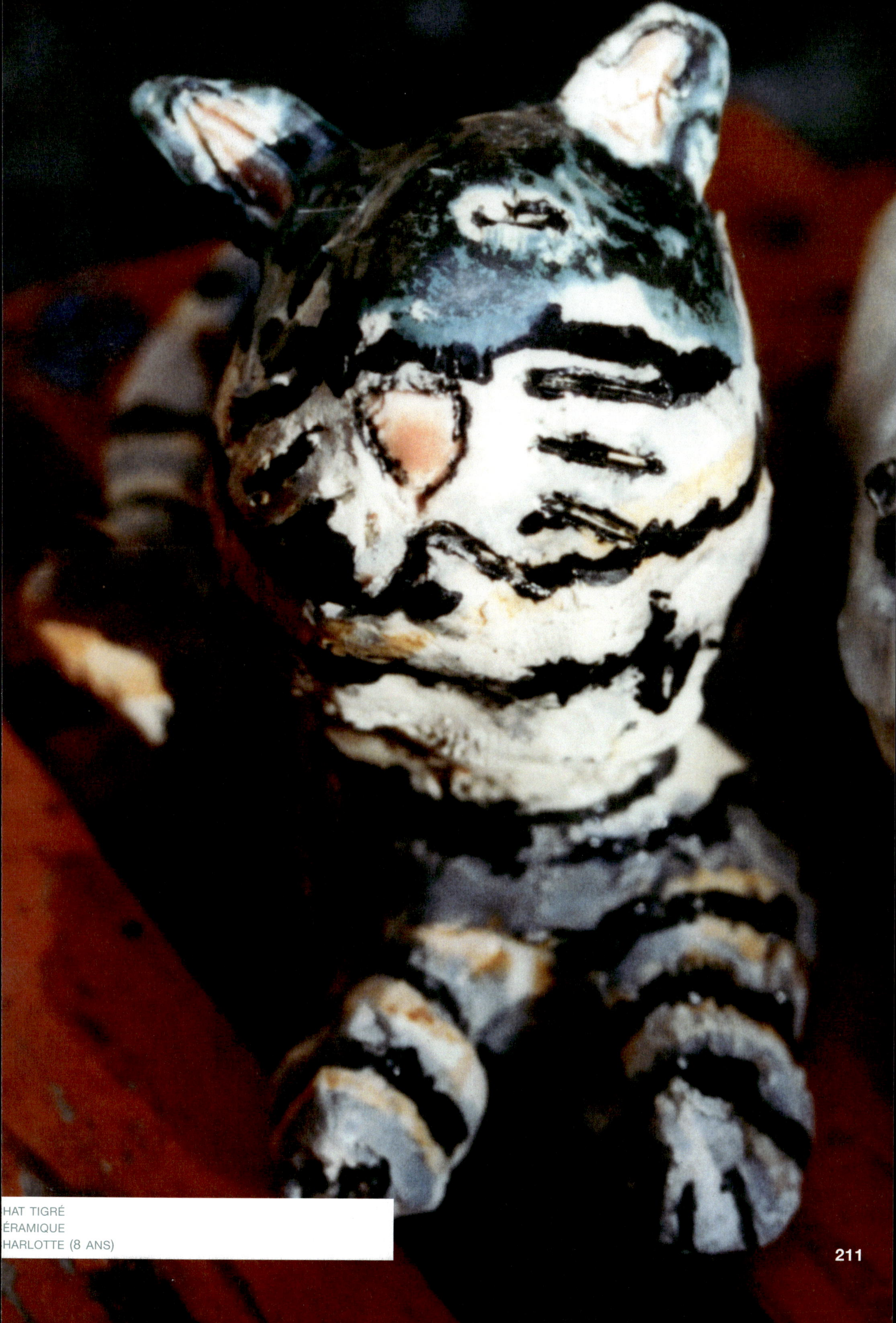

HAT TIGRÉ
ÉRAMIQUE
HARLOTTE (8 ANS)

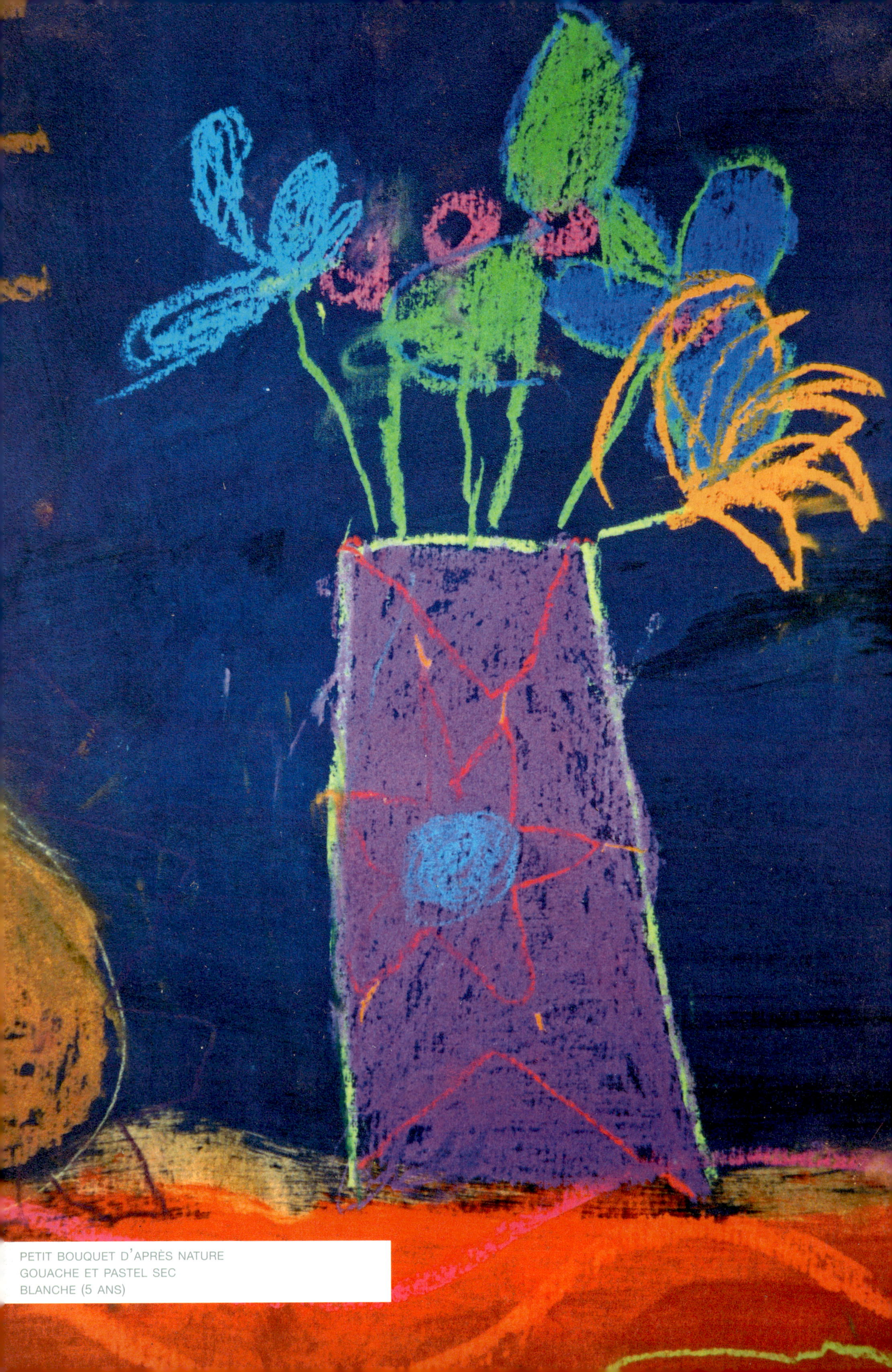

PETIT BOUQUET D'APRÈS NATURE
GOUACHE ET PASTEL SEC
BLANCHE (5 ANS)

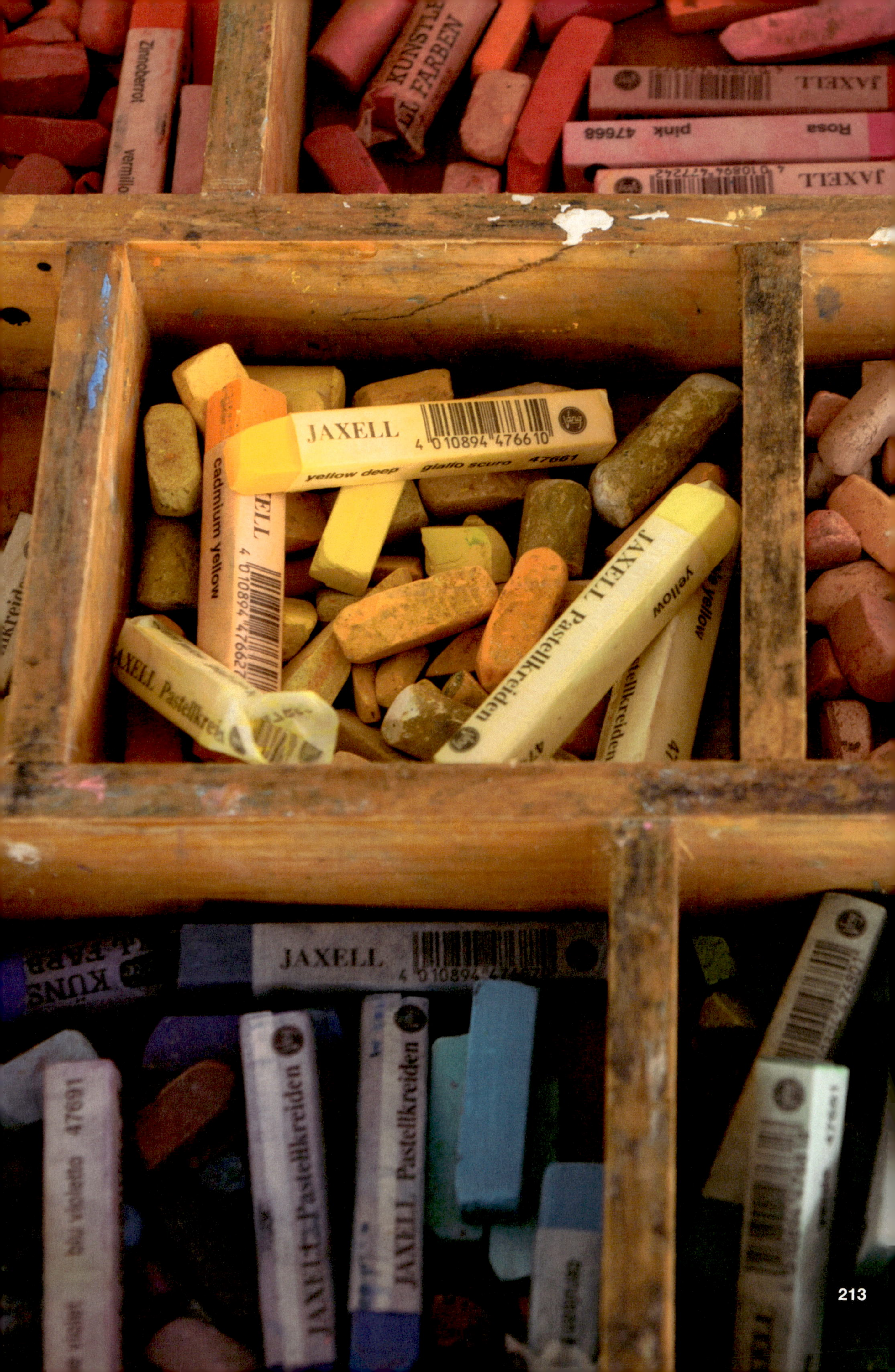
Zinnoberrot
JAXELL
pink 47668
Rosa
JAXELL
4 010894 476610
yellow deep
giallo scuro
47661
Cadmium yellow
JAXELL Pastellkreiden
yellow
JAXELL
JAXELL Pastellkreiden
JAXELL Pastellkreiden
47691

Une semaine avec rotko

Myriam commence par présenter Mark Rothko en montrant aux enfants des portraits, quelques reproductions de ses toiles, son atelier avec les œuvres en cours et évoque le caractère de l'artiste.

Les enfants comparent les toiles à de grandes fenêtres. Myriam acquiesce, ce sont de grandes fenêtres de couleurs, de grands champs colorés et rectangulaires. En observant les couleurs, ils disent que les bordures sont « comme des nuages », les champs sont doucement estompés et ne se touchent pas, ils flottent sur la toile.

Myriam leur propose de peindre « leur » fenêtre à la manière de Rothko. Après avoir beaucoup parlé des couleurs, de l'humeur des couleurs, chacun choisit les siennes, couleurs pures directement sorties du flacon ou mélangées. Chaque enfant choisit son emplacement : une grande feuille verticale et opte pour un outil : éponge, rouleau ou pinceau.

Le grand moment est arrivé, celui d'étendre la matière en un bel aplat de couleur pure. Le plaisir est évident et, même si chacun se concentre sur sa fenêtre, il ressent la dynamique de la création en commun.

Quand les différentes zones de la fenêtre ont reçu leur couleur, Myriam propose de poursuivre l'expérience en utilisant des pastels secs. Cette manière différente d'appréhender la couleur : la texture crayeuse, le bruissement du pastel, l'estompage avec les doigts, offre une nouvelle richesse de sensations.

Quand un enfant estime que sa fenêtre est terminée, il est temps de prendre de la distance pour regarder ensemble son travail et celui des autres, de voir le résultat de cette aventure partagée.

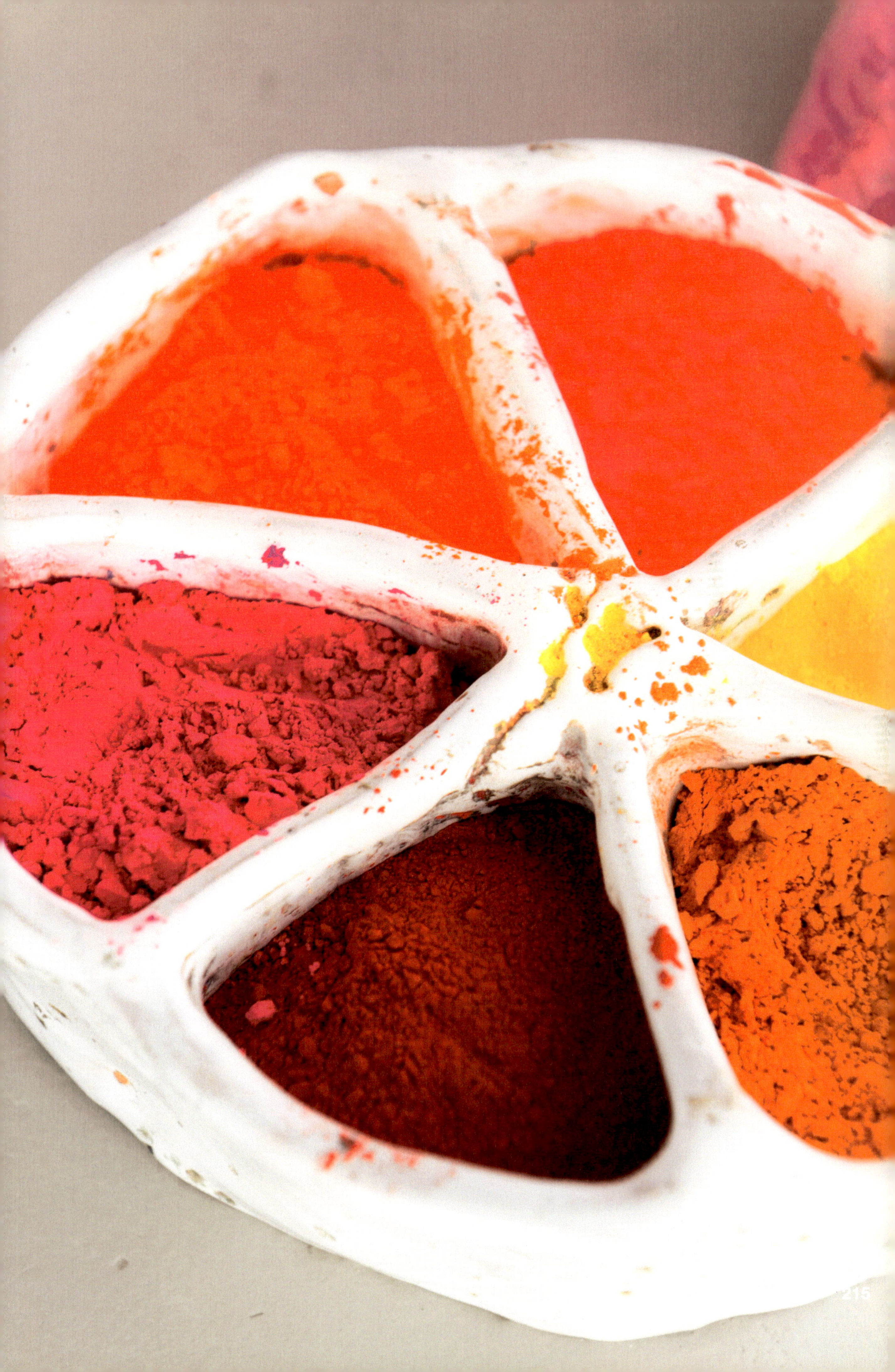

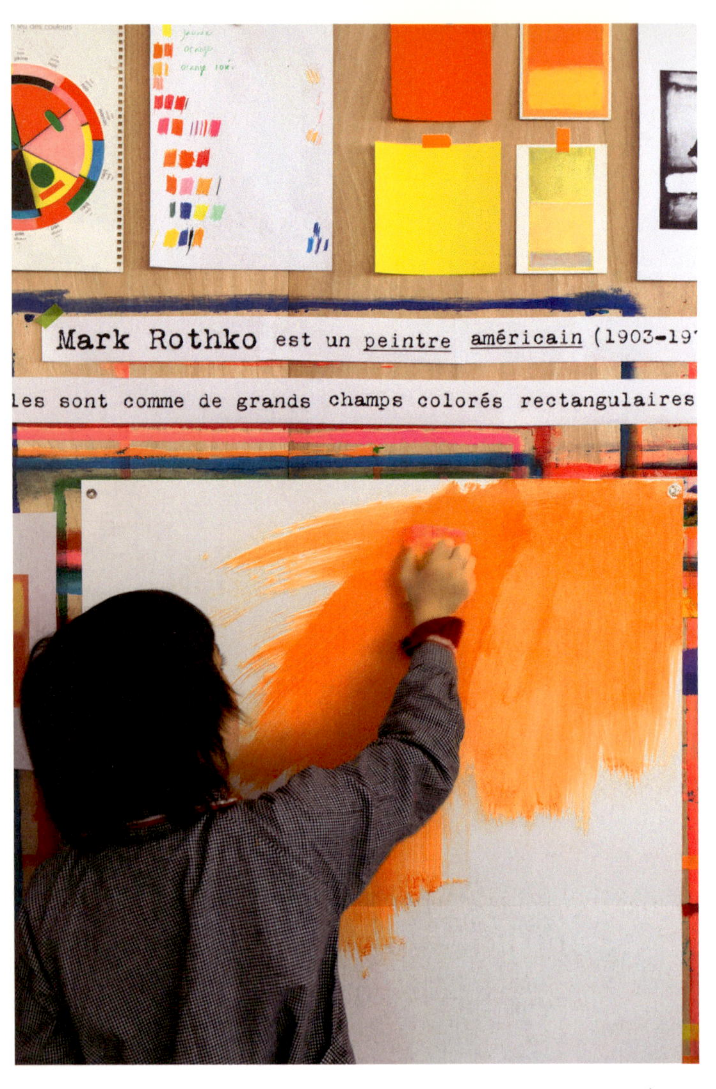
Mark Rothko est un peintre américain (1903-19
les sont comme de grands champs colorés rectangulaires
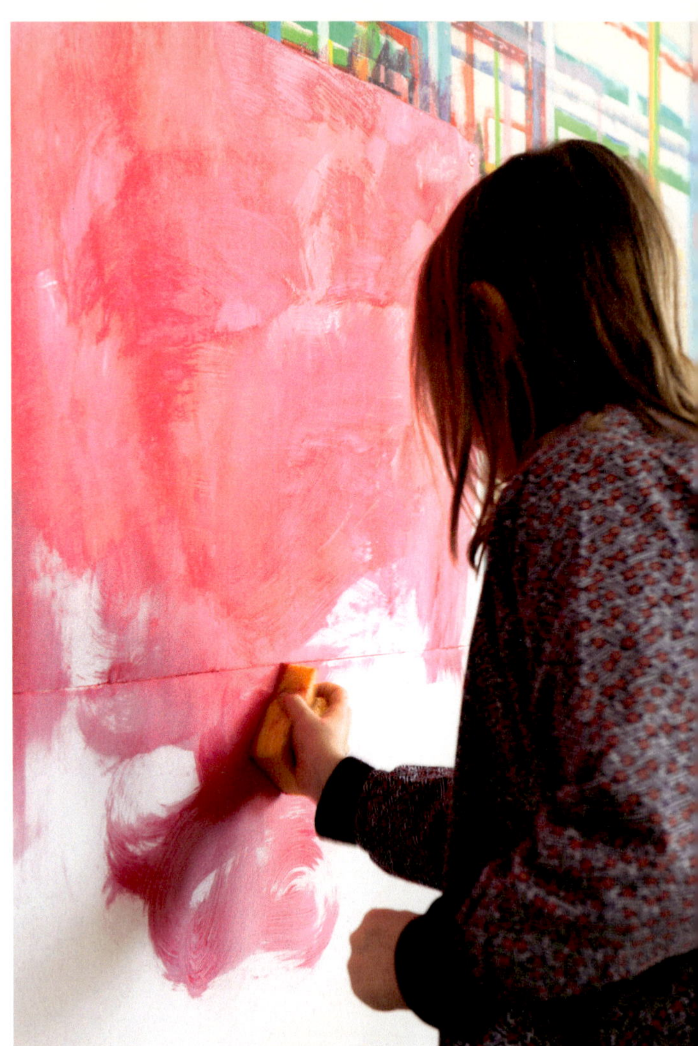
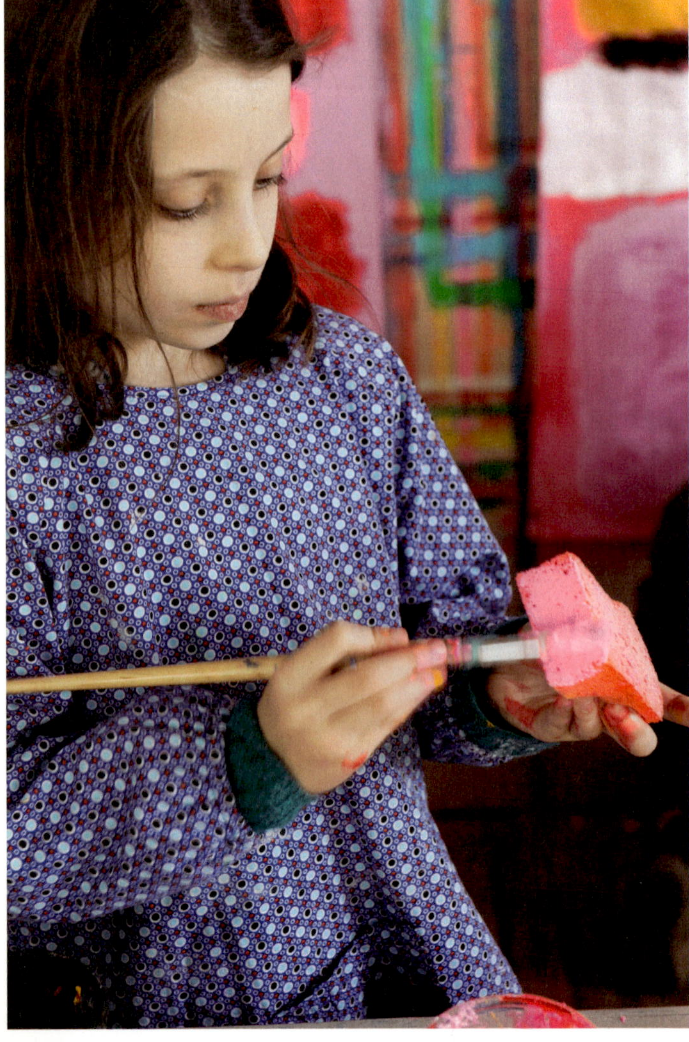
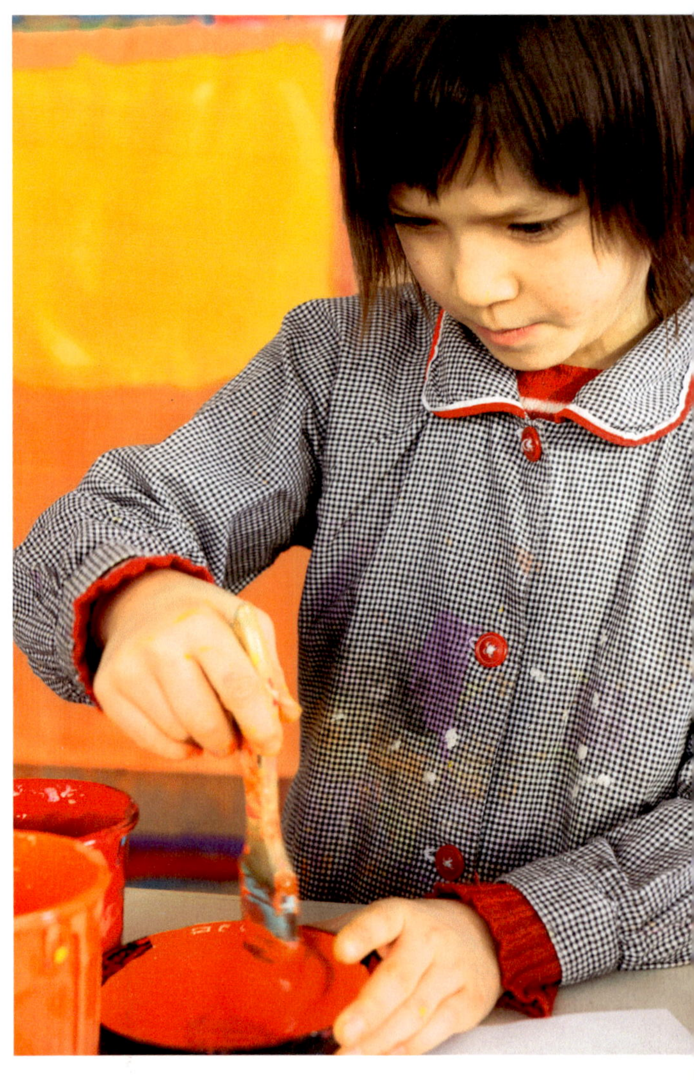

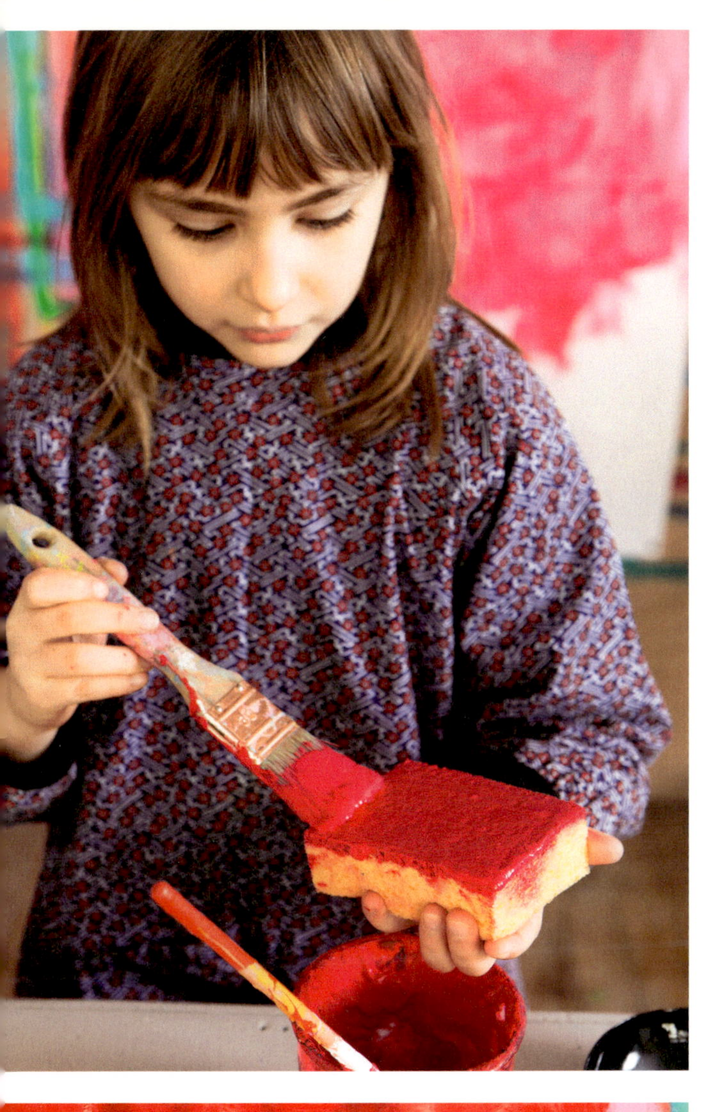
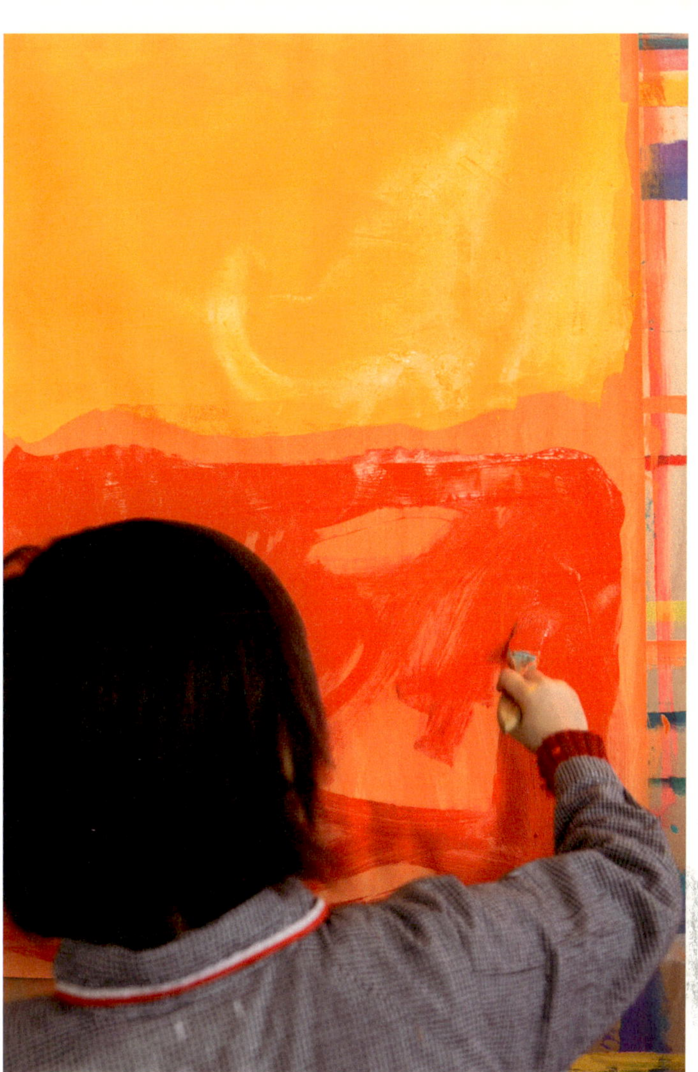
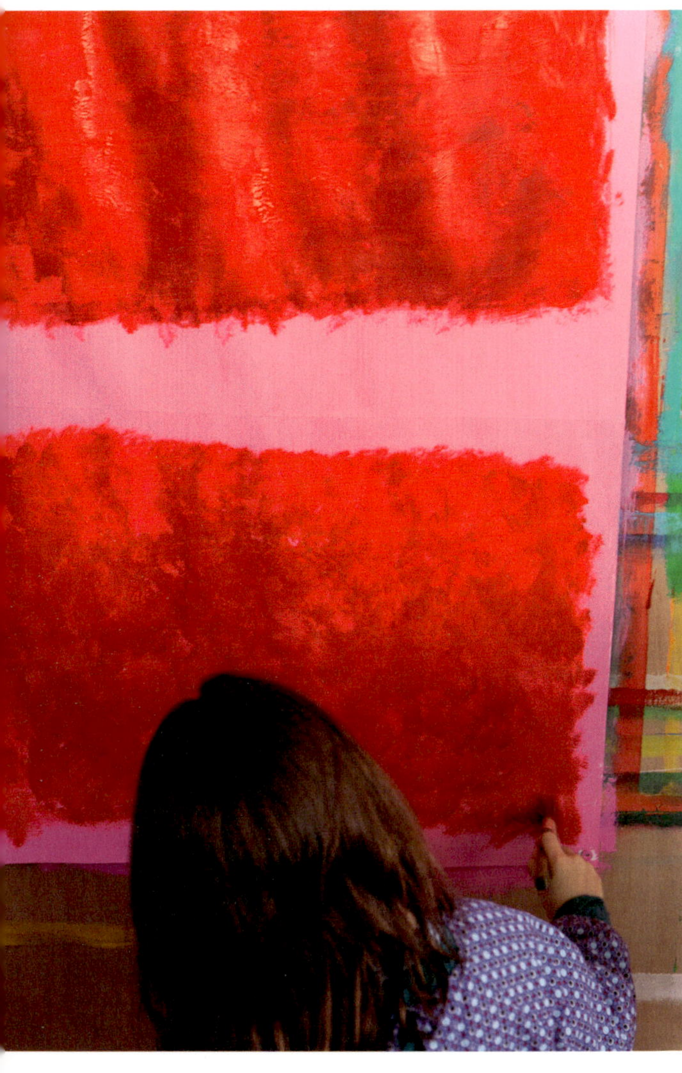
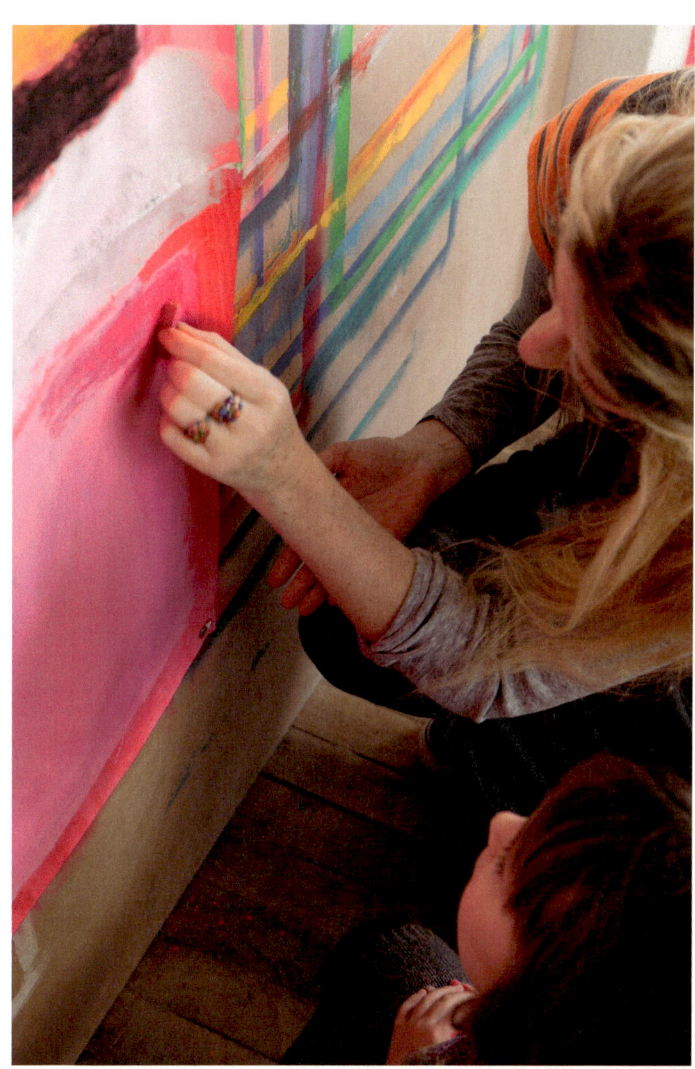

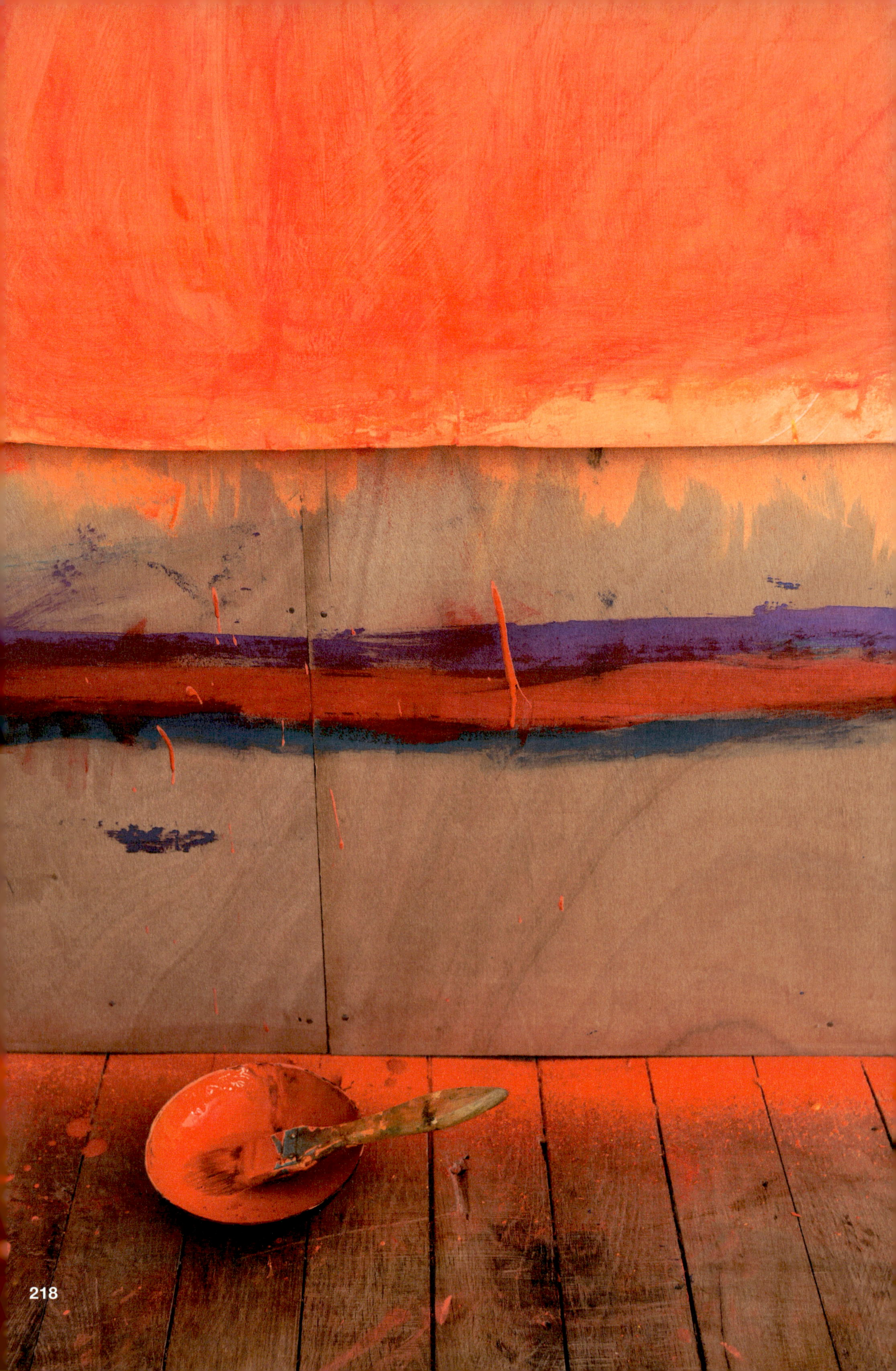

“Je pense que pour s'enlever les mauvaises idées de la tête, il faut mettre les mains dans l'eau mais aussi un peu la tête. Nathan, 8 ans

“Dans l'atelier, j'aime bien l'énorme mobile que d'autres enfants ont fait. Mona, 5 ans

“J'ai fait l'église du village des rêves en argile. On peut mettre une bougie à l'intérieur quand c'est la nuit. Rocco, 5 ans

“Paul Klee, c'est un monde de couleurs avec du mystère et une touche de fantaisie. Margaux, 9 ans

“Picasso n'était pas sérieux quand il ne travaillait pas. Il était plutôt du genre farceur. Il ne pensait qu'à s'amuser, c'était un vrai clown. C'était aussi un découvreur : il découvrait beaucoup de techniques. Il faisait des dessins classiques, bizarres, rigolos, tristes... Lauranne, 10 ans

“Les arbres, c'est un peu ma passion mais je varie un peu ; des fois, c'est la musique, d'autres fois, c'est le dessin. Enfin bref, je suis un peu toc-toc mais tant mieux pour moi. Margaux, 9 ans

“Sans Van Gogh, je n'aurais jamais connu Gauguin. Justine, 10 ans

“J'aime l'argile parce que je sens sous mes mains quelque chose qui me réchauffe. Alessandro, 6 ans

“J'aime Gaudi parce qu'il fait des formes naturelles mais je dois admettre que j'aime aussi la géométrie. Quand je me mets dans la peau de la géométrie, j'aime ça et quand je me mets dans la peau de Gaudi, j'aime ça aussi. Mattia, 9 ans

“La peinture et la céramique sont pour moi des histoires de passion, de magie et d'inspiration. Laura, 10 ans

“L'atelier, c'est le paradis terrestre des couleurs. Edoardo, 10 ans

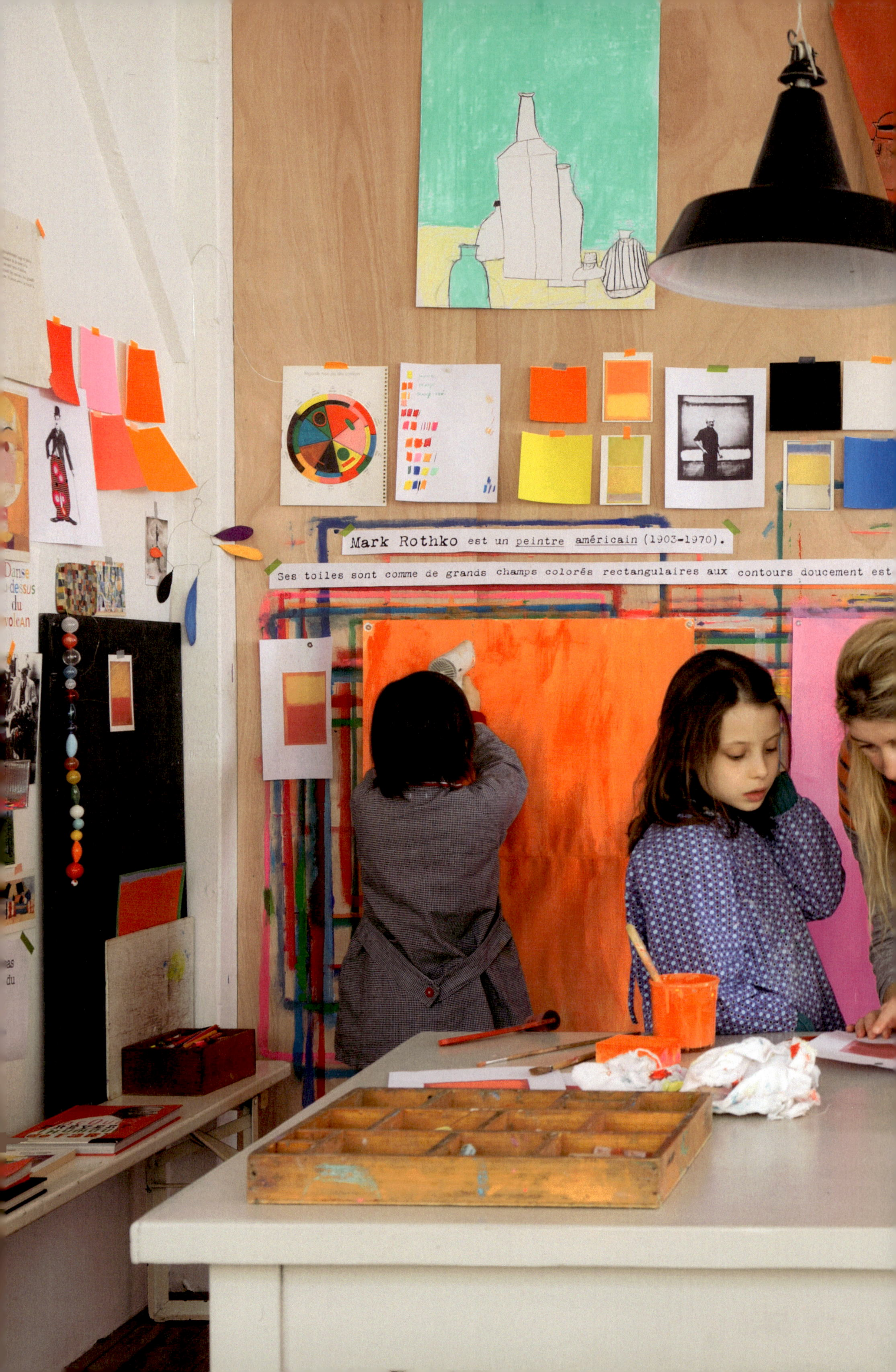
Mark Rothko est un peintre américain (1903-1970).
Ses toiles sont comme de grands champs colorés rectangulaires aux contours doucement est

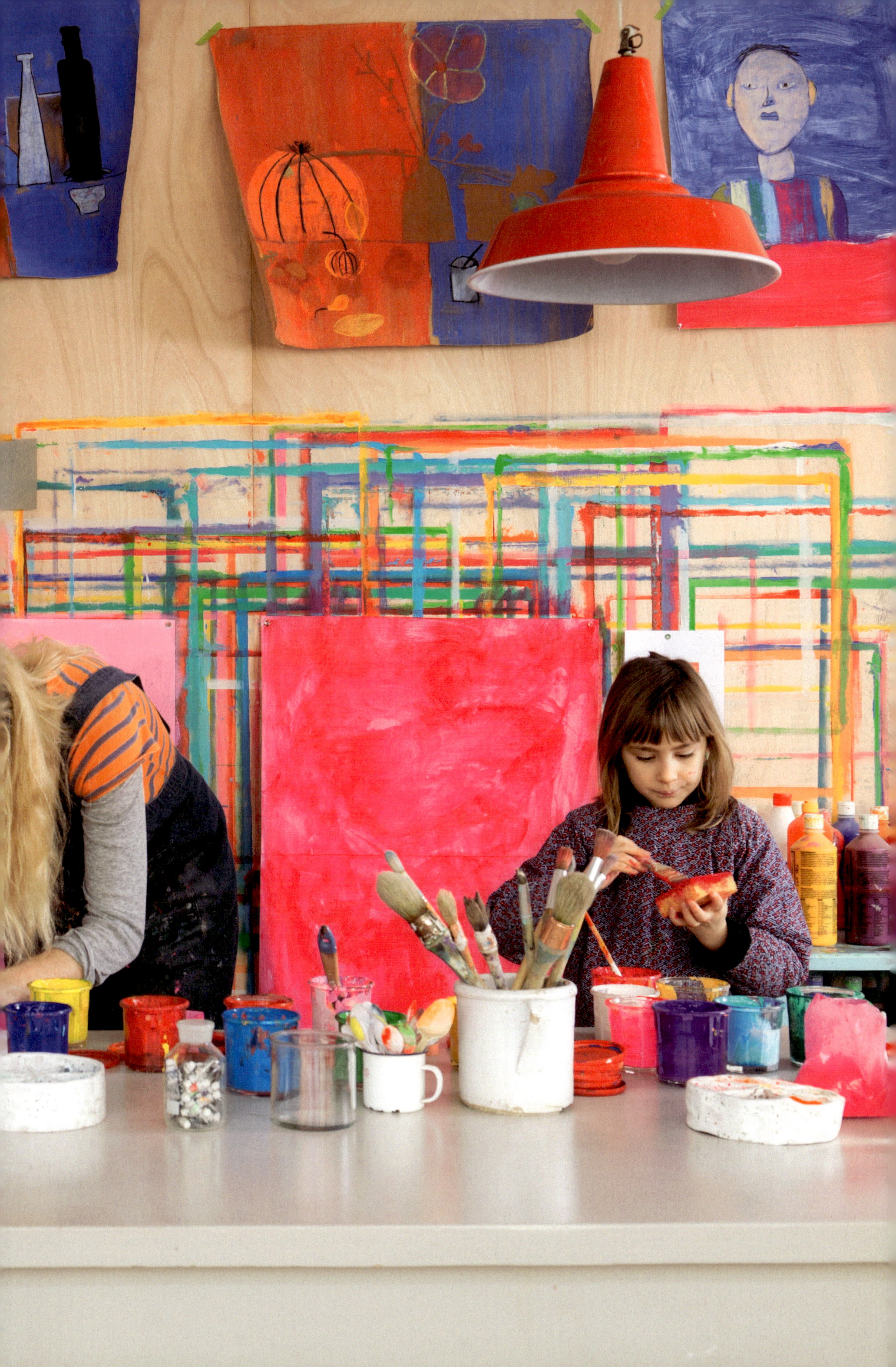

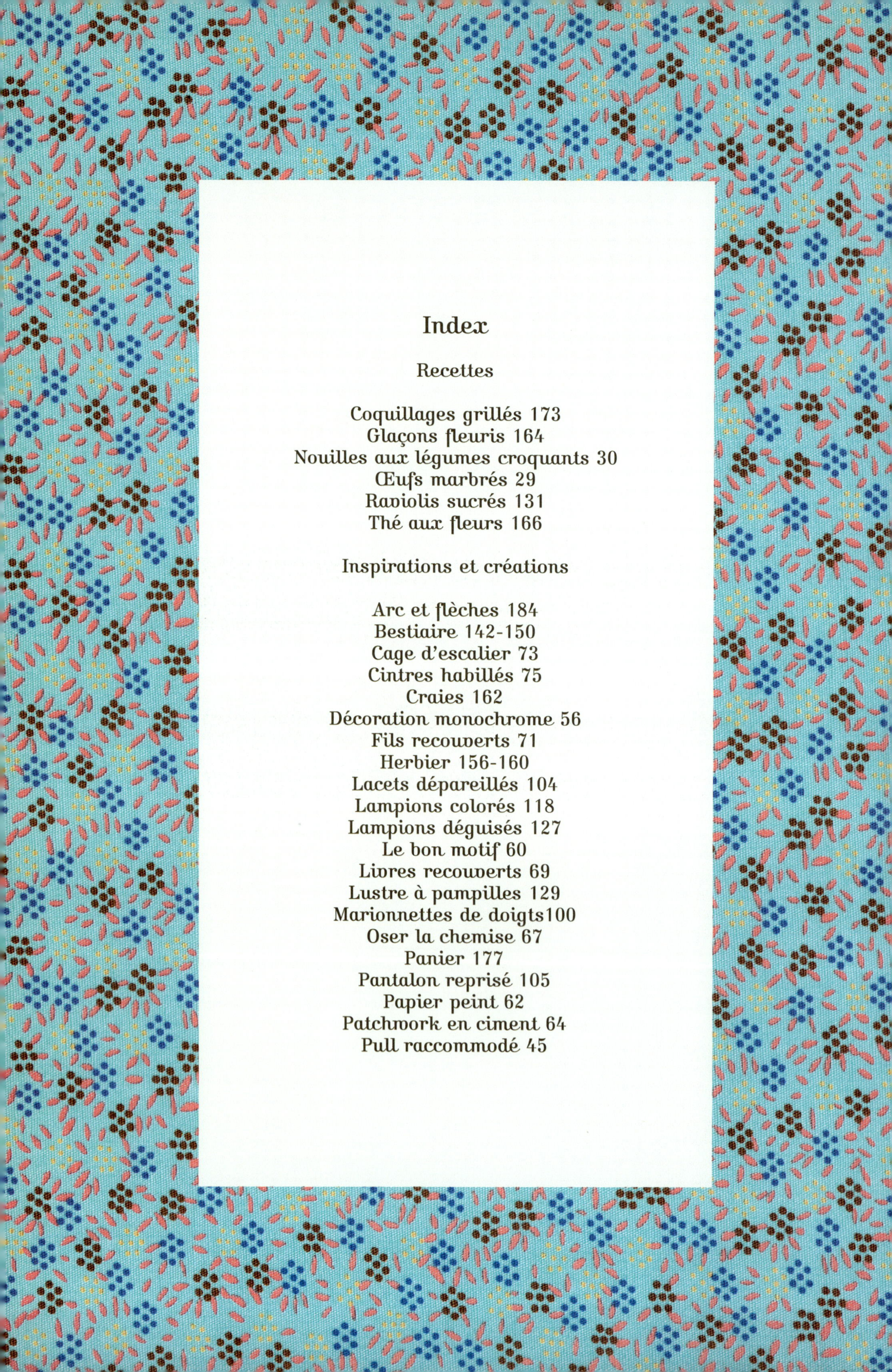

Index

Recettes

Inspirations et créations

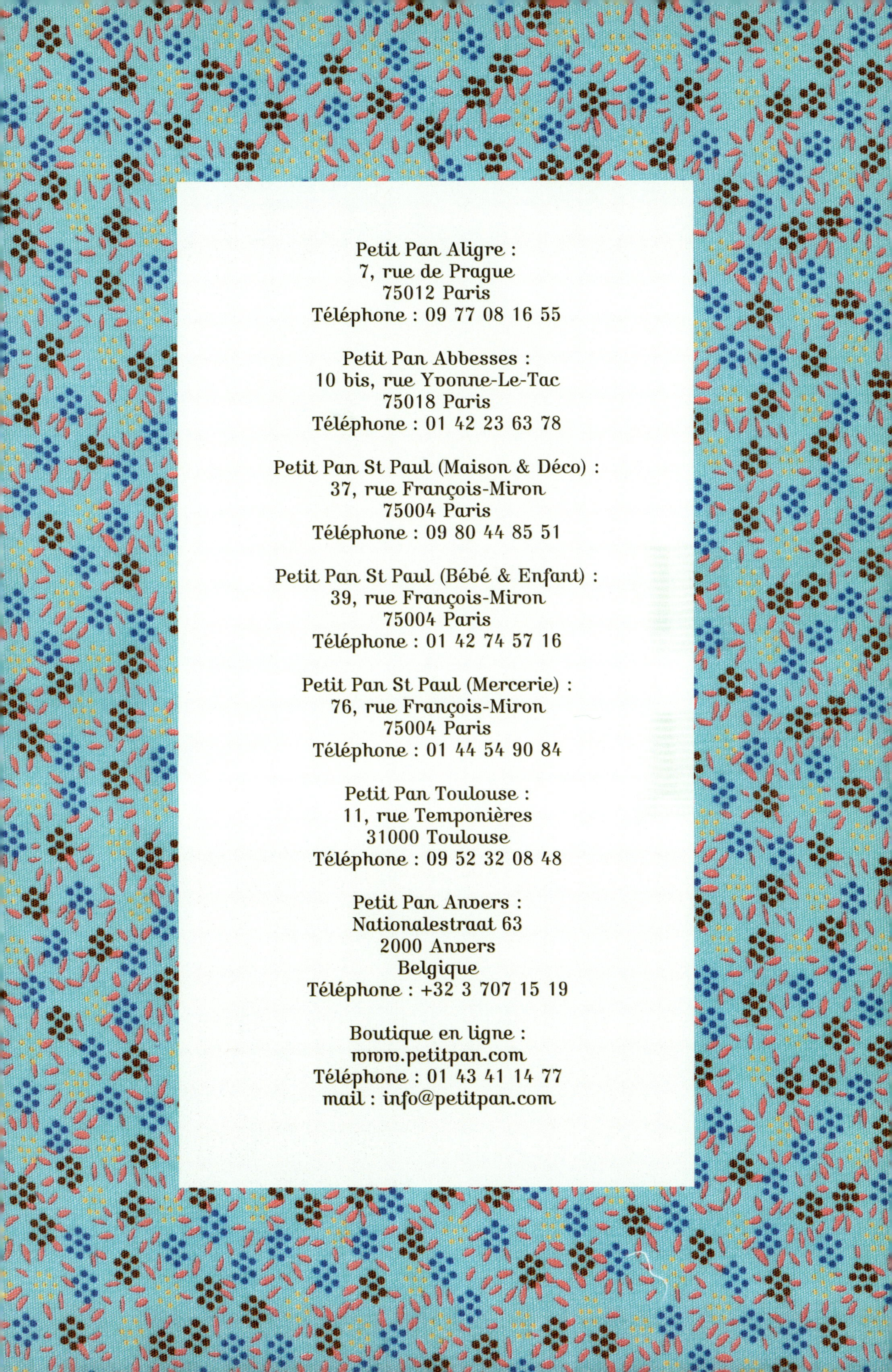

Petit Pan Aligre :
7, rue de Prague
75012 Paris
Téléphone : 09 77 08 16 55

Petit Pan Abbesses :
10 bis, rue Yvonne-Le-Tac
75018 Paris
Téléphone : 01 42 23 63 78

Petit Pan St Paul (Maison & Déco) :
37, rue François-Miron
75004 Paris
Téléphone : 09 80 44 85 51

Petit Pan St Paul (Bébé & Enfant) :
39, rue François-Miron
75004 Paris
Téléphone : 01 42 74 57 16

Petit Pan St Paul (Mercerie) :
76, rue François-Miron
75004 Paris
Téléphone : 01 44 54 90 84

Petit Pan Toulouse :
11, rue Temponières
31000 Toulouse
Téléphone : 09 52 32 08 48

Petit Pan Anvers :
Nationalestraat 63
2000 Anvers
Belgique
Téléphone : +32 3 707 15 19

Boutique en ligne :
www.petitpan.com
Téléphone : 01 43 41 14 77
mail : info@petitpan.com

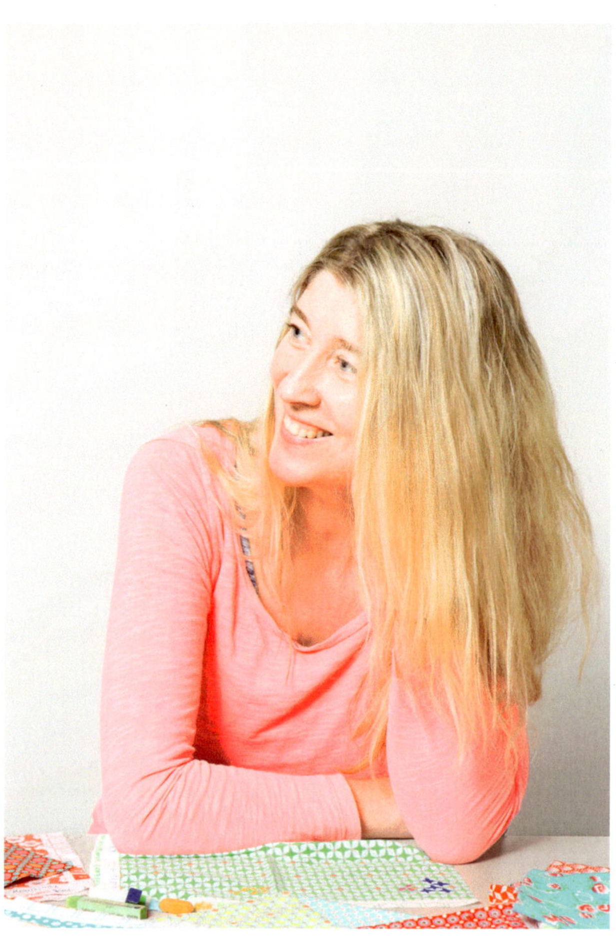

Merci à Franck, François, Marie, Natos, Rémy (de la Calle à Coutainville), Romain, Tamaki, Valérie,Yasuo.

Merci à tous mes « enfants soleil » :
Alens, Alessandro, Alinoë, Amel, Anna-Dora, Apolline, Blanche, Caterina, Charlotte, Chloé, Cobalt, Edoardo, Émile, Eugène, Eve, Hadrien, Jeanne, Justine, Katia, Laura, Lauranne, Léopold, Lili, Lilou, Lorena, Loukia, Margaux, Marguerite, Marine, Marius, Mattia, Mona, Naïm, Nathan, Nina, Pablo, Pauline, Perrine, Raphaël, Rebecca, Rocco, Sheila, Théo, Thomas, Wilson, Yelen, Zoé, Zeno…
et tous les autres.

Direction d'ouvrage et stylisme : Catherine Ardouin
Photographies : Vincent Leroux pour les pages 7, 23, 14, 25, 29, 30, 31, 39, 40, 41, 43, 44, 45, 52, 53, 56-57, 60-61, 62, 63, 64, 65, 66, 69, 71, 72, 73, 75, 83, 84, 85, 86-87, 89, 90, 92-93, 96-97, 99, 101, 104, 105, 108-109, 118-119, 126, 127, 129, 130, 131, 132-133, 138-139, 155, 160, 161, 162, 163, 164, 165, 167, 170-171, 172, 173, 174, 175, 177, 184, 185, 188-189, 191, 193, 195, 198, 199, 203, 207, 208, 213, 215, 216, 217, 218, 224
Myriam De Loor pour les pages 10, 11, 12-13, 14, 16, 17, 18, 19, 20-21, 26-27, 34-35, 36, 37, 38, 42, 46-47, 50-51, 55, 67, 68, 74, 79, 80-81, 88, 91, 98, 102, 103, 106-107, 111, 112, 113, 115, 120, 122-123, 124, 125, 128, 134-135, 150-151, 158, 159, 178, 179, 180, 181, 182, 183, 190, 192, 197, 201, 204-205, 209, 210, 211, 212, 220-221

Recettes : Pan Gang
Textes écrits en collaboration avec Françoise Segall

Conception graphique et mise en pages : Delphine Delastre pour Flammarion
Responsable éditoriale : Ryma Bouzid-Fuchs
Fabrication : Louisa Hanifi-Morard, Christelle Lemonnier et Titouan Roland

Photogravure : IGS-CP (16)
Achevé d'imprimer en août 2014 chez Gorenjski-tisk storitve en Slovénie

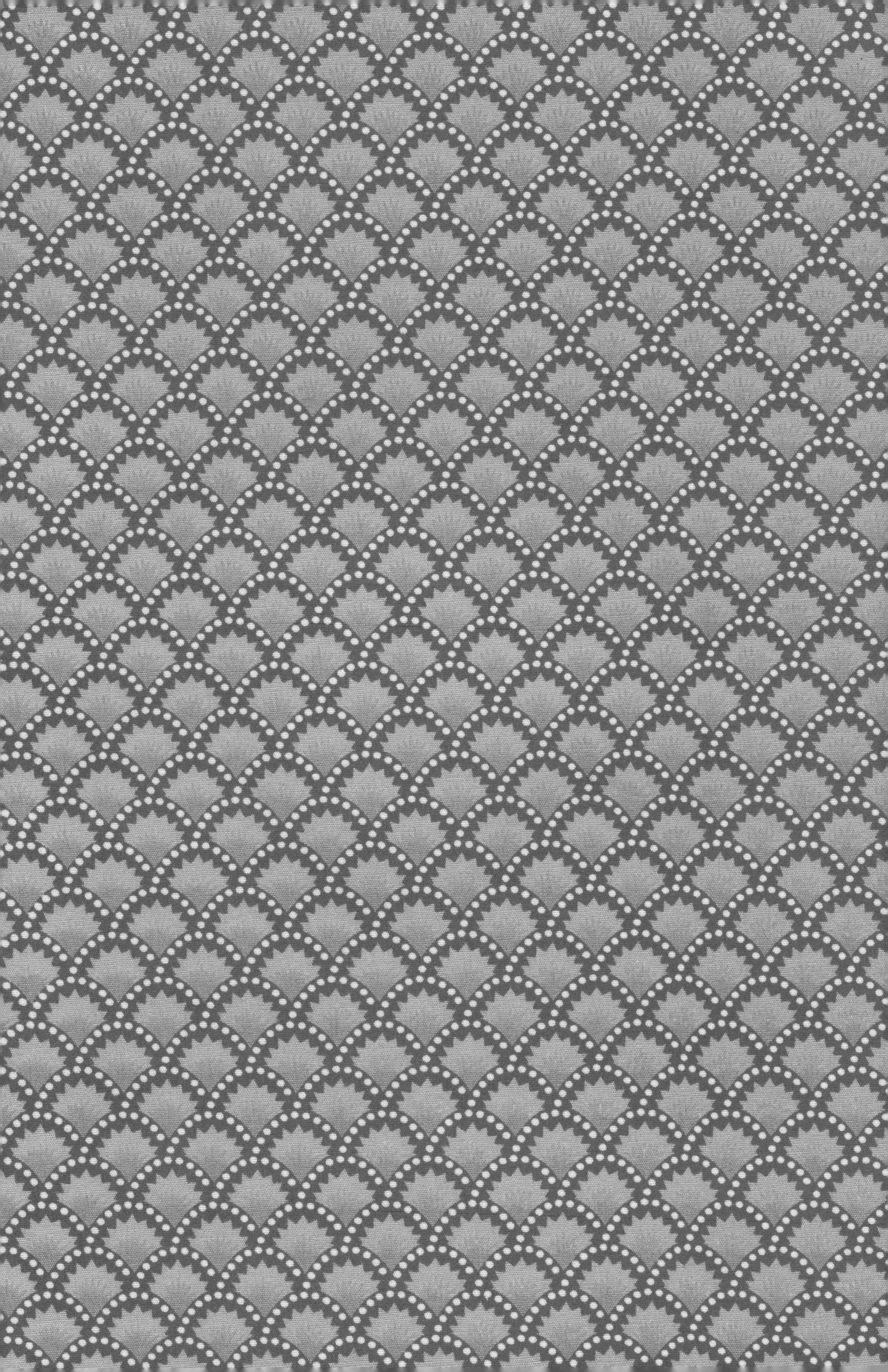

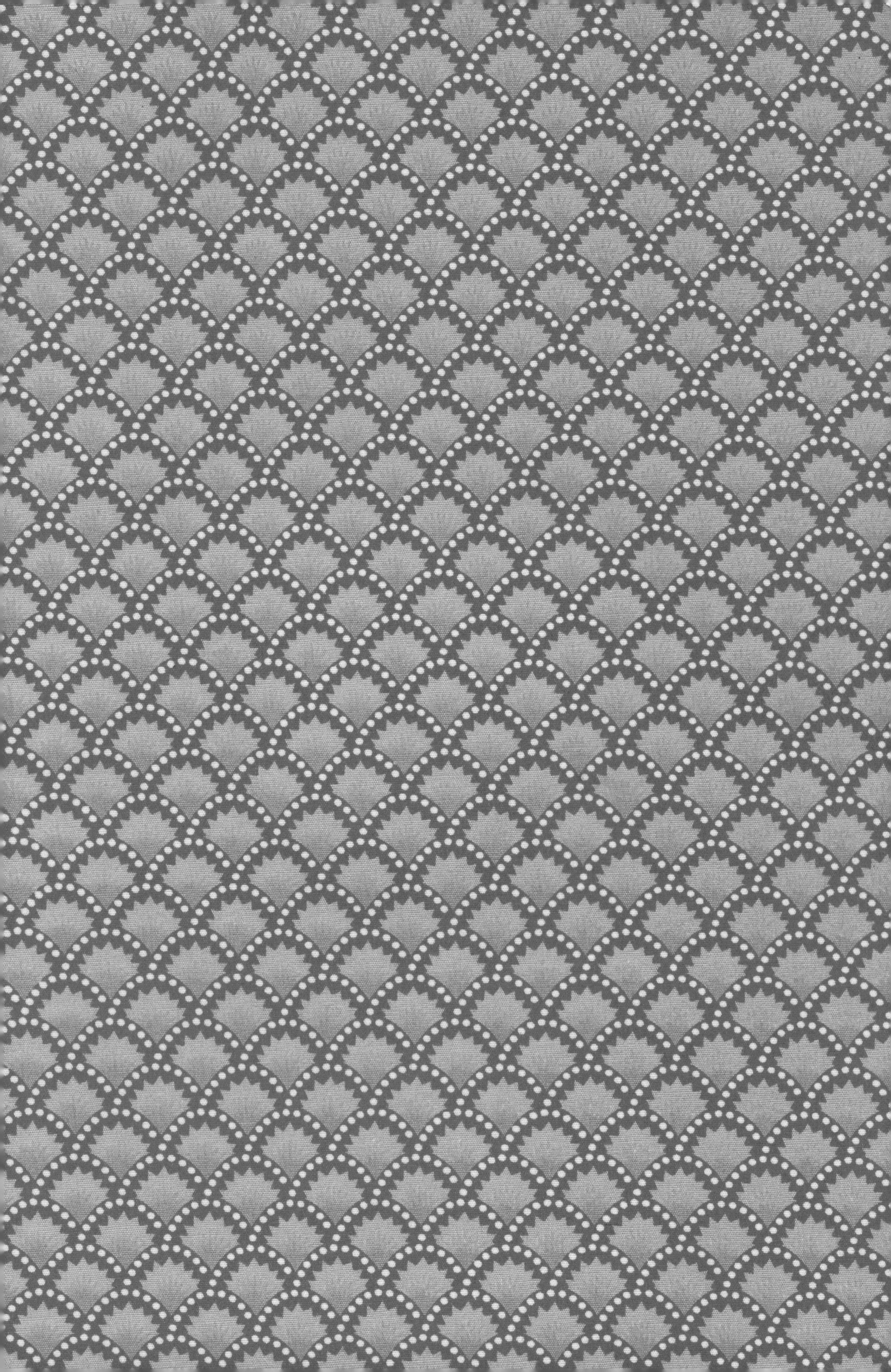